低碳经济学

查冬兰　王　梅　张言方◎编著

科 学 出 版 社

北 京

内 容 简 介

随着全球气候变化形势日益严峻，低碳经济作为一种可持续发展的新经济模式，受到国际社会的广泛关注。本书结合“双碳”目标新形势，综合能源转型、技术发展及政策体系现状，系统性梳理和总结了低碳经济的内涵、现状、经验和挑战。本书涵盖了低碳经济理论与实践的多个方面，包括低碳经济学的内涵、理论和方法体系，能源低碳转型，行业低碳实践，区域低碳发展以及低碳经济政策等。

本书内容注重实操、案例翔实，既可以作为能源经济与环境管理、资源与环境经济学专业的本科生教材和相关领域的研究生教材，也可以作为高等院校师生、科研人员的培训教材或自学参考材料。

图书在版编目（CIP）数据

低碳经济学 / 查冬兰，王梅，张言方编著. -- 北京 : 科学出版社，2025. 2. -- ISBN 978-7-03-080050-3

Ⅰ. F062. 2

中国国家版本馆 CIP 数据核字第 20247LM101 号

责任编辑：方小丽 / 责任校对：姜丽策

责任印制：张　伟 / 封面设计：有道设计

科学出版社 出版
北京东黄城根北街 16 号
邮政编码: 100717
http://www.sciencep.com
天津市新科印刷有限公司印刷
科学出版社发行　各地新华书店经销
*
2025 年 2 月第　一　版　开本：787×1092　1/16
2025 年 2 月第一次印刷　印张：17
字数：403 000

定价：68.00 元

（如有印装质量问题，我社负责调换）

前　言

发展低碳经济是应对气候变化、实现“双碳”[①]目标的重要抓手，也是推动我国经济高质量发展的重要动力。党的二十大报告提出，要“协同推进降碳、减污、扩绿、增长，推进生态优先、节约集约、绿色低碳发展”[②]。低碳经济是一种全新的人类社会文明发展方式，是追求绿色生态协调发展的可持续发展模式，也是近年来人们普遍关注的热点问题。低碳经济涉及能源、产业、技术、区域、社会、生活等多个方面，需要政策推动、制度引导、技术革新、生活方式转变等多方面支持。低碳经济目标的实现，需要在低碳经济知识推广、低碳生活理念普及的基础上实现全社会的共同参与。

本书瞄准国家“双碳”重大战略需求，立足我国低碳发展现实，梳理低碳经济理论方法、政策体系与实践应用现状，总结低碳经济发展的新内涵、新现状、新经验和新挑战。内容安排上，涉及低碳经济的内涵、方法论、能源低碳发展、行业低碳发展、区域低碳发展以及低碳经济政策。本书共六篇（25 章），主要内容如下。

第一篇低碳经济学概论（第 1～4 章）。系统梳理了低碳经济产生的背景、发展低碳经济的必要性；明确了低碳经济的概念、特征以及低碳经济与绿色经济、循环经济等概念的关系；总结了低碳经济相关研究机构和专业的发展现状；介绍了低碳经济学的内涵和研究对象。

第二篇低碳经济学理论与方法体系（第 5～10 章）。系统介绍了低碳经济增长理论、低碳经济与马克思主义生态观；梳理了低碳政策相关理论，包括碳排放的外部性、庇古税和科斯定理等；总结了碳排放核算边界，以及基于领土边界、生产侧和消费侧的碳排放核算方法；归纳了低碳经济发展评价的主要方法；概括了计量经济学在低碳经济发展评价中的应用。

第三篇低碳经济与能源转型（第 11～13 章）。系统总结了传统能源开发利用及传统能源的转型路径；梳理了中国可再生能源开发利用的现状，可再生能源技术的发展，以及中国可再生能源大规模发展的现状及发展面临的挑战；介绍了新型能源体系和新型电力系统的国内外建设现状以及建设面临的挑战，特别介绍了新型能源体系建设对经济发展的作用。

第四篇低碳经济行业实践（第 14～18 章）。从农业、工业、建筑、交通和服务业五个行业，介绍低碳经济行业实践，具体包括低碳行业概述、碳排放来源与核算、低碳行业的实施路径，以及低碳行业的具体实践案例介绍。

---

① 即碳达峰与碳中和。

② 《习近平：高举中国特色社会主义伟大旗帜 为全面建设社会主义现代化国家而团结奋斗——在中国共产党第二十次全国代表大会上的报告》，https://www.gov.cn/xinwen/2022-10/25/content_5721685.htm，2022-10-25。

第五篇低碳经济区域实践（第 19～22 章）。从区域、城市、农村、园区四个层面，介绍低碳区域发展和应用，具体包括各层级区域低碳发展内涵、碳排放来源与核算、低碳发展路径以及具体的国内外实践案例。

第六篇低碳经济政策（第 23～25 章）。系统梳理了国内外低碳经济发展相关政策，包括国际社会碳减排的历程和行动，欧洲、美国、日本和韩国的碳减排目标和低碳政策，以及我国主要低碳政策，涵盖可再生能源政策、碳达峰碳中和“1+N”政策体系、碳交易政策、绿证制度以及碳捕集、利用与封存（carbon capture, utilization and storage，CCUS）政策。

本书由南京航空航天大学经济与管理学院查冬兰、王梅、张言方编著，并统筹各章节的总体安排。查冬兰负责编写第二篇低碳经济学理论与方法体系（第 5～10 章）和第六篇低碳经济政策（第 23～25 章）的内容，王梅负责编写第一篇低碳经济学概论（第 1～4 章）和第四篇低碳经济行业实践（第 14～18 章）的内容，张言方负责编写第三篇低碳经济与能源转型（第 11～13 章）和第五篇低碳经济区域实践（第 19～22 章）的内容。在全书统稿、校对的过程中，陈倩、姜盼松、曹炀、苏晓影等做了很多细致的辅助性工作。

本书在出版过程中，得到了国家社会科学基金重大项目（23ZDA111）的资助，也得到了科学出版社编辑老师的大力帮助，一并表示感谢。

由于编者水平有限，文章中可能存在疏漏和不足，我们真诚地欢迎各位专家、学者以及广大读者提出宝贵的意见和建议。

本书作者

2025年1月

目　录

第一篇　低碳经济学概论

第 1 章　导论……3
1.1　低碳经济产生的背景……3
1.2　发展低碳经济的必要性……5
第 2 章　低碳经济的内涵……6
2.1　低碳经济的概念……6
2.2　低碳经济的特征……7
2.3　低碳经济与绿色经济、循环经济等概念的关系……8
第 3 章　低碳经济相关研究机构和专业的发展现状……11
3.1　低碳经济相关研究机构的发展现状……11
3.2　低碳经济相关专业的发展现状……13
第 4 章　低碳经济学的内涵和研究对象……15
4.1　低碳经济学的内涵……15
4.2　低碳经济学的研究对象……15

第二篇　低碳经济学理论与方法体系

第 5 章　低碳经济增长理论……23
5.1　环境库兹涅茨曲线……23
5.2　环境库兹涅茨曲线的应用……28
第 6 章　低碳经济与马克思主义生态观……33
6.1　马克思主义经济发展与环境理论……33
6.2　中国特色社会主义生态文明思想……36
第 7 章　低碳政策相关理论……40
7.1　碳排放的外部性……40
7.2　外部性治理的经济工具……41
7.3　科斯定理……42
7.4　排污标准与污染物排放总量控制……43
第 8 章　碳排放核算……44
8.1　碳排放基本概念与碳排放核算边界……44
8.2　基于领土边界的碳排放核算方法……46
8.3　基于生产侧的碳排放核算方法……48

8.4 基于消费侧的碳排放核算方法 …… 49
8.5 碳排放数据库 …… 52
第 9 章 低碳经济发展评价 …… 55
9.1 低碳经济发展评价基本流程 …… 55
9.2 低碳经济发展评价指标体系构建 …… 57
9.3 低碳经济发展评价方法 …… 59
第 10 章 低碳经济计量学 …… 65
10.1 计量经济学理论基础 …… 65
10.2 计量经济学线性回归模型 …… 66
10.3 放宽假设的计量经济学模型 …… 69
10.4 实例介绍 …… 76

第三篇 低碳经济与能源转型

第 11 章 低碳经济与传统能源 …… 81
11.1 传统能源开发利用 …… 81
11.2 传统能源的转型路径 …… 86
第 12 章 低碳经济与可再生能源 …… 91
12.1 中国可再生能源开发利用的现状 …… 91
12.2 可再生能源技术的发展 …… 95
12.3 中国可再生能源大规模发展的现状 …… 100
12.4 中国可再生能源发展面临的挑战 …… 103
第 13 章 新型能源体系建设 …… 105
13.1 新型能源体系 …… 105
13.2 新型电力系统 …… 110
13.3 新型能源体系建设与经济发展 …… 115

第四篇 低碳经济行业实践

第 14 章 低碳农业 …… 127
14.1 低碳农业概述 …… 127
14.2 农业碳排放来源与核算 …… 129
14.3 低碳农业的实施路径 …… 133
14.4 低碳农业的国内外实践 …… 134
第 15 章 低碳工业 …… 138
15.1 低碳工业概述 …… 138
15.2 工业碳排放来源与核算 …… 140
15.3 低碳工业的实施路径 …… 143

15.4　低碳工业的国内外实践 ……145
第 16 章　低碳建筑 ……150
16.1　低碳建筑概述 ……150
16.2　建筑行业碳排放来源与核算 ……152
16.3　低碳建筑的实施路径 ……157
16.4　低碳建筑的国内外实践 ……159
第 17 章　低碳交通 ……162
17.1　低碳交通概述 ……162
17.2　交通行业碳排放来源与核算 ……164
17.3　低碳交通的实施路径 ……167
17.4　低碳交通的国内外实践 ……169
第 18 章　低碳服务业 ……173
18.1　低碳服务业概述 ……173
18.2　服务业碳排放来源与核算 ……175
18.3　低碳服务业的实施路径 ……177
18.4　低碳服务业的国内外实践 ……179

第五篇　低碳经济区域实践

第 19 章　区域低碳发展 ……185
19.1　区域低碳发展内涵及评价维度 ……185
19.2　区域低碳发展的模式选择 ……187
第 20 章　低碳城市发展 ……192
20.1　低碳城市概述 ……192
20.2　城市碳排放来源与核算 ……193
20.3　低碳城市发展路径 ……197
20.4　低碳城市的国内外实践 ……199
第 21 章　低碳农村发展 ……205
21.1　低碳农村概述 ……205
21.2　农村碳排放来源与核算 ……206
21.3　低碳农村发展路径 ……212
21.4　低碳农村的国内外实践 ……214
第 22 章　低碳园区 ……218
22.1　低碳园区概述 ……218
22.2　低碳园区碳排放来源与核算 ……219
22.3　低碳园区发展路径 ……221
22.4　低碳园区的国内外实践 ……224

第六篇 低碳经济政策

第 23 章 国际社会碳减排……229
23.1 全球应对气候变化的共同行动和历程……229
23.2 低碳经济发展相关的国际策略和报告……234
第 24 章 国外低碳经济政策与实践……236
24.1 欧洲低碳经济政策体系……236
24.2 美国碳减排目标、相关举措、低碳政策及具体行动……243
24.3 日本碳减排目标、低碳政策及具体行动……246
24.4 韩国碳减排目标、低碳政策及具体行动……248
第 25 章 我国主要低碳政策……250
25.1 可再生能源政策……250
25.2 碳交易市场建设与运作……254
25.3 绿证制度及发展概况……258
25.4 CCUS 政策……261

第一篇

低碳经济学概论

人类文明经历了原始文明、农业文明、工业文明，人类一直在利用自然资源和生态环境服务于自身的生存和发展。特别是工业革命以来，大规模工厂化生产取代了个体手工生产，人类进入了大规模能源消耗时代。大量化石能源的使用，不仅带来了能源枯竭的威胁，也产生了一系列的资源、能源和环境问题，尤其是近年来，气候变暖与空气污染使灾害或极端天气频发。在此背景下，党的二十大报告提出，要“协同推进降碳、减污、扩绿、增长，推进生态优先、节约集约、绿色低碳发展”。本篇内容分为四个章节，分别介绍了低碳经济的由来、内涵、相关研究机构和专业的发展现状以及低碳经济学的内涵和研究对象等。

本章要点

1. 理解低碳经济产生的背景。
2. 了解发展低碳经济的必要性。

第1章 导　　论

1.1 低碳经济产生的背景

1.1.1 全球应对气候变化面临严峻挑战

工业革命以来，人类经济飞速发展，消耗了大量的化石能源，导致大气中温室气体浓度显著增大。大量温室气体包裹着地球，捕获太阳的热量，导致全球气候变暖。2023年3月20日，联合国政府间气候变化专门委员会（Intergovernmental Panel on Climate Change，IPCC）发布第六次评估报告的综合报告《气候变化2023》（*Climate Change 2023*），进一步明确了人类活动产生的温室气体是导致全球变暖的原因（图1.1）。与1850～1900年相比，2011～2020年全球地表平均气温上升1.1℃。2023年4月21日，世界气象组织（World Meteorological Organization，WMO）发布的《2022年全球气候状况》表明，2022年全球平均陆地气温较1850～1900年的平均值高1.67℃，为1850年以来第四高，2015～

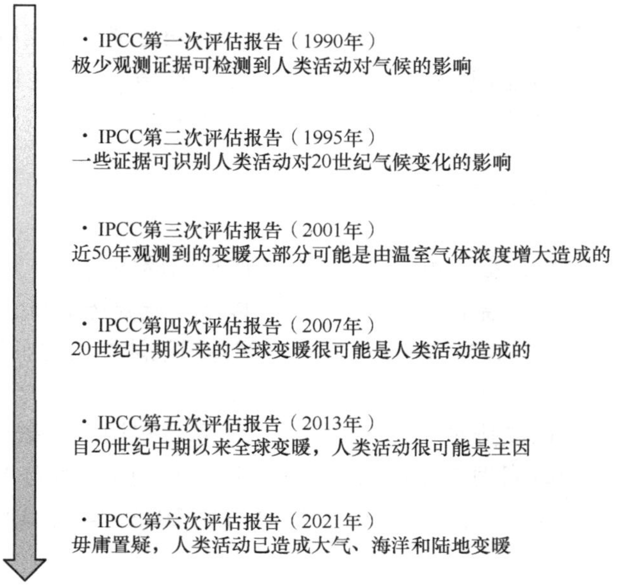

图1.1　IPCC评估报告对全球变暖原因描述的变化

资料来源：IPCC系列报告

2022 年是 1850 年有仪器记录以来最暖的八年。全球气候变暖正在影响地球上每一个地区，温度升高、海平面上升、极端气候事件频发给人类生存和发展带来严峻挑战，对全球粮食、水、生态、能源、基础设施以及人类生命安全造成长期重大威胁，因此，应对气候变化刻不容缓。

1.1.2 化石能源枯竭威胁能源安全战略

石油、煤炭、天然气作为不可再生资源，是全球主要国家的战略储备，关系到国家的安全和发展。煤炭是 18 世纪以来人类世界使用的主要能源之一，推动了工业革命。石油被称为“工业的血液”，是全球重要能源和化工原材料；天然气是一种清洁能源，被认为是能源消费结构从高碳污染向低碳绿色过渡的重要能源。根据 2021 版《bp[①]世界能源统计年鉴》，2020 年底全球石油探明储量为 1.732 万亿桶，比 2019 年减少了 20 亿桶。根据 2020 年的储产比，全球石油以现有的生产水平还可以生产 50 余年。石油输出国组织（Organization of the Petroleum Exporting Countries，OPEC）拥有 70.2%的全球储量，储量最高的国家是委内瑞拉（占全球储量的 17.5%），紧随其后的是沙特阿拉伯（17.2%）和加拿大（9.7%）。2020 年全球天然气探明储量 188.1 万亿立方米，比 2019 年减少了 2.2 万亿立方米，俄罗斯（37 万亿立方米）、伊朗（32 万亿立方米）和卡塔尔（25 万亿立方米）是储量最大的三个国家。根据 2020 年的储产比，全球天然气以现有的生产水平还可以生产 48.8 年。中东地区和独立国家联合体（以下简称独联体）是储产比最高的地区。中东地区的储产比为 110.4 年，而独联体的储产比为 70.5 年。2020 年全球煤炭储量为 10 740 亿吨，主要集中在美国（23%）、俄罗斯（15%）、澳大利亚（14%）和中国（13%），其中 70%的储量为无烟煤和沥青。根据 2020 年的储产比，全球煤炭还可以以现有的生产水平生产 139 年，其中北美洲（484 年）和独联体（367 年）是储产比最高的地区。当这些不可再生能源枯竭后，人类的生存和发展将受到很大的制约。正是出于对能源资源可持续利用的考虑，发达国家把应对气候变化的重点放在提高能效及新能源、电动汽车等领域的技术开发上。

1.1.3 全球各国陆续设立了“双碳”目标

大量事实表明，煤炭、石油和天然气等化石燃料的燃烧是迄今为止造成全球气候变化的最主要的原因，占全球温室气体排放的 75%以上。能源转型和低碳发展是应对气候变化和化石能源枯竭危机的根本办法。当前，全球各国已陆续设立了符合国情的“双碳”目标。主要的发达国家和部分发展中国家已经实现了碳达峰，138 个国家设定了碳中和目标，部分国家设定了碳减排量目标。如表 1.1 所示，美国实现碳达峰的时间是 2007 年，计划实现碳中和的时间为 2050 年；欧盟实现碳达峰的时间为 1990 年，计划实现碳中和的时间为 2050 年；日本实现碳达峰的时间是 2013 年，计划实现碳中和的时间是 2050 年。

---

① 前称 British Petroleum（英国石油），2001 年正式更改为 bp。

表 1.1 部分国家和地区“双碳”（计划）时间

国家和地区	碳达峰时间	碳中和计划时间
美国	2007 年	2050 年
欧盟	1990 年	2050 年
加拿大	2007 年	2050 年
韩国	2013 年	2050 年
日本	2013 年	2050 年
澳大利亚	2006 年	2040 年
南非	—	2050 年
巴西	2012 年	—

1.2 发展低碳经济的必要性

低碳经济是一种以减少温室气体排放，特别是 CO_2 排放为核心的经济发展模式，以低能耗、低排放、低污染为基本特征，主要目标是实现经济增长与环境可持续性的平衡，减轻对化石燃料的依赖，并促进清洁能源和绿色技术的发展。发展低碳经济的必要性日益显著，尤其在推动气候目标实现、强化经济系统的韧性、提升国家在全球价值链中的国际竞争力这三个方面体现得尤为明显。

首先，推动气候目标实现是发展低碳经济的重要使命。当前，全球气候变化的问题已经迫在眉睫，极端天气事件频发，给自然环境和人类生活带来了严重影响。在这种背景下，国际社会普遍认同减排 CO_2 及其他温室气体是缓解气候变化的有效途径。发展低碳经济，采取推广使用可再生能源、提高能效、促进清洁技术的应用等措施，可以显著减少温室气体的排放，有助于实现《巴黎协定》等国际气候协议中的减排目标。此外，低碳经济的发展还能促进相关环保产业的成长，为经济转型和可持续发展提供新的增长点。

其次，低碳经济的发展能强化经济系统的韧性。随着全球化的深入，经济系统越来越受到环境因素的影响，尤其是气候变化对农业、水资源、健康等多个领域造成的影响。发展低碳经济，不仅可以减轻对化石燃料的依赖，降低能源价格波动带来的经济风险，同时还能激发绿色技术和产业的创新，这些都有助于增强经济系统面对外部冲击时的应对能力和恢复力。例如，发展可再生能源可以减轻对特定能源进口的依赖，保障能源安全，同时创造新的就业机会，促进经济多元化发展。

最后，低碳经济的发展有助于提升国家在全球价值链中的国际竞争力。随着全球对环保和可持续发展的重视程度的不断提升，低碳、环保成了新的市场竞争点。企业和国家如果能够在低碳技术、产品和服务上占据先机，不仅可以满足日益增长的绿色消费需求，还能在国际贸易中享有更多优势。此外，遵循低碳发展路径的国家和地区更容易吸引国际资本和高技术人才，从而在全球价值链中占据更高的位置。因此，低碳经济不仅是应对环境挑战的需要，更是促进经济长期健康发展的重要战略选择。

习题：

1. 全球气候变化的最主要原因是什么？
2. 全球气候变化背景下发展低碳经济的必要性有哪些？

本章要点

1. 明晰低碳经济的概念和特征。
2. 厘清低碳经济、绿色经济和循环经济概念的异同点。

第 2 章　低碳经济的内涵

2.1　低碳经济的概念

低碳经济术语首次出现于 2003 年的英国能源白皮书《我们能源的未来：创建低碳经济》，书中指出，低碳经济是通过更少的资源消耗和环境污染，获得更多的经济产出。英国计划到 2050 年实现温室气体比 1990 年减排 60%，并发展成为低碳经济国家。2006 年，世界银行（World Bank）时任首席经济学家尼古拉斯·斯特恩在发表的《气候变化经济学：斯特恩报告》中指出，现在全球将每年投入国内生产总值（gross domestic product，GDP）的 1%用于削减温室气体排放量，可以避免将来每年 5%～20% GDP 的损失，以此呼吁全球向低碳经济转型。2007 年 7 月，美国参议院提出《低碳经济法案》，表明低碳经济的发展道路有望成为美国未来的重要战略选择。2008 年，联合国环境规划署确定该年世界环境日的主题为“转变传统观念，推行低碳经济”。2009 年 3 月，中国科学院发布《2009 中国可持续发展战略报告——探索中国特色的低碳道路》，提出中国发展低碳经济的战略目标，到 2020 年单位 GDP 的 CO_2 排放比 2005 年降低 50%左右（基本实现）。2010 年国家发展改革委印发了《关于开展低碳省区和低碳城市试点工作的通知》，试点工作陆续启动。第一批试点工作自 2010 年开始开展，包括广东、辽宁、湖北、陕西、云南五省及天津、重庆、深圳、厦门、杭州、南昌、贵阳、保定八市，第二批试点工作自 2013 年开始开展，包括海南省及其他 28 个城市（共包含 33 个城市），第三批试点工作自 2017 年开始开展，包括内蒙古自治区乌海市等 45 个城市。

随着“低碳经济”一词逐步得到国际社会的认可，学者对低碳经济的概念进行了大量的研究和总结。冯之浚和牛文元（2009）提出：“低碳经济是低碳发展、低碳产业、低碳技术、低碳生活等一类经济形态的总称。它以低能耗、低排放、低污染为基本特征，以应对碳基能源对于气候变暖影响为基本要求，以实现经济社会的可持续发展为基本目的。”付加锋等（2010）认为：“低碳经济是指碳生产力和人文发展均达到一定水平的一种经济形态，具有低能耗、低污染、低排放和环境友好的突出特点，旨在实现控制温室气体排放和发展社会经济的全球共同愿景。”此外，潘家华等（2010）提出低碳经济“一方面对于人文发展施加了碳排放的约束，另一方面强调碳排放约束不能损害人文发展目标，其解决途径便是通过技术进步和节能等手段提高碳生产力”。

此外，亦有部分学者对低碳经济的概念进行系统总结和梳理，张坤民、潘家华与崔大鹏主编的《低碳经济论》一书中，时任中华人民共和国环境保护部[①]部长周生贤作序指出：“低碳经济是以低能耗、低排放、低污染为基础的经济模式，是人类社会继原始文明、农业文明、工业文明之后的又一大进步。其实质是提高能源利用效率和创建清洁能源结构，核心是技术创新、制度创新和发展观的转变。发展低碳经济，是一场涉及生产模式、生活方式、价值观念和国家权益的全球性革命。”

周宏春（2012）在《低碳经济学：低碳经济理论与发展路径》中提出：“发展低碳经济要在市场经济条件下，通过制度安排、政策措施的制定和实施，推动能效技术、可再生能源技术和温室气体减排技术等的开发利用，促进社会经济朝着低能耗和低碳排放的发展模式转型，形成低碳的生产方式和消费模式。发展低碳经济，是转变发展观念、创新发展模式、破解发展难题、提高发展质量的重要途径，是建设资源节约型和环境友好型社会、提高生态文明水平的必然选择。”

陈美球和蔡海生主编的《低碳经济学》中的定义为：“低碳经济是指在可持续发展理念指导下，通过技术创新、制度创新、产业转型、新能源开发等多种手段，尽可能地减少煤炭、石油等高碳能源消耗，减少温室气体排放，达到经济社会发展与生态环境保护双赢的一种经济发展形态。发展低碳经济，一方面是积极承担环境保护责任，完成国家节能降耗指标的要求；另一方面是调整经济结构，提高能源利用效率，发展新兴工业，建设生态文明。这是摒弃以往先污染后治理、先低端后高端、先粗放后集约的发展模式的现实途径，是实现经济发展与资源环境保护双赢的必然选择。”

田泽等（2020）在《低碳经济学：理论、方法与发展路径》中总结：“低碳经济是在生产和生活中追求能源效率和二氧化碳等温室气体低排放的一系列新理念和新的发展模式，可以概括为在可持续发展理念的指导下，通过技术创新、制度创新、产业转型、新能源开发等多种手段，尽可能地减少煤炭、石油等高碳能源消耗，减少温室气体排放，达到经济社会发展与生态环境保护双赢的经济发展形态。”

综上所述，低碳经济的实质是从高碳能源时代向低碳能源时代演化的一种经济发展模式，包含低碳能源发展、低碳产业发展、低碳区域发展、低碳技术发展、低碳政策设计等内容。低碳经济主要通过开发利用低碳技术和产品、提高能源利用效率、提高低碳能源占比、优化产业结构、形成低碳消费模式以及发挥碳汇潜力等路径，在不影响经济和人文发展需要的基础上，降低社会碳排放强度或减少温室气体排放总量，实现经济社会和生态环境和谐共生发展。

2.2　低碳经济的特征

低碳经济既是减排也是发展，是一种经济发展理念，也是一种经济发展模式，需要依靠市场制度运行，也需要技术革新推动。发展低碳经济需要坚持目标导向，要根据各个区域、行业、企业以及个体情况设定不同的发展目标。总体而言，低碳经济主要有以下特征。

---

① 2008 年，组建生态环境部，不再保留环境保护部。

2.2.1 经济性

低碳经济通过低碳的生产、生活方式，减少对资源的消耗，同时提高经济发展水平。这主要包含了两层含义：一是低碳经济需按照市场经济的原则和机制发展，而不单纯依赖政策引导和规制；二是低碳经济的发展不应造成经济、社会福利和人民生活水平的下降。发展低碳经济不是提倡回归农耕社会，而是改变当下高耗能的生产方式，形成绿色、清洁、低碳和可持续的社会发展模式。

2.2.2 技术性

低碳经济的发展依赖低碳技术的研发和应用。低碳经济的发展需要通过应用低碳技术提高能源利用效率、改变能源消耗结构以及降低碳排放强度。低碳技术的发展不仅受绿色、清洁和低碳等相关政策的推动，也被低碳生产、生活方式拉动，同时受经济发展、资源禀赋等因素影响。

2.2.3 目标性

低碳经济的发展目标是保持经济发展活力的同时，减少 CO_2 等温室气体的排放，争取使大气中温室气体的浓度保持在一定水平，对人类的生产、生活不会产生太大的影响，从而实现人与自然和谐发展。但在不同时间、区域内，低碳经济的发展目标存在阶段性、相对性、动态性、差异性等特征。

2.2.4 相对性

低碳经济发展对于不同国家具有不同的含义。比如，对于发展中国家，社会发展的基本需要尚未得到满足，在经济总量增加的同时促进碳排放的相对下降，即碳强度的下降，就可认为是低碳发展；对于发达国家，面对日益有限的全球碳排放空间，应当履行绝对减排义务，即在保持高社会发展水平的前提下，实现碳排放总量的绝对降低。

2.2.5 动态性

低碳经济发展对于不同国家在不同阶段的要求不一样。比如，对于已经实现碳达峰的发达国家来说，其低碳发展的目标是减少总排放量，在某个时间点实现碳中和；对于尚未实现碳达峰的发展中国家来说，低碳发展的目标是使碳排放强度下降，尽快实现碳达峰，当碳排放量达峰之后，进行碳排放总量的削减，尽快实现碳中和目标。

2.3 低碳经济与绿色经济、循环经济等概念的关系

低碳经济、绿色经济和循环经济是三个相互联系又各有侧重的概念，它们共同构成了可持续发展的重要框架。

2.3.1　绿色经济

绿色经济术语源自英国环境经济学家皮尔斯于 1989 年出版的《绿色经济的蓝图》一书，认为经济发展必须是自然环境和人类自身可以承受的，不能盲目追求生产增长而造成社会分裂和生态危机，主张考虑社会及其生态条件，建立一种“可承受的经济”。绿色经济具有包容性，能够推动经济增长、促进就业、消除贫困，同时保持地球生态系统健康运转。2008 年绿色经济成为解决金融危机的工具，时任联合国秘书长潘基文提出了“绿色新政”的概念，目标是推动“绿色经济”的发展，呼吁全球在投资方面，转向能够创造更多工作机会的环境项目。2012 年联合国可持续发展大会（“里约+20”峰会）召开，各国政府同意将绿色经济作为可持续发展的重要工具。2023 年 1 月国务院新闻办公室发布《新时代的中国绿色发展》白皮书，表明中国将坚定不移走绿色发展之路。

2.3.2　循环经济

循环经济，即资源循环型经济，按照“减量化、再利用、资源化”原则，采取各种有效措施，以尽可能少的资源消耗和尽可能小的环境代价，取得最大的经济产出和最少的废物排放，实现经济、环境和社会效益相统一，建设资源节约型和环境友好型社会。我国从 20 世纪 90 年代起引入循环经济的思想。2005 年，国务院印发《关于加快发展循环经济的若干意见》，在重点行业、重点领域、产业园区和城市组织开展循环经济试点工作。2008 年 8 月 29 日第十一届全国人民代表大会常务委员会第四次会议通过《中华人民共和国循环经济促进法》，2009 年 1 月 1 日起施行，2018 年修正。2021 年 7 月 1 日，中华人民共和国国家发展和改革委员会（以下简称国家发展改革委）印发了《“十四五”循环经济发展规划》，以全面提高资源利用效率为主线，围绕工业、社会生活、农业三大领域，提出了“十四五”循环经济发展的主要任务，即“构建资源循环型产业体系，提高资源利用效率”“构建废旧物资循环利用体系，建设资源循环型社会”“深化农业循环经济发展，建立循环型农业生产方式”。

2.3.3　低碳经济、绿色经济与循环经济三者之间的关系

比较而言，低碳经济、绿色经济与循环经济三者内涵各有侧重，又有相似之处（图 2.1）。低碳经济强调减少温室气体排放、降低碳排放强度以及提高碳汇能力。绿色经济偏重于经济与环境和谐发展，体现对环境保护的重视。循环经济的核心是提高资源利用效率，力求物尽其用。从范围来看，绿色经济是一个更广义的概念，低碳经济和循环经济均属于绿色经济范畴。三者的很多活动是相互交叉的。比如，发展新能源既是低碳经济的主要活动，也属于绿色经济活动；节约能源、降低能源消耗既是低碳经济活动，也属于循环经济活动。此外，低碳经济、绿色经济与循环经济三者都是可持续发展、生态文明建设的重要实践，三者相辅相成。2021 年 2 月 2 日国务院印发《关于加快建立健全绿色低碳循环发展经济体系的指导意见》，提出“建立健全绿色低碳循环

发展经济体系，促进经济社会发展全面绿色转型，是解决我国资源环境生态问题的基础之策”。

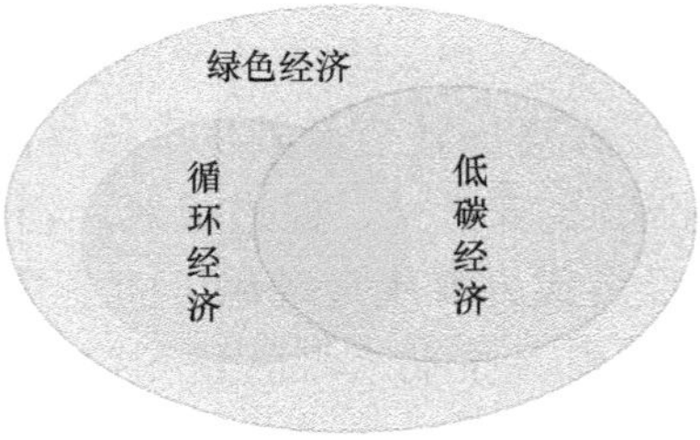

图 2.1　低碳经济、绿色经济和循环经济的关系

习题：

1. 低碳经济有哪些特征？
2. 低碳经济、绿色经济和循环经济有什么区别？

本章参考文献

陈美球, 蔡海生. 2015. 低碳经济学[M]. 北京: 清华大学出版社.

陈诗一. 2022. 低碳经济[J]. 经济研究, 57(6): 12-18.

冯之浚, 牛文元. 2009. 低碳经济与科学发展[J]. 中国软科学, (8): 13-19.

付加锋, 庄贵阳, 高庆先. 2010. 低碳经济的概念辨识及评价指标体系构建[J]. 中国人口·资源与环境, 20(8): 38-43.

李忠民, 姚宇. 2018. 低碳经济学[M]. 北京: 经济科学出版社.

潘家华, 庄贵阳, 郑艳, 等. 2010. 低碳经济的概念辨识及核心要素分析[J]. 国际经济评论, (4): 88-101, 5.

田泽, 任芳容, 马海良. 2020. 低碳经济学: 理论、方法与发展路径[M]. 徐州: 中国矿业大学出版社.

薛进军. 2011. 低碳经济学[M]. 北京: 社会科学文献出版社.

张坤民, 潘家华, 崔大鹏. 2008. 低碳经济论[M]. 北京: 中国环境科学出版社.

周宏春. 2012. 低碳经济学: 低碳经济理论与发展路径[M]. 北京: 机械工业出版社.

本章要点

1. 了解低碳经济相关研究机构的发展。
2. 掌握低碳经济相关专业的发展。

第 3 章　低碳经济相关研究机构和专业的发展现状

3.1　低碳经济相关研究机构的发展现状

低碳经济相关研究机构包括气候变化、能源战略、能源经济、能源转型、相关政策和技术等研究机构，具体组织涉及政府间组织[如联合国环境规划署（United Nations Environment Programme，UNEP）]、民间机构（如绿色和平）、区域性组织（如 OPEC）和主权国家机构（如美国国家环境保护局）。

3.1.1　国际低碳研究机构

1. IPCC

WMO 和 UNEP 于 1988 年建立了 IPCC。其主要任务是对气候变化的科学认识、气候变化的影响以及适应和减缓气候变化的可能对策进行评估，向决策者提供现有的气候变化知识和可靠的相关信息。IPCC 每五年左右将评估结果归结成评估报告出版，每次报告都收录了数千名科学家的研究成果。IPCC 下设三个工作组和一个专题组。其中第一工作组主要从科学的角度去评估气候系统和气候变化，告诉人们气候变化是否正在发生、发生的原因和发生的速度。第二工作组主要评估在气候变化情况下，社会经济体系和自然系统的脆弱性，主要关注气候变化对人类和自然环境的影响程度以及如何减弱其影响。第三工作组主要评估限制温室气体排放、减缓气候变化的选择方案。

2. 国际低碳经济研究中心

国际低碳经济研究中心是致力于经济与社会低碳节能环保建设，关注人类可持续发展的全球性机构，是全球低碳经济研究领域独立性、专业性、非营利的知名国际性独立法人组织。该中心成员由新能源和环保组织、环境研究机构等行业的知名人士联合组成。该中心致力于推动低碳行业的法律、法规建设，推动行业自律，协助政府对低碳产业发展进行监督和管理；组织政府、权威专家调研团对产业进行调研，向政府提供调研报告，为政府制定行业政策、法规、行业标准提供决策参考；向政府反映低碳成员的意愿和要求，提出促进产业发展的建设性意见，为政府制定相关产业政策提供依据，争取政府项目资金，切实有效推动产业发展。

3. 其他国际知名的能源战略研究机构

其他国际知名的能源战略研究机构包括国际可再生能源署（International Renewable Energy Agency，IRENA）、bp 集团、美国未来资源研究所（Resources for the Future，RFF）等，也关注能源安全、气候变化等相关问题（表 3.1）。此外，不少高校也成立相关研究所来针对能源经济、低碳经济、相关政策和技术等问题进行深入研究，如奥斯陆国际气候与环境研究中心（Center for International Climate Research，CICERO）、格罗宁根能源和可持续发展研究所（Energy and Sustainability Research Institute Groningen，ESRIG）等。

表 3.1 国际知名的能源战略研究机构和网址

研究机构	网址
国际可再生能源署	https://www.irena.org/
bp 集团	http://www.bp.com
美国未来资源研究所	http://www.rff.org/
石油输出国组织	https://www.opec.org/
德国巴登-符滕堡州能源公司	https://www.enbw.com/
爱尔兰可持续能源管理局	http://www.seai.ie/
瑞典大瀑布电力公司	http://www.vattenfall.com/
美国艾默生电气集团	http://www.emerson.com/
新加坡国家环境局	http://www.nea.gov.sg/
挪威国家石油公司	https://www.equinor.com/
日本关西电力公司	http://www.kepco.co.jp/
日本东北电力公司	http://www.tohoku-epco.co.jp/
荷兰 GasTerra 能源公司	http://www.gasterra.nl/
麦肯锡公司	https://www.mckinsey.com/

3.1.2 国内低碳研究机构

国网能源研究院有限公司是国家电网有限公司独资设立的智库机构和软科学研究单位，承担着理论创新、战略创新和管理创新的研究职责，为国网公司战略决策和运营管理提供智力支撑，为政府政策制定和能源电力行业发展提供咨询服务。入选国家能源局首批研究咨询基地，是央企智库联盟首届理事长单位支撑机构。国网能源研究院有限公司研究业务布局包括 11 个研究领域、53 个研究方向，以及模型工具和实验室研发。具体包括碳达峰碳中和、新型电力系统、能源电力战略规划、能源电力供需以及能源电力体制改革与电力市场等研究领域。

中国能源研究会于 1981 年 1 月成立，是由从事能源科学技术的相关企事业单位、社会团体和科技工作者自愿结成的全国性、学术性、非营利性社会组织。以“研究、咨询、服务、交流”为基本定位，以“围绕中心、服务大局”为根本理念，研究会团结能源领域的科技工作者，发挥能源科技高端智库的作用，服务能源科技进步和体制机制创新，积极开展能源领域的决策咨询服务和重大政策及课题研究，以及能源科技评估、团体标准制定、科学普及等，推动国内外的学术交流与合作。

同时，各省也建设相关低碳研究机构。例如，2009 年成立的北京低碳清洁能源研究院，2010 年成立的江苏现代低碳技术研究院，2021 年成立的上海能源与碳中和战略研究院等。许多高校也设立相关研究机构。例如，清华大学气候变化与可持续发展研究院、复旦大学可持续发展研究中心、厦门大学中国能源政策研究院、中央财经大学绿色金融国际研究院、华中科技大学中欧绿色能源金融研究所、南京航空航天大学能源软科学研究中心。

“双碳”目标提出之后，各省碳中和相关研究机构陆续设立。2021 年 1 月，由江苏省环境科学研究院、中国矿业大学共同发起组建的江苏省碳中和联合研究中心成立。2021 年 3 月 11 日，山西省首家碳中和研究院——山西碳中和战略创新研究院在山西转型综合改革示范区发起设立。2021 年 4 月，世界绿色设计组织（World Green Design Organization，WGDO）与华东理工大学艺术设计与传媒学院共同成立了“绿色设计与碳中和长三角研究中心”。2021 年 5 月 8 日，碳达峰、碳中和法律研究中心在北京正式成立。

2021 年和 2022 年，教育部分别印发《高等学校碳中和科技创新行动计划》和《加强碳达峰碳中和高等教育人才培养体系建设工作方案》，推动高校在碳中和领域进行重点布局。目前，国内高校布局“双碳”领域最常见的做法是成立相关研究院或研究中心。据不完全统计，自“双碳”目标提出以来，已有清华大学、北京大学、上海交通大学、复旦大学、中国科学技术大学、中国人民大学、南京大学、东南大学、厦门大学、同济大学等几十所知名高校先后成立了碳中和研究机构。

3.2　低碳经济相关专业的发展现状

2010 年 3 月，教育部把“低碳经济学”列为新兴学科，一些大学已经开设低碳经济学课程。2010 年 6 月，北京市教育委员会正式发文，批准对外经济贸易大学的低碳经济学为北京市交叉学科重点学科，培养低碳经济学硕士、博士，并向教育部申报低碳经济学本科专业。

近年来，国内高校在“双碳”相关的新专业获批方面动作频频。研究生专业方面，2023 年 9 月国务院学位委员会批准清华大学新增“碳中和系统科学与技术”一级学科博士学位授权点。2022 年 7 月，国务院学位委员会印发《关于下达 2021 年学位授权自主审核单位撤销和增列的学位授权点名单的通知》，中国人民大学应用经济学院的“碳经济”硕士专业学位授权点成功获批，这是首个获批的“碳经济”硕士专业。

本科专业方面，根据教育部公布的普通高等学校本科专业备案和审批结果，2019 年增设储能科学与工程、生物质科学与工程等。2020 年，与“双碳”相关的新专业主要有气象技术与工程、能源服务工程、能源互联网工程、城市水系统工程。2021 年，与“双碳”相关的新专业包括碳储科学与工程、氢能科学与工程、可持续能源、智慧能源工程、生物质能源与材料、资源环境大数据工程、湿地保护与恢复等。

2022 年 7 月，教育部在答复《关于建立健全碳中和教育相关一流课程与教材体系的提案》的函中介绍：“教育部引导高校根据经济社会发展需要和办学能力，加大双碳相关专业人才培养力度。近年来新批准设置储能科学与工程、新能源汽车与工程、碳储科学与工程、氢能科学与工程、智慧能源工程等10余个本科专业。”[①]截至2022年7月，全国共设置新能源科学与工程、智能电网信息工程、能源与动力工程、电气工程及其自动化和环境科学与工程等21个与碳达峰和碳中和领域直接相关的本科专业，布点2223个。

另有一些高校开设碳中和微专业，如南京航空航天大学开设绿色能源与低碳动力、储能科学与工程、碳金融与碳市场三个本科生微专业，中国石油大学（华东）开设碳中和与能源系统管理本科生微专业，同济大学开设气候变化与碳中和本科生微专业，华东师范大学开设全球变化与碳中和科学本科生微专业，江苏大学开设碳核算与应用本科生微专业，广东工业大学开设可持续发展与碳中和本科生微专业，福建师范大学开设碳经济与能源系统管理本科生微专业等。

习题：

1. 国内外主要的低碳经济研究机构有哪些？
2. 国内主要的低碳经济相关专业有哪些？

① 《关于政协十三届全国委员会第五次会议第01482号（教育事业类153号）提案答复的函》，http://www.moe.gov.cn/jyb_xxgk/xxgk_jyta/jyta_gaojiaosi/202208/t20220819_654024.html，2022-07-25。

本章要点

1. 掌握低碳经济学的内涵。
2. 了解低碳经济学的研究对象。

第 4 章　低碳经济学的内涵和研究对象

4.1　低碳经济学的内涵

低碳经济学的发展过程与全球气候变化议题的兴起密切相关。从 20 世纪 80 年代末开始，随着全球变暖和碳排放问题的日益显著，国际社会开始关注经济活动对环境的影响。1992 年联合国环境与发展会议（即地球问题首脑会议）的召开和 1997 年《京都议定书》的通过标志着国际社会开始正式应对气候变化问题。在此背景下，低碳经济这一概念应运而生，并逐步成为政策制定和学术研究的重要领域。

低碳经济学的概念内涵主要围绕着如何在促进经济增长的同时减轻对化石燃料的依赖和减少碳排放。它强调通过技术创新、能源结构优化、产业升级、碳定价机制等手段，实现经济、社会和环境的可持续发展。低碳经济不仅关注减排，还涉及适应气候变化的策略，如发展可持续的城市和交通系统、促进绿色消费等。

研究内容方面，低碳经济学涵盖了广泛的议题，主要包括能源低碳转型（如可再生能源发展）、产业低碳化发展（农业、工业、建筑、交通、服务业等）、区域低碳发展（城市、农村、园区）、低碳技术的研发与应用（如能源效率提升、CCUS 技术）、低碳政策与市场机制的设计与实施（包括碳交易、碳税、补贴政策）等。此外，它还关注国际合作，尤其是在全球气候治理框架下发展中国家与发达国家之间的责任分担和技术转移问题。

基础理论方面，低碳经济学借鉴和融合了多种学科的理论，如经济学中的外部性理论、公共物品理论、市场失灵和政府干预理论；环境科学中的可持续发展理论；能源科学中的能源转型理论等。这些理论为理解经济活动与环境影响之间的复杂关系提供了框架，并指导着政策制定和实践。

方法学基础方面，低碳经济学采用了多种研究方法，包括碳排放核算、系统评价、案例研究、比较研究等。这些方法使得研究者能够从不同角度评估低碳经济发展水平及低碳政策的经济、环境和社会效果，探索低碳转型的最佳路径。同时，由于涉及多个学科，低碳经济学的研究通常需要跨学科的合作和综合性分析。

4.2　低碳经济学的研究对象

低碳经济的发展涉及能源、产业、区域、社会、生活等多个方面，需要政策推动、制度引导、技术革新等管理和技术手段支持。低碳经济学的研究对象包括能源低碳发展、产业低碳发展、区域低碳发展以及低碳经济发展政策。

4.2.1 能源低碳发展

能源低碳发展是低碳经济发展的核心。我国多元能源格局初步形成，低碳化趋势显著，但短期内以煤炭为主的消费结构不会改变。根据 bp 集团公布的数据，2022 年我国能源消费结构中煤炭占比为 55.47%、石油占比为 17.67%、天然气占比为 8.49%、核能占比为 2.36%、水能占比为 7.67%、可再生能源占比为 8.34%（2021 年占比为 7.18%）。能源低碳化发展包括三部分内容，一是提高能源利用效率、降低能源消费强度，即以更少的能源消耗，取得更多的产品产出。具体的实现方式包括采用节能低碳技术、改善工艺、节约能源、循环利用能源等。二是调整能源消费结构、提高低碳能源占比。低碳能源包括除石化燃料以外的清洁能源、可再生能源、新能源，如太阳能、风能、生物质、地热、氢能、核聚变能、潮汐能等，减少 CO_2 等温室气体的排放。三是构建新型能源体系。新型能源体系是以清洁、低碳、可再生能源为基础，利用先进技术和系统来实现能源的高效利用和可持续发展的能源体系。其在能源生产、转化、传输和利用方面采用了新的技术和方法，以期实现能源的高效、清洁和可持续发展。

4.2.2 产业低碳发展

产业低碳发展是低碳经济发展的载体。产业低碳发展包括农业、工业、建筑、交通和服务业等领域的低碳发展。实现方式涵盖产业结构调整、终端用能电气化、节能低碳技术研发和利用、生产工艺改造、能源利用低碳转型以及提高碳汇能力等。产业结构调整指的是提高低碳产业所占的比重，逐步降低高碳产业特别是钢铁、水泥、化工和其他非金属矿物等重工业占比。

1. 农业领域

农业生产中排放 CO_2、甲烷（CH_4）、氧化亚氮（N_2O）（碳排放源），同时农作物通过光合作用吸收 CO_2 合成有机物质，并最终以有机碳的形式存储在土壤中，即碳汇。因此，农业生产既是重要的温室气体排放源，又是一个巨大的碳汇系统。全球农业活动产生的温室气体主要来自牧场动物肠道发酵、化肥施用、有机土壤排水、水稻种植、农场能源消耗、粪便管理、农作物残余（主要指秸秆燃烧）等方面。农业低碳发展主要通过以下途径实现：加强农业资源节约利用、提高资源利用效率；化肥农药减量增效和废弃物资源化利用；提高土壤质量，提高农田和草地的固碳增汇能力；推进可再生能源替代，抵扣生产生活能源碳排放。

2. 工业领域

工业领域的主要碳排放来自钢铁、水泥、化工和其他非金属矿物等行业的生产，包括直接碳排放和间接碳排放。直接碳排放包括企业生产制造过程中，消耗化石燃料等提供的高温或能量，以及生产过程中化学反应释放的温室气体，如水泥生产。间接碳排放包括企业生产制造过程中，消耗电力产生的间接排放。工业低碳发展主要通过优化能源使用结构，提高电气化程度，加快生产工艺升级，应用先进储能技术、布局回收与再用技术，全面构建制造业的低碳生产链与低碳价值链等途径实现。例如，现阶段钢铁行业碳排放强度的下降主要来自废钢生产和能源效率的提高。然而，随着技术的进步，炼钢效率和再利用率已接近技术极限。进一步脱碳需要从根本上改变生产方式，实现新的技术突破。例如，用氢气或生物能代替煤炭作为高炉炼钢的还原剂，生产能源供应过程可以电气化。

3. 建筑领域

建筑领域碳排放具体来源于建材生产、建筑施工及其内部运行等环节，其中建材生产阶段碳排放，指当年建筑业消耗的建材在其生产全过程的碳排放，包括房屋建筑和基础设施工程。建筑领域碳排放也可分为直接碳排放和间接碳排放。直接碳排放是在建筑行业发生的化石燃料燃烧导致的碳排放，主要包括建筑内的直接供暖、炊事、生活热水、医院或酒店蒸气等导致的燃料排放；间接碳排放是建筑使用电力、热力导致的碳排放，间接碳排放是建筑行业主要碳排放来源。目前，建筑脱碳领域需要重点关注的技术包括低碳建材、建筑气电、智能建筑、建筑全过程智能设计与控制，以及建筑智能微电网、低碳/零碳建筑智能集成等。

4. 交通领域

交通领域的碳排放主要来源于运输过程中的燃料燃烧。交通领域低碳发展主要通过优化调整运输结构（推动大宗货物集疏港运输向铁路和水路转移）、推进绿色工程建设（包括绿色公路和航道建设）、推进新能源清洁能源车船应用以及开展绿色低碳出行行动等途径实现。交通领域的脱碳重点是电气化，随着充电桩基础设施建设的推进和电动汽车技术的发展，公路交通电气化已成为交通领域最成熟的碳减排方式。与公路、航空和船舶运输相比，铁路运输通常更高效、低碳，更容易实现电气化。现阶段，氢能、生物质燃料和液氨等新型零碳燃料在交通领域的应用并不经济。总体而言，交通领域脱碳的关键技术主要体现在高性能电动汽车、氢燃料电池汽车、重型车辆电气化、大运量轨道交通、绿色船舶、交通自适应能源系统、无人驾驶、智能交通系统、交通基础设施低碳建设与运维、现有交通枢纽设施节能减排改造、太阳能道路等方面。

5. 服务业领域

低碳服务业是指以低碳技术为支撑，在充分合理开发、利用当地生态环境资源的基础上，实现最少碳排放的现代服务业。随着我国产业转型升级以及居民消费需求升级，服务业在经济快速发展中的地位和作用将愈加突出，服务业经济增长所带来的生态环境问题也日益凸显。目前我国的服务业低碳转型重点在餐饮、旅游、金融等几个行业。低碳餐饮基于安全、健康、节能、环保理念，坚持低碳管理，倡导维持生态的平衡性和资源的可持续利用性的绿色食物及饮料的生产与消费过程。低碳餐饮应当保证食品采购环节、生产环节和服务环节的低碳化。低碳旅游即在旅途中减少 CO_2 排放量的一种低能耗、低污染的旅游出行模式，以实现旅游与环境和谐共存为目标。低碳旅游的发展途径主要包括旅游消费的低碳化和旅游生产的低碳化。低碳金融是指金融机构和组织运用相关的金融产品和服务，在引导资金流向、配置社会资源时要考虑到生态保护和对污染的治理，加大对环保产业和技术创新的支持力度，以期达到经济的持续发展和社会福利的持续最大化的一系列金融活动。

4.2.3 区域低碳发展

区域低碳发展是指在特定地区内实施的一系列措施和政策，旨在减少碳排放，推动经济与环境的可持续发展。这包括城市、农村和园区等不同类型的区域，它们的碳排放来源和低碳发展路径各有特点。在城市中，碳排放的主要来源包括城市发电、工业活动、交通运输、建筑能耗等。城市的低碳发展路径主要集中在优化能源结构、推广公共交通和新能源车辆、建设节能建筑以及提高能源使用效率等方面。在农村地区，碳排放主要来自农业生产（如化肥使用和田间管理）、能源消费（尤其是依赖于化石燃料的机械化作业）。农村低碳发展的路径包括推广节能和减排的农业技术，改善农业生产管理，推动可再生能源使用，如太阳能和生物质，以及改善农村居民的能源使用结构。对于园区，即工业园区或科技园区，碳排放主要源自工业生产过程和能源消耗。园区低碳发展的路径应聚焦于建设节能环保型的工业园区，推动产业结构的优化升级，采用清洁生产技术和循环经济模式，以及实施严格的环境管理和监控体系。

4.2.4 低碳经济发展政策

低碳经济发展政策是指政府及相关机构制定或实施的促进低碳经济发展的政策和措施，目的是达到生产方式和生活方式的资源节约、绿色环保、能源高效利用，实现可持续发展。从政策直接作用对象来看，主要政策包括为推进“双碳”目标实现而实施的系列政策、促进可再生能源发展的政策（补贴、上网电价等）、助力低成本实现碳减排的政策（如碳交易）、助力新能源消纳的政策（如绿证交易）等。低碳经济发展相关政策也相互影响，如促进可再生能源发展的政策，也助力实现“双碳”目标，因为“双碳”目标实现的重要途径之一即是能源低碳转型。

低碳经济发展政策的实施手段可以分为直接管制手段和市场经济手段。直接管制手段是指政府为控制碳排放和能源消耗而制定法律法规，主要采用目标规划、排放限额、用能/排放标准限制、供电配额等方式。直接管制手段应用较早，但是管理难度大、行政成本高、标准制定复杂困难等因素都限制了其实用性。市场经济手段包括碳交易机制和绿证交易制度。碳交易一般也称为“限额-交易”制度，即政府制定一个行业、部门、地区或国家可能排放的温室气体的总量上限，然后给予或出售给企业有限额规定的许可证，且此排放许可可以在排放者之间相互交易，如果企业排放量超出许可证上限，就必须在公开市场上购买排放配额。绿证交易，也称为可再生能源证书交易，绿证代表了一定量的可再生能源的生产或消费，绿证可以在市场上买卖，为可再生能源项目提供额外的收入来源，目的是鼓励企业更多地进行可再生能源投资。

习题：

1. 低碳经济学的内涵是什么？
2. 低碳经济学的研究对象有哪些？

第二篇

低碳经济学理论与方法体系

掌握科学、系统的研究方法有助于解决发展低碳经济涉及的各项科学问题，本篇系统地梳理了低碳经济学相关理论与方法体系。

低碳经济方法体系主要包括碳排放核算、低碳经济发展评价和低碳经济计量学三个核心章节。准确的碳排放核算是低碳经济发展评价的基本前提，低碳经济发展评价指标可作为计量模型中的被解释变量，为低碳经济发展的影响因素及作用机制分析等相关研究提供科学依据。

本章要点

1. 掌握环境库兹涅茨曲线理论。
2. 学习四种环境库兹涅茨曲线的含义
3. 介绍环境库兹涅茨曲线的应用案例。

第 5 章　低碳经济增长理论

本章旨在介绍一个低碳经济发展的理论解释，我们将利用环境库兹涅茨曲线作为分析的基础，因为 CO_2 也是一种污染物（或将被定义为污染物），CO_2 排放也属于环境污染问题。以索洛增长模型为基础，低碳经济发展主要取决于低碳技术的进步。

5.1　环境库兹涅茨曲线

环境库兹涅茨曲线源于描述经济增长与收入分配关系的倒“U”形假说，即库兹涅茨曲线。库兹涅茨曲线是指收入水平较低的阶段，经济增长与收入分配差距扩大相伴随，当收入水平达到一定高度后，经济增长有助于降低收入分配不平等程度。20 世纪 70 年代以后，这一假说被用于描述经济增长与环境的关系，以说明为什么在经济增长过程中会产生环境问题，以及环境破坏对经济增长的制约。本节讨论一个伴随有高度环境污染的经济增长模型，说明环境污染对经济增长的制约以及环境污染如何影响未来的经济增长路径。

5.1.1　环境库兹涅茨曲线及其含义

环境库兹涅茨曲线以倒“U”形曲线描述 GDP 增长与环境污染的动态关系，环境污染伴随着经济增长呈先上升后下降的趋势，可以视为对一国/地区经济增长所能产生的效应的总结。首先，随着经济增长，经济活力提升，规模效应出现，污染物也随着经济的增长而增加。其次，经济结构也可能发生变化，产业结构由污染密集型向清洁型转化。例如，从工业转型为服务业，第三产业产值占比提高，这就产生了结构效应，污染物可能增加也可能减少。最后，随着经济发展水平的不断提升，清洁技术不断替代传统技术，从而实现环境质量的提高，即产生了技术效应。除了上述三个效应能对环境库兹涅茨曲线产生影响外，还有其他可能的因素，具体如下。

（1）环境质量需求：在其他因素不变时，随着人均收入的增加，居民对环境质量的需求增加，居民的环境质量需求从而转化为政府的需求，政府进行环境管制，环境得到改善。

（2）政策：环境污染随着经济的增长而递增到一定程度后，政府为了经济的可持续发展从而加强环境管制。

（3）市场机制：随着市场机制的不断完善，自然资源的价格在交易中的变动会反映其稀缺程度，从而迫使厂商提高资源利用效率，减轻环境污染程度。

（4）国际贸易：由于发达国家的环境质量需求水平高，政府会采取收取排污税等环境管制措施，从而污染密集型产品的比较价格优势下降，出口减少，国内厂商会减少污染密集型产品的生产，而发展中国家的污染密集型产品的比较价格优势会得到加强，从而生产的厂商增加，环境恶化，进入倒“U”形曲线的上升阶段。

在环境库兹涅茨曲线中，一般将经济增长与环境污染的变化分为三个阶段（图 5.1）：第一阶段是经济发展初期，表现为经济高速增长和环境迅速恶化；第二阶段是转折点，随着经济发展水平的不断提高，投入与产出结构不断优化，污染达到峰值后开始下降；第三阶段是经济发展后期，清洁技术的研发与推广和能源效率的提升，进一步推动了产业结构的优化和环境的改善，污染物排放程度逐渐降低。因为库兹涅茨以及解释库兹涅茨曲线的学者很多都属于新古典经济学派，所以这一曲线假定环境问题会随着经济的增长逐渐得到解决，从而进入第三阶段，无须采取环境保护的干预性措施。换言之，库兹涅茨曲线是一个以市场经济原理为基础的模型，假定市场会对环境污染问题进行自动调节，因而无须政府的政策特别是环境保护的干预性措施。

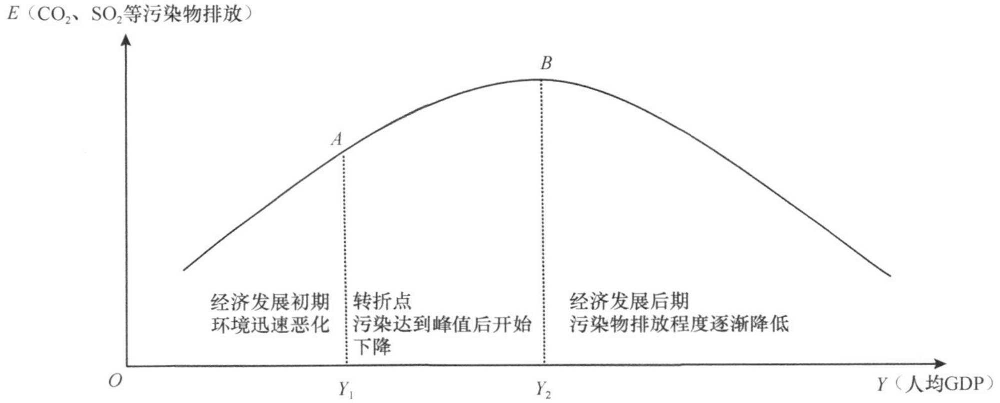

图 5.1 传统的环境库兹涅茨曲线

资料来源：以环境库兹涅茨假说（Kuznets，1955）为基础绘制

在此，假设生产函数为 $Y=F(K,L,E)$，其中 Y 代表产出，而 K、L、E 分别代表资本投入、劳动力投入和污染物排放，此生产函数的反函数就是环境库兹涅茨曲线。根据环境库兹涅茨曲线的假设，在第一阶段，环境迅速恶化，污染开始加剧，库兹涅茨曲线的斜率大于零，故它的倒数也大于零。在第二阶段，随着环境治理技术逐渐成熟，污染达到峰值后开始下降，故库兹涅茨曲线的斜率小于零，它的倒数也小于零。在第三阶段，整个经济体到达一种不污染环境也能发展经济的状态，库兹涅茨曲线的斜率趋向于零，故它的倒数趋向于无穷大。由此可以得到

$$\frac{\mathrm{d}E}{\mathrm{d}Y}>0 \Rightarrow \frac{\mathrm{d}Y}{\mathrm{d}E}>0 \text{ (第一阶段)}$$

$$\frac{\mathrm{d}E}{\mathrm{d}Y}<0 \Rightarrow \frac{\mathrm{d}Y}{\mathrm{d}E}<0 \text{ (第二阶段)}$$

$$\frac{\mathrm{d}E}{\mathrm{d}Y} \to 0 \Rightarrow \frac{\mathrm{d}Y}{\mathrm{d}E} \to \infty \text{ (第三阶段)}$$

然而，大量的理论研究和国别分析表明，如果没有政府的政策干预，从第一阶段过渡到第三阶段的路程会被延长，因为无干预的市场经济机制产生的要素价格扭曲可能会降低技术进步和技术转移的效率，从而影响环境污染的治理。更为严重的是，环境被大量破坏会影响到环境库兹涅茨曲线上的经济增长路径，进而影响未来的经济增长趋势。

5.1.2　不考虑技术进步的经济增长模型

环境库兹涅茨曲线的基础模型是经济增长模型。在经济增长理论文献中，柯布-道格拉斯生产函数显示，资本和劳动力是决定经济增长的两大因素。在该函数中，经济增长主要是由资本和劳动力推动的，没有技术进步的贡献。据此我们可以将柯布-道格拉斯生产函数表示为

$$Y = F(K, L) \tag{5.1}$$

对柯布-道格拉斯生产函数取全微分，得

$$\mathrm{d}Y = \frac{\partial Y}{\partial K}\mathrm{d}K + \frac{\partial Y}{\partial L}\mathrm{d}L \tag{5.2}$$

函数两边同时除以 Y，得

$$\frac{\mathrm{d}Y}{Y} = \frac{\partial Y}{\partial K}\frac{\mathrm{d}K}{Y} + \frac{\partial Y}{\partial L}\frac{\mathrm{d}L}{Y} \tag{5.3}$$

整理式（5.3），得

$$\frac{\mathrm{d}Y}{Y} = \frac{\partial Y}{\partial K}\frac{K}{Y}\frac{\mathrm{d}K}{K} + \frac{\partial Y}{\partial L}\frac{L}{Y}\frac{\mathrm{d}L}{L} \tag{5.4}$$

由边际收益定理可得资本收益率，即

$$\frac{\partial Y}{\partial K} = \frac{r}{p} \tag{5.5a}$$

由边际收益定理可得劳动收益率，即

$$\frac{\partial Y}{\partial L} = \frac{w}{p} \tag{5.5b}$$

将式（5.5a）和式（5.5b）代入式（5.4）中，可以得到

$$\frac{\mathrm{d}Y}{Y} = \frac{r}{p}\frac{K}{Y}\frac{\mathrm{d}K}{K} + \frac{w}{p}\frac{L}{Y}\frac{\mathrm{d}L}{L} \tag{5.6}$$

在完全竞争的条件下，企业的利润达到最大化，则有

$$pY = rK + wL \tag{5.7}$$

在式（5.7）两边同时除以 pY，得

$$1 = \frac{rK}{pY} + \frac{wL}{pY} \tag{5.8}$$

令劳动的贡献率为 θ，资本的贡献率为 $1-\theta$，有

$$\theta = \frac{rK}{pY},\ 1-\theta = \frac{wL}{pY} \tag{5.9}$$

将式（5.9）代入式（5.6），得

$$\frac{\mathrm{d}Y}{Y} = \theta\frac{\mathrm{d}K}{K} + (1-\theta)\frac{\mathrm{d}L}{L} \tag{5.10}$$

其中，Y为产出；K为资本投资；L为劳动力；r为资本的成本；w为雇佣劳动的成本；p为产品的市场价格。

在凯恩斯的国民收入均衡模型中，由于储蓄s等于投资，因而s可以解释为投资（包括物质资本和人力资本）。如果将劳动力定义为人力资本，则可以将上述模型改写为哈罗德-多马经济增长模型（Harrod，1948）。

$$\frac{\mathrm{d}Y}{Y} = \frac{\mathrm{d}K}{K}\alpha \tag{5.11}$$

$$G = s / k \tag{5.12}$$

其中，G为增长率；s为储蓄率；k为资本系数（即资本/产出率）。

5.1.3 考虑技术进步的经济增长模型

哈罗德-多马经济增长模型强调了经济增长过程中储蓄和投资的作用，却忽视了技术进步的作用。为了修正这一模型，可在经济增长函数中引入技术进步因素A，从而得到一个新的生产函数。

$$Y = F(K, L, A) \tag{5.13}$$

以这一新的生产函数为基础，可以将哈罗德-多马经济增长模型改变成具有技术进步（$\mathrm{d}A / A$）的索洛增长模型。对式（5.13）取全微分，得

$$\mathrm{d}Y = \frac{\partial Y}{\partial K}\mathrm{d}K + \frac{\partial Y}{\partial L}\mathrm{d}L + \frac{\partial Y}{\partial A}\mathrm{d}A \tag{5.14}$$

函数两边同时除以Y，得

$$\frac{\mathrm{d}Y}{Y} = \frac{\partial Y}{\partial K}\frac{\mathrm{d}K}{Y} + \frac{\partial Y}{\partial L}\frac{\mathrm{d}L}{Y} + \frac{\partial Y}{\partial A}\frac{\mathrm{d}A}{Y} \tag{5.15}$$

整理式（5.15），并同时除以K和L，可得

$$\frac{\mathrm{d}Y}{Y} = \frac{\partial Y}{\partial K}\frac{K}{Y}\frac{\mathrm{d}K}{K} + \frac{\partial Y}{\partial L}\frac{L}{Y}\frac{\mathrm{d}L}{L} + \frac{\partial Y}{\partial A}\frac{\mathrm{d}A}{Y} \tag{5.16}$$

根据边际收益定理，将式（5.5）代入式（5.16）中，可以得到

$$\frac{\mathrm{d}Y}{Y} = \frac{r}{p}\frac{K}{Y}\frac{\mathrm{d}K}{K} + \frac{w}{p}\frac{L}{Y}\frac{\mathrm{d}L}{L} + \frac{\partial Y}{\partial A}\frac{\mathrm{d}A}{Y} \tag{5.17}$$

将式（5.9）代入式（5.17），得到

$$\frac{\mathrm{d}Y}{Y} = \theta\frac{\mathrm{d}K}{K} + (1-\theta)\frac{\mathrm{d}L}{L} + \frac{\partial Y}{\partial A}\frac{\mathrm{d}A}{Y} \tag{5.18}$$

令技术进步率为$\lambda = \frac{\partial Y}{\partial A}\frac{\mathrm{d}A}{Y}$，有

$$\frac{\mathrm{d}Y}{Y} = \theta\frac{\mathrm{d}K}{K} + (1-\theta)\frac{\mathrm{d}L}{L} + \lambda \tag{5.19}$$

索洛增长模型显示，技术进步是经济增长的决定性因素（Solow，1957）。然而，由于技术进步是外在的因素，该模型被称作外生的增长模型，并且要素的收益不变。

5.1.4　考虑环境约束但不考虑技术进步的经济增长模型

考虑一种有环境因素E的经济增长模型，生产函数为

$$Y = F(K, L, E) \tag{5.20}$$

其中，E为环境因素，可以定义为环境污染的成本，它对经济增长有负向作用。将E引入增长模型，可以得到一个新的有环境因素的增长模型。

对有环境约束但没有技术进步的生产函数取全微分，得

$$\mathrm{d}Y = \frac{\partial Y}{\partial K}\mathrm{d}K + \frac{\partial Y}{\partial L}\mathrm{d}L + \frac{\partial Y}{\partial E}\mathrm{d}E \tag{5.21}$$

式（5.21）两边同时除以Y，得

$$\frac{\mathrm{d}Y}{Y} = \frac{\partial Y}{\partial K}\frac{\mathrm{d}K}{Y} + \frac{\partial Y}{\partial L}\frac{\mathrm{d}L}{Y} + \frac{\partial Y}{\partial E}\frac{\mathrm{d}E}{Y} \tag{5.22}$$

整理式（5.22），得

$$\frac{\mathrm{d}Y}{Y} = \frac{\partial Y}{\partial K}\frac{K}{Y}\frac{\mathrm{d}K}{K} + \frac{\partial Y}{\partial L}\frac{L}{Y}\frac{\mathrm{d}L}{L} + \frac{\partial Y}{\partial E}\frac{\mathrm{d}E}{Y} \tag{5.23}$$

引用式（5.9）推导结论，可以得到

$$\frac{\mathrm{d}Y}{Y} = \theta\frac{\mathrm{d}K}{K} + (1-\theta)\frac{\mathrm{d}L}{L} + \frac{\partial Y}{\partial E}\frac{\mathrm{d}E}{Y} \tag{5.24}$$

令$w = \theta\frac{\mathrm{d}K}{K} + (1-\theta)\frac{\mathrm{d}L}{L}$，整理式（5.24）得到

$$\frac{\partial Y}{\partial E} = \frac{\frac{\mathrm{d}Y}{Y} - w}{\mathrm{d}E / Y} \tag{5.25}$$

因为环境负荷对生产函数的贡献是负的，所以$\frac{\mathrm{d}Y}{Y} - w < 0$。

如果按照环境库兹涅茨曲线的三阶段论来考察，在第一阶段，环境迅速恶化，污染加剧，环境负荷为负，所以$\mathrm{d}E < 0$，则有

$$\frac{\partial Y}{\partial E} > 0$$

在第二阶段，污染到达峰值后开始下降，环境污染得到控制，所以$\mathrm{d}E > 0$，则有

$$\frac{\partial Y}{\partial E} < 0$$

在第三阶段，环境负荷趋于稳定，即经济发展后期，环境负荷趋向于零，所以 $\mathrm{d}E \to 0$，则有

$$\frac{\partial Y}{\partial E} \to \infty$$

此式表明，在第三阶段，环境污染和经济增长均趋于稳定，而经济增长因素对环境因素的偏导为无限大，表示可持续增长。

5.1.5 考虑环境约束的库兹涅茨曲线

为了说明经济增长与环境变化的关系，在环境库兹涅茨曲线中加入环境约束因素，从而将环境库兹涅茨曲线演变成一个环境约束型的经济增长模型。这一模型显示，当经济加速增长时，大量的能源消费会产生副产品环境污染和温室气体排放物（如 SO_2 以及影响气候变化的 CO_2），这成为越来越严重的问题。这些问题不仅会影响自然、人类和社会，还会对未来的经济增长产生负面影响。要维持经济增长和人类的生活质量，必须进行环境污染治理，而环境污染的代价和治理环境污染的费用，将给经济增长带来沉重的负担和深远的影响，从而制约潜在的经济增长。

根据上述环境库兹涅茨曲线的推导，当环境负荷对生产函数的贡献超过资本和劳动力对生产函数的贡献时（即 $\mathrm{d}E \to \infty$），则有 $\frac{\partial Y}{\partial E} \to 0 \Rightarrow \frac{\partial E}{\partial Y} \to \infty$。此时，库兹涅茨曲线的斜率趋向于无穷大，如图 5.2 中向回弯曲的曲线所示。因此经济发展在没有技术进步的条件下，如果存在环境污染，经济增长到一定程度就会发生停滞，不能进入第三阶段，经济发展出现低增长和高污染并存的局面。

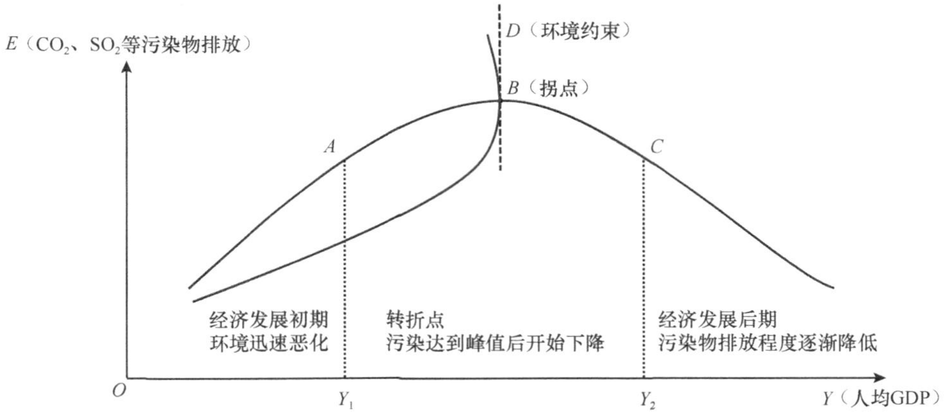

图 5.2 考虑环境约束的库兹涅茨曲线

资料来源：以环境库兹涅茨假说（Kuznets，1955）为基础绘制

5.2 环境库兹涅茨曲线的应用

本节将基于中国碳核算数据库（Carbon Emission Accounts and Datasets，CEADs）和

国家统计局的数据，来拟合全国和江苏省的环境库兹涅茨曲线，求解全国和江苏省的人均碳排放的拐点。

以 y 表示人均碳排放，x 表示不变价人均 GDP，建立起碳排放的环境库兹涅茨曲线的对数模型，即

$$\ln(y) = a + b\ln(x) + c(\ln(x))^2$$

其中，a 为截距项；b 和 c 分别为 $\ln(x)$ 和 $(\ln(x))^2$ 的估计系数。当一次项系数 b 为正，二次项系数 c 为负时，碳排放的环境库兹涅茨曲线存在拐点，具有倒“U”形的特征。

数据选取范围：1999～2019 年（所选取的数据仅为展示研究方法）。

拟合指标：人均碳排放和不变价人均 GDP。

碳排放计算依据：IPCC 部门核算法。

不变价格计算公式（以 1978 年为基期）：报告期不变价 GDP=报告期名义 GDP×100/报告期人均 GDP 指数。

拟合优度指标说明：①SSE，表示误差平方和（sum of squared error），该值越小表示拟合程度越好；②R^2，拟合优度的一种衡量指标，表示拟合曲线对数据的解释程度，取值范围为 0～1，越接近 1 表示拟合结果越好。

5.2.1　全国环境库兹涅茨曲线

中国人均碳排放和不变价人均 GDP 如表 5.1 所示。

表 5.1　中国人均碳排放和不变价人均 GDP

年份	人均碳排放/吨	人均 GDP/元	人均 GDP 指数（1978 年=100）	不变价人均 GDP（以 1978 年为准）
1999	2.29	7 229	534.8	1 351.72
2000	2.37	7 942	575.7	1 379.54
2001	2.55	8 717	619.1	1 408.01
2002	2.70	9 506	671.2	1 416.27
2003	3.16	10 666	734.0	1 453.13
2004	3.61	12 487	803.4	1 554.27
2005	4.13	14 368	889.7	1 614.93
2006	4.57	16 738	997.3	1 678.33
2007	4.95	20 494	1 133.3	1 808.35
2008	5.09	24 100	1 236.3	1 949.37
2009	5.50	26 180	1 345.8	1 945.31
2010	5.89	30 808	1 481.8	2 079.09
2011	6.48	36 277	1 614.5	2 246.95
2012	6.68	39 771	1 729.6	2 299.43
2013	6.97	43 497	1 851.6	2 349.16
2014	6.87	46 912	1 976.6	2 373.37

续表

年份	人均碳排放/吨	人均 GDP/元	人均 GDP 指数（1978 年=100）	不变价人均 GDP（以 1978 年为准）
2015	6.69	49 922	2 103.5	2 373.28
2016	6.65	53 783	2 234.7	2 406.72
2017	6.72	59 592	2 375.6	2 508.50
2018	6.85	65 534	2 524.1	2 596.33
2019	6.95	70 078	2 664.8	2 629.77

资料来源：①国家统计局数据库（https://data.stats.gov.cn/）；②中国碳核算数据库（https://www.ceads.net.cn/）

用中国人均碳排放和不变价人均 GDP 对模型进行拟合，结果如图 5.3 所示。

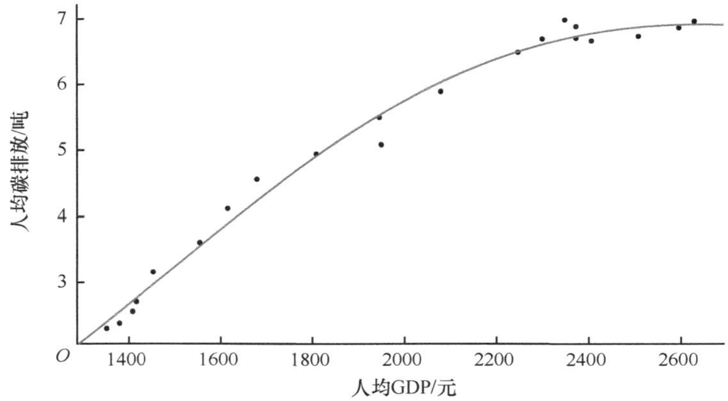

图 5.3　中国人均碳排放和不变价人均 GDP 模型拟合结果

系数（95%置信区间）：

$$a = -145，b = 37.29，c = -2.367$$

$$\mathrm{SSE} = 0.6536，R^2 = 0.9892$$

计算中国 CO_2 环境库兹涅茨曲线的拐点 ε，根据公式

$$\varepsilon = \exp(-b/2c)$$

将系数值代入，得 $\varepsilon = \exp\left[-\dfrac{37.29}{2\times(-2.367)}\right] = 2636.11$。

上式表明，当中国的人均不变价 GDP 小于 2636.11 元时，人均碳排放随着人均收入的增加而增加；当中国的人均不变价 GDP 大于 2636.11 元时，人均碳排放随着人均收入的增加而减少；当人均不变价 GDP 为 2636.11 元时达到人均碳排放的最大值，中国碳排放达到理论拐点。

5.2.2　江苏省环境库兹涅茨曲线

江苏省人均碳排放和不变价人均地区生产总值如表 5.2 所示。

表 5.2　江苏省人均碳排放和不变价人均地区生产总值

年份	人均碳排放/吨	人均地区生产总值/元	人均地区生产总值指数（1978 年=100）	不变价人均地区生产总值（以 1978 年为准）
1999	2.69	10 665	534.8	1 994.20
2000	2.72	11 773	575.7	2 044.99
2001	2.61	12 882	619.1	2 080.76
2002	2.98	14 396	671.2	2 144.82
2003	3.39	16 830	734.0	2 292.92
2004	4.19	20 223	803.4	2 517.18
2005	5.30	24 560	889.7	2 760.48
2006	5.84	28 814	997.3	2 889.20
2007	6.15	33 689	1 133.3	2 972.65
2008	6.47	40 000	1 236.3	3 235.46
2009	6.68	44 232	1 345.8	3 286.67
2010	7.50	52 840	1 481.8	3 565.93
2011	8.06	61 649	1 614.5	3 818.46
2012	8.29	68 347	1 729.6	3 951.61
2013	8.90	74 607	1 851.6	4 029.33
2014	8.90	81 874	1 976.6	4 142.16
2015	9.05	87 995	2 103.5	4 183.27
2016	9.29	95 259	2 234.7	4 262.72
2017	9.44	107 189	2 375.6	4 512.08
2018	9.49	115 168	2 524.1	4 562.74
2019	9.97	123 607	2 664.8	4 638.51

资料来源：①国家统计局数据库（https://data.stats.gov.cn/）；②中国碳核算数据库（https://www.ceads.net.cn/）

用江苏省人均碳排放和不变价人均地区生产总值对模型进行拟合，结果如图 5.4 所示。

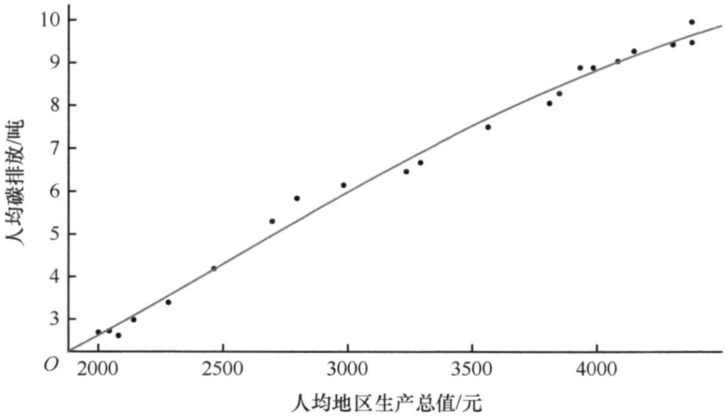

图 5.4　江苏省人均碳排放和不变价人均地区生产总值模型拟合结果

系数（95%置信区间）：

$$a = -82.11,\ b = 19.33,\ c = -1.106$$

$$\mathrm{SSE} = 0.5999,\ R^2 = 0.9956$$

计算江苏省 CO_2 环境库兹涅茨曲线的拐点 ε，得 $\varepsilon = \exp\left[-\dfrac{19.33}{2\times(-1.106)}\right] = 6239.77$。

上式表明，当江苏省的不变价人均地区生产总值小于 6239.77 元时，人均碳排放随着人均收入的增加而增加；当江苏省的不变价人均地区生产总值大于 6239.77 元时，人均碳排放随着人均收入的增加而减少；当江苏省的不变价人均地区生产总值为 6239.77 元时达到人均碳排放的最大值，江苏省碳排放达到理论拐点。

习题：

1. 技术进步对经济增长模型的影响是什么？
2. 环境约束对经济增长模型的影响是什么？
3. 如何构建碳排放的环境库兹涅茨曲线的对数模型？

本章参考文献

伯克 P, 赫尔方 G. 2013. 环境经济学[M]. 吴江，贾蕾，译. 北京：中国人民大学出版社.
库兹涅茨 S. 2009. 各国的经济增长[M]. 常勋等，译. 北京：商务印书馆.
王丽. 2021. 区域发展规律及实践[M]. 北京：科学出版社.
薛进军. 2011. 低碳经济学[M]. 北京：社会科学文献出版社.
Fogel R W, Fogel E M, Guglielmo M, et al. 2013. Political Arithmetic: Simon Kuznets and the Empirical Tradition in Economics[M]. Chicago: University of Chicago Press.
Harrod R F. 1948. The Theory of Economic Dynamics[M]. Cambridge: Cambridge University Press.
Kuznets S. 1955. Economic growth and income inequality[J]. American Economic Review, 45(1): 1-28.
Solow R M. 1957. Technical change and the aggregate production function[J]. The Review of Economics and Statistics, 39(3): 312-320.

本章要点

1. 掌握马克思主义经济发展与环境理论。
2. 学习党的历代中央领导集体的生态文明思想的时代背景、思想总结和生动实践。

第 6 章　低碳经济与马克思主义生态观

马克思主义生态思想和中华优秀传统生态智慧是马克思主义基本原理与中华优秀传统文化在生态层面的理论表述。以习近平同志为主要代表的中国共产党人坚持做到“两个结合”①，不断丰富和发展生态文明思想，破除了西方“人类中心主义”至上的思想，丰富了中国式现代化的生态文明建设内涵，有利于实现人类文明新形态的永续发展。在本章我们将系统介绍马克思主义经济发展与环境理论以及中国特色社会主义生态文明思想。

6.1　马克思主义经济发展与环境理论

1991 年，阿格尔在《西方马克思主义概论》一书中引入了生态危机与资本主义社会的关系论述。书中指出，资本主义经济的繁荣是建立在对自然资源的粗放式开发和掠夺基础之上的，生态危机已初见端倪，并正在取代经济危机成为资本主义社会的主要危机。他认为，生产领域的异化已经进入消费领域并引发了社会的全面异化。他把生态危机的根源归咎于资本主义制度本身，认为资本主义私有制与社会化大生产之间的矛盾是资本主义制度无法克服的。

20 世纪 90 年代末，奥康纳对生产力与生产关系矛盾运动进行了重构，突出强调了生产条件在资本主义生产方式中的重要作用。他用自然和文化范畴改造了马克思的历史唯物主义，把资本主义制度的内部矛盾转移到外部自然即生产条件上，并由此倡导一种社会民主化运动，即生态社会主义。

与奥康纳不同，福斯特认为建构生态学马克思主义的自然本体论应当成为当代生态学马克思主义理论建构的首要任务。总体说来，以福斯特为代表的生态学马克思主义自 2008 年全球金融危机以来，以开发马克思的劳动价值论的生态思想为主线，开展了三个层面的理论研究：第一个层面是围绕着马克思的“社会代谢”概念，重建了马克思的自然本体论；第二个层面是以马克思的“自然-社会”框架或生态辩证法改造环境社会学，建构起马克思主义生态科学的社会学；第三个层面是把马克思的物质代谢理论运用于研究生态帝国主义现象，发展了马克思主义的帝国主义理论。通过对上述三个层面的研究，

① “两个结合”是指习近平在党的二十大报告中提到的：“只有把马克思主义基本原理同中国具体实际相结合、同中华优秀传统文化相结合，坚持运用辩证唯物主义和历史唯物主义，才能正确回答时代和实践提出的重大问题，才能始终保持马克思主义的蓬勃生机和旺盛活力。”（《习近平：高举中国特色社会主义伟大旗帜　为全面建设社会主义现代化国家而团结奋斗——在中国共产党第二十次全国代表大会上的报告》，https://www.gov.cn/xinwen/2022-10/25/content_5721685.htm，2022-10-25。）

福斯特等人打通了马克思哲学理论与当下实践的关系，使马克思主义深入对当代环境危机和社会危机的具体问题及对策的研究当中，形成了对当代资本主义国家生态政策的批判。

马克思主义生态经济学说，是指马克思主义创始人马克思、恩格斯的生态学和生态经济观点、思想和理论。马克思、恩格斯当年虽然没有明确生态文明的表述，但却明确提出了“感性世界的一切部分的和谐，特别是人与自然界的和谐”的光辉思想，强调通过人类物质生产实践的方式达到人类社会和自然界的和谐统一，这种人、社会与自然的和谐统一，就是我们现在所说的生态文明观念。

6.1.1 马克思主义与环境经济的渊源

环境经济学是一门应用经济学，应用马克思主义经济学的一般原理，来解释和解决环境保护领域中的一切经济现象、经济关系和经济问题。研究领域主要包括社会发展和环境保护的平衡、生产力的合理配置与环境保护关系、污染防治经济效果、运用经济原理进行环境管理、资源的可持续利用等。

二战结束后，世界迎来了一段和平期，在此期间国际贸易的迅速发展、新技术的不断涌现以及各国生产力的不断提高，使得人类迈入一个新时代，但人与自然的对立也愈加严重，经济高速发展带来了人口的迅速增加、对自然资源的过度消耗以及远超环境容量的污染物排放，自然对人类的报复与日俱增，一定程度上阻碍了经济的发展，甚至威胁到人类的生存。因此经济发展与生态保护之间如何权衡逐渐成为世界各国关注的焦点。

1825 年，资本主义世界第一次经济危机在英国爆发，自此之后几乎每隔数十年经济危机便会卷土重来。恩格斯就曾说过，尽管人类已经对自然比以往了解得多得多，让自然尽可能地为人类服务，若运用机器设备，现在即便是一个孩子，也能够生产比过去一百个成年人生产得多得多的东西，恩格斯在《自然辩证法》中提到，“而结果又怎样呢？过度劳动日益增加，群众日益贫困，每十年发生一次大崩溃”。因此，人与自然的代谢失衡，是造成当今全球生态危机的根本所在。早在 19 世纪，马克思在《资本论》第一卷中就指出：资本主义生产虽发展了社会生产过程的技术，促进了社会生产过程的结合，但同时它又破坏了一切财富的源泉——土地和劳动者。也就是说，一方面，资本主义的生产方法满足了人类所需的消费，另一方面，以工人和农民的身体与精神健康为代价，破坏了土壤维持肥力的自然条件。

人类社会发展到今天，在经济发展与生态保护的矛盾日益尖锐和不断加深的情况下，愈加要求现代人正确认识和科学运用自然规律和社会规律开展经济活动，使历史进程不仅与自然界各种生态系统相协调，而且与生物圈整体互相协调，实现人、社会和自然的和谐相处、协调发展。因此，要从根本上解决人类的生存和发展问题，一方面，要铲除造成违背客观规律的经济社会根源；另一方面，要发展经济和技术，建设人与自然和谐共生的现代化社会，在社会经济发展的同时，有效改善生态环境，最终形成经济社会发展与生态环境改善相互促进的良性循环，这就是马克思主义生态经济观。

6.1.2　马克思主义的人与自然思想

2018 年 5 月 4 日，习近平总书记在纪念马克思诞辰 200 周年大会上的讲话中特别强调："学习马克思，就要学习和实践马克思主义关于人与自然关系的思想。"①

在马克思、恩格斯生活的时代，生态环境问题还没有今天这样严峻，整个自然生态系统尚未发生实质性危机，但他们仍然以强烈的前瞻意识关注和研究了这一问题，深刻剖析了资本主义社会生态环境恶化的社会根源，提出了人类社会与自然资源、生态环境相统一的可持续发展观念，从生产方式、社会制度和科学技术等方面提供了解决人与自然之间的矛盾、实现人与自然和谐发展的途径。

马克思所论述的人类生命生于自然是客观事实。肉体层面：人是自然存在的，首先表现为人是能动的、有生命力的、有肉体的存在物。同自然界中所有生命体一样，人靠自然界生活。自然界拥有丰富的生产和生活资料，如肥沃的土地、物产丰富的森林等，自然物构成人类生存的自然条件，人类在同自然的互动中生产、生活、发展，人类善待自然，自然也会馈赠人类。因此，人创造环境，同样环境也创造人。人生活在一定环境中并受到环境影响，人无论是作为自然的人，还是作为社会的人，都不是消极适应自然，而是在适应中不断认识自然、利用自然，创造符合自己需要的物质文明、精神文明和生态文明，在实践中改造环境，改造环境的同时也改变着自己，从而推动人类和社会不断向前发展，这是人类社会进步的内在要求和必然趋势。

马克思在《1844 年经济学哲学手稿》中提到："没有自然界，没有感性的外部世界，工人就什么也不能创造。自然界、外部的感性世界是劳动者用来实现他的劳动，在其中展开他的劳动活动，用它并借助于它来进行生产的材料。"马克思谈到历史的前提时认为，它既包括个人生理特性以及由此产生的人与自然界的关系，也包括各种自然条件。因此，任何历史记载都应当从这些自然基础以及它们在历史进程中由于人们的活动而发生的变更出发。马克思在《资本论》中多次强调自然条件对劳动生产率的制约作用，告诫人们不能离开自然条件抽象地谈论劳动和劳动的价值。

恩格斯在《自然辩证法》一书中就曾对世人发出严重警告："我们不要过分陶醉于我们人类对自然界的胜利。对于每一次这样的胜利，自然界都对我们进行报复。"1952 年的伦敦烟雾（great smog of London），是由工业污染和高压天气共同造成的致命烟雾，在 1952 年连续五天（12 月 5 日至 9 日）覆盖伦敦市。烟和雾的结合使这座城市几乎陷入停顿，并造成数千人死亡。针对空气污染的问题，恩格斯早在 1845 年出版的《英国工人阶级状况》中就进行了详细的描述。恩格斯认为，资本主义大工业的生产方式使得大城市如雨后春笋般地出现，大量的人口聚集在有限的城市空间，城市上空严重污染的空气过于密集而无法消散，这导致"伦敦的空气永远不会像乡村地区那样清新，那样富含氧气"。除此之外，大量工人阶级聚集在狭小的空间，不论是燃料燃烧产生的废气，还是恶臭的生活垃圾、腐烂的肉类和蔬菜以及令人作呕的粪便都产生大量的有害气体，由于受到污染的气体本身占有较大的比重，加之受到杂乱无章的城市建筑的阻隔，这种气

① 《习近平：在纪念马克思诞辰 200 周年大会上的讲话》，http://news.cnr.cn/native/gd/20180504/t20180504_524222650.shtml，2018-05-04。

体无法排出，甚至被污染的河流也散发出同样难以忍受的气味。所以，生活在城市底层的广大工人无产阶级，长期受到刺鼻的空气的影响，身体素质每况愈下。在资本主义制度确立之前，由于科技不发达，人类还无法对丰富的矿产资源进行开发利用。资本主义制度确立以来，采矿设备的发展为矿产的开发提供了可能，机器的普遍应用激发了对作为最主要动力燃料的煤炭的大量需求。科技的快速发展促使资本主义大工业替代原有的手工业，机器得以普遍应用，大规模生产方式逐步确立。特别是蒸汽机的发明和广泛应用，大大增加了煤炭的消耗。无论是生产中蒸汽机消耗的煤炭量，还是生活中人们日常取暖消耗的煤炭量，都是之前所无法比拟的。除此之外，人们改变原有分散式的生产生活方式，大量人群涌入城市，生产生活方式的规模化、集中化，导致大量煤炭燃烧产生的废气聚集在工业发达的大城市，空气质量自然受到严重的影响。

6.2 中国特色社会主义生态文明思想

中国共产党紧紧团结和依靠人民，在夺取革命、建设、改革一个又一个伟大胜利的历史进程中，始终将生态文明建设视为国家治理、发展中的重要方面。中国特色社会主义生态文明思想是对马克思主义关于生态环境思想的继承和发展，是中国特色社会主义理论体系的重要组成部分。

6.2.1 党的历代中央领导集体的生态文明思想

一百多年来，党领导中国人民迎来了中华民族从站起来到富起来、强起来的伟大飞跃。生态文明建设与国家经济发展始终是中国共产党治国理政的重大议题。通过党的历代中央领导集体的不断实践，中国特色社会主义生态文明思想已经搭建成了一个一脉相承又与时俱进的科学体系。表 6.1 系统展示了党的历代中央领导集体的生态文明思想。

表 6.1 党的历代中央领导集体的生态文明思想

时代背景	思想总结	生动实践
社会主义建设初期，新中国成立后百废待兴，国家面临着实现由农业国向工业国转型的现代化任务，首要目标是发展生产力	人既是自然界和社会的奴隶，又是它们的主人，强调人对于自然界的主动性作用。 高度重视植树造林，号召“绿化祖国”“实现大地园林化”。 兴修水利，解决水患，关注水土流失问题	（1）1950 年，发布《关于全国林业工作的指示》。 （2）1952 年，开始修建新中国第一个大型水利工程：荆江分洪工程。 （3）1956 年，我国开始第一个“12 年绿化运动”。 （4）1957 年，成立全国水土保持委员会。 （5）1972 年，中国参加联合国人类环境会议。 （6）1973 年，在北京召开第一次全国环境保护会议
随着改革开放的开始，工业生产和城市发展规模扩大，我国生态治理和环境保护面临的挑战日益严峻，社会各界对环境问题愈发重视	注重法治化建设，将环境保护上升为我国的一项基本国策。 提出以科技推动环境保护的生态科技思想	（1）1978 年，中国将环境保护相关表述写入宪法中。 （2）1978 年，“三北”（西北、华北、东北）防护林体系建设工程启动。 （3）1979 年，出台《中华人民共和国森林法（试行）》；将每年的 3 月 12 日确定为国家的植树节。 （4）1979 年，出台《中华人民共和国环境保护法（试行）》。 （5）1983 年，第二次全国环境保护会议明确将环境保护确立为我国的一项基本国策。

续表

时代背景	思想总结	生动实践
随着改革开放的开始，工业生产和城市发展规模扩大，我国生态治理和环境保护面临的挑战日益严峻，社会各界对环境问题愈发重视	注重法治化建设，将环境保护上升为我国的一项基本国策。提出以科技推动环境保护的生态科技思想	（6）1985 年，中共中央、国务院批准实施旨在依靠科学技术促进农村经济发展的“星火计划”。 （7）1986 年，中共中央、国务院批转《高技术研究发展计划纲要》。由于这个计划建议的提出时间为 1986 年 3 月，因此这个计划又称“八六三计划”
随着经济发展和城市化进程的加速，水资源短缺、环境污染等问题日益突出	在现代化建设中必须实施可持续发展战略。 提出“退耕还林、封山绿化”战略，向全党全国发出了“再造秀美山川”的号召	（1）1991 年，中国第一座自行设计、自行建造的核电站——秦山核电站并网发电。 （2）1994 年，国务院常务会议审议通过《中国 21 世纪议程》，确定实施可持续发展战略。 （3）1997 年，中华人民共和国科学技术部组织实施国家重点基础研究发展计划（“973 计划”）。 （4）1997 年，长江三峡水利枢纽工程成功实现大江截流。 （5）1998 年，全国林业计划会议宣布，从 1998 年起，国家将实施以调减木材产量、保护资源、分流人员、提高效益为主要内容的国有林区天然林保护工程。 （6）2000 年，江泽民同志在广东考察工作听取省委工作汇报时明确提出“三个代表”要求。 （7）2000 年，中国全面实施天然林资源保护工程。 （8）2000 年，贵州洪家渡水电站、引子渡水电站、乌江渡水电站扩机工程同时开工建设，中国“西电东送”工程全面启动。 （9）2002 年，中国全面启动退耕还林工程。 （10）2002 年，西气东输一线工程（新疆轮南至上海）开工典礼举行。此后又建设了西气东输二线工程、三线工程。 （11）2002 年，北京、江苏、山东同时举行南水北调工程开工典礼
进入 21 世纪，我国加入世界贸易组织，经济迅猛发展，资源能源消耗与污染物排放迅速增长	提出了以人为本，全面、协调、可持续的科学发展观。 提出构建资源节约型和环境友好型社会	（1）2003 年，胡锦涛同志在江西考察工作期间明确提出，要牢固树立协调发展、全面发展、可持续发展的科学发展观。 （2）2006 年，《中华人民共和国国民经济和社会发展第十一个五年规划纲要》明确了多个与环境保护和生态建设相关的约束性指标。 （3）2006 年，国家环境保护总局①设立了东北、西北、西南、华东、华南五大督查中心（2008 年增设华北），作为其派出的执法监督机构。 （4）2007 年，国务院印发《中国应对气候变化国家方案》。 （5）2008 年，中共中央、国务院发布《关于全面推进集体林权制度改革的意见》，规定林地的承包期为 70 年，承包期届满，可以按照国家有关规定继续承包。 （6）2008 年，国家环境保护总局升格为环境保护部（正部级），并成为国务院组成部门

6.2.2　习近平生态文明思想指导下的绿色发展

习近平生态文明思想贯穿了习近平总书记早期知青岁月和整个地方政治生涯。从理

① 2008 年，组建环境保护部，不再保留国家环境保护总局；2018 年组建生态环境部，不再保留环境保护部。

念到思想，从理论到实践，从地方到中央，从国内到国际，习近平生态文明思想的形成经历了自然孕育、发展和成熟的过程。2018 年 5 月 18 日至 19 日，全国生态环境保护大会在北京召开，习近平总书记在会上指出："我对生态环境工作历来看得很重。在正定、厦门、宁德、福建、浙江、上海等地工作期间，都把这项工作作为一项重大工作来抓。"①党的十八大以来，以习近平同志为核心的党中央从中华民族永续发展的高度出发，深刻把握生态文明建设在新时代中国特色社会主义事业中的重要地位和战略意义，大力推动生态文明理论创新、实践创新、制度创新，创造性提出一系列新理念新思想新战略，形成了习近平生态文明思想。习近平生态文明思想是习近平新时代中国特色社会主义思想的重要组成部分，是马克思主义基本原理同中国生态文明建设实践相结合、同中华优秀传统生态文化相结合的重大成果，是新时代我国生态文明建设的根本遵循和行动指南。

生态环境问题归根结底，就是资源过度开发和不充分利用造成的，必须要重视资源开发利用过程中对生态环境造成的损害，提高资源利用效率并循环利用，强化能源和水资源消耗、建设用地等总量和强度双控行动，多方面、多维度最大限度地减少对生态环境的破坏，以最小的生态代价去换取最大的社会经济效益。

党的十九大报告指出："发展是解决我国一切问题的基础和关键，发展必须是科学发展，必须坚定不移贯彻创新、协调、绿色、开放、共享的发展理念。"②"创新"解决的是发展的动力问题，"协调"解决的是发展不平衡的问题，"绿色"解决的是人与自然和谐共生的问题，"开放"解决的是发展内外联动的问题，"共享"注重社会公平正义，相辅相成，相互作用。党的二十大报告指出，"推动绿色发展，促进人与自然和谐共生"，"我们要推进美丽中国建设，坚持山水林田湖草沙一体化保护和系统治理，统筹产业结构调整、污染治理、生态保护、应对气候变化，协同推进降碳、减污、扩绿、增长，推进生态优先、节约集约、绿色低碳发展"，要加快发展方式绿色转型，深入推进环境污染防治，提升生态系统多样性、稳定性、持续性，积极稳妥推进碳达峰碳中和③。党的二十届三中全会提出，"中国式现代化是人与自然和谐共生的现代化。必须完善生态文明制度体系，协同推进降碳、减污、扩绿、增长，积极应对气候变化，加快完善落实绿水青山就是金山银山理念的体制机制。要完善生态文明基础体制，健全生态环境治理体系，健全绿色低碳发展机制"④。

我国已经进入新发展阶段，面临诸多风险和挑战。例如，中国经济从高速增长转向高质量增长的转型压力，长期以来环境污染和生态破坏带来的环境风险和公众健康风险，全球能源价格不稳定带来的能源安全风险，等等。为了有效推动中国经济和能源结构转型，满足人民群众对生态环境优化的需求，破解资源约束难题和实现经济社会可持续发

① 《习近平：推动我国生态文明建设迈上新台阶》，https://www.gov.cn/xinwen/2019-01/31/content_5362836.htm，2019-01-31。

② 《习近平：决胜全面建成小康社会 夺取新时代中国特色社会主义伟大胜利——在中国共产党第十九次全国代表大会上的报告》，https://www.gov.cn/zhuanti/2017-10/27/content_5234876.htm，2017-10-27。

③ 《习近平：高举中国特色社会主义伟大旗帜 为全面建设社会主义现代化国家而团结奋斗——在中国共产党第二十次全国代表大会上的报告》，https://www.gov.cn/xinwen/2022-10/25/content_5721685.htm，2022-10-25。

④ 《中国共产党第二十届中央委员会第三次全体会议公报》，https://www.gov.cn/yaowen/liebiao/202407/content_6963409.htm，2024-07-18。

展，“双碳”工作势在必行。实现“双碳”目标是一场广泛而又深刻的社会变革，我国是在城镇化工业化快速发展的进程下开展“双碳”工作的，其间，我国碳排放相关法律法规和碳交易机制还不健全，产业结构偏向于重工业、能源结构偏向于煤炭和石油，经济发展不均衡不充分的问题仍然突出。我国作为世界上最大的发展中国家要用较短的时间完成全球较高碳排放强度降幅，这是一项既紧迫又艰巨的任务。

习题：

1. 马克思主义关于人与自然关系的主要思想是什么？
2. 习近平生态文明思想的主要内容是什么？
3. 在习近平生态文明思想指导下如何处理发展与减排的关系？

本章参考文献

阿格尔 B. 1991. 西方马克思主义概论[M]. 慎之, 等译. 北京: 中国人民大学出版社.

奥康纳 J. 2003. 自然的理由: 生态学马克思主义研究[M]. 唐正东, 臧佩洪, 译. 南京: 南京大学出版社.

陈敏之. 1980. 环境经济的若干问题[J]. 经济研究, (10): 53-59.

方世南. 2018-06-22. 马克思主义生态观的时代发展[N]. 光明日报, (11).

福斯特 J B. 2006. 马克思的生态学: 唯物主义与自然[M]. 刘仁胜, 肖峰, 译. 北京: 高等教育出版社.

郝立新. 2012. 历史唯物主义的理论本质和发展形态[J]. 中国社会科学, (3): 28-35.

何萍, 骆中锋. 2015. 国外生态学马克思主义的新发展[J]. 吉林大学社会科学学报, 55(6): 93-102, 174.

黄承梁. 2019. 论习近平生态文明思想历史自然的形成和发展[J]. 中国人口·资源与环境, 29(12): 1-8.

库拉 E. 2021. 环境经济学思想史[M]. 谢阳举, 译. 上海: 格致出版社.

刘思华. 1987. 关于生态经济协调发展论的几个问题[J]. 生态经济, 3(6): 1-3.

刘思华. 2008. 对建设社会主义生态文明论的若干回忆: 兼述我的“马克思主义生态文明观”[J]. 中国地质大学学报(社会科学版), 8(4): 18-30.

马克思. 2006. 资本论: 第 1 卷[M]. 郭大力, 王亚南, 译. 上海: 上海三联书店.

王丹. 2011. 马克思主义生态自然观研究[D]. 大连: 大连海事大学.

王建东. 2021. 马克思恩格斯关于科技发展对自然环境影响的思想研究[D]. 福州: 福建师范大学.

王亚南. 1963.《资本论》产生的时代背景与阶级历史任务: 纪念马克思逝世八十周年[J]. 中国经济问题, (S1): 1-9, 36.

许恒兵, 刘光育. 2022-07-15. 人在改变环境的同时也改变着自己[N]. 解放军报, (7).

于珊. 2022. 西方环境经济思想史视阈下可持续发展的理论演进研究[D]. 长春: 吉林大学.

中共中央马克思恩格斯列宁斯大林著作编译局. 2009. 马克思恩格斯文集: 第 1 卷[M]. 北京: 人民出版社.

中共中央马克思恩格斯列宁斯大林著作编译局. 2009. 马克思恩格斯文集: 第 5 卷[M]. 北京: 人民出版社.

中共中央马克思恩格斯列宁斯大林著作编译局. 2009. 马克思恩格斯文集: 第 9 卷[M]. 北京: 人民出版社.

中共中央文献研究室. 2014. 习近平关于全面深化改革论述摘编[M]. 北京: 中央文献出版社.

中共中央宣传部, 中华人民共和国生态环境部. 2022. 习近平生态文明思想学习纲要[M]. 北京: 学习出版社.

本章要点

1. 掌握碳排放的外部性的基本概念。
2. 熟悉庇古税与科斯定理的理论基础。
3. 厘清排污标准与污染物排放总量控制的差异。

第 7 章　低碳政策相关理论

面对碳排放带来的环境影响，越来越多国家或地区的政府开始制定相关的低碳政策来降低碳排放。本章将介绍碳排放的外部性以及解决负外部性的庇古税、庇古补贴和科斯定理（Coase theorem）。本章将通过数学推导，从经济学角度出发，介绍低碳政策的理论基础，在本书的第六篇，将更加系统地介绍低碳经济政策的具体实践。

7.1　碳排放的外部性

在现代经济学中，外部性是指一个经济体的活动给另一个经济体带来的成本或收益，而这种影响并没有在市场价格中得到相应的体现。个体或企业的生产或消费活动对外部环境产生负面影响，这种现象称为负外部性，与之相反的则是正外部性。本章我们要讨论的碳排放就是最典型的负外部性示例之一。由于外部性的存在，社会的总收益或成本会大大高于经济体的个体收益或成本。外部性是导致市场失灵的原因之一，负外部性和正外部性都会导致市场效率低下。

考虑一种生产时会产生碳排放的商品（只存在负外部性），Q 表示商品的产量，P 表示商品的价格，MPC 表示商品的边际成本，MPB 表示商品的边际收益。由于外部性的存在，真实的社会成本（或收益）并没有反映在经济体的成本（或收益）中。因此，我们有必要进一步区分边际成本（或收益）与边际社会成本（或收益）。MSC 表示边际社会成本，MSB 表示边际社会收益，MEC 表示边际外部成本，MEB 表示边际外部收益（现在考虑该商品的 MEB 为 0）。它们之间的关系满足：

$$\text{MSC} = \text{MPC} + \text{MEC} \tag{7.1}$$

$$\text{MSB} = \text{MPB} + \text{MEB} \tag{7.2}$$

若商品的厂商在生产时考虑追求最大利润，则条件是 MPB = MPC，若考虑社会福利最大，则最优生产数量应该是 MSB = MSC。

如图 7.1 所示，在完全竞争市场下，如果厂商按照边际成本来生产，即当 MSB = MPC 时，均衡点为 B 点，均衡产量为 Q_1，均衡价格为 P_1。考虑外部成本后的均衡条件为 MSB = MSC = MPC + MEC，均衡点为 A 点，均衡产量为 Q^*，均衡价格为 P^*。如果此时政府不通过政策加以干预，厂商生产的产量 Q_1 大于最优产量 Q^*，而厂商也没有承担其造成的污染成本。社会福利的损失可以通过阴影部分的三角形 ABC 表示，即在厂商最终的产量

为 Q_1 时，本应该收取的边际社会成本是 C 点所对应的 MSC，而厂商只承担了 B 点所对应的 MPC，每一件商品的损失为 MSC–MPC，这是三角形的底边，三角形的高为与最优产量相比多生产的产量：Q_1-Q^*。如果考虑寡头厂商，寡头市场的产量不一定过多或过少。通过上述理论推导可知，最优的污染量并不为零，因为实现零污染的唯一途径是零生产。实际上，最优的污染量应该是消除污染的边际社会成本等于边际社会收益时的污染量。

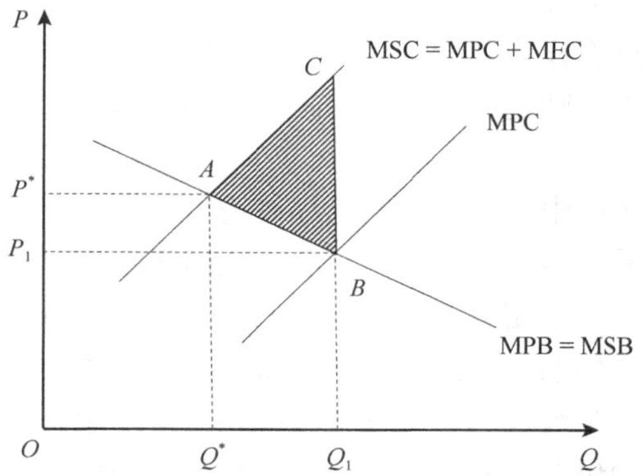

图 7.1　只考虑边际外部成本时完全竞争市场的厂商负外部性 P-Q 图

7.2　外部性治理的经济工具

环境污染负外部性的存在，造成了环境资源配置上的低效率与不公平。这样的结果推动政府去制定一种政策来校正这种外部性，常见的做法是使外部效应内部化。庇古税是由福利经济学家庇古（Pigou）所提出的控制环境污染负外部性的一种经济手段。当一个厂商进行生产会产生外部社会成本时，应该对该厂商增加一项“税收”，该“税收”等于厂商生产每一连续单位的产出所造成的损害。

这种“税收”应该征收多少合适呢？结合我们对图 7.1 的分析，如果向厂商征税会增加厂商的生产成本，在图 7.1 中表示为 MPC 线向上移动，征税越多，MPC 线向上移动得越多。当 MPC 线与 MSC 线重合时，从整个社会的角度出发，达到了最优均衡。此时，我们对每单位产品征收的税等于每单位产品的外部成本，社会福利的净损失也因为庇古税而消失。

然而，在我们的日常生活中这样正确的“税收”并不好获得。“税收”的确定不仅是经济学问题，还涉及生物学、生态学、环境学等方面的研究。同时，征税也会产生一定的行政成本，当有些产品还没有造成一定规模的环境危害时，单纯征税可能会导致行政成本大于税收收入。不仅如此，我们还应该考虑是对产业上游的产品征收庇古税还是对最终消费品征收庇古税，经济学家建议对产业上游的产品征收庇古税，原因是如果我们集中对产生大量污染的上游原材料征税，不仅可以避免估计大量正确“税收”的税额，还能够降低征税管理的难度，即降低行政成本。此外，在日常生活中，消费者和生产者都不喜欢税收，庇古税最终的新的均衡点，是让消费者付出更高的价格，让厂商的产量减少。这种“税收”负担并不会因为价格增高而完全由消费者承担，厂商和消费者如何分担这种“税收”取决于价格的需求弹性和供给弹性。

庇古补贴也是一种经济政策工具，用于处理正外部性问题。比如，一个公司投资于清洁能源技术，这将减少空气污染，提高大众的生活质量，但这些正面效应并未被市场价格充分反映。在这种情况下，政府可以通过提供庇古补贴来激励这种正面的经济活动。庇古补贴额应当等于每单位产出的外部收益。然而，庇古补贴也有其局限性。首先，补贴的设定和分配需要大量的行政资源，可能会引发行政成本过高的问题。其次，补贴可能会被滥用，或者导致过度投资。最后，政府必须确保补贴的资金来源，以避免财政压力过大。因此，虽然庇古补贴是一种有效的政策工具，但在实施时必须谨慎，以确保其效果的最大化。

在环境保护的经济手段中，除了我们已经讨论过的庇古税与庇古补贴，还有一种重要的工具，那就是可交易的污染许可证。在庇古税的策略中，政府通过设定税收来确定污染的价格。一旦企业支付了相应的税收，他们就有权决定自己的污染量。这意味着，污染权的供应是完全有弹性的，而污染的总量则取决于需求的情况。可交易的污染许可证策略是政府通过发放一定数量的许可证来限制总的排污量。排污量是由许可证的数量决定的，因此，污染权的供应是完全无弹性的，而污染的价格则由需求的情况来决定。因此，无论是通过设定庇古税来影响污染的价格，还是通过发放可交易的污染许可证来控制排污量，政府都能在需求曲线上找到一个均衡点，以达到保护环境的目标。这两种策略在实践中都有其适用的情况，选择哪种策略，需要根据具体的环境状况和政策目标来决定。

7.3 科斯定理

科斯定理由诺贝尔经济学奖得主罗纳德 • H. 科斯（Ronald H. Coase）提出，主要用于解决外部性问题。与庇古税的观念不同，科斯定理的核心是产权界定与交易成本，只要财产权是明确的，并且交易成本为零或者很小，那么，无论在开始时将财产权赋予谁，市场均衡的最终结果都是有效率的，都能够实现资源配置的帕累托最优。在污染问题上，科斯定理意味着，只要允许污染者和受污染者之间进行自由交易，他们就可以通过谈判确定一种使双方都能接受的污染水平，而这个水平也就是使社会福利最大化的水平。

假设有一个工厂在生产过程中会产生污染，而这个污染会影响到附近的居民。按照科斯定理，工厂和居民可以进行谈判，居民可以支付一定的费用让工厂减少污染，或者工厂支付一定的费用让居民接受更多的污染。只要交易成本足够低，他们就可以通过交易确定一种使双方都满意的污染水平。

然而，科斯定理也有其局限性。第一，如果交易成本很高，如需要投入大量的时间和精力进行谈判，那么科斯定理就无法发挥作用。第二，如果市场中存在“搭便车”者或抵抗者，则交易的进行也会受到影响。例如，一些居民可能希望通过其他人的付出来享受环境改善的好处，但自己却不愿意付出代价，这就是“搭便车”者。抵抗者则是那些即使收到了补偿，也不愿意接受更多污染的人。第三，在交易的双方中，往往一方比另一方拥有更多的资源、信息或者影响力。在这种情况下，拥有更多权利的一方可能会利用其优势来获取更多的利益，而这可能会导致交易的结果偏离社会福利最大化的目标。因此，交易双方权利不对称也会影响科斯定理的实践效果。在低碳经济学中，科斯定理可以应用于碳排放权的交易，通过市场机制来达到碳排放的最优分配，从而推动低碳经济的发展。

7.4　排污标准与污染物排放总量控制

在政府日常关于环境保护的政策中，除了我们上述提到的政策手段外，还往往可以看见政府通过行政手段设立排污标准或进行污染物排放总量控制。从经济学的角度看，排污标准是一种“要求”型的政策工具，它直接限制了污染的排放水平，强迫企业采取措施减少污染，如改进生产工艺、安装净化设备等。排污标准的缺点在于它通常不考虑企业之间在减少污染方面的成本差异，这可能导致资源配置效率较低，因为它要求所有企业都必须达到同样的排污标准，而不是让那些以较低成本减少污染的企业承担更大的减排份额。

与排污标准相对的是污染物排放总量控制，它通过限制一个地区或国家内某种污染物的总排放量来控制污染程度。这种方法通常涉及设定一个总的污染上限，并通过可交易的污染许可证来实现。政府会发行一定量的污染许可证，企业必须持有足够的许可证才能进行排放。许可证数量有限，因此确保了总排放量不会超过政府设定的上限。理想情况下，企业根据自身的减排成本，在市场上买卖这些许可证，从而激励减排成本较低的企业增加减排量，而减排成本较高的企业通过购买许可证来满足合规要求。这种可交易许可证制度为企业提供了灵活的处理方式，允许企业选择最经济的减排方式，这样，污染减排的总成本被最小化。有效的污染许可证交易市场需要足够多的参与者、透明的交易信息和较低的交易成本。在实践中，建立这样一个市场可能存在困难，尤其是在交易成本高或市场规模小的情况下。此外，污染物排放总量控制的成功实施需要一个强有力的监管体系来确保企业遵守排放限额规定。如果监管不力，企业可能会超额排放，破坏整个制度的有效性。

总之，排污标准和污染物排放总量控制都是环境政策的重要工具，但它们在资源配置效率上有所差异。排污标准提供了明确的环境质量目标，但可能导致资源配置的效率较低。污染物排放总量控制可通过市场机制提供相对灵活经济的减排方案，但需要公平合理的排放配额分配方案和有效的监管框架来确保总排放量不会超过设定的限额。

习题：

1. 什么是外部性？
2. 碳排放的外部性是什么？
3. 庇古税征收多少合适？
4. 请阐述庇古税和科斯定理之间的差异。

本章要点

1. 明晰碳排放基本概念。
2. 认识不同碳排放核算边界和不同分类下碳排放核算的组成内容。
3. 掌握不同类别的碳排放核算方法。
4. 厘清排放因子法、物料平衡法和实测法三种核算方法的区别。
5. 了解常用的碳排放数据库。

第 8 章　碳排放核算

碳排放核算既是应对气候变化工作的重要基础，更是评价低碳经济发展现状、制定碳减排政策的重要依据。建立科学的碳排放核算方法，系统掌握各行各业碳排放总体情况，将为统筹有序做好“双碳”工作、促进经济社会发展、实现全面绿色转型提供坚实的数据支撑与基础保障。本章首先将对碳排放核算范围进行界定，其次介绍以领土边界、生产侧和消费侧为基础的碳排放核算方法，最后展示国内外主要的碳排放数据库。

8.1　碳排放基本概念与碳排放核算边界

8.1.1　碳排放基本概念

在了解碳排放核算方法前，需明晰碳排放的基本概念，以避免在碳排放核算时出现核算对象混淆的问题。碳排放不是仅指CO_2的排放，而是对所有温室气体（greenhouse gas，GHG）排放的统称。温室气体是指能够吸收地表长波辐射，使全球变暖的一些气体，如水蒸气（H_2O）、CO_2、臭氧（O_3）、CH_4等。由于H_2O和O_3的时空分布变化较大，一般在制定减排措施时都不将其考虑在内。按照 1997 年《京都议定书》的规定，温室气体主要包括以下六种：CO_2、CH_4、N_2O、氢氟碳化物（HFCs）、氟碳化合物（PFCs）及六氟化硫（SF_6）。其中，CO_2 主要来源于能源活动、工业生产过程和废弃物处理；CH_4 主要来自能源活动，工业生产过程，农业活动，土地利用、土地利用变化和林业（land use，land use change and forestry，LULUCF），以及废弃物处理；后三种气体主要来自工业生产过程。

各种温室气体对温室效应增强的贡献可按 CO_2 的排放率来折算，称作 CO_2 当量（CO_2e）。这使得各种温室气体的辐射强度有了一致的、可比较的度量方法。一种温室气体的 CO_2 当量等于该气体的质量乘以其全球增温潜能值（global warming potential，GWP）。根据 IPCC 第四次评估报告，在所有温室气体中 CO_2 的 GWP 实际是最小的，但由于 CO_2 总体含量很高，其对全球变暖的总贡献在 50%以上，是最重要的温室气体，所以，“温室气体排放”也简称“碳排放”。虽然用“碳排放”代表“温室气体排放”并不准确，但“控制碳排放”这类术语已经被大多数人理解并采纳。因此本书将“温室气体排放核算”简称为“碳排放核算”。

8.1.2　碳排放核算边界

人类活动产生的碳排放的范围甚广，为了更清晰地界定排放源，需要对核算边界进行界定。按照不同的依据，碳排放核算边界有多种分类方法，参考蒋旭东等（2021）的研究，本章将介绍三种常见的方法。

1. 直接碳排放与间接碳排放

直接碳排放（direct carbon emissions）是指来源于核算边界内的全部碳排放，包括化石燃料消费、工业生产过程和内部固体废弃物处理产生的排放。间接碳排放（indirect carbon emissions）是指由核算边界内部活动引起的、来源于核算边界外部的碳排放，如处于核算边界外部但是在核算边界内消费的一次能源生产设施、电力设施等排放源的排放。这种分类方法严格按照排放源的地理位置分类，为国家各层面（如省、市、企业）的碳排放核算规则所通用。

2. 范围 1 碳排放、范围 2 碳排放和范围 3 碳排放

核算范围（accounting scope）的概念最初由世界资源研究所（World Resources Institute，WRI）在企业碳排放核算中提出，其目的是通过划分排放源的范围来避免重复计算，该分类方法已被广泛应用，具体见表 8.1。

表 8.1　范围 1 碳排放、范围 2 碳排放和范围 3 碳排放

范围	边界	组成内容
范围 1	边界内直接碳排放	①能源活动碳排放；②工业生产过程碳排放；③农业活动碳排放；④土地利用、土地利用变化和林业碳排放；⑤废弃物处理碳排放
范围 2	边界外能源间接碳排放	边界外二次能源生产（包括电力、热力等）所产生的碳排放
范围 3	边界外其他间接碳排放	①边界间的交通碳排放，如国际航班、邮轮引起的碳排放等；②进口商品和服务隐含的碳排放

范围 1 碳排放（scope 1）：边界内直接碳排放。指边界内的所有直接碳排放，主要包括边界内部能源活动（工业交通和建筑等）、工业生产过程、农业活动、土地利用、土地利用变化和林业、废弃物处理产生的碳排放。范围 1 碳排放可分为在边界内生产和消费的碳排放、在边界内生产而在边界外消费的碳排放。

范围 2 碳排放（scope 2）：边界外能源间接碳排放。指发生在边界外的与能源有关的间接碳排放，主要包括为满足边界内消费而外购的电力、热力等二次能源生产所产生的碳排放。

范围 3 碳排放（scope 3）：边界外其他间接碳排放。除范围 2 碳排放以外的其他所有间接碳排放。指由边界内部活动引起的，产生于边界之外，但未被范围 2 碳排放包括的其他间接碳排放。例如，从边界外购买的所有物品在生产、运输、使用和废弃物处理环

节的碳排放。主要包括边界间的交通碳排放（如国家碳排放核算中的国际航班、邮轮引起的碳排放）以及进口商品和服务隐含的碳排放。

3. 内部过程碳排放、上游过程碳排放和下游过程碳排放

对过程/流程进行分类主要基于产品和服务的生命周期视角或者价值链视角。内部过程碳排放指消费品在辖区内的直接碳排放，包括能源活动、工业生产过程、农业活动、土地利用、土地利用变化和林业等领域产生的碳排放。上游过程碳排放是指用于消费的产品在生产、加工、运输等供应链上游环节的排放，包括一次能源生产、电力生产及进口的产品和服务。下游过程碳排放指产品在消费以后的处理环节产生的碳排放，如固体废弃物处理、废水处理等，另外还包括在内部生产，但用于出口的产品和服务所产生的碳排放。

8.2　基于领土边界的碳排放核算方法

根据核算范围和内容的不同，碳排放核算方法可分为基于领土边界的碳排放核算方法、基于生产侧的碳排放核算方法及基于消费侧的碳排放核算方法（图 8.1）。

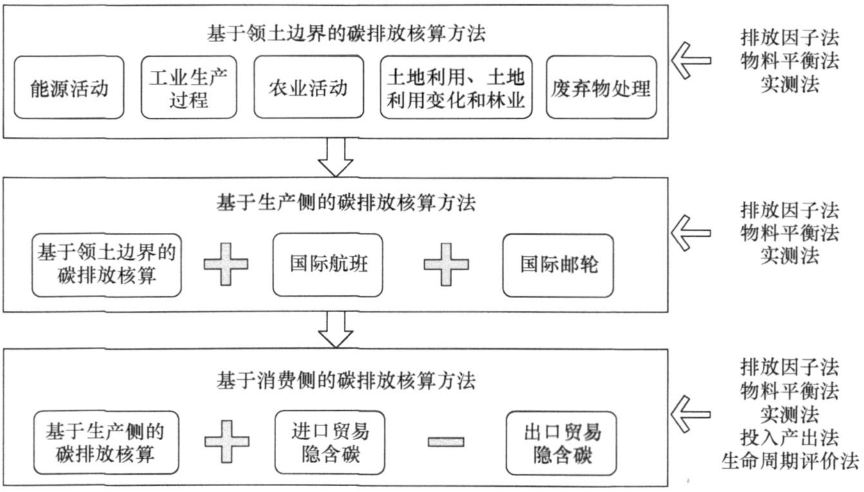

图 8.1　碳排放核算方法体系

本节将介绍基于领土边界的碳排放核算方法及核算内容。该方法主要依据的是 1996 年发布的《IPCC 国家温室气体清单指南》，包括“在该国拥有管辖权的国家（包括管理）领土和近海区域内发生的碳排放和清除”，即核算内容包括区域领土边界范围内的本地生产和居民活动导致的碳排放，具体包括能源活动、工业生产过程，农业活动，土地利用、土地利用变化和林业，废弃物处理等各个领域的碳排放，但是不包括国际交通碳排放，如国际航班和邮轮。基于领土边界的碳排放核算方法运用极为广泛，是基于生产侧和基于消费侧的碳排放核算方法的基础。具体核算过程中一般应用到排放因子法、物料平衡法和实测法这三种核算方法。

8.2.1 排放因子法

排放因子法（emission factor approach）又称作排放系数法，是 IPCC 提出的第一种温室气体排放估算方法，广泛应用于能源活动、工业生产过程、农业活动等各个领域的碳排放核算，是国内外碳排放清单编制的主要依据。例如，我国发布的《省级温室气体清单编制指南（试行）》即是在此方法基础上编制的。其基本思路是依照温室气体排放清单列表，针对每一种排放源构造其活动水平数据与排放因子，将活动水平数据和排放因子的乘积作为该排放项目的温室气体排放量估算值。其中，活动水平数据是指与温室气体排放直接相关的单个排放源的具体使用和投入数量，如某种化石燃料燃烧量、工业产品生产量等；排放因子是单位某排放源使用量所产生的温室气体排放量；GWP 是某种温室气体与 CO_2 相比的相对辐射影响值，可以将该种温室气体排放量换算成 CO_2 当量。式（8.1）核算了温室气体的排放量，式（8.2）通过 GWP 将第 i 种温室气体排放量转换为 CO_2 当量，式（8.3）测算温室气体排放总量。

$$E_{\mathrm{GHG}_i} = \mathrm{AD}_i \times \mathrm{EF}_i \tag{8.1}$$

$$E_{\mathrm{CO}_2,i} = E_{\mathrm{GHG}_i} \times w_i \tag{8.2}$$

$$E_{\mathrm{CO}_2} = \sum_i (\mathrm{AD}_i \times \mathrm{EF}_i \times w_i) \tag{8.3}$$

其中，i 为温室气体种类，包括 CO_2、CH_4、N_2O、含氟气体等；E_{GHG_i} 为第 i 种温室气体的排放量；E_{CO_2} 为 CO_2 当量；AD 为活动水平数据；EF 为排放因子；w 为 GWP。其中，活动水平数据主要来自国家相关统计数据、排放源普查数据、监测数据等；排放因子可以采用 IPCC 报告中给出的缺省值（即依照全球平均水平给出的参考值），也可采用国内外各检测或研究机构公布的结果。

在实际研究中，有的学者通过引入实时的、系统的污染物浓度监测系统，计算出基于设施的、时变的、全中国范围内的水泥相关空气污染物的排放因子和绝对排放量（Tang et al.，2022）。

8.2.2 物料平衡法

物料平衡法（mass balance approach）也称作质量平衡法，该方法适用范畴相对较广。一般来说，企业碳排放的主要核算方法为排放因子法，但在工业生产过程（如脱硫过程、化工生产过程等非化石燃料燃烧过程）中可视情况选择物料平衡法。根据质量守恒定律，用一定时期内输入物料中的含碳量减去输出物料中的含碳量，如式（8.4）所示：

碳排放=原料投入量×原料含碳量－物料产出量×物料含碳量

$$E_{\mathrm{CO}_2} = \sum_{i \in N} (Q_i \times C_i) - \sum_{j \in M} (Q_j \times C_j) \times 44/12 \tag{8.4}$$

其中，N 为能源种类集合；M 为燃烧输出产品和燃烧剩余物集合；Q_i 为第 i 种能源的消耗量；C_i 为第 i 种能源的含碳量；Q_j 为第 j 种输出产品和燃烧剩余物的产生量；C_j 为第 j 种输出产品和燃烧剩余物的含碳量；44/12 为碳转换成 CO_2 的转换系数。

该方法的优势是可反映温室气体排放发生地的实际排放量，不仅能够区分各类设施之间的差异，还可以分辨单个和部分设备之间的区别；不但适用于总的碳排放量核算（整个生产过程的核算），也适用于局部的碳排放量核算（某一局部生产过程的核算）；尤其在年际设备不断更新导致碳排放因子变化的情况下，物料平衡法更为简便精确。但该方法对数据的要求较高，需要收集大量的基础数据（各类能源、产品的消耗量数据及含碳量数据等），而目前煤炭企业的能源消耗记录多为各类能源的总耗费量，且具体环节和工艺的能源消耗和含碳量数据测量困难、测量成本高，限制了物料平衡法的使用。

在实际应用中，Pérez 等（2023）以加利福尼亚州尼卡西奥的西马林堆肥设施为例，采用了一种非侵入式微气象物料平衡方法，该方法针对三维商业规模堆肥桩进行了优化，以测量 CH_4、N_2O 和 CO_2 在厨余堆肥过程中的持续排放。

8.2.3 实测法

实测法（experiment approach）基于排放源的现场实测数据来核算碳排放量。实测法适用于有连续稳定在线监测设施和数据系统的企业，如拥有废气排放监测系统的火电企业以及水泥企业。运用连续计量设施测量排放气体的浓度、流速以及流量，并使用国家标准系数进行碳排放核算，具体公式为

$$G = Q \times C \times K \tag{8.5}$$

其中，G 为某气体排放量；Q 为介质（空气）流量；C 为介质中某气体；K 为单位换算系数。

现实应用中包括现场测量和非现场测量。现场测量是指通过遥感反演法或烟气排放连续监测系统（continuous emission monitoring system，CEMS），直接测量碳排放量；非现场测量是指采集样品送到有关监测部门，利用专门的检测设备和技术进行定量分析。二者相比，由于进行非现场测量时采样气体会发生吸附反应、解离等问题，样本可能不具备代表性，因此现场测量的准确性要明显高于非现场测量。相对于排放因子法和物料平衡法，实测法的结果更精确、中间环节更少，但数据获取相对困难，测量成本较高。

在实际应用中，Liu 等（2023）提出了基于云计算平台和卫星数据的碳排放监测策略，可以提供多尺度、高分辨率的全球碳排放数据。

8.3 基于生产侧的碳排放核算方法

生产侧碳排放是指在国家或地区行政边界内，因产品生产或服务而产生的直接碳排放，生产或服务包含本地消费和输出到外地的两部分。该方法的应用范围比基于领土边界的碳排放核算方法的更广，包括对国际航班以及国际邮轮中的碳排放的核算等。但由于国际交通运输中能源消耗和碳排放责任难以分配，尤其是在公海等公共领域，各国碳排放量和责任分担存争议。一般而言，生产侧碳排放核算边界和国民核算体系（system of national accounts，SNA）的边界一致，即国际交通运输中的碳排放责任归于交通设备运营者所属国家，国际旅游的统计范围是居民地址而不是旅游目的地。其中，国际交通运

输方式主要包括航空和航海两部分，其碳排放的核算方法主要采用排放因子法，但是特定活动水平数据会依据交通方式的差异而不同。

8.3.1　航空碳排放的核算方法

欧盟排放交易体系（European Union Emission Trading System，EU ETS）中，利用排放因子法计算国际交通舱载燃料碳排放，其中每个航班和每种燃料都需要单独计算，燃料消耗量必须包括辅助动力装置的燃料消耗。

航空经营者可以根据飞机类型选择以下方法计算燃料消耗量，并利用排放因子法进一步核算碳排放量。

方法一：

$$Q = Q_a - Q_b + F_a \tag{8.6}$$

其中，Q 为每次飞行的燃料消耗量；Q_a 为完成一次飞行的燃料完全消耗量；Q_b 为下次飞行的燃料完全消耗量；F_a 为下次飞行的燃料量。

方法二：

$$Q = R_a + F_b - R_d \tag{8.7}$$

其中，R_a 为上次飞行后的燃料剩余量；F_b 为本次飞行的燃料量；R_d 为本次飞行结束后的燃料剩余量。

8.3.2　航海碳排放的核算方法

一次航海旅程中的碳排放计算公式为

$$E_{\text{Navi}} = P \times \frac{D}{v} \times R \times S_{\text{FOC}} \times \frac{M_i}{M_t \times U} \times F_{\text{CO}_2} \tag{8.8}$$

其中，E_{Navi} 为一次航海旅程中产生的 CO_2 总排放量（克）；P 为主要或辅助发动机的额定功率的最大值（千瓦）；D 为航行的总距离（海里）；v 为船航行的平均速度（海里/时）；R 为主要或辅助发动机的平均负荷占发动机最大装机功率的比例；S_{FOC} 为具体使用的燃油发动机油消耗率（千瓦时）；M_i 为船所载的从某个国家或区域进出口商品的重量（吨）；M_t 为船的最大承载量（吨）；U 为船载货能力的平均利用分数；F_{CO_2} 为发动机使用燃料的碳排放因子（Fitzgerald et al.，2011）。

此外，国际航海组织采取自上而下的排放量计算方法，主要通过消费石油数量来计算排放总量，这种方法需要精确并且相对完整的石油部门的统计数据以及比较标准的航运业排放率估算。Al Baroudi 等（2021）系统回顾了航运碳排放相关文献，以探索其技术经济可行性。此研究还提供了 CCUS 技术在航运领域应用的现有经验和未来前景。

8.4　基于消费侧的碳排放核算方法

基于生产侧的碳排放核算方法具有统计制度较完备、基础数据可获得性强的优点；

但随着碳泄漏等问题逐渐受到重视，基于生产侧的碳排放测算方法的不足之处逐渐凸显。由于国际、区域贸易碳排放的存在，基于生产侧的碳排放核算方法可能导致一国或者区域为满足其消费需求，从另一个国家或区域进口碳密集型产品、转移高碳密集产业来减少本国或本地区的碳排放，即碳泄漏现象，因此基于生产侧的碳排放核算方法不利于净碳出口国家或地区。基于消费侧的碳排放核算方法从最终需求角度核算国家或地区的碳排放，并考虑产品跨区域流动隐含的碳排放和消费地的减排责任，充分体现消费者减排责任，有利于解决碳泄漏问题，因而更加公平。

基于消费侧的碳排放核算方法从商品消费（而非能源消费）角度对一个国家或区域的 CO_2 排放量进行核算，用一个国家或区域的经济贸易去取代地域限制，从而解决国际、区域贸易的分配问题。该方法将生产和分销链产生的所有碳排放均分配给最终产品消费者，也就是说，是计算一个国家或区域消费了多少碳排放，而不是生产了多少碳排放；谁从过程中受益，谁就应当承担与之相关的碳排放责任。例如，出口国认为其产品与服务是为满足进口国的消费需求，因此，生产过程中的碳排放应由进口国承担，即消费者责任制。一个国家的消费侧碳排放清单，扣除出口所体现的碳排放量而包括进口所体现的碳排放量。这意味着一个国家的出口产品所产生的碳排放量须分配给进口这个产品的国家，每个国家都应为进口产品所产生的碳排放量负责。

消费侧的碳排放核算有多种计算方法，简而言之，即消费侧碳排放量=生产侧碳排放+进口贸易的隐含碳排放–出口贸易的隐含碳排放。本节介绍投入产出法和生命周期评价法两种常用的方法。

8.4.1 投入产出法

投入产出（input-output，I-O）法是瓦西里·里昂惕夫创建的研究经济体系中各部分之间投入与产出相互依存关系的数量分析方法，由于其直观、简明，被广泛应用于各产业的碳排放量估算，也是目前测算隐含碳排放的主流方法。当前，投入产出模型可分为单区域投入产出模型和多区域投入产出模型（multi-regional input-output model，MRIO）。单区域投入产出模型更适合分析碳排放对一个国家或区域产生的影响，而多区域投入产出模型则考虑了区域间的投入产出关系，故更适合分析碳排放对多个国家或多区域产生的影响，但是分析碳排放对多区域的影响需要多国的投入产出分析表，实际操作具有困难性。基于多区域投入产出模型核算各个地区的贸易隐含碳排放是在各区域投入产出表基础上，利用区域间的贸易数据，将彼此间商品和服务的流入、流出与生产技术水平内生化，并按照相同部门分类进行连接和调整。多区域投入产出模型不仅有助于深入了解贸易对碳排放的影响，明确碳中和导向下各省的压力，促进减排责任合理分配，也为各省消费端碳减排模式分析和国家碳中和目标的实现提供了重要理论基础。钟诗雨等（2023）对国内外现有隐含碳排放文献进行了系统性梳理，发现投入产出法主要应用于生产、贸易领域的碳排放测算，以及隐含碳在产业部门和地区之间的转移，是核算隐含碳排放的主流方法。

8.4.2　生命周期评价法

生命周期评价（life cycle assessment，LCA）是对一个产品系统的生命周期中的输入、输出及潜在环境影响进行的综合评价。利用 LCA 进行碳排放核算即是对产品生命周期的各个阶段，包括原材料采购、生产、运输、使用和处置过程中所产生的碳排放量进行评估和分析。此方法可以帮助企业掌握其产品在生命周期中的碳排放情况，从而有针对性地制定减排策略。

实施 LCA 是一项庞大而又复杂的工程，表 8.2 展示了主要的 LCA 国际标准。1997 年后国际标准化组织（International Organization for Standardization，ISO）陆续制定了 ISO 14000 系列 LCA 标准。其中，ISO 14040 标准提供了 LCA“原则与框架”，ISO 14044 标准提供了 LCA“要求与指南”，这两项国际标准是目前 LCA 领域影响范围最广的标准，为全球 LCA 提供了指导。我国等同转化了 ISO 14040 和 ISO 14044 国际标准，分别为国家标准《环境管理 生命周期评价 原则与框架》（GB/T 24040—2008）和《环境管理 生命周期评价 要求与指南》（GB/T 24044—2008）。

表 8.2　LCA 国际标准

标准名称	发布年份及发布机构
ISO 14040《环境管理 生命周期评价 原则与框架》	2006 年，ISO
ISO 14044《环境管理 生命周期评价 要求与指南》	2006 年，ISO
PAS 2050《商品和服务在生命周期内的温室气体排放评价规范》	2008 年，BSI

注：PAS 为公开可用规范（Publicly Available Specification）；BSI 为英国标准协会（British Standards Institution）

ISO 14040 标准提出的 LCA 原则与框架如图 8.2 所示。首先，要明确确定研究目标和范围。其次，要开展生命周期清单分析和影响评价。在实施过程中，每一步骤的结果解释都可以用来指导开发潜在的改进措施，而这些改进措施反过来又会影响到 LCA 的各个步骤。因此，可以说 LCA 是一个反复相互作用、相互影响的过程。

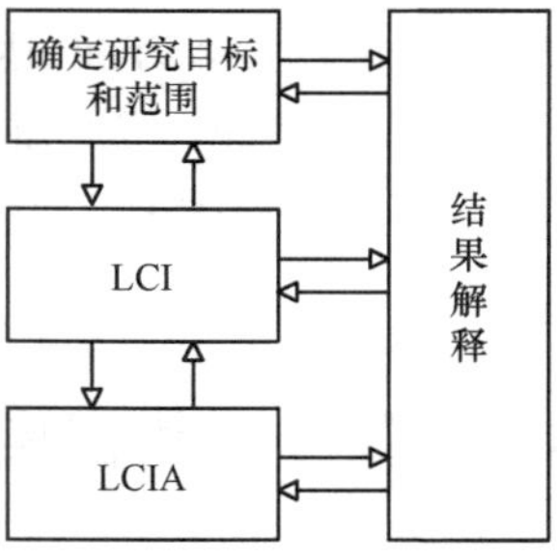

图 8.2　LCA 原则与框架

LCI 为生命周期清单分析（life cycle inventory analysis）；LCIA 为生命周期影响评价（life cycle impact assessment）

1. 确定研究目标和范围

确定研究目标和范围是 LCA 研究中的第一步，也是关键的一步，会直接影响到整个评价工作程序和最终研究结论。确定研究目标就是要明晰开展此项 LCA 的意图以及研究结果预计使用目的。在确定研究范围时需界定系统边界、时间边界、功能单位、环境影响类型、数据要求、假定条件等。

2. 生命周期清单分析

生命周期清单分析是指对产品、工艺或服务在其全生命周期中的资源、能源消耗和环境排放等相关数据进行收集、整理与分析，以作为下一步生命周期影响评价的依据。生命周期清单分析将对一个产品从生产、使用到废弃整个生命周期内所投入的原材料和能源作为输入逐一列出，同时也将生命周期内排出的所有影响环境的物质作为输出逐一列出，并对输入和输出进行以数据为基础的客观量化。

3. 生命周期影响评价

生命周期影响评价是对生命周期清单分析中辨识出来的环境影响进行技术定量或定性方式的描述和评价。生命周期影响评价主要由影响分类、特征描述和量化评价三个步骤组成。目的是根据生命周期清单分析所提供的原材料、能源消耗数据以及各种排放数据对产品所造成的环境影响进行评估，实质上是对生命周期清单分析的结果进行定性或定量排序的过程。

4. 结果解释

结果解释将根据前几个阶段的工作，对分析得出的主要环境问题进行综合评价，对现有产品设计和加工工艺进行改进分析，并提出可能的实施方案。进行改进的目的是产生环境效益，或者至少对环境的影响降至最低程度。例如，改变产品结构、重新选择原材料、改变制造工艺和消费方式以及废弃物管理等。

LCA 作为产业生态学研究的重要方法，不仅可以为有效解决环境问题进行定量分析评价，对产品生产的全过程及其有关的环境问题进行评价，还可以为政府环境管理部门制定产业政策提供支持。但是，LCA 还很不完善，其应用也有一定的局限性：一是 LCA 具有一定的主观性，如在系统边界的确定、数据来源的选择、环境损害种类的选择、计算方法的选择以及环境影响评估中的评价过程等方面，因此 LCA 的结论需要完整的解释说明；二是 LCA 只考虑了生态环境、人体健康、资源消耗等方面的问题，不涉及技术、经济或社会效果，如质量性能、成本、盈利等因素，在决策过程中必须结合其他方面的信息。

8.5 碳排放数据库

随着碳排放核算的普及和深入，国内外都涌现出一批优秀数据库。从全球层面来看，世界银行、欧盟委员会以及 WRI 等机构都有国家层面的温室气体排放数据库，C40 城市气候领导联盟、CDP（原为碳披露项目）等还建立了城市和企业层面的温室气体排放数据库。本节主要介绍四个国内外常用的碳排放数据库。

8.5.1　世界银行

世界银行是向发展中国家的政府提供资金、政策咨询和技术援助的国际金融机构，归属于联合国系统，由国际复兴开发银行（International Bank for Reconstruction and Development，IBRD）和国际开发协会（International Development Association，IDA）两个机构组成。世界银行数据库涵盖了全球绝大部分国家和地区的发展相关数据，其中也包括全球 233 个国家和地区 1990 年至 2020 年的碳排放数据。此外，数据库还记录了特定地理区域（如东亚、欧洲）、特定国家集团[如经济合作与发展组织（Organisation for Economic Co-operation and Development，OECD）成员国，小岛屿国家]以及特定收入群体（高中低收入）历年的碳排放量、碳排放强度、单位 GDP 排放、液体燃料引起的碳排放、固体燃料引起的碳排放、氢氟烃类化合物以及甲烷排放量数据。具体信息可见网站 https://data.worldbank.org/。

8.5.2　bp 集团

bp 集团是一家综合性能源企业，每年发布的报告不仅对世界能源相关形势进行深入分析，还同时公开其收集且使用的各类能源相关数据，包括排放数据，其中 CO_2 排放数据自 1965 年起为年度数据，涵盖了全球 92 个国家/地区。

bp 集团的数据会在每年的《世界能源统计年鉴》（*Statistical Review of World Energy*）报告中呈现，该报告既对过去一年全球能源发展情况和重大事件进行回顾，也会公布碳排放和能源生产消费的最新统计数据。其中，碳排放数据不仅包括近 10 年由能源消耗产生的 CO_2 排放，还包括能源、过程排放、甲烷和燃烧产生的 CO_2 当量排放量。具体可见网站 https://www.bp.com/。

8.5.3　中国碳核算数据库

中国碳核算数据库展示中国多尺度能源、碳排放及社会经济核算清单的最新研究成果，并提供免费的公开数据以供非商业用途研究使用。中国碳核算数据库包括多尺度碳排放清单、工业过程碳排放清单、排放因子及投入产出表等子数据库。多尺度碳排放清单展示了从 20 世纪 90 年代开始的国家—省区—城市尺度的碳排放量；工业过程碳排放清单覆盖了 14 种工业过程中产生的碳排放量数据；排放因子及投入产出表子数据库展示了关于排放因子测算及投入产出表编制等方面的最新研究成果。具体可见网站 https://www.ceads.net.cn/。

习题：

1. 范围 1 碳排放、范围 2 碳排放和范围 3 碳排放的组成内容分别是什么？
2. 基于生产侧和基于消费侧的碳排放核算方法有什么区别？
3. 如何计算一个区域的碳排放？有哪些方法？
4. 如何计算一个企业的碳排放？有哪些方法？

本章参考文献

蒋旭东，王丹，杨庆. 2021. 碳排放核算方法学[M]. 北京：中国社会科学出版社.

钟诗雨，张晓敏，吴佳，等. 2023. 隐含碳及其测算方法研究综述[J]. 生态经济, 39(6): 32-38.

Al Baroudi H, Awoyomi A, Patchigolla K, et al. 2021. A review of large-scale CO_2 shipping and marine emissions management for carbon capture, utilisation and storage[J]. Applied Energy, 287: 116510.

Fitzgerald W B, Howitt O J A, Smith I J. 2011. Greenhouse gas emissions from the international maritime transport of New Zealand's imports and exports[J]. Energy Policy, 39(3): 1521-1531.

Gao M. 2023. The impacts of carbon trading policy on China's low-carbon economy based on county-level perspectives[J]. Energy Policy, 175: 113494.

Liu Z, Deng Z, Huang X T. 2023. A carbon-monitoring strategy through near-real-time data and space technology[J]. The Innovation, 4(1): 100346.

Pérez T, Vergara S E, Silver W L. 2023. Assessing the climate change mitigation potential from food waste composting[J]. Scientific Reports, 13(1): 7608.

Singh P, Kansal A, Carliell-Marquet C. 2016. Energy and carbon footprints of sewage treatment methods[J]. Journal of Environmental Management, 165: 22-30.

Tang L, Ruan J H, Bo X, et al. 2022. Plant-level real-time monitoring data reveal substantial abatement potential of air pollution and CO_2 in China's cement sector[J]. One Earth, 5(8): 892-906.

本章要点

1. 熟悉低碳经济发展评价基本流程。
2. 掌握低碳经济发展主要评价指标体系。
3. 掌握低碳经济发展评价主要方法。

第 9 章　低碳经济发展评价

低碳经济发展评价是指对一个国家或地区的低碳经济发展程度进行全面、系统、客观的评判。科学的低碳经济发展评价不仅有助于低碳经济理论的完善，也能为政府制定低碳经济发展战略提供理论依据。本章将对低碳经济发展评价基本流程、低碳经济发展评价指标体系构建及低碳经济发展评价方法进行详细介绍。

9.1　低碳经济发展评价基本流程

9.1.1　理解低碳经济内涵

评价者应充分理解低碳经济相关理论基础和深刻内涵，若只关注低碳经济发展的某一方面，如碳排放总量或人均碳排放量，则会产生不全面、不准确的评价结果。低碳经济的基本内涵和特征会随着时代的发展而不断深化，评价者需及时把握国内外低碳经济概念的发展动态，从各项低碳经济发展评价研究与实践中汲取经验，为低碳经济发展评价做好充足的理论准备。

9.1.2　构建评价指标体系

在具备了一定的理论与方法之后，可通过查找文献、政策文件及咨询专家等方法来构造评价指标体系。为了科学、客观、全面地衡量低碳经济发展水平，在设计指标体系时应遵循以下基本原则。

1. 系统性与层次性原则

发展低碳经济是一项复杂的系统工程，应按照低碳经济发展所包含的不同维度来确定指标体系的若干个子系统，以全面地反映低碳经济的深刻内涵。同时需采用多级指标构建出多层次指标体系，由宏观到微观逐级分解，以便决策者在不同层次上对低碳经济发展精准调控。

2. 动态性与稳定性原则

发展低碳经济是一个循序渐进的过程，设计指标体系时应该充分考虑社会、经济、环境等方面的动态变化，指标的权重也应随着发展进程的变化更新调整。但是核心指标在短期内应具有一定稳定性，以便分析特定计划期内的低碳经济发展进程，并预测未来发展趋势。

3. 普遍性与特殊性原则

低碳经济发展指标体系中应该具有一些共性的普适性指标，但也需注重不同地区面积、人口、资源禀赋等方面的差异，以使指标充分反映目标地区的低碳经济建设水平。例如，在衡量经济发展水平时尽可能选用 GDP 增长率或人均 GDP。

4. 可测性和可行性原则

评价指标应具有可测量或可间接计量的特性，定量指标应能够直接从官方统计资料等公开数据中直接获得或根据现有数据推导得出。若一些指标无法定量化，则需采用定性指标，并通过科学方法进行量化以避免评价结果的主观性。

9.1.3 指标无量纲化处理

不同指标之间由于各自量纲及数量级不同而存在着不可公度性，在给各指标赋权之前要对原始数据进行无量纲化处理，以保障指数的稳定性并提高综合指数的可比性。从评价的角度可把指标划分成三类：正向型指标、负向型指标、适中型指标。其中，正向型指标值越大评价结果越好，负向型指标值越小评价结果越好。一般会采用数学方法对数据进行无量纲化处理，如零均值标准化、最小最大值归一化、线性比例法等。

9.1.4 确定各指标权重

指标权重是综合评价的重要信息，反映了各个指标在低碳经济发展评价中的价值与地位。作为一种非线性的复杂系统，低碳经济发展“不平衡性”问题也十分突出，指标赋权因此也是低碳经济发展评价研究中的一个重点、难点问题。现有赋权方法总体上可以分为主观赋权法、客观赋权法和组合赋权法三大类，选择合适的赋权方法是准确评价的关键。

9.1.5 生成综合评价结果

综合评价需通过数学模型将多个评价指标值集结为一个综合性评价值。可用于整合的方法较多，但都要依据一定的权数对单项指标评判结果进行综合，权数比例的设置会影响最终的低碳经济发展评价结果。

9.1.6 分析综合评价结果

针对综合评价的结果，决策者需结合实际应用场景严格评估综合评价结果的科学性。此外，低碳经济发展评价指标体系需根据评价对象的发展进程的变化而不断更新。

9.2　低碳经济发展评价指标体系构建

9.2.1　代表性的低碳经济发展评价指标体系

近年来，低碳经济发展评价指标体系构建逐渐成为学术界研究的热点，各界学者从不同角度对低碳经济发展评价指标体系构建进行了探讨。例如，付加锋等（2010）探讨了低碳经济的概念和核心要素，指出低碳经济是一种经济形态，其发展过程具有阶段性特征，认为低碳经济应该包含发展阶段、资源禀赋、技术水平、消费模式四个核心要素，其中生产过程的低碳化、能源结构的低碳化和消费模式的低碳化都与发展阶段密切相关。其在此基础上从低碳产出、低碳消费、低碳资源、低碳政策和低碳环境等维度构建了多层次评价指标体系，具体见表 9.1。

表 9.1　低碳经济发展评价指标体系（一）

目标层	准则层	指标层	指标方向	计算公式
低碳经济发展水平	低碳产出指标	碳生产力	+	GDP/碳排放量
		能源加工转换效率	+	能源投入量/能源产出量
	低碳消费指标	居民消费碳排放	–	碳排放量/政府消费支出
		政府消费碳排放	–	碳排放量/政府消费支出
	低碳资源指标	零碳能源比重	+	零碳能源消费量/能源消费量
		能源碳排放系数	–	碳排放量/能源消费量
		碳汇密度	+	碳汇量/面积
	低碳政策指标	低碳经济发展规划	+	有或无
		碳排放监测、统计、监管体系	+	有或无
		公众低碳经济知识普及程度	+	普及程度（单位：%）
		环保节能标准执行率	+	执行程度（单位：%）
		碳税政策	+	有或无
	低碳环境指标	废弃物碳排放强度	–	废弃物碳排放量/废弃物产生量
		工业三废处理指数	+	处理率

9.2.2　本书提出的低碳经济发展评价指标体系

本书从经济发展、能源体系、技术创新三个维度构建低碳经济发展评价指标体系，如表 9.2 所示。

表 9.2　低碳经济发展评价指标体系（二）

一级指标	二级指标	组成内容	公式
经济发展	经济实力	人均 GDP	GDP/总人口
		GDP 增速	当年 GDP/上一年 GDP－1
	经济结构	第一产业产值占比	第一产业产值/GDP×100%
		第二产业产值占比	第二产业产值/GDP×100%
		第三产业产值占比	第三产业产值/GDP×100%
	生活水平	人均可支配收入	总可支配收入/居民家庭常住人口
		恩格尔系数	食品支出总额/个人消费支出总额

续表

一级指标	二级指标	组成内容	公式
能源体系	能源消费	人均能源消费量	能源消费总量/总人口
		第二产业能源消费占比	第二产业能源消费量/能源消费总量
	能源生产	化石能源生产占比	
		可再生能源生产占比	
		发电装机容量	
	能源强度	单位 GDP 能源消费量	能源消费总量/GDP
	能源安全	对外能源依赖度	
		人均能源生产量	
技术创新	碳强度	单位 GDP 碳排放量	碳排放总量/GDP
	可再生能源技术创新水平	考虑专利折旧率和技术扩散率的可再生能源专利数量	式（9.1）
	低碳技术创新水平	考虑专利折旧率和技术扩散率的低碳技术专利数量	式（9.2）

1. 经济发展维度

经济发展是低碳经济发展的基础，只有经济发展到一定水平，才有余力发展科技、保护环境、保障社会及促进节能减排，经济为其他子系统的发展提供了物质以及资金上的支持。经济发展维度可从经济实力、经济结构和生活水平角度进行综合度量。

2. 能源体系维度

能源是经济社会发展的动力，能源生产和消费相关活动也是最主要的 CO_2 排放源，大力推动能源领域碳减排是做好“双碳”工作，以及加快构建现代能源体系的重要举措。能源体系维度具体可从能源消费、能源生产、能源强度和能源安全四个方面衡量。

3. 技术创新维度

科技发展是低碳经济发展的原动力，科技发展水平一定程度上决定了低碳经济发展状况。碳强度可作为衡量技术创新的指标，推动技术创新和经济增长，可以有效降低碳强度，实现环境保护和经济可持续发展的目标。此外，参考 Yang 等（2024）的研究，选取可再生能源技术创新水平和低碳技术创新水平衡量技术创新维度。

1）可再生能源技术创新水平

$$\mathrm{RETI}_{it}=\sum_{s=0}^{t}\mathrm{e}^{-\beta_1(t-s)}\left[1-\mathrm{e}^{-\beta_2(t-s)}\right]\mathrm{REPAT}_{it} \tag{9.1}$$

其中，RETI 为可再生能源技术创新水平；REPAT 为可再生能源专利数量；i、t 分别为省份和年份；$s=0,1,\cdots,t$；β_1 和 β_2 分别为专利折旧率和技术扩散率，可以看出专利折旧率与可再生能源技术创新水平负相关，技术扩散率应与可再生能源技术创新水平正相关。可再生能源专利包括水能、风能、太阳能、潮汐能、生物质能及储能等专利，相关专利数据来源于《中国专利全文数据库（知网版）》。

2）低碳技术创新水平

$$\mathrm{LCTI}_{it}=\sum_{s=0}^{t}\mathrm{e}^{-\beta_1(t-s)}\left(1-\mathrm{e}^{-\beta_2(t-s)}\right)\mathrm{LCPAT}_{it} \tag{9.2}$$

其中，LCTI 为低碳技术创新水平；LCPAT 为低碳技术专利数量；β_1 和 β_2 的定义与取值参考式（9.1）。低碳技术专利数据来源于壹专利（Patyee）数据库，专利类型包括发明申请、发明授权、实用新型、外观设计和其他五类，将申请日作为专利检索的限定时间节点。需要说明的是，处于审查中、失效或无效和其他状态的专利均被予以剔除，仅检索了有效专利。

9.3　低碳经济发展评价方法

考虑到低碳经济的内涵是多维而复杂的，如果仅从单一指标对其进行评价存在一定局限性。因此，需要使用科学方法对单一指标进行赋权，并通过指标集结得到一个综合性指标，以此来相对全面地反映出低碳经济发展的丰富内涵。本节将介绍几种主要的指标赋权、多指标集结和综合评价方法。

9.3.1　指标赋权方法

1. 主观赋权法

主观赋权法是根据评价者主观上对各指标的重视程度来确定权重的方法。这类方法的优点是能较好地反映评价对象所处背景和评价意图，注重对使用者的需求和实际感受的探索，不至于出现指标权重与实际重要程度严重相悖的情况。但指标权重的准确性依赖于评价者的专业知识和经验积累程度，因而具有较大的主观性。具有代表性的主观赋权法有层次分析法（analytic hierarchy process，AHP）、德尔菲法等，下面将主要介绍 AHP。

AHP 是 20 世纪 70 年代由美国国防部在研究“根据各个工业部门对国家福利的贡献大小而进行电力分配”课题时提出的一种层次权重决策分析方法。其核心思想是将决策问题的有关元素分解成目标、准则、方案层次，用一定标度对人的主观判断进行客观量化。张雳（2015）从经济发展、低碳能耗、低碳技术、社会环境四个维度构建了区域低碳经济发展评价指标体系，并采用因子分析法和 AHP 对湖南省的低碳经济发展水平进行实证分析。但 AHP 的不足之处在于定量数据较少而定性成分较多。当指标过多时数据统计量大，且指标权重难以确定。

2. 客观赋权法

客观赋权法依据历史数据研究指标之间的相关关系或指标与评估结果的影响关系，并进行综合评价，无须考虑决策者的主观意愿和业务经验，计算方法较为复杂。常用的客观赋权法包括熵权法、主成分分析法、变异系数法等，下面将主要介绍熵权法和变异系数法。

1）熵权法

熵权法通过信息熵得到各指标的熵权，再利用熵权对各指标的权重进行改进以得到客观的权重。采用熵权法来确定指标权重的具体步骤如下。

步骤一，对决策矩阵进行规范化处理：

$$\rho_{ij}=\frac{\theta_{ij}}{\sum_{i=1}^{n}\theta_{ij}},\ i,j=1,2,\cdots,n \tag{9.3}$$

其中，θ_{ij} 为决策矩阵中第 i 行第 j 列的指标；n 为指标总数。

步骤二，求第 j 个指标的熵：

$$f_j=-\frac{1}{\ln n}\sum_{i=1}^{n}(\rho_{ij}\cdot\ln\rho_{ij}) \tag{9.4}$$

步骤三，求第 j 个指标的权重：

$$w_j=\frac{1-f_j}{\sum_{j=1}^{n}\left(1-f_j\right)},\ \sum_{j=1}^{n}w_j=1,\ j=1,2,\cdots,n \tag{9.5}$$

熵权法确定权重的依据是数据本身，相较于 AHP 等主观法减小了主观性对决策结果的影响。但熵权法认为不同指标是独立存在的，未考虑指标间的相关性，容易出现权重分配不合理的情况，计算得出的权重在实际应用中往往需要进行调整。潘苏楠等（2019）从能耗排放、生态环境、经济建设、技术支撑和社会发展五个维度，利用改进的熵权法和全排列多边形图示法对中国低碳经济发展进行了评价。

2）变异系数法

变异系数法是根据数据的变化程度来确定指标权重的客观赋权法。若某项指标数值差异较大，则表明该指标能较明显地区分评价对象，应赋予较大的权重。反之，若某项指标的数值差异较小，则赋予较小的权重。该方法中数据的差异程度由变异系数衡量，具体赋权步骤如下。

步骤一，计算各指标的平均值：

$$\bar{X}_j=\frac{1}{N}\sum_{i=1}^{n}X_{ij},\ j=1,2,\cdots,M \tag{9.6}$$

其中，n 为指标总数；M 为指标序列长度；X_{ij} 为第 i 行第 j 列指标。

步骤二，计算各指标的标准差：

$$S_j=\sqrt{\frac{1}{N-1}\sum_{i=1}^{n}\left(X_{ij}-\bar{X}_j\right)^2},\ j=1,2,\cdots,M \tag{9.7}$$

步骤三，计算各指标的变异系数：

$$C_j=S_j/\bar{X}_j,\ j=1,2,\cdots,M \tag{9.8}$$

步骤四，计算各指标的权重：

$$W_j = C_j / \sum_{j=1}^{M} C_j, j = 1,2,\cdots,M \tag{9.9}$$

变异系数法的优点是计算简洁且能比较客观地为指标赋权，但该方法也存在一些缺点。一是权重分配结果对数据的分布情况比较敏感，当数据分布不均匀时，权重分配结果可能会有所偏差。二是该方法忽略了各指标之间的相关性，当各指标之间存在相关性时，权重分配结果可能会不够准确。

已有很多学者利用客观赋权法对低碳经济发展水平进行了评价。邱高会和丁明刚（2016）应用熵权法和优劣解距离（technique for order preference by similarity to an ideal solution，TOPSIS）法从经济发展、社会进步、低碳排放和碳汇能力四个层面对四川省低碳经济发展水平进行了评价。史学飞等（2018）将主成分分析法与熵权法结合建立了低碳经济发展评价模型，分析了天津市 2000～2015 年低碳经济的发展状况。刘筱慧等（2021）提出了密切值修正的 TOPSIS 法，并对秦皇岛市的低碳经济发展水平进行了评价，验证了客观赋权法的有效性。

3. 组合赋权法

针对主客观赋权法各自的优缺点，为兼顾到决策者对属性的偏好，同时又力争降低赋权的主观随意性，使属性的赋权达到主观与客观的统一，进而使决策结果真实、可靠。因此，合理的赋权方法应该同时基于指标数据之间的内在规律和专家经验对决策指标进行赋权。组合赋权法是结合主观赋权法和客观赋权法各自的特点形成的。其做法是：首先用主观赋权法和客观赋权法找出内部最合理的主、客观权重系数，其次根据具体情况确定主客观赋权法权重系数所占的比例，最后求出综合评价权重系数。李刚等（2017）对主观权重和客观权重的组合方式及其合理性进行了研究，提出了主客观组合赋权的组合原则及合理性判别标准；对比分析了加法合成法、乘法合成法、级差最大化组合赋权法和基于客观修正主观的组合赋权方法四种典型的主客观组合赋权法的合理性。

在实际应用中，赵萌等（2013）从循环经济发展的经济、环境、社会、资源四个方面构建出循环经济评价指标体系，通过熵权法和 AHP 相结合的方法对指标赋权，并以河北省为例进行实证分析。王竞梅等（2014）利用变异系数法和模糊层次分析法相结合的方法，从资源利用、环境保护、经济发展和居民生活方面对我国省域低碳经济发展水平进行了综合评价。

9.3.2 多指标集结方法

多指标集结就是指通过一定的数学模型（或称集结模型、集结算子）将多个评价指标值“合成”为一个整体性的综合评价值。集结方式可分为基于指标性能的、基于指标位置的以及基于指标值分布的三种。

1. 基于指标性能的集结方式

此类方式主要包括线性加权综合法、非线性加权综合法和 TOPSIS 法。其中，线性加权综合法即利用线性模型对各指标进行加权以形成综合评价指标，适用于各评价指标间相互独立的情形，其权重系数能直接反映各指标的重要性，可表示为

$$y=\sum_{i=1}^{n}w_i x_i \tag{9.10}$$

其中，w_i 表示第 i 个指标 x_i 的权重；n 为指标总数。

非线性加权综合法（又称“乘法”合成法或加权几何平均算子）是指应用非线性模型进行综合评价，适用于各指标间有较强关联的情形。根据乘积运算的性质，该方法会突出评价指标值中较小者的作用，有助于体现备选方案之间的差异。具体可表示为

$$y=\prod_{i=1}^{n}x_i^{w_i} \tag{9.11}$$

2. 基于指标位置的集结方式

基于指标位置的集结方式主要包括有序加权平均（ordered weighted averaging，OWA）算子、有序加权几何平均（ordered weighted geometric averaging，OWGA）算子及其扩展的集结算子。其中，OWA 算子的结构定义如下：

$$\mathrm{OWA}_w\left(x_1,x_2,\cdots,x_m\right)=\sum_{j=1}^{m}\boldsymbol{w}_j\boldsymbol{x}'_j \tag{9.12}$$

其中，$x_1,x_2,\cdots,x_m$ 为 m 个评价指标值；$\boldsymbol{x}'_j$ 为按从小到大顺序排序后的指标值；$\boldsymbol{w}_j$ 为对应的位置加权向量。OWGA 算子是对 OWA 算子的改进，其计算公式为

$$\mathrm{OWGA}_w\left(x_1,x_2,\cdots,x_m\right)=\prod_{j=1}^{m}(\boldsymbol{x}'_j)^{w_j} \tag{9.13}$$

3. 基于指标值分布的集结方式

以上两种算子没有考虑属性值之间分布的疏密程度，在多属性决策中，属性值分布几乎都是不均匀的，需考虑数据分布之间的疏密程度。在一组数据中，数据越集中则表明信息的一致性程度越高。鉴于此，后续学者提出了密度加权平均（density weighted average，DWA）中间算子和密度加权几何平均（density weighted geometric averaging middle，DWGA）中间算子，以改进上述算子存在的问题（易平涛等，2007；易平涛和郭亚军，2010）。

9.3.3 综合评价方法

综合评价已广泛应用于各个领域，国内外学者对综合评价的理论、方法和应用开展了诸多卓有成效的研究。其中，典型的综合评价方法有模糊综合评价、神经网络评价、

灰色综合评价等，本节将对模糊综合评价和神经网络评价进行介绍。

1. 模糊综合评价

模糊综合评价（fuzzy comprehensive evaluation，FCE）是以模糊数学为基础，应用模糊关系合成的原理，将一些边界不清、不易定量的因素定量化，根据多个因素对被评价事物隶属等级状况进行综合性评价的一种方法。该方法不仅可对评价对象按综合分值的大小进行评价和排序，而且还可根据模糊评价集上的值按最大隶属度原则去评定对象所属的等级，很好地解决了判断的模糊性和不确定性问题，适用于社会经济系统的综合评价。

FCE 的基本原理为：首先，确定被评价对象的指标集和评语等级；其次，确定各个因素权重及隶属度向量，建立模糊关系矩阵，主观指标权重可采用等级比重法确定，客观指标权重可采用隶属函数或历史频率法确定；最后，对模糊关系矩阵与指标权重向量进行模糊合成运算，采用的合成算子主要包括主因素决定型算子、主因素突出型算子、取小与有界型算子等，以得到模糊评价综合结果。郭红卫（2010）将 FCE 和 AHP 相结合，从七个维度对长株潭两型试验区的低碳经济发展水平进行评价。刘倩等（2014）利用 FCE 对河北省新农村低碳经济发展水平进行综合评价，为低碳新农村建设提供了决策依据。

2. 神经网络评价

人工神经网络是一种模拟生物神经网络结构和功能的计算模型。首先根据输入的信息建立神经元，通过学习规则或自组织等过程建立相应的非线性数学模型，并不断进行修正，使输出结果与实际值之间的差距不断缩小。由于人工神经网络本身具有非线性特点，且在应用中只需对神经网络进行专门问题的样本训练，因此其能够把问题的特征反映在神经元之间相互联系的权值中。其结构主要包括输入层、隐含层和输出层，如图 9.1 所示。

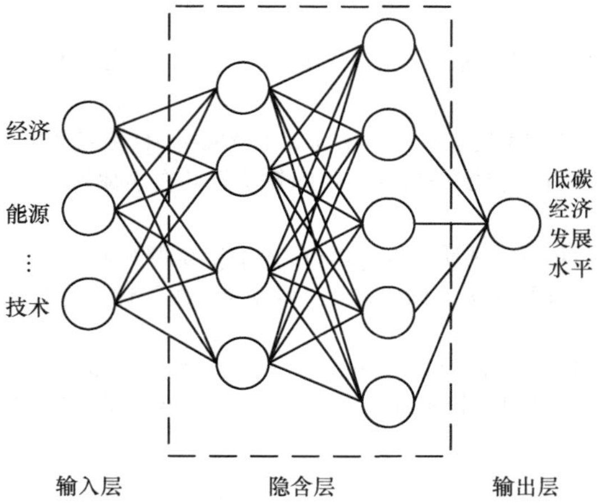

图 9.1　人工神经网络基本结构

训练好的神经网络把专家的评价思想以连接权的方式赋予网络，这样该网络不仅可以模拟专家进行定量评价，而且避免了评价过程中的人为失误。由于模型的权值是通过实例学习得到的，这就避免了人为计取权重和相关系数的主观影响和不确定性。冯珊珊（2016）利用神经网络和主成分分析法，从生活、能源、经济和环境四个维度对我国低碳经济发展水平进行评价，基于结果提出有效的低碳经济发展政策建议。

习题：

1. 构建低碳经济发展评价指标体系时应基于哪些原则？
2. 如何确定低碳经济发展评价指标的权重？有哪些方法？
3. 常用的低碳经济发展评价方法有哪些？分别有什么优缺点？

本章参考文献

冯珊珊. 2016. 基于 BP 神经网络-主成分分析法的低碳经济评价体系的构建与应用[D]. 上海: 上海交通大学.

付加锋, 庄贵阳, 高庆先. 2010. 低碳经济的概念辨识及评价指标体系构建[J]. 中国人口·资源与环境, 20(8): 38-43.

郭红卫. 2010. 基于模糊综合算法的低碳经济发展水平评价[J]. 当代经济管理, 32(5): 15-18.

李刚, 李建平, 孙晓蕾, 等. 2017. 主客观权重的组合方式及其合理性研究[J]. 管理评论, 29(12): 17-26, 61.

刘倩, 张玉敏, 董芳, 等. 2014. 模糊综合评价法在低碳新农村发展评价中的应用: 以河北省为例[J]. 河北大学学报(自然科学版), 34(6): 572-578.

刘筱慧, 王斌, 陈凯, 等. 2021. 基于密切值改进 TOPSIS 的低碳经济评价研究[J]. 技术经济, 40(12): 74-84.

潘苏楠, 李北伟, 聂洪光. 2019. 中国经济低碳转型可持续发展综合评价及障碍因素分析[J]. 经济问题探索, (6): 165-173.

邱高会, 丁明刚. 2016. 生态文明视域下低碳发展水平评价及预测: 以四川省为例[J]. 生态经济, 32(11): 204-209.

史学飞, 孙钰, 崔寅. 2018. 基于熵值-主成分分析法的天津市低碳经济发展水平评价[J]. 科技管理研究, 38(3): 247-252.

王竞梅, 赵儒煜, 张清正. 2014. 中国低碳经济发展的评价分析与路径选择: 以省域为视角[J]. 当代经济管理, 36(10): 54-58.

易平涛, 郭亚军. 2010. 广义实型密度加权平均中间算子及应用[J]. 系统工程学报, 25(2): 196-202.

易平涛, 郭亚军, 张丹宁. 2007. 密度加权平均中间算子及其在多属性决策中的应用[J]. 控制与决策, 22(5): 515-519, 524.

张雳. 2015. 区域低碳经济评价及实证研究以湖南省为例[J]. 资源开发与市场, 31(4): 398-400, 405.

赵萌, 路文冉, 李刚. 2013. 基于熵权 AHP 组合的循环经济发展评价与实证[J]. 科技管理研究, 33(6): 59-62.

Yang G L, Zhang G X, Cao D Q, et al. 2024. China's provincial-level sustainable energy transition requires accelerating renewable energy technological innovation[J]. Energy, 288: 129672.

本章要点

1. 了解计量经济学在低碳经济发展评价中的应用。
2. 熟悉计量经济分析步骤。
3. 掌握计量经济学基础模型和相关检验方法。
4. 认识异方差性、多重共线性，掌握其检验和消除方法。

第 10 章　低碳经济计量学

随着减少温室气体排放逐渐成为国际社会的普遍共识，计量经济学在低碳经济领域的应用愈发广泛。本章主要介绍计量经济学理论基础、计量经济学线性回归模型、放宽假设的计量经济学模型及其在低碳经济领域的应用案例。

10.1　计量经济学理论基础

10.1.1　计量经济学基本概念

计量经济学是经济学的一个分支学科，是以揭示经济活动中客观存在的数量关系为内容的分支学科。计量经济学的英文“econometrics”最早是由挪威经济学家弗里希于 1926 年模仿“biometrics”（生物计量学）提出的，这标志着计量经济学的诞生。但人们一般认为，1930 年 12 月 29 日世界计量经济学会成立及其创办的学术刊物 *Econometrica*（《计量经济学》）于 1933 年正式出版，标志着计量经济学作为一个独立学科正式诞生了。

计量经济模型是一门通过计量方法研究经济现象的模型，是一门运用概率统计原理对经济变量间的关系进行定量分析的科学。众所周知，社会科学和自然科学的核心区别在于前者没有现场实验作为基础，在计量经济学出现之前，经济学和管理学多处于理论研究阶段。在计量经济学出现之后，经济学家采用客观数据对一些基本经济理论进行检验，得到了一些精确且令人信服的研究结果，在一定程度上拓宽了社会科学研究的范畴。

10.1.2　计量经济分析步骤

计量经济模型几乎可以应用到应用经济学的每一个领域。如果我们想通过计量经济模型去分析某一经济问题，应该如何构建一个完整的计量分析框架呢？在这里，我们分五个简要步骤介绍一次完整的计量经济分析过程。

第一步：理论分析。在分析一个经济问题时，有必要先通过相关经济理论阐述经济变量的理论关联。如果两个经济变量之间在理论上没有必然联系，那么进一步展开计量分析将失去意义。例如，在理论上一棵树的高度变化并不会影响人均收入水平，但当我们通过计量方法去验证的时候可能会发现二者存在显著的正相关关系，显然这一结论不符合科学原理。

第二步：构建计量模型。计量经济学通过对模型参数的估计来达到实证检验的目的。计量经济模型主要包括因变量、自变量、控制变量、待估参数和随机干扰项等组成要素。例如，将碳排放作为因变量时，可再生能源技术创新水平是自变量，经济发展水平等则属于控制变量。

第三步：收集样本数据。在进行计量经济模型估计之前，我们必须根据所构建的模型收集样本数据。样本数据一般有两大主要来源：一种是一手数据，主要包括调研数据；另一种是二手数据，主要包括官方公布的数据。

第四步：模型参数估计。参数估计是计量经济学的核心内容。随着计量经济学的快速发展，参数估计的准确性要求越来越严格。例如，在参数估计之前，研究者需要对模型进行识别、对变量进行检验、对估计方法进行筛选、对估计软件进行选择等。

第五步：估计结果分析。估计结果分析是对理论研究和计量研究综合工作的进一步讨论。一般地，研究者需要根据变量间的理论联系、参数估计结果、统计显著性等，对研究结论进行总结归纳。

10.1.3 经济数据结构

在计量经济分析过程中，一般存在三种可用于实证分析的数据，分别为截面数据、时间序列数据和面板数据。

1. 截面数据

截面数据是指多个不同个体经济变量在同一时间维度上的取值。例如，2021 年中国 34 个省级行政区划单位的能源消费量所组成的数据集合。

2. 时间序列数据

时间序列数据是指同一个体经济变量在不同时间维度上的取值。例如，1950～2021 年北京市能源消费量所组成的数据集合。

3. 面板数据

面板数据是时间序列数据和截面数据的组合。面板数据能同时反映个体差异和时序差异，是计量研究中最为常见的数据类型。面板数据也称纵向数据，是指不同个体经济变量在不同时间维度上的取值。例如，1950～2021 年中国 34 个省级行政区划单位的能源消费量所组成的数据集合。

10.2 计量经济学线性回归模型

回归分析是计量经济分析中应用最为广泛的方法，可用于研究一个变量对另一个变量的依赖关系。一般地，可以通过后者已知值去预测前者的总体期望（均值），前一个变量被称为被解释变量（又称因变量），后一个变量被称为解释变量（又称自变量）。若回归模型中仅包含一个解释变量，该模型为一元回归模型；若回归模型中包含两个及两个以上的解释变量，该模型为多元回归模型。

10.2.1　一元线性回归模型

一元线性回归模型的一般形式为

$$y = \beta_0 + \beta_1 x_1 + \varepsilon_i \tag{10.1}$$

其中，x_1 为解释变量；y 为被解释变量；ε_i 为随机干扰项；β_0 为截距项；在回归分析中，参数 β_1 为解释变量对被解释变量的影响程度。值得注意的是，被解释变量的变动不仅受到解释变量的影响，还受到除解释变量之外的其他因素的影响，这也是模型引入随机干扰项的实际意义。随机干扰项的内容非常丰富，深刻理解其含义是进行回归分析的初步工作，随机干扰项也在计量经济建模与应用中起到了至关重要的作用，主要用于代表以下信息。

（1）未知和次要的影响因素。在计量经济建模过程中，我们无法、也不可能在模型中纳入所有被解释变量的影响因素，因此我们通常将无法获取的或者次要的影响因素纳入随机干扰项中。

（2）数据的测量误差。在进行计量分析时，采用的观测数据总是不可避免地存在一定误差，我们通常将这部分不可观测的误差纳入随机干扰项之中。

（3）模型设定误差。考虑到经济现象的复杂性，我们通常无法确定模型的真实函数形式，我们在建模过程中基于相关理论构建模型的具体形式，但一般而言会与真实函数关系存在一定偏差，而这一部分偏差被包含在随机干扰项中。

10.2.2　多元线性回归模型

作为一元线性回归模型的扩展形式，多元线性回归模型可以用于检验若干因素（两个及两个以上）对被解释变量的影响。由于多元回归分析能够控制其他影响被解释变量的因素，相对更适合其他条件不变情况下的分析，我们也更寄希望于多元回归模型来推断因果关系。一般地，多元线性回归模型的一般形式为

$$y_i = \alpha_0 + \alpha_1 x_{1i} + \alpha_2 x_{2i} + \cdots + \alpha_k x_{ki} + \mu_i \tag{10.2}$$

其中，α_0 为截距项；μ_i 为随机干扰项；α_k 为偏回归系数，主要用于反映其他解释变量保持不变的情况下，第 k 个解释变量变化一个单位引起被解释变量的变化程度；其他变量释义同一元线性回归模型。同样地，多元线性回归模型中的随机干扰项包含的信息与一元线性回归模型是一致的。

10.2.3　线性回归模型的经典假设

为了得到最优线性无偏估计量，线性回归模型做出了如下一些假设。

（1）随机干扰项具有零均值和同方差的特性，即

$$E(\mu_i)=0,\ \mathrm{Var}(\mu_i)=\sigma^2,\ i=1,2,\cdots,n \tag{10.3}$$

也就是说，被解释变量 y 对于每个样本点上给定的 x 的条件分布具有相同的方差。有必要说明的一点是，这一假定条件往往不成立，多数回归模型中都存在异方差。

（2）随机干扰项相互独立，即

$$\mathrm{Cov}(\mu_i,\mu_j)=0,\ i\neq j;i,j=1,2,\cdots,n \tag{10.4}$$

也就是说，对于两个不同的样本点而言，其随机干扰项是互不干扰的。

（3）随机干扰项与任意解释变量之间是不相关的，即

$$\mathrm{Cov}(X_i,\mu_x)=0,\ i=1,2,\cdots,n \tag{10.5}$$

（4）随机干扰项服从零均值、同方差的正态分布，即

$$\mu_i \sim N(0,\sigma^2) \tag{10.6}$$

（5）解释变量 X 是非随机性变量，而且在重复抽样中取值相同。

以上五条假设被称为线性回归模型的经典假设，也称高斯–马尔可夫假设，满足以上假设的线性回归模型被称为经典线性回归模型。只有满足上述全部假设，采用普通最小二乘法的估计参数才是最优线性无偏估计量。

10.2.4 参数显著性检验：*T* 检验

如果某个解释变量对被解释变量的影响不重要，那么应该将该变量从回归模型中剔除掉，并重新建立更为简单的回归模型，以利于更准确地检验解释变量对被解释变量的影响程度。因此，本节将重点介绍单个总体参数的检验方法——T 检验，且以多元线性回归模型为例进行说明。

通过构造 T 统计量来检验参数的显著性。用 $\hat{\sigma}^2$ 代替真实的但不可观测的 σ^2，则多元回归模型的普通最小二乘估计量 $\hat{\alpha}_i$ 服从自由度为 $n-(k+1)$ 的 T 分布，即

$$T=\frac{\hat{\alpha}_i-\alpha_i}{\mathrm{Se}(\hat{\alpha}_i)}\sim T(n-k-1) \tag{10.7}$$

其中，$\mathrm{Se}(\hat{\alpha}_i)$ 为 $\hat{\alpha}_i$ 的标准误差。

根据变量显著性检验的思路，构造如式(10.8)所示的原假设（H_0）和备择假设（H_1）。

$$H_0:\alpha_i=0;\ \ H_1:\alpha_i\neq 0 \tag{10.8}$$

在给定的显著性水平 ∂ 下，我们可以通过 T 分布表查询自由度为 $n-(k+1)$ 的临界值 $t_{\partial/2}$。若满足 $|t|>t_{\partial/2}$，则拒绝原假设，认为 α_i 显著不为 0；若满足 $|t|<t_{\partial/2}$，则拒绝备择假设，认为 α_i 显著为 0。

10.2.5 模型显著性检验：*F* 检验

除了对单个参数的显著性进行检验以外，我们通常需要在回归分析过程中对模型总

体的显著性进行检验，也就是对所有的偏回归系数做出同时为 0 的原假设，以及不全为 0 的备择假设，即

$$\begin{aligned} &H_0: \alpha_1 = \alpha_2 = \cdots = \alpha_k = 0 \\ &H_1: \alpha_i \text{不全为}0,\ i = 1,2,\cdots,k \end{aligned} \tag{10.9}$$

在统计学中，这种假设也被称为联合假设。显然，我们可以通过上述假设判断被解释变量与解释变量之间是否在总体上具有显著的线性关系。若原假设成立，表明被解释变量和所有解释变量间不具有显著的线性关系；若备择假设成立，表明至少有一个解释变量对被解释变量的影响是显著的。上述检验方法被称为模型显著性的 F 检验。

F 统计量可以写为

$$F = \frac{\text{ESS}/k}{\text{RSS}/(T-k-1)} \sim F(k, T-k-1) \tag{10.10}$$

其中，ESS 为回归平方和；RSS 为残差平方和。显然，如果被解释变量被解释的部分比未被解释的部分大，则随着这个比例的增大，F 统计量也将会增大。

一般地，模型显著性的 F 检验包括以下四个主要步骤。

（1）提出原假设与备择假设。

（2）构造 F 统计量。

（3）结合给定的显著性水平 ∂、分子自由度 k 和分母自由度 $T-k-1$，查询对应的临界值 $F_\alpha[k, T-k-1]$。

（4）比较 F 统计量和临界值的大小并验证假设。

10.3　放宽假设的计量经济学模型

10.2 节围绕经典假设对一元线性回归模型和多元线性回归模型做了简要介绍。在实际问题中，完全满足这些经典假设的情况并不常见，一旦经典假设不成立，则无法期望通过普通最小二乘法得到最优线性无偏估计量。因此，本节主要围绕高斯-马尔可夫假设是否得到满足，介绍放宽经典假设情况下的模型参数估计方法。主要包括异方差性、多重共线性和解释变量内生性三大板块的内容。

10.3.1　异方差性

1. 异方差的概念

回顾 10.2 节讨论的多元线性回归模型：

$$y_i = \alpha_0 + \alpha_1 x_{1i} + \alpha_2 x_{2i} + \cdots + \alpha_k x_{ki} + \mu_i$$

经典假设下的不同样本点的随机干扰项 μ_i 具有相同的方差，也就是说不同样本点的随机分散程度是相同的，即 $E(\mu_i^2) =$ 常数。如果这一假设不成立，则至少存在一个样本点的随机干扰项与其他样本点的随机干扰项显著不同。直观上，对于不同样本点，对应的方差不是同一固定的常数，即存在异方差，$E(\mu_i^2) = \sigma_i^2$。

2. 异方差产生的原因

10.2 节详细介绍了随机干扰项中包含的因素，据此我们从以下两点对异方差产生的原因进行溯源。

1）模型中遗漏重要解释变量

以式（10.2）所示的回归模型为例。假设模型中缺少解释变量 x_{2i} 和 x_{3i}，则随机干扰项中将包含 x_{2i} 和 x_{3i} 对 y_i 的影响。此外，x_{1i}、x_{2i} 和 x_{3i} 具有某种内在联系，随机干扰项 μ_i 会随着 x_{1i} 的变化而变化，因此在不同样本点下会得到不同的方差。

2）存在异常值或样本数据测量误差

存在异常值是导致产生异方差的最为常见的一种原因，但易于发现与处理。样本数据测量误差的存在也会导致产生异方差，特别是对于没有统一测量标准的样本。一般地，异方差多见于截面数据和面板数据，主要是由于这两种数据类型中包含多个不同样本点，很难期望多个不同样本点的分散程度是完全相同的。

3）异方差产生的后果

如果回归模型中出现异方差，仍然采用普通最小二乘法估计模型参数，会产生以下不良后果。

（1）无法得到有效的估计量。尽管普通最小二乘估计量依然是线性无偏的，但不具有有效性，破坏了最佳线性无偏估计的要求。

（2）参数显著性检验（T 检验）和模型显著性检验（F 检验）失效。用于参数显著性检验的 T 统计量在同方差假定下服从 T 分布。当不同样本点同方差的假定被违背时，其分布不再服从 T 分布，故而 T 检验失去了意义。此外，由于异方差的存在，模型显著性检验也会失去有效性，这是因为建立在 F 分布上的置信区间的改变，会导致异方差被低估，进而导致 F 统计量被高估，最终使得部分本不显著的参数变得显著。

（3）模型预测的精度大大降低。由于存在异方差，参数估计量的方差会随着样本点的变化而变化，导致预测区间变大或者变小，进而使得预测结果失效。

4）异方差性的检验

随着过去几十年计量经济学的快速发展，异方差的检验方法已经非常成熟。常见的方法有图示法、布罗施-帕甘（Breusch-Pagan）检验法、戈德菲尔特-匡特（Goldfeld-Quandt）检验法、帕克（Park）检验法、怀特（White）检验法等。本节以 White 检验法为例，介绍其用于检验异方差性的思路与步骤。

我们以二元回归模型为例，假定回归模型为

$$y_i = \alpha_0 + \alpha_1 x_{1i} + \alpha_2 x_{2i} + \mu_i \tag{10.11}$$

White 检验法主要分为四个核心步骤。

第一步：采用普通最小二乘法估计模型[式（10.11）]，进一步计算其残差平方 e_i^2。

第二步：建立 e_i^2 和 x_i 的辅助回归模型。

$$e_i^2 = \alpha_0 + \alpha_1 x_{1i} + \alpha_2 x_{2i} + \alpha_3 x_{1i}^2 + \alpha_4 x_{2i}^2 + \alpha_5 x_{1i} x_{2i} + \mu_i \tag{10.12}$$

显然地，辅助回归模型是为了检验 e_i^2 和解释变量 x_i 潜在关系的显著性。需要说明的是，辅助回归模型的表达式并不是固定的，在回归方程中可引入解释变量的更高次方项，但这样也会使自由度下降。

第三步：根据第二步的估计结果，计算统计量 nR^2。在同方差假定下，nR^2 渐进服从自由度等于解释变量个数 k [如模型（10.12）中解释变量有 5 个，即 k 为 5]的 χ^2 分布，即

$$nR^2 \sim \chi^2(k) \tag{10.13}$$

第四步：比较 nR^2 统计量和给定显著性水平下的 χ^2 临界值，并得出结论。若 $nR^2 < \chi_\alpha^2(k)$，则认为模型（10.11）不存在异方差性；若 $nR^2 > \chi_\alpha^2(k)$，则认为模型（10.11）存在异方差性，采用普通最小二乘法会得到无效的估计结果。

5）异方差性的修正

在证明存在异方差性的情况下，需要采取补救措施消除异方差性对参数估计结果的干扰。常见的用于消除异方差性的方法有加权最小二乘法、模型变换法、对数变换法、广义最小二乘法等。本节重点围绕加权最小二乘法对异方差性的修正进行介绍。

加权最小二乘法的基本估计思路是对存在异方差性的原始模型进行加权处理，使其成为一个不存在异方差性的新模型，进而采用普通最小二乘法进行估计。加权，就是对较小的 σ_i^2 赋予较大的权重，而对较大的 σ_i^2 赋予较小的权重。以式（10.14）所示的一元回归模型为例，即

$$y_i = \alpha_0 + \alpha_1 x_i + \mu_i \tag{10.14}$$

假设随机干扰项的方差为

$$\mathrm{Var}(\mu_i) = E(\mu_i^2) = \sigma_i^2 \tag{10.15}$$

对式（10.14）的两边同除以 σ_i，有

$$\frac{y_i}{\sigma_i} = \alpha_0\left(\frac{1}{\sigma_i}\right) + \alpha_1\left(\frac{x_i}{\sigma_i}\right) + \frac{\mu_i}{\sigma_i} \tag{10.16}$$

令

$$y_i^* = \alpha_0^* + \alpha_1 x_i^* + \mu_i^* \tag{10.17}$$

此时有

$$\mathrm{Var}(\mu_i^*) = E(\mu_i^*)^2 = \frac{E(\mu_i^2)}{\sigma_i^2} = \frac{\sigma_i^2}{\sigma_i^2} = 1 \tag{10.18}$$

显然，加权处理后的随机干扰项不存在异方差性，对所有样本点而言，其对应的方差恒等于 1。需要说明的是，当随机干扰项的方差 σ_i^2 未知时，常以残差绝对值的倒数 $\frac{1}{|e_i|}$

为权重进行加权处理。

10.3.2 多重共线性

1. 多重共线性的概念

多重共线性违背了多元回归模型中解释变量之间互不相关的基本假设，因此不能直接采用普通最小二乘法进行估计，必须对这种多重共线性进行处理和修正。假定多元线性回归模型为

$$y_i = \alpha_0 + \alpha_1 x_{1i} + \alpha_2 x_{2i} + \cdots + \alpha_k x_{ki} + \mu_i$$

一般地，若模型中两个或多个解释变量之间表现出较强的线性相关性，则存在多重共线性，根据相关程度可分为完全多重共线性和不完全多重共线性。若满足

$$\alpha_1 x_{1i} + \alpha_2 x_{2i} + \cdots + \alpha_k x_{ki} = 0,\ i = 1,\ 2, \cdots,\ n \tag{10.19}$$

其中，α_i 不全为 0，表明解释变量间存在严格的线性关系，即存在完全多重共线性；若满足

$$\alpha_1 x_{1i} + \alpha_2 x_{2i} + \cdots + \alpha_k x_{ki} + \upsilon_i = 0,\ i = 1,\ 2, \cdots,\ n \tag{10.20}$$

其中，α_i 不全为 0，且恒等式需要引入随机干扰项 υ_i，表明解释变量间存在近似的线性关系，即存在不完全多重共线性。

2. 多重共线性产生的原因

一般地，多重共线性产生的原因主要有三个方面。

第一，经济变量之间存在内在联系。事实上，在回归分析中，多数的多重共线性均是由经济变量之间的内在联系导致的。以柯布-道格拉斯生产函数为例，能源投入与劳动投入具有高度相关性，这是因为能源投入增加以后需要增加劳动力以匹配生产规模，因此二者存在内在联系。

第二，经济变量在时间上具有相近的变化趋势。例如，在一定的技术水平下，经济高速增长的同时，能源投入、劳动投入、碳排放量等趋于高速增长；而在经济负向增长的同时，能源投入、劳动投入、碳排放量也会趋于负向增长。一般而言，采用时间序列数据的多元线性回归模型总是存在多重共线性。

第三，解释变量中含有滞后变量。一般而言，包含滞后项的模型几乎都存在多重共线性，这主要是因为多数变量都与其前后期值存在相互关联性。

3. 多重共线性的后果

在分析多重共线性可能产生的后果之前，先通过一个简单的例子计算参数估计和其方差。以二元线性回归方程为例，即

$$y_i = \alpha_1 x_{1i} + \alpha_2 x_{2i} + \mu_i \tag{10.21}$$

其中，若 x_{1i} 和 x_{2i} 存在完全线性关系，则满足 $x_{1i} = \lambda x_{2i}$，常数 $\lambda \neq 0$，则 α_1 的普通最小二乘估计量为

$$\hat{\alpha}_1=\frac{\sum x_{2i}^2\sum x_{1i}y_i-\sum x_{1i}x_{2i}\sum x_{2i}y_i}{\sum x_{1i}^2\sum x_{2i}^2-\left(\sum x_{1i}x_{2i}\right)^2}=\frac{\lambda\sum x_{2i}^2\sum x_{2i}y_i-\lambda\sum x_{2i}^2\sum x_{2i}y_i}{\lambda\left(\sum x_{2i}^2\right)^2-\lambda\left(\sum x_{2i}^2\right)^2}=\frac{0}{0} \tag{10.22}$$

同理可得，α_2 的普通最小二乘估计量也为 0。此时，可以计算出 α_1 估计值的方差为

$$\operatorname{Var}(\hat{\alpha}_1)=\frac{\sigma_i^2\sum x_{2i}^2}{\lambda^2\left(\sum x_{2i}^2\right)^2-\lambda^2\left(\sum x_{2i}^2\right)^2}=\infty \tag{10.23}$$

同理可得，α_2 估计值的方差也为无穷大。可见，在存在多重共线性时，参数估计值和方差均不准确。因此，多重共线性的存在会对回归分析造成如下四个方面的影响。

第一，难以区分解释变量的单独影响。在解释变量存在多重共线性时，运用普通最小二乘法得到的参数方差和标准差都较大，这使得参数估计的误差很大，无法正确区分各个解释变量对被解释变量的单独影响。

第二，参数估计值不稳定，模型缺乏稳定性。在普通最小二乘法的估计中，参数估计值和标准差均对数据较敏感，样本值的轻微变化就会引起估计值的大幅度变化。

第三，参数估计量的回归系数和符号不准确，不符合经济理论假设。这主要表现在参数的符号发生了正负相反的变化。

第四，T 检验失去意义。由式（10.23）可知，运用普通最小二乘法得到的参数的标准差和方差较大，这会直接使置信区间变宽，导致某些参数不再显著。

4. 多重共线性的检验

多重共线性的检验方法主要包括不显著系数法、判定系数检验法、相关系数法、方差膨胀因子（variance inflation factor，VIF）判别法等。本节重点介绍如何利用 VIF 识别模型是否存在多重共线性。对于多元线性回归模型，$\hat{\alpha}_i$ 的方差可以表示为

$$\operatorname{Var}\left(\hat{\alpha}_i\right)=\frac{\sigma^2}{\sum\left(x_i-\bar{x}_i\right)^2\left(1-R_i^2\right)}=\frac{\sigma^2\mathrm{VIF}}{\sum\left(x_i-\bar{x}_i\right)^2} \tag{10.24}$$

其中，R_i^2 为第 i 个解释变量与其他解释变量回归所得的多元相关系数。VIF 可表示为

$$\mathrm{VIF}=\frac{1}{1-R_i^2} \tag{10.25}$$

一般地，当 VIF＜5 时，表明存在轻度的多重共线性；当 5≤VIF＜10 时，表明存在较严重的多重共线性；当 VIF≥10 时，表明存在严重的多重共线性。根据经验研究规则，当 VIF 超过 10 时，相关系数达 0.9 以上，此时需要对共线变量进行处理。

5. 消除多重共线性的方法

常见的消除多重共线性的方法包括逐步回归法、先验信息法、替换变量法和增大样本容量法。本节重点围绕逐步回归法简要介绍如何消除多重共线性的影响。

逐步回归法是诸多消除多重共线性的方法中最常用的，其基本思想如下。首先，将被解释变量对每个解释变量进行回归分析，得到单个变量的基本回归方程；其次，对所

有单个基本回归方程进行统计检验，并结合经济理论分析选出最优基本方程，再将其他解释变量逐一引入，建立一组回归方程；最后，根据每个新引入变量的标准差和复相关系数考察新引入变量的影响。一般地，可根据如下两大经验进行分类判别。

第一，如果新引入的解释变量使模型的拟合优度得以提高，且其他参数的符号、显著性和经济理论是合理的，则认为该解释变量可予以保留；相反地，如果新引入的解释变量使模型的拟合优度提高不明显，则认为该解释变量对其他参数没有显著影响，可予以剔除。

第二，如果新引入的解释变量使模型的拟合优度显著提高，但其他回归参数的数值、符号和显著性有明显改变，则认为该解释变量的引入与已有的个别或全部其他解释变量存在多重共线性。

显然，需要对新引入的变量进行严格的经济理论分析，如果检验证明存在显著线性相关关系的两个解释变量中的一个可以被另一个所解释，则一般可以选择略去对被解释变量影响相对较小的那个变量，保留影响相对较大的那个变量。

10.3.3 解释变量内生性

线性计量经济学模型中有一个重要的假设是随机干扰项的零条件均值假设，如果该假设成立，则称解释变量是外生解释变量或具有严格外生性，否则称其为内生解释变量或具有内生性（李子奈和潘文卿，2020）。解释变量的严格外生性假设要求任何观测点处的解释变量与任何观测点处的随机干扰项都不相关。违背这一基本假设的问题被称为内生解释变量问题。

对于截面数据，内生解释变量问题主要表现在内生解释变量与随机干扰项的同期相关性上，即解释变量仅与其同期的随机干扰项相关。一旦出现同期内生解释变量，采用普通最小二乘法得到的参数估计量是有偏且不一致的。以一元线性回归模型为例，如果内生解释变量与随机干扰项正相关，则在抽取样本时，容易出现解释变量 X 的值较小的点在总体回归线下方，而值较大的点在总体回归线上方，拟合的样本回归线则可能低估截距项并高估斜率项。反之，如果随机解释变量与随机干扰项负相关，则拟合的样本回归线往往会高估截距项，而低估斜率项。

1. 工具变量法

模型中出现同期内生解释变量时，为得到大样本下的一致估计量，最常用的估计方法是工具变量（instrumental variable）法。工具变量，即在模型估计过程中被作为工具使用，以替代与随机干扰项相关的内生解释变量。如果选 Z 作为内生解释变量 X_j 的工具变量，则 Z 必须满足以下条件。

（1）与所替代的内生解释变量高度相关：$\mathrm{Cov}(Z, X_j) \neq 0$。

（2）与随机干扰项不相关：$\mathrm{Cov}(Z, \mu) \neq 0$。

（3）与其他解释变量不高度相关，以避免出现严重的多重共线性。

工具变量法并没有改变原模型，只是在参数估计过程中用工具变量的信息替代了内生解释变量的信息。工具变量法估计过程可等价地分解成下面两个阶段的普通最小二乘回归。

第一阶段，用普通最小二乘法进行 X 关于工具变量 Z 的回归，并记录 X 的拟合值：

$$\hat{X}_i = \hat{\alpha}_0 + \hat{\alpha}_1 Z_i \tag{10.26}$$

第二阶段，以第一步得到的 X 为解释变量，进行普通最小二乘回归：

$$Y_i = \beta_0 + \beta_1 \hat{X}_i + \mu_i \tag{10.27}$$

式（10.27）表明工具变量法仍是对 X 进行回归，而不是对 Z 进行回归。这里采用两个阶段的普通最小二乘法来估计模型参数，因此该方法也被称为两阶段最小二乘法。

除工具变量法之外，常用的解决内生性问题的方法还包括倾向评分匹配法、赫克曼（Heckman）两步估计法、固定效应、断点回归分析等（王宇和李海洋，2017）。

2. 内生性检验

回归模型的基本假设要求解释变量与模型的随机干扰项不存在同期相关性，即随机解释变量至少是同期外生变量。经济学理论能帮助我们做出一些基本判断，如由于消费惯性的存在，可认为前期的消费支出对当期的消费支出有一定的影响，但不能反过来说当期的消费支出对前期的消费支出有影响。除此之外，Hausman（1978）从计量技术上给出了一个检验随机解释变量是否是同期外生变量的方法。假设有如下设定的二元线性回归模型：

$$Y_i = \beta_0 + \beta_1 X_i + \beta_2 Z_{i1} + \mu_i \tag{10.28}$$

其中，X 与 Z_1 为随机解释变量，而且明确知道 Z_1 是外生变量，但怀疑 X 是同期内生变量。Hausman 提出的检验方法的基本思想是：若 X 是内生变量，则需寻找一个外生变量 Z_2 作为工具变量，并运用工具变量法对式（10.28）进行估计，将工具变量法的估计结果与直接采用普通最小二乘法对式（10.28）的估计结果进行对比，看差异是否显著。如果两者有显著的差异，则表明 X 是内生变量。由于工具变量法等价于两阶段最小二乘法，因此该检验方法可按如下步骤进行。

第一步，将怀疑是内生变量的 X 关于外生变量 Z_1、Z_2 做普通最小二乘估计：

$$X_i = \alpha_0 + \alpha_1 Z_{i1} + \alpha_2 Z_{i2} + v_i \tag{10.29}$$

由此可得到残差项 $\hat{v}$，假设随机干扰项 v 满足所有线性回归基本假设，该普通最小二乘回归是为了得到残差项 $\hat{v}$，因此可视作辅助回归。

第二步，将第一步得到的残差项 $\hat{v}$ 加入原模型后，再进行普通最小二乘估计：

$$Y_i = \beta_0 + \beta_1 X_i + \beta_2 Z_{i1} + \delta v_i + \varepsilon_i \tag{10.30}$$

仍假设随机干扰项 ε 满足所有线性回归基本假设，并与 v 不同期相关。如果 $\hat{v}$ 的参数与 0 无显著差异，则式（10.29）的随机干扰项与原模型（10.28）的随机干扰项 μ 同期无关，而 Z_1、Z_2 是外生变量且与 μ 同期无关，则由式（10.29）知 X 与 μ 同期无关。因此，式（10.30）的普通最小二乘回归不拒绝 $\delta = 0$ 的假设，则可判断原模型中的解释变量 X 是同期外生变量，否则是同期内生变量。

3. 过度识别约束检验

工具变量法的核心是要寻找到适当的工具变量，它应与原模型的随机干扰项不同期相关。过度识别约束检验，即当一个内生解释变量有多个工具变量时，对该组工具变量的外生性进行检验。

过度识别约束检验的基本思路是：若选择的工具变量具有外生性，则其应与原模型中的随机干扰项不同期相关。因此，只需对原模型进行两阶段最小二乘回归，将记录的残差项关于所有工具变量及原模型中的外生变量进行普通最小二乘回归，并对该回归中的所有工具变量参数都为 0 的假设进行联合性 F 检验。可以证明，在所有工具变量都是外生变量的假设下，当样本容量趋于无穷大时，F 统计量逐渐接近于精确的 F 分布。同时，样本容量与该回归的可决系数的乘积 nR^2 的渐近分布为 χ^2 分布（自由度为额外工具变量的个数）。可通过将 F 统计量的值或 R^2 的值与相关分布的临界值进行比较，来判断是否拒绝所有工具变量都具有外生性的假设。由于 nR^2 的计算较为方便，往往通过 χ^2 统计量进行过度识别约束检验，nR^2 也被称为 J 统计量（J-statistic）。

10.4 实例介绍

为积极应对全球气候变化，我国可再生能源在过去二十年里得到了迅速发展。然而，我国各省份的可再生能源禀赋和可再生能源技术研发投入强度不尽相同，揭示可再生能源技术创新与中国省份可持续能源转型（sustainable energy transition，SET）之间的关系，对于积极稳妥实现“双碳”目标具有重要意义。Yang 等（2024）选取 2000～2018 年我国 30 个省区市的面板数据，建立了省级可持续能源转型综合评价指标体系，考察了可再生能源技术创新对中国省份可持续能源转型的影响，并进一步分析了异质性效应及影响机制。

10.4.1 变量选取

被解释变量：可持续能源转型。

核心解释变量：可再生能源技术创新。

控制变量：收入水平、工业结构、外商直接投资、贸易依存度、环境规制和能源政策。

10.4.2 模型设定

$$\mathrm{SET}_{it} = \alpha_0 + \alpha_1 \mathrm{RETI}_{it} + \sum_{k=2}^{7} \alpha_k X_{it} + v_i + \mu_t + \varepsilon_{it} \tag{10.31}$$

其中，i 和 t 分别为具体省份和年份；RETI 为可再生能源技术创新水平；X 为控制变量；v 和 μ 用于捕捉省份和年份固定效应；ε 为随机干扰项，α_0 为截距项。如果 $\alpha_1>0$，则表明可再生能源技术创新促进了可持续能源转型。

10.4.3 研究结论

可再生能源技术创新对中国省级层面的可持续能源转型具有显著的促进作用。但随着人均收入的增加，这种驱动力逐渐减弱。在能源匮乏地区，可再生能源技术创新对可持续能源转型具有巨大推动作用，但在能源丰富地区则不然；此外，西部地区的这种驱动效应明显强于东部地区。机制分析结果表明，可再生能源技术创新显著改善了能源系统性能并优化了能源结构。相比之下，可再生能源技术创新对前者的影响更为显著。研究结论对于推动我国各省的可持续能源转型具有重要实践意义。

习题：

1. *T* 检验是什么？
2. 异方差性是什么？如何检验和修正模型的异方差性？
3. 多重共线性是什么？如何检验和修正？
4. 模型的内生性有什么影响？如何消除模型的内生性？

本章参考文献

李子奈，潘文卿. 2020. 计量经济学[M]. 5 版. 北京：高等教育出版社.

王宇，李海洋. 2017. 管理学研究中的内生性问题及修正方法[J]. 管理学季刊, (3): 20-47.

Hausman J A. 1978. Specification tests in econometrics[J]. Econometrica, 46(6):1251-1271.

Yang G L, Zhang G X, Cao D Q, et al. 2024. China's provincial-level sustainable energy transition requires accelerating renewable energy technological innovation[J]. Energy, 288: 129672.

第三篇

低碳经济与能源转型

中国碳核算数据库数据显示，2021 年中国 93%的碳排放来自化石能源的使用：67%来自固体燃料如煤炭等，12%来自液体燃料如石油等，14%来自气体燃料如天然气等。能源转型关键是要发挥好煤炭兜底作用，处理好化石能源与新能源的关系，推动高水平科技自立自强，深化能源革命，通过结构之新、技术之新、利用之新，建设新型能源体系。发展低碳经济，一方面要清洁高效利用化石能源，发挥其保供应和兜底作用，另一方面要寻找清洁、可再生的替代能源并逐步建成新型能源体系。本篇将从传统能源清洁高效利用、可再生能源大规模发展和新型能源体系建设三个方面切入，分别阐释其对低碳经济的作用。

本章要点

1. 理解能源低碳转型的背景和必要性。
2. 熟悉世界范围和我国各品种能源消费现状和趋势。
3. 掌握传统能源低碳转型的主要路径。
4. 认识传统能源低碳转型面临的多方面挑战。

第 11 章　低碳经济与传统能源

11.1　传统能源开发利用

20 世纪初期，我国开始大力促进煤炭、石油等传统能源的大规模开采利用。经济突飞猛进式发展带来能源需求大幅扩张，尤其是传统化石能源需求不断攀升，也刺激整个行业产能不断扩容，煤炭、石油等产业的超前产能建设投资热情持续高涨。但是，当我国经济面临急刹车后，整个经济增速的换挡很快使得传统能源产业的供给侧产能过剩问题凸显，很多已在规划，甚至建设中的产能很难短期内叫停。随后，新冠疫情的暴发和极端气候事件的频发，导致包括我国在内的大多数国家都面临经济增长动能不足、节能减排任务艰巨、传统能源需求疲软等问题，传统能源产业的低碳转型迫在眉睫。

一方面，从世界范围看，今后相当长时期内，煤炭、石油等化石能源仍将是能源供应的主体。能源智库 Ember 发布的《2023 年全球电力评论》指出，2022 年各种清洁电力（可再生能源和核能）合计占全球电力的 39%，创下新的历史纪录；其他电力来源为化石燃料，包括天然气、石油和煤炭等传统化石能源，占比达到了 61%，依旧是人类社会主要的电力来源。其中，煤炭仍然是最大的电力来源，太阳能和风能仅占全球电力的 12%。

另一方面，从我国来看，2022 年煤炭占能源消费总量的比重为 56.2%，是我国消费的最主要的能源，而石油、天然气、一次电力及其他能源（核电、水电、风电以及太阳能发电所发出的电力）的消费占比依次序逐渐降低，传统能源占整个能源消费总量的 82.5%，与国际形势相同。然而这与国家《“十四五”现代能源体系规划》提出的能源结构调整目标仍存在一定差距，即到 2025 年，能源年综合生产能力达到 46 亿吨标准煤以上（原油年产量 2 亿吨、天然气年产量 2300 亿立方米、发电装机总容量约 30 亿千瓦），非化石能源消费比重提高到 20%左右，非化石能源发电量比重达到 39%左右。从一次能源生产总量占比结构来看（图 11.1），我国传统能源长期是且持续是支撑能源利用的中流砥柱，在短期内清洁能源想要快速取代传统能源还需攻克许多技术难题（风电存储、水电运输等）。在低碳经济发展目标下，未来将进一步统筹传统能源的开发利用与环境保护，一方面加快打造先进生产力、淘汰落后产能，大力推动煤炭安全绿色开发和火电清洁高效生产，另一方面推进传统能源应急保障能力建设，加强原油、成品油和天然气主干管网建设，完善区域运输网络，建立健全原油、成品油、天然气和煤炭储备体系，到 2035

年基本建成现代能源体系。

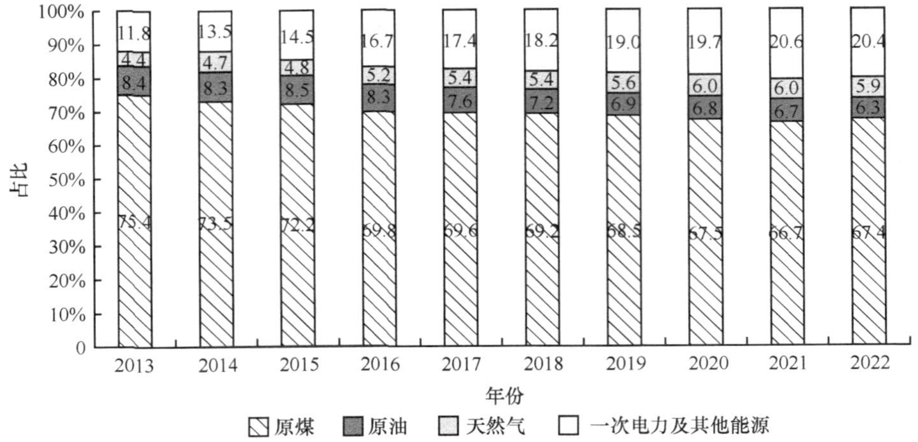

图 11.1 中国 2013～2022 年一次能源生产总量占比结构

资料来源：国家统计局

11.1.1 煤炭利用

1. 煤炭供需现状

煤炭作为我国火力发电的“压舱石”，其产业发展一直备受关注。自 2012 年以来，煤炭产量占我国能源生产总量的比重始终保持第一，2022 年全国能源生产总量为 46.6 亿吨标准煤，其中原煤产量占比为 68.9%。《中国矿产资源报告 2022》显示，煤炭储量前五的地区是山西、内蒙古、新疆、陕西和贵州，累计占比超 80%，煤炭储量分布区域集中度较高。

从供给侧来看，煤炭产业集中度低。21 世纪以来，国家加大对大型煤炭企业集团的支持力度，引导发展跨区域集团公司，提高国家对煤炭资源的控制力和对煤炭市场的调控力。截至 2020 年，我国拥有千万吨级煤矿 52 处，核定生产能力为 82 100 万吨/年，仅占全国年煤炭产量的 17.62%，全国每年约 3/4 的煤炭产量仍来自中、小煤矿。

从需求侧来看，煤炭消费占比呈逐年下降趋势。如图 11.2 所示，2022 年全国能源消费总量为 54.1 亿吨标准煤，其中煤炭消费占比为 56.2%，比 2013 年下降 16%，一次能源消费结构对煤炭的依赖度在不断降低。同时，从煤炭主要消费行业来看，我国煤炭资源主要用于发电，其煤炭消费量占全国煤炭消费总量的一半左右。与主要产煤国家（如美国、澳大利亚、印度）相比，我国煤炭加工转化比重虽然较低，但整体在逐步从燃料向燃料与化工原料并重的方向转型。

从市场来看，煤价波动仍较为剧烈，市场投资重点也从煤炭开采技术转向对煤炭及其附属产品价值的综合开发利用。我国煤炭价格在政策、天气、国际局势等因素的影响下出现剧烈波动，以内蒙古为例，2022 年其坑口动力煤、褐煤价格波动幅度均超过 20%。2022 年 1 月 27 日，工业和信息化部、国家发展改革委等八部门印发《加快推动工业资源综合利用实施方案》，提出推动工业固废按元素价值综合开发利用，加快推进尾矿（共

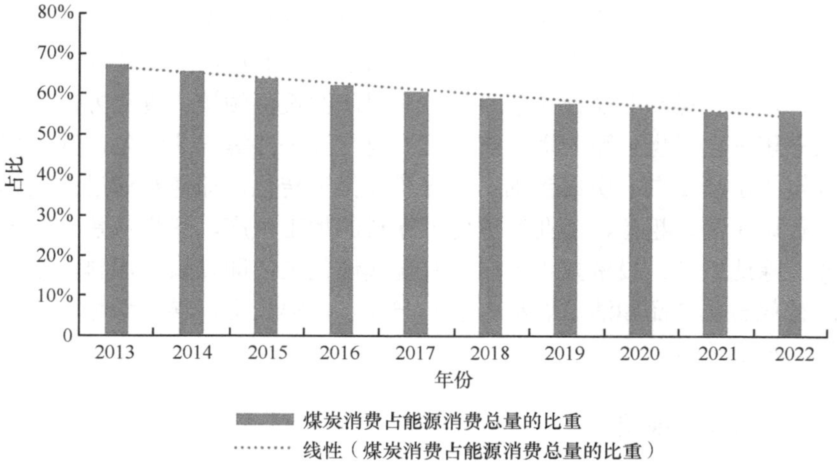

图 11.2　2013～2022 年煤炭消费占比变动趋势

资料来源：国家统计局

伴生矿）、粉煤灰、煤矸石、冶炼渣、工业副产石膏、赤泥、化工废渣等工业固废在有价组分提取、建材生产、市政设施建设、井下充填、生态修复、土壤治理等领域的规模化利用。促进固废资源跨产业协同利用。在黄河流域，着力促进煤矸石、粉煤灰等固废通过多式联运跨区域协同利用。

2. 煤炭行业投资现状

在传统煤炭生产中，投资主要倾向于煤炭的高效清洁利用。2022 年前三季度，国家开发银行持续加大对清洁能源、能源保供、煤炭清洁高效利用等能源重点领域的支持力度，发放能源贷款同比增长 26%。如图 11.3 所示，2013～2022 年我国煤炭开采和洗选固定资产投资经历了显著下降后持续走高，其中 2019 年增长率最高，达到了 29.60%。

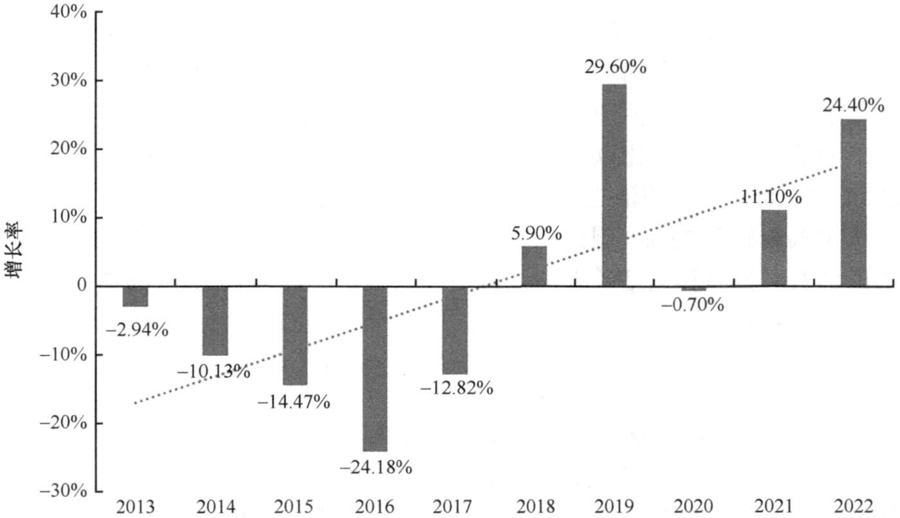

图 11.3　2013～2022 年我国煤炭开采和洗选固定资产投资增长趋势

资料来源：国家统计局

在煤炭产品销售方面，投资倾向于开发多元煤炭制品。由于煤炭的开采必然经历开发、衰退和关闭的过程。近年来，各大煤企不断延伸产业链，开发非煤产业、培植非煤产业支柱项目，实行煤与非煤投资战略。在非煤产业投资领域，重点方向包括煤—电—铝—材、煤—焦—化、煤—路—港—航、煤—电—港—油等产业链条，其中煤—焦—化代表的是煤炭“由黑变白、由白到细”的传统煤化工转化，即煤炭通过洗选加工后冶炼焦炭，并进行煤焦油、粗苯、工业萘等化工原料的加工生产，逐步从焦炭的精深加工转向化工行业。除此之外，投资重点方向还有现代煤化工，即以煤为原料，通过技术和加工手段生产替代石化产品和清洁燃料的新兴产业。从类型上，煤制烯烃与煤制天然气将是行业投资的重点项目。

11.1.2 石油利用现状

石油被誉为“黑色的金子”和“工业的血液”，是一种关系国计民生的重要战略物资和特殊商品。石油安全不仅是经济安全问题，更关系到国家安全问题，石油供应既是一个市场问题，也是一个全球性政治问题。我国的石油工业是国民经济的支柱产业之一，当前我国已成为仅次于美国的第二大石油消费国和世界第一大石油进口国。近年来，随着国民经济的快速发展，我国石油消费量逐年增加，对外依存度高居不下。

1. 石油生产与消费

从生产端来看，我国石油开采总量平稳，分布总体集中。我国石油资源集中分布在沉积面积大的盆地内，如渤海湾、松辽、塔里木、鄂尔多斯、准噶尔、珠江口、柴达木和东海陆架八大盆地；陆地油田主要分布在长庆、大庆、胜利、辽河、吉林、克拉玛依、塔里木、青海等各大油田，近海油气田开发主要集中在渤海、珠江口、琼东南、莺歌海、北部湾和东海六个含油气盆地。从国内原油产量来看，2013～2015年我国原油产量从2.10亿吨增长至2.15亿吨，产量整体呈增长趋势，2015年之后我国原油产量逐年下降，到2022年有所回升。目前我国原油产量依旧呈现东部下降、西部和海域增长的格局。

从消费端来看，我国原油消费总量增速放缓，进口依存度较高。近年来，产业结构的调整、能源消费结构的变化以及新能源汽车的发展对我国石油消费和进口产生了较大冲击。2005～2020年我国原油进口量从约1.3亿吨增至5.4亿吨，石油对外依存度也逐步升高，从42%突破至72%，国内原油产量以及供需缺口仍在增大。同时，2012～2023年成品油的消费总量总体呈增长态势，但增速放缓。2022年全国成品油消费量为3.45亿吨，同比增长0.9%。

2. 石油行业投资

新冠疫情后，资本对行业整体的投资力度加大。全球石油公司普遍加大了投资力度，2022年部分国家石油公司资本支出已经恢复，甚至超过2019年的水平。从已经公布发展计划的国家石油公司来看，2022年国家石油公司资本支出整体呈增长态势，上游仍是投资的重点，其中约有30%的资金投资于海洋石油的勘探与开采，提高油气产量和产能是各公司抓住当前油气上涨周期的普遍选择。

石油勘探与开采技术进入深水区，集约化、智能化，深海及极地开采和非常规油气资源开采成为主要投资方向。目前我国石油主要投资于超深层油气地质勘探、深水盐下油气地质勘探、勘探开发一体化协同工作平台、稠油绿色开采技术、海洋石油开采等领域。2022 年国内油气勘探开发投资约 3700 亿元，创历史新高；多个油气田加快产能建设，开发投资同比增长 23%。我国深层、超深层油气资源达 671 亿吨油当量，占全国油气资源总量的 34%左右，深层、超深层已成为我国油气重大发现的主阵地。2022 年，海上油气勘探新发现 7 个油田、大气田，全国油气产量增量的 60%来自海洋。海南岛东南部海域的深水区发现宝岛 21-1，即首个超 500 亿立方米深层深水整装大气田，开平-顺德新凹陷新增探明储量超 3000 万吨，实现深海原油战略性勘探突破。

11.1.3　天然气利用现状

1. 天然气生产与消费

从生产端来看，20 世纪 90 年代以来，勘探和开发技术取得重大突破，基础设施建设快速推进，天然气市场逐步具备大规模发展基础。天然气本身具备清洁低碳特点，被广泛应用于工业发电、城市燃气、石油化工、机械制造、玻璃陶瓷、汽车等领域，从 2016 年开始我国天然气产量逐年递增（图 11.4），天然气市场进入大规模发展阶段。2019 年，我国天然气产供储销体系建设成效显著，通过构建“全国一张网”，全力推进多项互联互通重点工程、布局若干个区域地下储气库基地、深化液化天然气接收站布局、实施罐箱多式联运示范工程、构建多元进口体系等措施，天然气供应保障总体平稳。同时，通过加大新气田勘探开发力度、推动非常规气快速上产，2022 年我国天然气产量约 2200 亿立方米，年增产量连续 6 年超百亿立方米。

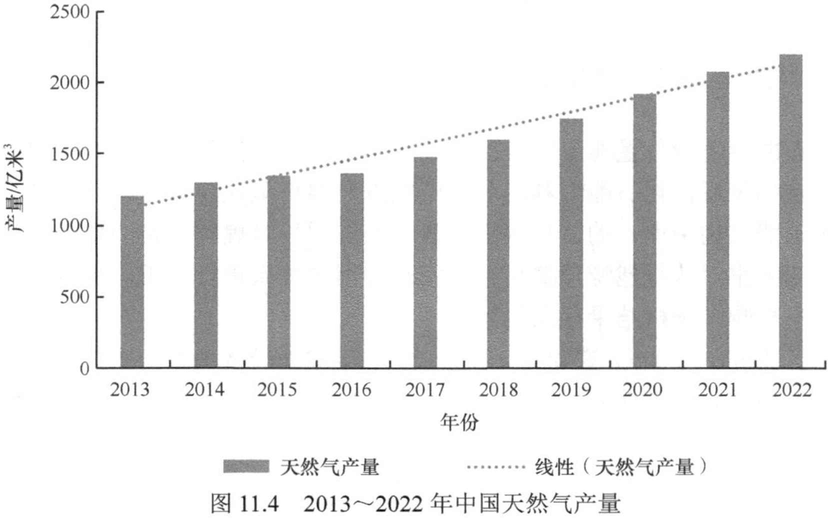

图 11.4　2013～2022 年中国天然气产量

资料来源：国家统计局

从消费端来看，增速逐步放缓，城市需求为主要消费来源。国家统计局数据显示，2021 年城市燃气用气量占到天然气消费总量的 38%，是我国天然气消费的主要领域；其次是工业、发电和化工领域。总体来看，我国天然气消费量大于产量，需从国外进口以满足国内市场需求，2018～2022年我国天然气对外依存度在35%～50%范围内波动，并且2022年进口依存度和表观消费量均出现降低。在“双碳”目标下，我国天然气消费将迈入中速增长阶段，预计年均增速将从10.6%下降至约7%，到2040年我国一次能源消费中天然气消费占比将提升至14%左右。

2. 天然气行业投资

在天然气运输方面，投资集中于天然气全国管网建设。近年来，我国天然气市场化改革进入深水区，基础设施公平开放进程不断推进，“X+1+X”市场格局初现雏形，即上下游市场充分竞争，形成X局面，上游是多元气源，下游是终端销售，中间1代表“全国一张网”，即全国统一高效的油气管网，形成强大的“中间”。天然气作为气体，其运输与存储的配套设施建设是我国天然气投资的重中之重。根据行业统计数据，截至2022年底，国内建成油气长输管道总里程累计达到15.5万千米，其中天然气管道里程约为9.3万千米。续建或开工建设的管道整体建设趋势维持向好态势，并且仍以天然气管道为主。

在天然气存储方面，投资集中于天然气存储站建设。截至2022年底，我国累计在役储气库（群）15座，总工作气量192亿立方米，占全国天然气消费量的5.2%，可存储量较小。2022年，国内3座液化天然气（liquefied natural gas，LNG）接收站投产、扩建，新增接受能力600万吨/年。截至2022年底，我国已有24座接收站投运，总接收能力达9730万吨/年，在建总能力超1.2亿吨/年。经过多年发展，我国油气“全国一张网”初步形成，管网规模超过18万千米，西北、东北、西南和海上四大油气进口战略通道进一步巩固。根据规划，到2025年，全国油气管网规模将达到21万千米左右。

11.2 传统能源的转型路径

11.2.1 与低碳经济发展的关系

传统化石能源消费总量随着经济的发展而不断增加，但是，当经济发展水平和技术水平达到一定程度后，化石能源利用与低碳经济发展将呈现脱钩状态，尤其是随着煤炭消费在能源消费结构中所占的比重逐步降低，经济增长对煤炭消费的依赖程度也趋于减弱。现有研究侧重对传统能源消费与经济增长的因果关系进行分析，受资源禀赋和经济社会发展水平影响，分析结果存在偏差。

国外学者Tapio（2005）在研究1970～2001年欧洲经济增长与碳排放之间的关系时提出了两者之间的脱钩弹性公式。基于Tapio提出的脱钩指数，国内有学者建立了以下脱钩模型：

$$\zeta = \frac{\Delta C / C}{\Delta \mathrm{GDP} / \mathrm{GDP}} = \frac{\delta_C}{\delta_\gamma} \tag{11.1}$$

其中，ζ为GDP与化石能源消费之间的脱钩指数；C为当期化石能源消费量；ΔC为当期化石能源消费相对上期的变化量；$\Delta\mathrm{GDP}$为当期GDP相对上期的变化量；δ_C为化石能源消费的变化率；δ_Y 为 GDP 的变化率（曹正旭等，2023）。Tapio 提出的脱钩指数根据脱钩弹性值将脱钩状态分为脱钩、连接和负脱钩三种情况，并进一步划分为 8 种细分状态（表 11.1）。

表 11.1　脱钩状态与脱钩指数对应关系

脱钩分类	脱钩状态	δ_Y	δ_C	ζ
脱钩	弱脱钩	>0	>0	$\zeta<0.8$
	强脱钩	>0	<0	$\zeta<0$
	衰退脱钩	<0	<0	$\zeta>1.2$
连接	增长连接	>0	>0	$0.8<\zeta<1.2$
	衰退连接	<0	<0	$0.8<\zeta<1.2$
负脱钩	扩张负脱钩	>0	>0	$\zeta>1.2$
	强负脱钩	<0	>0	$\zeta<0$
	弱负脱钩	<0	<0	$\zeta<0.8$

以煤炭消费与经济增长的脱钩关系为例，曹正旭等（2023）发现 2008～2012 年两者之间的关系以弱脱钩状态为主。受国内外宏观经济形势影响，这一时间段是我国经济发展的黄金时期，年均经济增长率在 10%以上，经济增长伴随大量能源消耗，此时煤炭消费量占能源消费总量的比重过高，政府未能及时制定煤炭控制政策，使经济与煤炭消费实现双增长，经济发展与煤炭消费关系密切。由于煤炭消费与经济增长存在弱脱钩状态，煤炭消费增长幅度小于经济增长幅度。2013～2019 年两者关系表现为强脱钩，这一时期国家开始实施控煤政策，各地加大控煤力度，淘汰、关闭了一批煤耗高、技术利用率落后的中小企业。由于产业结构调整与新旧动能转换，经济依然保持良好的增长势头，并未受到煤炭减量的影响，区域经济发展逐渐摆脱对煤炭消费的依赖。总的来看，2008～2019 年，煤炭消费与经济增长脱钩状态完成了由弱脱钩向强脱钩的过渡，逐渐向理想状态发展，之所以出现这种状态是因为经济正由数量增长向质量增长转型，逐渐摆脱以高煤耗为代价的经济发展方式。

11.2.2　低碳转型路径的选择

1. 能源高效清洁利用

“双碳”目标和能源革命背景下，在建立新型能源体系过程中，各种能源的技术创新情况将决定不同能源的比较优势。立足于低碳经济发展，推动煤炭等化石能源清洁高效利用，分阶段实现能源供应主体的转变，实现传统能源与经济增长的脱钩发展。

1）发展煤炭高效燃烧与低碳转化技术

现阶段，煤炭仍然是我国的主体能源，技术变革与创新、技术改造和挖潜是煤炭清洁高效利用的主要着力点。“双碳”目标下的能源转型过程中要实现煤炭利用破立结合，需要大力发展典型工业生产过程中的煤炭利用变革技术，强化煤炭燃料与原料属性，提高存量煤炭利用水平，安全、有序推动煤炭的高效低碳转化技术研发与应用。在此目标和背景下，中国科学院部署“煤炭清洁燃烧与低碳利用”A类战略性先导科技专项，以煤炭的高效低碳利用为目标，以强化煤炭燃料属性与原料属性的耦合利用和设备过程强化为手段，加强关键技术研发和工程验证，推动技术工程示范实施，实现煤炭减量化、低碳化、清洁化利用，为构建安全高效、低碳清洁的能源体系提供技术支撑。

2）发展石油、天然气高效清洁利用技术

“双碳”目标下，未来对成品油的需求将急剧下降，推进炼化企业从“燃料型”向“化工型”转型是发展趋势。通过原油催化裂解生产烯烃/芳烃技术、原油催化裂解生产化学品技术等原油直接制备化学品技术，以及甲醇与石脑油耦合制低碳烯烃等石油基与煤基原料耦合制烯烃/芳烃技术，构建石油制烯烃/芳烃等化学品的新技术体系，提高我国基础化工原料自给率。

同时，充分发挥天然气能源属性的清洁低碳优点和物质属性的原料特点。一方面，加快推进天然气高效低排放燃烧、燃气轮机联合循环发电等技术研发和示范应用，充分发挥天然气所具有的调节灵活、响应迅速的优点，与可再生能源协同发展，形成良性互补。另一方面，开展甲烷无氧制烯烃和芳烃、甲烷与二氧化碳重整制合成气等天然气制备化学品技术，实现天然气高效、清洁、高值化利用，有效支撑清洁低碳、安全高效的现代能源体系构建。

3）发展煤转化及石油采炼过程“三废”处理技术

在我国化石资源利用过程中，仍然有较多废水、废气、固废排放，存在处理成本高、环境污染严重等问题。迫切需要降低处理成本，并突破关键技术的瓶颈。在废水处理方面，推动煤化工废水低成本处理及资源化利用，开展臭氧催化氧化、催化湿式氧化、酚油协同萃取及高效生化处理等关键技术研究，并进行工程示范和应用。在废气处理方面，重点突破氮氧化物（NO_x）和挥发性有机物（volatile organic compounds，VOCs）等多种污染物协同脱除技术，开发和应用污染物系统高效脱除催化剂，进行废气催化净化处理工程示范。在固废处理及资源化方面，推动大宗化石资源的固废资源化、高值化及低碳化利用，开发气化灰渣焚烧利用、废液与固废高温熔融高质化、油泥高质化利用等关键技术，完成工程示范和推广应用。

2. 传统能源的退出途径

我国的能源资源禀赋决定了能源转型要走由可再生能源直接替代煤炭的路径，而不是由油气替代煤炭，再由可再生能源来替代油气。

以农村为例，农村生活能源系统因其所处的自然–经济–社会–家庭复合系统的复杂互动，具有多重约束与脆弱性。农村生活用煤管理不能简单地就煤说煤、因污染而去煤，要统筹平衡好现实与理想、短期与长期、私人成本与公共效益三对关系，为农村百姓创建一个富有韧性与公平性的碳中和能源供应系统。

基于区域差异，农村区域可以采取替代煤炭（强制禁煤、自愿退煤）、煤炭替代（清洁煤升级、煤炭替代生物质）与跨越煤炭（高效炉具推广）三类共五种农村生活用煤退煤路径，分类施策，组合发展（曹淑艳等，2023），具体如表 11.2 所示。

表 11.2　农村生活用煤退煤路径

路径		适用区域	节能	电力	燃气	替代燃油车	相对清洁煤	生物质提质
替代煤炭	强制禁煤	经济较发达、环境容量极紧张区	√	√	√	√		
	自愿退煤	以煤为主要生活能源、环境容量紧张区	√	√	√	√	√	
煤炭替代	清洁煤升级	以煤为主要生活能源、环境容量富余区	√	√	√	√	√	
	煤炭替代生物质	取暖以秸秆、薪柴为主的农业区	√	√	√	√	√	√
跨越煤炭	高效炉具推广	居住分散的牧区、山区、沙化区	√	√		√		√

替代煤炭路径包括强制禁煤（禁止煤炭利用）与自愿退煤（退出煤炭利用），主要针对环境容量紧张甚至亏空的地区。这类区域由于地域优势，农村居民收入较高，能源基础设施也相对较完善，居民生活能源已经或正在主动从“煤+电+气”能源台阶迈上“电+气+煤”能源台阶。这类区域的煤炭管理问题主要是加速度升级问题，当因区域大气污染治理需要而强制禁煤时，需配套好财政保障机制，否则适宜走以市场机制为主的自愿退煤路径。

煤炭替代路径包括清洁煤升级与煤炭替代生物质。前者针对煤炭消费已成为主体的农村区，后者针对农林剩余物丰富的农业区。这两类区域普遍拥有富余的环境容量和多能并用的地域优势，居民收入水平与现代化生活能力普遍存在显著的差异，适宜多种政策工具联用。

跨越煤炭路径的核心是推广高效炉具，同时加速发展绿色电力，主要适用于可再生能源丰富的牧区、山区与沙化区，这类区域人口相对稀疏、居住分散、收入约束强，是我国能源贫困的主要发生区，普遍也是太阳能资源丰富区，以财政资金倾斜的方式推动这类区域能源消费从以生物质为主跨越到以电能为主，对区域内的煤炭市场不干预。

总的来说，煤炭退出机制重在推动农村生活能源向清洁能源转型，既有促进利用的煤炭替代，也有限制和禁止利用的替代煤炭，是“煤炭替代”与“替代煤炭”的有机综合。在农村绿色能源市场还没有充分发展之前，煤炭依然是确保农村能源安全的首选“压舱石”。

3. 传统能源与新能源协同融合发展

推动新旧动能转换，必须建立在新能源安全可靠的基础上。电力系统运行要求可控可调，电力供应要求稳定安全，这都与当前新能源出力特性相悖。因此，短期内推动新能源与传统能源协调、互补是我国保障能源安全、推进绿色转型的路径选择。

习题：

1. 当前我国各品种能源消费占比是多少？
2. 传统能源低碳转型存在哪些可行的路径，以及面临哪些严峻的挑战？
3. 你认为我国在能源转型过程中存在哪些风险？如何化解这些风险？

本章参考文献

曹淑艳，徐勤飞，张东玮，等. 2023. 煤炭在中国农村生活能源中的利用与退出路径[J]. 煤炭学报, 48(7): 2668-2681.
曹正旭，张樨樨，张仁杰，等. 2023. “2+26”城市煤炭消费重心演化及其与经济增长脱钩效应分析[J]. 生态经济, 39(8): 86-94.
李新权，杨晓锋. 2022. 我国能源安全战略面临的挑战与国际经验借鉴[J]. 全球化, (1): 107-115, 136.
吕清刚，柴祯. 2022. “双碳”目标下的化石能源高效清洁利用[J]. 中国科学院院刊, 37(4): 541-548.
伍梦尧. 2023-07-06. 传统能源与新能源要并肩而行[N]. 中国电力报, (3).
严晓辉，杨芊，高丹，等. 2022. 我国煤炭清洁高效转化发展研究[J]. 中国工程科学, 24(6): 19-25.
Ersoy E, Schaffer M E, Ditzen J. 2019. BP statistical review of world energy 2019[R]. London: BP plc.
Tapio P. 2005. Towards a theory of decoupling: degrees of decoupling in the EU and the case of road traffic in Finland between 1970 and 2001[J]. Transport Policy, 12(2): 137-151.

本章要点

1. 了解可再生能源相较于传统能源的优缺点。
2. 熟悉光伏、风力、生物质常用技术。
3. 掌握我国可再生能源开发利用现状。
4. 认识我国可再生能源大规模发展面临的主要挑战。

第 12 章　低碳经济与可再生能源

可再生能源是指自然界中可以重复利用且循环再生的能源，如太阳能、风能、水能、生物质、潮汐能、地热能等。1973 年世界石油能源危机爆发后，人们开始认识到可再生能源的重要性。相较于传统能源，可再生能源具有绿色、低碳、可再生等特点。发展低碳经济，提高可再生能源比重，可以有效避免我国依赖“高碳”能源的弊端。促进可再生能源技术创新、加大可再生能源政策支持力度以及推广可再生能源应用，可以实现低碳经济和绿色发展的目标，推动我国乃至全球经济健康发展和环境持续改善。

12.1　中国可再生能源开发利用的现状

12.1.1　资源禀赋概况

1. 太阳能资源丰富但地区性差异大

我国陆地表面的太阳辐射的功率约为 1.68×10^3 太瓦，水平面平均辐照度约为 175 瓦/米^2，高于全球平均水平。太阳能资源分布的地区性差异较大，根据年太阳总辐射量可划分为最丰富、很丰富、较丰富和一般 4 个等级（表 12.1）。《2023 年中国风能太阳能资源年景公报》显示，2023 年我国太阳能资源为偏小年景，年平均水平面总辐照量约为 1496.1 千瓦时/米^2，较近 30 年（1993～2022 年）平均值偏小 23.6 千瓦时/米^2，较近 10 年平均值偏小 19.0 千瓦时/米^2。从空间分布看，2023 年，我国西部地区的太阳能资源优于中东部地区，西藏大部、青海中北部、四川西部等地为太阳能资源最丰富区。在“十四五”期间规划建设的七大陆上新能源基地中，新疆、河西走廊、黄河上游、黄河几字弯、冀北等陆上新能源基地太阳能资源较好。

表 12.1　太阳能资源的总量等级划分及相应区域

等级	年总辐射辐照量/（兆焦耳/米^2）	年总辐射辐照量/（千瓦时/米^2）	年平均辐射辐照量/(瓦/米^2)	占国土面积比重	主要分布地区
最丰富	≥6300	≥1750	≥200	约 22.8%	内蒙古、甘肃、青海西部，西藏大部，新疆东部边缘地区，四川部分地区
很丰富	5040～6300	1400～1750	160～200	约 44.0%	新疆、西北、华北大部，内蒙古东部，东北西部，山东东部，四川中西部，云南，海南

续表

等级	年总辐射辐照量/（兆焦耳/米 ^{2}）	年总辐射辐照量/（千瓦时/米 ^{2}）	年平均辐射辐照量/（瓦/米 ^{2}）	占国土面积比重	主要分布地区
较丰富	3780～5040（不含）	1050～1400（不含）	120～160（不含）	约 29.8%	内蒙古北部，东北中东部，华北部分地区，华中、华东、华南
一般	＜3780	＜1050	＜120	约 3.4%	四川盆地及周边地区（包括四川东部、重庆、贵州中北部、湖北西部、湖南西北部）

2. 陆地、海上风能资源丰富但地区差异明显

风能资源取之不尽、用之不竭，对于缺水、缺燃料和交通不便的沿海岛屿、草原牧区、山区和高原地带，非常适合因地制宜地利用风力发电。面对能源短缺与保护环境的新形势，风能由于具有蕴藏量大、可再生、分布广、无污染的特性，成为全球普遍欢迎的能源。风力发电为目前最具规模化开发条件和商业化发展前景的可再生能源发电方式之一。根据国际上对风能资源技术可开发量的评价指标，考虑了自然因素和政策因素的限制后，我国陆地 70 米高度层年平均风功率密度达到 300 瓦/米 ^{2} 及以上的风能资源技术可开发量为 256 709 兆瓦（表 12.2）。随着陆地风能资源的大规模开发，土地资源也越来越紧张，人类对风能的利用逐步向海上推进。海上风能资源较陆地资源更为丰富，海上风电成为可再生能源发展的重要领域，是推动风电技术进步和产业升级的重要力量，是促进能源结构调整的重要措施。在离岸距离不超过 50 千米的近海海域内，我国沿海水深不超过 50 米的海上风力发电实际可装机容量约为 500 吉瓦。2022 年，我国东北东部、内蒙古中东部、新疆北部和东部、甘肃西部和北部、青藏高原大部等地高空 70 米风力发电机常用安装高度的风能资源较好，有利于风力发电。

表 12.2 中国陆地不同高度风能资源技术可开发量

距离地面高度/米	平均风功率密度≥300 瓦/米 ^{2}	
	技术可开发量/兆瓦	技术可开发面积/千米 ^{2}
50	202 393	555 871
70	256 709	704 951
100	336 778	948 161

3. 水能资源居世界首位，但地区分布不平衡

我国江河水能理论蕴藏量为 6.94 亿千瓦、年理论发电量为 6.08 万亿千瓦时，水能理论蕴藏量居世界第一位；我国水能资源的技术可开发量为 5.42 亿千瓦、年发电量为 2.47 万亿千瓦时，经济可开发量为 4.02 亿千瓦、年发电量为 1.75 万亿千瓦时，均名列世界第一。但是，水能资源的地区分布不平衡，70%分布在西南地区。按河流统计，长江流域的水能资源最为丰富，占全国的近 40%，这是由于长江流域降水丰富，落差大，流速快，重力势能大，特别是长江上游地区从横断山脉到第二阶梯与第三阶梯的分界处（巫山），其次是雅鲁藏布江水系，黄河水系和珠江水系也有较多的水能蕴藏量。北方地区由于地形较平坦、降水较少，水能资源相较于南方并不丰富。根据 2022 年《中国水资源公报》，

全国降水量和水资源量比多年平均值偏少，且水资源时空分布不均。部分地区大中型水库蓄水有所减少，湖泊蓄水相对稳定。

4. 生物质资源丰富，生物质发电优势明显

中国可利用的生物质资源，主要为有机废弃物，包括农作物秸秆、畜禽粪便、农产品加工废弃物、林产加工废弃物、生活垃圾、有机污水等。单农林废弃物、能源林业和其他能源作物的储量就相当于每年 9 亿吨标准煤。此外，我国还有 4600 多万公顷宜林地，可以结合生态建设种植农作物。根据《3060 零碳生物质能发展潜力蓝皮书》统计数据，截至 2020 年我国年产生物质资源总量达 34.94 亿吨。2021 年，我国生物质商业化开发利用规模约 5740 万吨标准煤，约占生物质资源的 9.3%。其中，生物质发电利用折合标准煤约 4173 万吨，占已开发量的 72.7%。2021 年，全国生物质发电年发电量达 1637 亿千瓦时，同比增长约 23.6%。

5. 地热能资源丰富，地热行业发展快速

我国地热能资源丰富。根据国土资源部中国地质调查局 2015 年调查评价结果，我国 336 个主要城市浅层地热能年可开采资源量折合标准煤约为 7 亿吨。在回灌情景下，中深层地热能年可开采资源量折合标准煤约为 18.65 亿吨；全国埋深 3000～10 000 米的深层地热基础资源折合标准煤为 856 万亿吨。据《我国地热资源中长期战略研讨》（2020 年、2030 年、2050 年），到 2030 年中国浅层地热能利用将达 10 000 兆瓦，地热直接利用将达 6500 兆瓦。到 2050 年中国浅层地热能利用将达 25 000 兆瓦，地热直接利用将达 10 000 兆瓦，地热能直接利用空间巨大。地热能在改善中国能源结构、节能减排等方面具有较大优势。

12.1.2　可再生能源行业投资及开发现状

近些年，中国电力结构不断优化。2023 年 6 月国家能源局发布的《新型电力系统发展蓝皮书》显示，截至 2022 年底，我国各类电源总装机规模达到 25.6 亿千瓦，总发电量达到 8.7 万亿千瓦时（图 12.1）。电力绿色低碳转型步伐加快，2022 年非化石能源装机规模占总装机的 49%，非化石能源发电量占总发电量的 36%。

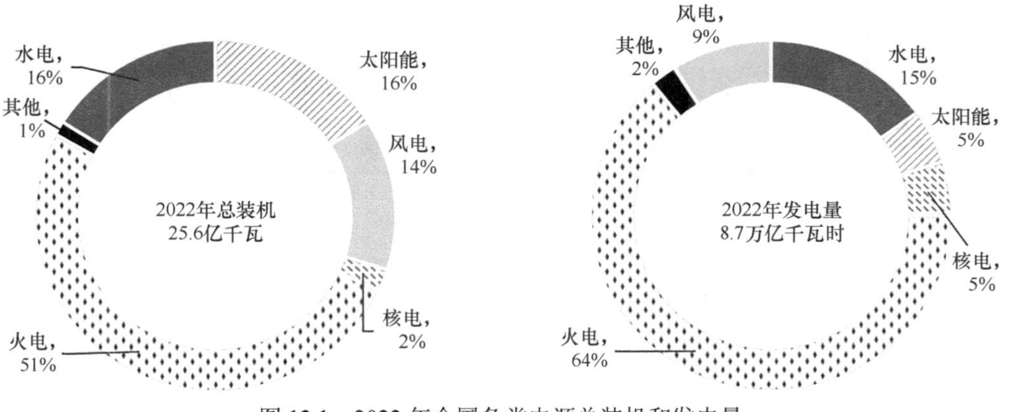

图 12.1　2022 年全国各类电源总装机和发电量

1. 风电市场全球最大，以陆上风电为主

根据全球风能理事会（Global Wind Energy Council，GWEC）的统计，2012～2022年我国风电累计装机容量年均复合增长率为17.44%，风电新增装机容量年均复合增长率为11.25%（图12.2）。目前，我国风电开发亦以陆上风电为主，2022年底我国风电累计装机容量中陆上风电占比约为91.64%，风电新增装机容量中陆上风电占比约为86.58%。新增风电装机以集中式风电为主，主要集中在风资源条件良好的华北、西北和东南沿海地区。

图12.2 我国2012～2022年风电累计装机容量及其发电量

资料来源：国家能源局

2. 光伏机组装机规模和发电量逐年增长

2022年我国光伏新增装机容量8741万千瓦，再创历史新高，累计装机容量达到39 261万千瓦（图12.3），同比增长28.6%。分布式光伏持续快速发展。2022年新增分布式光伏并网规模5111.4万千瓦，其中户用分布式2524.6万千瓦，占新增规模的49.4%，户用光伏已经成为分布式光伏开发的主要模式之一。光伏发电量大幅提升。2022年，全国光伏发电量达4276亿千瓦时，同比增长30.8%，占全部电源总发电量的4.9%。

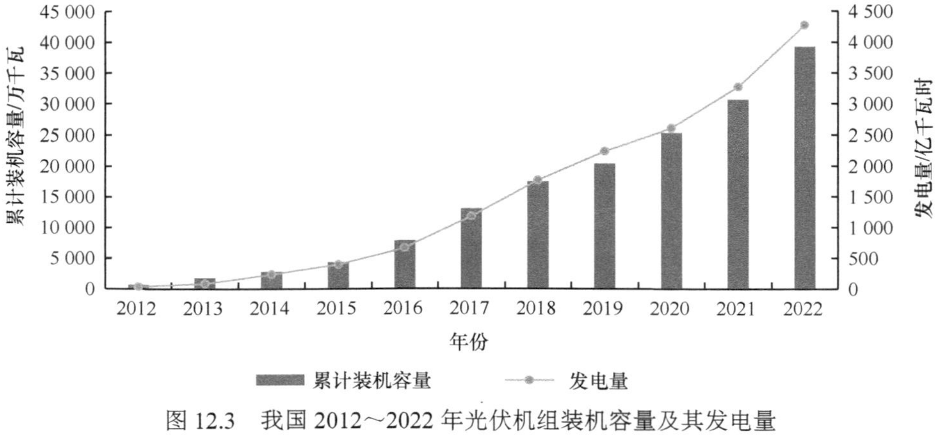

图12.3 我国2012～2022年光伏机组装机容量及其发电量

资料来源：国家能源局

3. 水电装机容量及发电量占比大，但开发规模和建设进度相对系统需求有所滞后

抽水蓄能电站是目前最有效的电网调节手段。根据抽水蓄能电站的需求分析，考虑规划站点资源情况与相关影响因素，预计到2035年，我国抽水蓄能需求规模约为1.4亿～1.6亿千瓦。总体来看，抽水蓄能电站开发规模和建设进度相对系统需求有所滞后。“十四五”期间，我国继续加强和规范抽水蓄能电站投资，持续鼓励抽水蓄能电站建设。

4. 生物质发电装机容量及发电量迅速增长，未来将保持较快增长速度

在国家大力推广和支持下，我国生物质发电装机容量迅速增加。2021年中国生物质发电累计装机容量为4132万千瓦，较2015年增加了3101万千瓦。其中，生活垃圾焚烧发电新增装机容量257万千瓦，累计装机容量达到2386万千瓦；农林生物质发电新增装机容量65万千瓦，累计装机容量达到1623万千瓦；沼气发电新增装机容量12万千瓦，累计装机容量达到122万千瓦。随着装机容量的增加，生物质发电量也在增长，从2015年的527亿千瓦时增加到2022年的1824亿千瓦时。相较于风力发电和太阳能发电，生物质发电更符合国家清洁低碳的发展战略，在国家政策支持引导下，未来生物质发电量仍将保持较快增长速度。

5. 地热发电潜力巨大，但地热能利用程度较低

我国地热发电潜力巨大，分布在藏南、川西、滇西地区的高温地热资源发电潜力为7120兆瓦，占全国高温地热资源的84.1%；东南沿海地区高温地热资源发电潜力为700兆瓦，占全国的8.27%。2020年，国内在运行的地热电站有六座，分别为西藏羊八井和羊易井地热发电站，装机容量分别为26.18兆瓦和16兆瓦；四川康定地热发电站，装机容量为0.28兆瓦；云南地美特瑞丽地热发电站，装机容量为1.6兆瓦；广东丰顺邓屋地热发电站，装机容量为0.3兆瓦；河北献县地热发电站，装机容量为0.2兆瓦。

12.2　可再生能源技术的发展

12.2.1　光伏技术

充分利用太阳能是人类活动最早的实践内容。光伏技术是利用半导体界面的光生伏特效应，将光能直接转变为电能的一种技术，在发电、热水器、照明、加热以及干燥等方面广泛应用。光伏技术已经发展得较为成熟，目前常用的有槽式、塔式和碟式三种太阳能光热发电技术，其原理如图12.4所示。

1. 槽式发电技术

槽式发电技术相对成熟，跟踪机制相对简单，容易进行，工作原理是将多个槽型抛物面聚光集热器经过串并联的排列，聚焦太阳直射光，加热真空集热管里面的工质，产生高温蒸气以驱动汽轮机发电机组发电。根据IRENA发布的《2022年可再生能源发电成本》，槽式发电的技术成本已从2010年的每千瓦5976美元下降到2020年的每千瓦3011

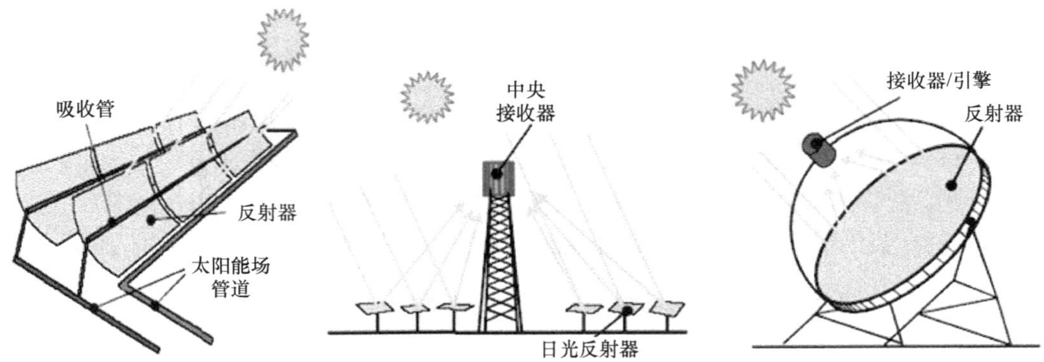

图 12.4 槽式（左）、塔式（中）和碟式（右）太阳能光热发电原理

资料来源：SolarPACES 网站

美元，电力成本从每千瓦 26.3 美分下降到 12 美分。目前，我国已有的 350 兆瓦槽式电站超大开口集热器项目，通过设计超大开口集热器、使用新型大口径低热损集热管和大型整体反射镜，以及采用熔盐作为传热流体等措施，将电力成本降低到每千瓦时 3 美分，与传统火力发电的成本基本持平。槽式技术的优点在于聚光与集热系统部件简单、能量收集跟踪控制简便，但其聚光性能较低、散热面积较大，从而导致光热转化效率和系统工作温度较低。

2. 塔式发电技术

随着技术的进步，塔式发电系统聚光倍数高、光热转化效率高、热量传递路径短，能够降低建设成本，非常适合大规模、大容量的商业化应用，投资回报率较高。塔式发电技术是一种集中型光热发电技术，将成千上万台定日镜布局成圆周形，并在镜场中心安置一座几百米高的吸热塔。定日镜包含安装在钢结构支架上的反射镜，以及俯仰角和回转角的跟踪驱动。定日镜场独立跟踪太阳光，将太阳光聚集到吸热塔顶部的接收器中以产生高温，加热熔盐，熔盐与水换热，产生高温蒸气，带动汽轮发电机做功发电。塔式系统中，熔盐为传储能介质，换热后主蒸气温度可达 550℃。与传统火力发电技术相比，太阳能技术更有益于环境保护，同时电能供应也比较稳定。

3. 碟式发电技术

碟式发电系统也称盘式系统，主要特征是采用盘状抛物面聚光集热器，太阳光将通过碟形抛物面反射器聚焦到接收器上，产生的热能通过推动安装在焦点处的斯特林发动机做功发电。碟式发电作为一种点聚焦的发电技术路线，具有高聚光比、高集热温度、集热器损失小的特点，目前光电转换效率最高可达 30%左右，但建设时需要的成本较高，且建设步骤复杂，无法大规模应用在如今的供电项目中。

2010 年以来，全球太阳能光伏成本快速下降。根据 IRENA 发布的《2021 年可再生能源发电成本》，2010～2021 年全球新交付公用事业规模太阳能光伏项目的加权平均平准化度电成本（levelized cost of electricity，LCOE）下降了 88%，从 0.417 美元/千瓦时降至 0.048 美元/千瓦时（表 12.3）。成本降低主要受益于规模效应带来的组件价格下降，这是由生产效率提升、制造环节优化以及材料消耗强度降低所驱动的。

表 12.3 2010～2021 年全球新交付公用事业规模太阳能光伏项目的相关成本和容量系数

年份	总装机成本/（美元/千瓦）	平准化度电成本/（美元/千瓦时）	容量系数
2010	4808	0.417	13.8%
2011	4104	0.311	15.3%
2012	3124	0.233	15.1%
2013	2742	0.179	16.4%
2014	2478	0.161	16.6%
2015	1887	0.121	16.5%
2016	1717	0.106	16.7%
2017	1483	0.084	17.5%
2018	1267	0.071	17.9%
2019	1046	0.062	17.5%
2020	916	0.055	16.1%
2021	857	0.048	17.2%

资料来源：IRENA 发布的《2021 年可再生能源发电成本》

12.2.2 风力发电技术

风力发电是将风的动能通过风轮转换成机械能，再带动发电机发电转换成电能。主流的风力发电机组为水平轴式风力发电机，由叶片、轮毂、增速齿轮箱、发电机、主轴、偏航装置、控制系统、塔架等部件组成。风轮的作用是将风能转换为机械能，它由装在轮毂上的气动性能优异的叶片组成，低速转动的风轮由增速齿轮箱增速后，将动力传递给发电机。为了有效地利用风能，偏航装置根据风向传感器测得风向信号，由控制器控制偏航电机，驱动与塔架上大齿轮咬合的小齿轮转动，使机舱始终对向风。随着全球风电产业的高速发展，兆瓦级的大型变速恒频风力发电系统逐渐占据了风力发电市场，主要包括双馈感应风力发电机组（doubly fed induction wind generator，DFIWG）驱动的系统和直驱型永磁同步风力发电机组（permanent magnet synchronous wind generator，PMSWG）驱动的系统（图 12.5）。

DFIWG 驱动的系统将齿轮箱传输到发电机主轴的机械能转化为电能，通过发电机定子、转子传送给电网。发电机定子绕组直接和电网连接，转子绕组和频率、幅值、相位都可以按照要求进行调节的变频器相连。变频器控制电机在亚同步和超同步转速下都保持发电状态。在超同步发电时，通过定转子两个通道同时向电网馈送能量，这时逆变器将直流侧能量馈送回电网。在亚同步发电时，通过定子向电网馈送能量，转子吸收能量产生制动力矩使电机工作，变流系统双向馈电，故称双馈技术。双馈式风力发电机能够通过控制转子励磁电流解耦有功功率和无功功率的控制。此类发电机可以从转子电路中励磁，产生无功功率，并通过电网侧变流器传送给定子。

直驱发电机按励磁方式可分为电励磁和永磁。其中，永磁直驱是近年来研发的风电技术，该技术用永磁材料替代复杂的电励磁系统，发电结构简单，重量相对电励磁直驱

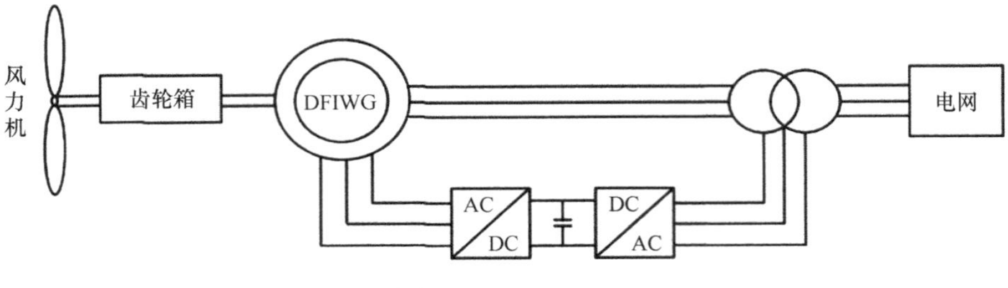

（a）DFIWG驱动的系统

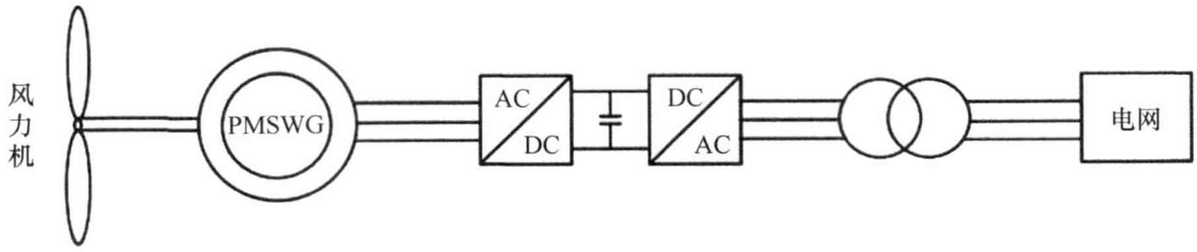

（b）PMSWG驱动的系统

图 12.5 广泛使用的风力发电系统

AC 和 DC 分别代表交流电（alternating current）和直流电（direct current）

机组较轻。直驱型风力发电机组没有齿轮箱，减少了传动损耗，提高了发电效率，尤其是在低风速环境下，效果更加显著；齿轮箱是风力发电机组运行出现故障频率较高的部件，直驱技术省去了齿轮箱及其附件，简化了传动结构，提高了机组的可靠性。同时，机组在低转速下运行，旋转部件较少，可靠性更高。直驱永磁风力发电机采用无齿轮直驱技术可减少风力发电机组零部件数量，避免齿轮箱油的定期更换，降低了运行维护成本。直驱永磁风力发电机组的低电压穿越使得电网并网点电压跌落时，风力发电机组能够在一定电压跌落的范围内不间断并网运行，从而维持电网的稳定运行。

在陆上风电技术成本方面，2021 年全球陆上风电项目的加权平均平准化度电成本同比下降了 15%，从 2020 年的 0.039 美元/千瓦时（约合人民币 0.263 元/千瓦时）降至 0.033 美元/千瓦时（表 12.4）。不包括中国在内，2021 年交付的全球陆上风电项目的加权平均平准化度电成本为 0.037 美元/千瓦时，同比下降 12%。2021 年，中国的海上风电新增并网装机容量接近 17 吉瓦。全球海上风电新项目的加权平均平准化度电成本同比下降了 13%，从 2020 年的 0.086 美元/千瓦时降至 2021 年的 0.075 美元/千瓦时（表 12.5）。

表 12.4 2010～2021 年全球陆上风电项目的加权平均总装机成本、平准化度电成本和容量系数

年份	总装机成本/（美元/千瓦）	平准化度电成本/（美元/千瓦时）	容量系数
2010	2042	0.102	27.0%
2011	2004	0.096	28.0%
2012	1904	0.088	28.3%
2013	1962	0.089	28.4%
2014	1894	0.080	29.0%
2015	1725	0.069	29.0%
2016	1729	0.064	31.0%

续表

年份	总装机成本/（美元/千瓦）	平准化度电成本/（美元/千瓦时）	容量系数
2017	1729	0.060	33.0%
2018	1636	0.051	35.0%
2019	1553	0.045	36.0%
2020	1397	0.039	36.0%
2021	1325	0.033	39.0%

资料来源：IRENA 发布的《2021 年可再生能源发电成本》

表 12.5　2010～2021 年全球海上风电新项目的加权平均总装机成本、平准化度电成本和容量系数

年份	总装机成本/（美元/千瓦）	平准化度电成本/（美元/千瓦时）	容量系数
2010	4876	0.188	38.0%
2011	5584	0.196	38.5%
2012	4942	0.167	40.0%
2013	5223	0.141	45.0%
2014	5499	0.172	35.0%
2015	5515	0.141	42.0%
2016	4342	0.116	40.0%
2017	4906	0.106	45.0%
2018	4789	0.100	43.0%
2019	3844	0.086	42.0%
2020	3255	0.086	38.0%
2021	2858	0.075	39.0%

资料来源：IRENA 发布的《2021 年可再生能源发电成本》

12.2.3　生物质能利用技术

生物质能来源于生物质，生物质是有机物中除矿物质燃料外的所有来源于动植物而能够再生的物质。动物食用植物，而绿色植物通过光合作用将太阳能转变为生物质的化学能。因此，生物质能都来源于太阳能，是太阳能的有机贮存。在多次世界性石油危机中，人们已重新认识了生物质能的利用价值，生物质能作为最具潜力的可再生能源，已成为仅次于煤炭、石油和天然气的第四大能源，是自然界唯一可再生的碳源。在国家大力推广和支持下，我国生物质发电装机容量迅速增加。根据 IRENA 发布的《2021 年可再生能源发电成本》，2012 年至 2017 年全球生物能源项目加权平均产能因子由 64%上升至 86%，2021 年下降至 68%。2010 年至 2021 年，全球电力项目生物能源加权平均平准化度电成本从 2010 年的 0.078 美元/千瓦时下降到 2021 年的 0.067 美元/千瓦时。

随着社会的进步和技术的发展，人们对生物质能的利用已不再限于直接燃烧，而是将其转化为高品位能源再利用。在转换技术方面，最近大力发展的新技术主要有生物质气化技术和生物质燃料化秸秆干馏技术。生物质气化技术是在一定热力学条件下，将生物质固体原料转化为混合气体（合成气、焦炭）的热分解方式，是生物质转化为高质量合成气最有前景的技术之一；其中，气体产物（主要包括 CO、H_2、CH_4 和 CO_2）主要应用于合成气、氢气以及醇醚类等高品位液体燃料。生物质气化过程是吸热反应，反应的整个过程起初是通过外部热源将生物质加热到一定温度，部分生物质在外部热源的作用下开始燃烧放热，放出的热量首先用于生物质干燥，其次用于生物质热解。整体可分为四个阶段：氧化-放热、干燥-吸热、气化-吸热、焦油热解-吸热（图 12.6）。

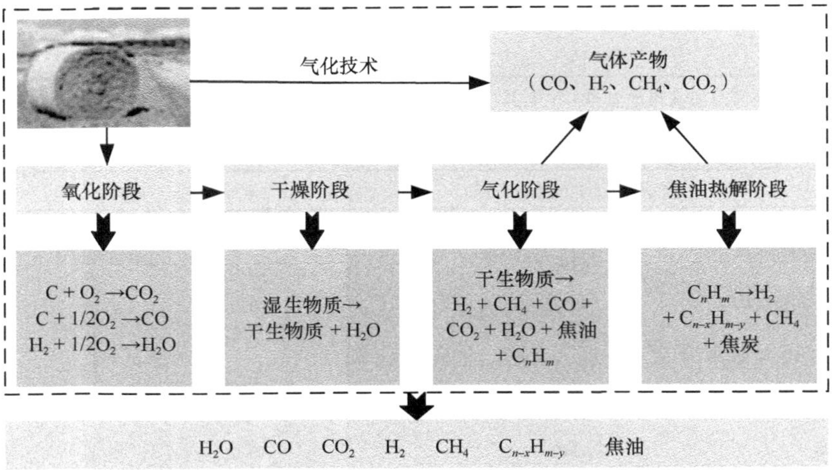

图 12.6　生物质气化过程及主要阶段

资料来源：李学琴等（2022）

生物质燃料化秸秆干馏技术是将秸秆烘干或晒干、粉碎，在干馏釜中隔绝空气加热，制取醋酸、甲醇、木焦油抗聚剂、木馏油和木炭等产品的方法。通过秸秆干馏生产的木炭称为机制秸秆木炭或机制木炭。根据温度差异，干馏可分为低温干馏（温度为 500～580℃）、中温干馏（温度为 660～750℃）和高温干馏（温度为 900～1100℃）。100 千克秸秆能够生产秸秆木炭 30 千克、秸秆醋液 50 千克、秸秆气体 18 千克。生物质的热裂解及气化还可产生生物炭，同时可获得生物油及混合气。干馏的工艺流程包括原料干燥、干馏、气体冷凝冷却、木炭冷却和供热系统。可采用自然干燥和人工干燥的方式，一般要求原料的含水率低于 20%。干馏产生的蒸气气体混合物在焦油分离器或列管式冷凝器中冷凝冷却，使可凝结的蒸气冷凝为木醋酸、焦油。木炭可在干馏釜或专门的冷却设备中进行冷却。供热系统可为木材干馏提供热量，所用的燃料包括干馏产生的木煤气、煤气或煤等。由单一木炭生产变为木炭、燃气、焦油、木醋液、甲醇联合生产。

12.3　中国可再生能源大规模发展的现状

12.3.1　可再生能源典型发展特征

“十二五”时期，我国进入了可再生能源产业的优化转型发展时期。此时，可再生能源产业的发展形势十分严峻，不仅要重视发展速度，而且要重视发展质量，使产业发展渐趋理性。通过鼓励各类市场主体建设并经营分布式发电项目，释放国内市场需求潜力。“十三五”时期，我国可再生能源产业进入跨越式发展阶段，可再生能源发展成为推进供给革命、维护能源安全的重要路径选择。“十四五”时期可再生能源要在“十三五”时期跨越式发展的基础上，进一步实现“高质量跃升发展”。其间，可再生能源发展呈现新特征：一是大规模发展，在跨越式发展基础上，进一步加快提高发电装机占比；二是高比例发展，由能源电力消费增量补充转为增量主体，在能源电力消费中的占比快速提升；三是市场化发展，由补贴支撑发展转为平价低价发展，由政策驱动发展转为市场驱动发展；四是高质量发展，既大规模开发，也高水平消纳，更保障电力稳定可靠供应。我国可再生能源将进一步引领能源生产和消费革命的主流方向，发挥能源绿色低碳转型的主导作用，为实现“双碳”目标提供主力支撑。从各类可再生电力来看，表现为如下特征。

1. 常规水电稳步发展

结合新形势，水电功能定位向电量供应和灵活调节并重转变，2022 年在全国主要流域开展了水风光一体化规划工作，依托主要流域水电调节能力，新建水电和抽水蓄能项目，对存量水电进行增容扩机，最大程度地带动流域周边风光资源开发建设，实现水风光一体化开发建设，推动水风光协同开发取得新进展。以中国水力发电工程学会抽水蓄能行业分会的成立为标志，中国抽水蓄能产业链协调发展机制基本建立。

2. 风电年平均利用小时数和利用率保持较高水平

基地化发展成为陆上风电开发的主要模式，海上风电新增规模短期回落，分散式和高海拔风电逐步推动，老旧风电场实现小批量技改。风电机组大型化趋势加速，工程勘测设计水平稳步发展，海上风电施工与输电技术快速提升，建设质量安全水平整体向好，风电产业链竞争优势不断巩固增强。

3. 多元融合建设模式成为光热发电规模化发展的重要方向

2022 年新增装机规模再创新高，增幅达到 59.3%。分布式光伏迅猛发展，占新增装机容量的 58.5%。2022 年光伏发电量大幅提升，同比增长 30.8%，发电利用率保持平稳。光伏制造业规模保持快速增长，产业链中各环节产量稳居世界第一。组件价格拐点出现，价格下降趋势在 2022 年末显现。多晶硅能耗持续下降，光伏电池效率稳步上升。

4. 地热资源进入规模化开发阶段

各地积极布局地热资源勘查和开发利用工作，将地热资源勘查开发作为重点工作纳入相关发展规划。地热投资建设方向多元化，深井换热供暖、江水源热泵供暖制冷、油气开采伴生地热发电、农村地热供暖等示范利用项目多点开花，示范效应初步形成。地热开发技术取得新的进展，深部热储改造、深井换热技术等领域实现突破，进一步支撑地热高效开发，同时地热装备制造国产化水平也稳步提高。

12.3.2　可再生能源发展的保障

我国形成了以《中华人民共和国可再生能源法》（以下简称《可再生能源法》）为

核心，涵盖目标规划、财税支持、价格管制、消纳保障和管理规定等政策措施的政策体系（图 12.7），为推动可再生能源的稳健发展提供强有力的支撑。

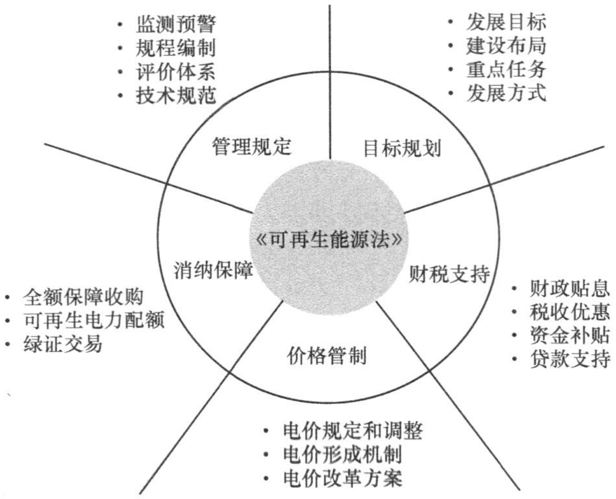

图 12.7 我国可再生能源政策体系

1. 目标规划政策

目标规划政策，即为可再生能源的资源开发与利用制定具体战略目标和发展规划的政策。此类政策为可再生能源行业发电设备生产、基础设施建设、发电计划和并网利用等各个环节设定未来一定时期内的发展目标、建设布局、重点任务和发展方式等，是中国可再生能源发展的纲领性政策，如《可再生能源中长期发展规划》和《可再生能源发展“十三五”规划》。

2. 财税支持政策

财税支持政策，即通过财政贴息、税收优惠、资金补贴和贷款支持等方式，从财政和金融等方面支持可再生能源发展的相关政策。该类政策通过降低可再生能源产业的生产成本和投融资门槛，减轻了可再生能源发展早期在技术和成本等方面的竞争劣势，促进了可再生能源产业尤其是市场上中小微企业的快速成长，如《关于 2010 年 1—9 月可再生能源电价补贴和配额交易方案的通知》和《可再生能源发展专项资金管理暂行办法》等。

3. 价格管制政策

价格管制政策，即为可再生能源发电项目的上网电价制定的定价规则或调价方案。此类政策包含电价规定和调整、电价形成机制、电价改革方案等方面的政策，如《可再生能源发电价格和费用分摊管理试行办法》《国家发展改革委关于完善风力发电上网电价政策的通知》《国家发展改革委关于完善太阳能光伏发电上网电价政策的通知》。

4. 消纳保障政策

消纳保障政策，是为可再生电力的并网、调度支持、促进消纳等而制定的相关措施和办法。此类政策旨在提高可再生能源在能源消费总量中的比重，确保目标规划类政策提出的预期任务完成和承诺兑现。《可再生能源发电全额保障性收购管理办法》和《国家发展改革委 国家能源局关于建立健全可再生能源电力消纳保障机制的通知》均属于此类政策范畴。

5. 管理规定政策

管理规定政策，指为规范可再生能源的资源开发和并网过程或可再生能源产品及其配套基础设施的生产运营过程而制定的规章条例或管理办法。该类政策不仅涉及行业的监测预警、规程编制和评价体系等，还覆盖产业基础环节（原材料、发电设备、运营及终端应用）的技术规范，是保障可再生能源相关产业持续健康发展的基础，如《可再生能源发电有关管理规定》。

12.4　中国可再生能源发展面临的挑战

1. 可再生能源发电消纳矛盾日益凸显

我国可再生能源资源主要分布在西部、北部和东北部，而高用电需求集中在中部、东部和南部，大量可再生能源电力必须从资源丰富地区输送到高电力负荷地区。如果不能统筹协调可再生能源并网、传输和消纳工作，上网问题必然成为可再生能源发电的最大瓶颈。我国部分地区可再生能源发展规划与电网建设规划未能有效衔接，电网建设滞后于可再生能源发展，输电通道不足，导致可再生能源电力输出受阻问题明显。随着可再生能源装机容量和发电量比重的不断提高，若不加快推动能源电力体制、机制的深层次变革，我国可再生能源消纳问题会日益凸显，限电范围扩大的风险将难以消除。

2. 非技术成本制约因素明显

虽然我国风电、光伏发电等可再生能源设备制造技术成本屡创新低，但非技术成本下降幅度并不明显，非技术成本占总成本比重不断增大。朱彤（2019）指出，我国风力和光伏发电项目建设存在非技术因素导致“成本”过高的现象，这类成本占到项目总建设成本的 20%～30%。“项目延误甚至取消”、“风电与光伏发电项目并网工程建设缺乏竞争”以及“风电与光伏发电项目融资成本居高不下”等非技术成本已成为制约可再生能源发展的主要因素。

3. 关键核心技术研发能力偏弱

我国的可再生能源核心技术研发能力偏弱，装备制造质量、工程技术创新水平等仍有待提升。储能将是未来电力系统必要的组成部分，具备平衡风电、光伏发电季节性、间歇性等特点，对电力供需之间跨时段耦合发挥重要作用。目前我国大容量储能技术尚存在技术瓶颈，安全经济的新型储能产品有待突破。电化学储能等技术只能解决电力系统的短期调节问题，且受成本等因素制约，月度调节和季度调节还存在很大障碍。随着新能源发电的大规模介入，电力系统运营模式发生改变，未来能源网将在数字化技术驱动下进化成自平衡、自运行、自处理的源网荷储一体化智慧能源系统，但是我国在源网荷储双向互动技术、虚拟同步发电机技术等方面的创新与研发力度尚且不足。

4. 可再生能源所需关键矿产储量小、分布集中、供应链脆弱

首先，可再生能源产业发展高度依赖关键矿产，近年来对关键矿产需求量大幅提高，导致其价格飙升。稀土、锂、钴、镍等关键矿产资源是发电设备、电池组件的重要原料，可再生能源体系所需的矿产消耗量远高于传统能源。其次，关键矿产的供给可能难以匹配需求增长。与化石能源相比，可再生能源关键矿产储量更小、分布更集中、供应链更脆弱。中国地质调查局全球矿产资源战略研究中心发布的《全球锂、钴、镍、锡、钾盐矿产资源储量评估报告（2021）》显示，智利和澳大利亚的锂储量合计占全球的66%，产量合计占70%；刚果（金）的钴储量占全球51%，产量占68%。最后，关键矿产分布高度集中导致供应链脆弱。欧美国家关键矿产高度依赖全球配置，美国、欧盟和日本等都重点强调增强关键矿产的全球配置能力，构建安全、多样化的关键矿产供应链。我国在部分资源和产能上具有一定优势，但未来不容乐观。我国稀土、锂等储量丰富，但铜、镍、钴储量较少，对外依存度达80%以上。若有关国家针对关键矿产推出保护性、针对性政策，未来我国将面临较大挑战。

习题：

1. 我国各品种可再生能源资源禀赋如何？
2. 我国各品种可再生能源开发占比多少？
3. 我国可再生能源大规模发展面临哪些挑战？
4. 思考下，你认为如何应对我国可再生能源大规模发展面临的挑战？

本章参考文献

李学琴，刘鹏，吴幼青，等. 2022. 生物质气化技术的发展现状及展望[J]. 林产化学与工业，42(5): 113-121.

朱彤. 2019. 我国可再生能源的发展阶段与面临挑战[J]. 中国国情国力, (7): 8-12.

本章要点

1. 掌握新型能源体系的内涵，明晰我国新型能源体系建设面临的挑战。
2. 掌握新型电力系统的内涵，明晰我国新型电力系统建设现状、总体框架和重点任务。
3. 明晰新型能源体系与低碳经济发展的关系。

第 13 章　新型能源体系建设

13.1　新型能源体系

13.1.1　新型能源体系内涵

新型能源体系以“降碳、减污、扩绿、增长”为准则，是建立在可再生能源与低碳能源相融合基础上的、适应现代社会发展需求的先进多元能源系统（周宏春，2022）。主要体现在安全保障之新、结构成分之新、创新驱动之新、治理体系之新，以及理念、标准和价格、投资、金融等相关领域支撑体系之新等方面，关键内涵是能源组成低碳化、能源供应安全化、源网荷储一体化、供需平衡智能化（李苍舒，2023）。

1. 能源组成低碳化

构建新型能源体系并非一蹴而就，而在于新旧能源并举支撑高水平电气化和低碳化，不仅包括煤炭、石油、天然气等化石能源，还包括光能、风能、水能、潮汐能、生物质、地热能、氢能、核能等非化石能源。

2. 能源供应安全化

新型能源体系立足以煤为主的基本国情，坚持先立后破、通盘谋划，多种能源相互协同，与能源强国、能源安全新战略的内涵实质相传承（冯玉军，2023）。

3. 源网荷储一体化

新型能源体系充分挖掘需求响应能力，提升传统工业负荷灵活性，实现电源、电网、负荷、储能各环节协调互动，促进终端用能电气化和电力部门低碳化，实现新型工业化与深度电气化协调发展。

4. 供需平衡智能化

新型能源体系建设应统筹推进数字化智能化技术在能源领域的创新应用，统筹分析源网荷储状态，提升多能互补联合调度的智能化水平。

结合新型能源体系的关键内涵，图 13.1 描绘了新型能源体系的构建框架。其是指充分发挥我国煤炭利用规模效应和清洁能源技术优势，有序推进新旧能源接续替代，逐渐实现以新能源为主体，新型工业化与深度电气化相结合，推动资源侧安全自主、供给侧清洁多元、消费侧绿色低碳、输配侧灵活稳定、技术端集成融合、配置端开放高效、高质量发展与生态文明建设双向循环的全新能源支撑体系建设。

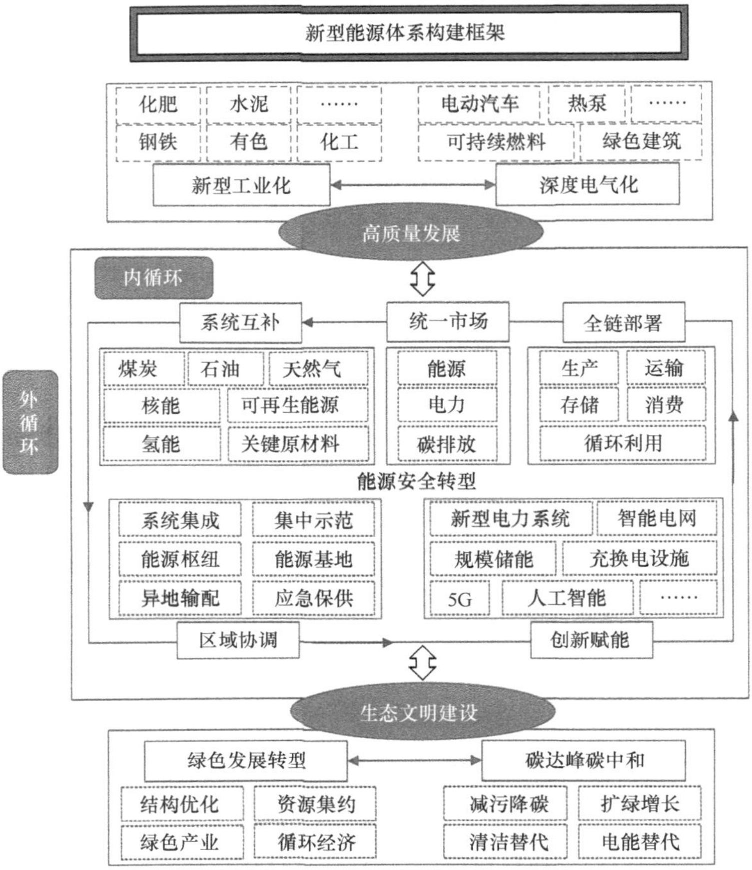

图 13.1 新型能源体系的构建框架

资料来源：李岚春等（2023）

13.1.2 国内外新型能源体系建设现状

1. 美国

2009 年通过《美国清洁能源与安全法案》，提出了发展可再生能源、清洁电动汽车和智能电网等方案，成为一段时期内美国能源转型的核心政策（王谋等，2010）。之后，美国联邦政府也出台了包括生产税抵免在内的一系列财税支持政策。在一系列顶层设计下，美国充分利用市场机制，促进核电、太阳能等可再生能源发展，推动能源结构不断调整优化。2005～2017 年，美国煤炭和石油消耗比例持续下降，天然气消耗比例持续上升；风力发电量从 2008 年的 5 万吉瓦时增加至 2017 年的 25 万吉瓦时，占总发电量的份额从 1.5%增加至 6.9%。

作为美国的“解决方案部门”，美国能源部（U.S. Department of Energy，DOE）设置了明确的减排目标：到 2030 年将美国的碳排放量减少一半，到 2035 年使清洁电力占比达到 100%，到 2050 年实现净零排放。自拜登政府就任以来，美国能源部已经在电力、建筑、交通和工业部门的清洁技术研发、示范和部署方面取得了多项重要成果。

2021 年美国能源部实现为 100 万个家庭能源系统升级，节省了大量的家庭能源费用。美国能源部还发起了“能源地球”计划，以在未来十年大幅降低关键清洁能源技术的成本，以加速向 100%清洁能源和净零排放迈进，启动了清洁氢、长期储能和碳去除这三个优先开发项目。美国能源部从《两党基础设施法》（Bipartisan Infrastructure Law，BIL）中获得 620 亿美元，成立了能源与交通办公室（Office of Energy and Transportation），负责监督 BIL 国家电动汽车充电网络建设计划的实施。还设立了清洁能源示范办公室（Office of Clean Energy Demonstrations），该办公室将监督超过 210 亿美元的新资金，用于清洁氢、先进核、地热等新兴技术的示范项目。美国能源部的贷款项目办公室（Loan Programs Office，LPO）恢复营业，拥有 400 亿美元的贷款授权，为大规模清洁能源部署项目提供资金。

同时，美国也在加速推进低碳技术发展。美国能源部在 2021 年 6 月推出了“能源攻关计划”（Energy Earthshots），推进能源若干关键领域的科学和技术创新，以降低成本、提高性能，为实现清洁能源的规模化部署扫清关键障碍。截至 2023 年 6 月，美国能源部在该框架下已经推出了 7 个领域的攻关计划，如表 13.1 所示。

表 13.1　“能源攻关计划”的 7 个领域

领域	推出时间	计划目标
氢能	2021 年 6 月	到 2030 年将清洁制氢成本降低 80%至 1 美元/千克，以加速氢能技术创新并刺激清洁氢能需求
长时储能	2021 年 7 月	到 2030 年将储能时长超过 10 小时的储能系统成本降低 90%，能够实现将数百吉瓦的清洁能源并入电网
负碳技术	2021 年 11 月	到 2030 年在碳去除技术方面进行创新，实现捕集并以十亿吨规模封存 CO_2 的成本低于 100 美元/吨
增强型地热系统	2022 年 9 月	到 2035 年将增强型地热技术成本大幅降低 90%至 45 美元/兆瓦时，使增强型地热系统（enhanced geothermal system，EGS）成为美国广泛使用的可再生能源
浮动式海上风电	2022 年 9 月	到 2035 年将浮动式海上风电成本降低 70%以上，达到 45 美元/兆瓦时，建立美国在海上风电设计、开发和制造方面的领导地位
工业供热	2022 年 9 月	到 2035 年实现将工业供热的温室气体排放降低 85%，开发具有成本竞争力的工业供热解决方案
清洁燃料和产品	2023 年 5 月	利用化石能源替代技术减少燃料和化工产业的碳排放，实现到 2035 年至少降低 85%的温室气体排放

2. 欧盟

2007 年 3 月，欧洲理事会提出“2020 年气候和能源一揽子计划”，确定欧盟 2020 年将可再生能源在终端能源消费中的比重增至 20%。2011 年，欧盟公布《2050 年能源路线图》和《2050 年迈向具有竞争力的低碳经济路线图》。2014 年 10 月，欧洲理事会批准《2030 年气候与能源政策框架》，确定将可再生能源在终端能源消费中的占比增至 27%。

2019 年 12 月，欧盟委员会正式发布《欧洲绿色协议》（又称《绿色新政》）。2021 年，欧盟提出应对气候变化的一揽子计划提案，旨在实现到 2030 年欧盟温室气体净排放量与 1990 年的水平相比至少减少 55%，到 2050 年实现碳中和（European Commission，2019）（图 13.2）。

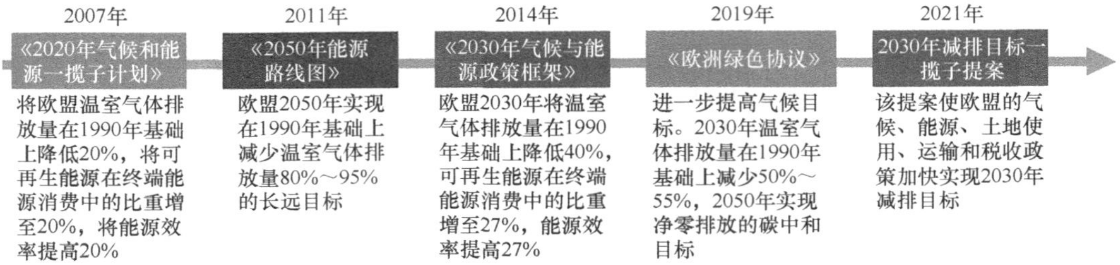

图 13.2 欧盟系列能源转型政策及目标

资料来源：《新型电力系统发展蓝皮书》

在一系列能源转型政策的推动下，2018 年，可再生能源在欧盟终端能源消费总量中的占比达到 18%，是 2004 年可再生能源占比的两倍以上。其中，瑞典的终端能源消费中有一半以上（54.6%）来自可再生能源，占比最高，其次是芬兰（41.2%）、拉脱维亚（40.3%）、丹麦（36.1%）和奥地利（33.4%）。2020 年上半年，由于启用了一批新的风电和光伏发电装置，加之温和多风的有利气候条件，仅风电和光伏两项就创造了欧洲地区总发电量 21%的历史纪录，其发电量占比分别在 2015 年超越水电、在 2019 年超越煤电、在 2022 年超越核电和气电，一跃成为欧盟主要的电力来源，2022 年发电量占比达 22.3%，并且在一些国家中风电和光伏发电量占比更高，如丹麦（64%）、爱尔兰（49%）和德国（42%）。

欧洲是全球应对气候变化、减少碳排放行动的有力倡导者，近些年欧盟履行《巴黎协定》承诺，欧盟国家陆续宣布退煤计划，部分国家已实现退煤。截止到 2021 年，欧盟大半国家已宣布退煤计划，其中冰岛、瑞士、比利时等国家已退煤，包括德国、波兰在内的煤电大国均承诺退煤时间。欧盟的煤炭供给量逐年下降至 2021 年的 4.87 亿吨，较 2000 年的 8.31 亿吨减少 41.4%，同时同步减少煤炭本土产量和进口量。长期来看，欧盟的煤炭需求将持续降低。

3. 中国

我国坚定不移推进能源革命，能源生产和利用方式发生重大变革，能源体系建设取得历史性成就。基本形成了煤、油、气、电、核、新能源和可再生能源多轮驱动的能源生产体系。2019 年中国一次能源生产总量达 39.7 亿吨标准煤，为世界能源生产第一大国。煤炭仍是保障能源供应的基础能源，2012 年以来原煤年产量保持在 34.1 亿～39.7 亿吨。原油生产稳定，2012 年以来原油年产量保持在 1.9 亿～2.1 亿吨。天然气产量明显提升，从 2012 年的 1106 亿立方米增长到 2019 年的 1762 亿立方米。电力供应能力持续增强，累计发电装机容量 20.1 亿千瓦，2019 年发电量 7.5 万亿千瓦时，较 2012 年分别增长 75%、50%。截至 2019 年底，在运在建核电装机容量 6593 万千瓦，居世界第二，在建核电装机容量世界第一（中华人民共和国国务院新闻办公室，2020）。在 2012～2022 年，我国传统化石能源消费比例逐渐降低，非化石能源消费增长显著，能源结构逐渐改善。其中，2022 年煤炭消费量占能源消费总量的 56.2%，水电、核电、风电、太阳能发电等可再生能源消费量达到了能源消费总量的 17.5%（图 13.3）。

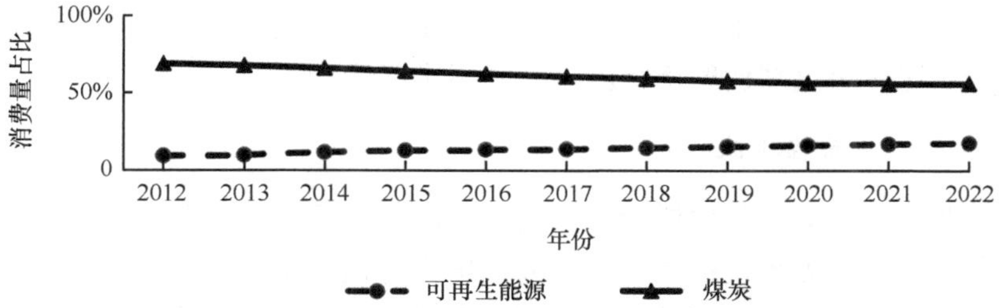

图 13.3　中国煤炭消费与可再生能源消费变化（2012～2022 年）

我国能源输送能力显著提高。2020 年，330 千伏及以上输电线路长度达到 30.2 万千米、石油主干管道达到 5.5 万千米。2023 年，全国长输天然气管道总里程已达到 12.4 万千米，较上年增加超 4000 千米。能源储备体系不断健全，截至 2020 年底，共建成 9 个国家石油储备基地，天然气产供储销体系建设取得初步成效，煤炭生产运输协同保障体系逐步完善，电力安全稳定运行达到世界先进水平，能源综合应急保障能力显著增强。可再生能源开发利用规模快速扩大，水电、风电、光伏发电累计装机容量均居世界首位。截至 2021 年底，我国新能源发电装机容量达到 3.2 亿千瓦，占全国发电装机总量的 25.7%，比 2015 年增长了近 3 倍。其中，风电、太阳能发电装机容量分别达到 3.3 亿千瓦和 2.8 亿千瓦。新能源发电技术水平不断提高。我国在新能源发电技术方面已经处于领先地位，风电、太阳能发电等领域的发电技术水平不断提高，发电效率和经济性得到了大幅提升。

我国新型能源产业在政策扶持和市场需求的推动下得到了快速发展，形成了较为完整的新能源产业链和供应链，包括新能源设备制造、新能源发电、新能源存储和新能源输配等领域。随着新能源技术水平的不断提高，新能源在各个领域的应用范围逐渐扩大。例如，新能源汽车的推广应用，太阳能路灯、太阳能热水器在城乡居民生活中的应用等。同时，新能源政策支持力度不断加大。我国政府在新能源发展方面出台了一系列政策措施，包括财政补贴、税收优惠、市场准入等方面，为新能源行业的发展提供了强有力的政策支持。

13.1.3　我国新型能源体系建设面临的挑战

尽管我国在新型能源体系建设方面已经取得了显著的成就，但仍然面临一些挑战，如何保障能源转移安全、确保新型能源平稳并网和调度等问题需要进一步解决。下面列举当前我国新型能源体系建设面临的主要挑战。

1. 平衡能源转型与确保能源安全难度大

当前我国能源安全新旧风险交织，油气资源短板仍然突出，转型过程中能源供应区域性、时段性紧张问题时有发生，能源安全等非传统安全风险日益突出。如何在推动能源转型和确保能源安全之间保持平衡成为突出问题之一。

2. 新型能源并网问题仍然存在

虽然我国在大力开发新型能源，大力推动清洁电力发展，但新型能源特别是绿色电力并网难的问题仍然存在。由于具有分散性、不稳定性和间歇性等特点，新型能源难以输出优质电力，这使得电网调度运行困难，并网难度增大。

3. 绿色能源消纳面临挑战

能源系统要更加快速有效地脱碳，需要在供应侧和需求侧共同转变。在供应侧，风能和太阳能发电厂为电力系统提供了大量清洁电力，但需求侧并未同步发展。同时，一些地区风电、光伏发电规模高速扩大，然而由于消纳能力有限，从而被迫“弃风弃光”。能源供需平衡及新能源消纳利用面临重大挑战。

4. 新型能源开发利用成本高，产业投资有待提升

虽然我国新能源行业发展迅速，但整体技术水平不高，特别是在核心技术和设备方面，相对于传统能源，新能源开发利用成本较高，这使得新能源在市场上的竞争力下降。另外，新能源产业投资大、风险高，使得许多企业对此持观望态度，产业投资强度有待继续提升。

5. 传统管理运行模式不能满足能源体系转型升级的需要

不同区域间的资源禀赋、产业结构、主体行为等差异较大，且技术选择、过渡成本、政策规划等方面存在诸多不确定性，亟须探索能源结构转型的多维实现路径。如何将5G、云计算、大模型等新兴技术引入能源体系的管理工作中成为一个亟待解决的问题。

13.2 新型电力系统

13.2.1 新型电力系统内涵及特征

新型电力系统是推进新型能源体系建设的主要内容（《新型电力系统发展蓝皮书》编写组，2023）。新型电力系统是以确保能源电力安全为基本前提，以满足经济社会高质量发展的电力需求为首要目标，以高比例新能源供给消纳体系建设为主线任务，以源网荷储多向协同、灵活互动为坚强支撑，以坚强、智能、柔性电网为枢纽平台，以技术创新和体制机制创新为基础保障的新时代电力系统，具备安全高效、清洁低碳、柔性灵活、智慧融合四大基本特征（图13.4）。

新型电力系统的建设内核是“源网荷储”的智能化集成（王枫等，2022）。其中，“源”指能源提供的多源性，需要多源互补，风电、光伏与水电、火电、核电打捆互补送出使用。“网”指能源网络多网互通。例如，夜间风电电网消纳不动可以直接驱动地源热，进入热力网；气网的气通过燃气轮机进行冷热电三联供，进入热网与电网。“荷”

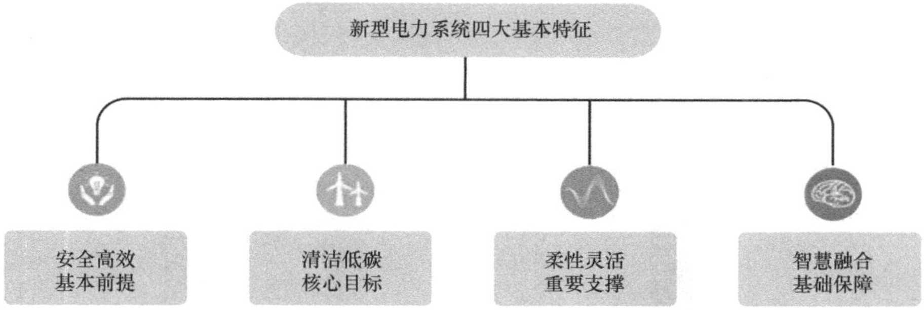

图 13.4　新型电力系统四大基本特征
资料来源：《新型电力系统发展蓝皮书》

指多荷互代，逐渐推动以电代煤、以电代油、以电代气。“储”指储热、储冷、储气、储氢、储电，多储互济。

“源网荷储”四个环节耦合在一起，需要智能化集成，以实现协同规划、精准投资与经济运行。在新型电力系统中，不同类型机组的灵活发电技术、不同时间尺度与规模的灵活储能技术、柔性交直流等新型输电技术广泛应用，支撑高比例新能源接入系统和外送消纳。新型电力系统外延是具有平台与枢纽特征的能源互联网，以新能源为主体的新型电力系统存在海量多源、动态时空波动的大数据，需要基于 5G、移动互联网、物联网、大数据、云计算、人工智能等技术进行支撑，通过构建柔性灵活的智慧调度系统，辅以协同应用多类型储能系统，实现新型电力系统发电和用电的动态延时平衡（图 13.5）。

图 13.5　新型电力系统图景展望
资料来源：《新型电力系统发展蓝皮书》

13.2.2　国内外新型电力系统建设现状

1. 国外新型电力系统建设现状

世界各国正在重新调整能源发展战略，积极促进能源供给来源地的多样化。2010 年至 2020 年，欧盟新能源发电量占比由 7.7%激增至 23.8%（图 13.6），达 9210 亿千瓦时；美国新能源发电量占比由 4.0%增长至 12.4%，达 4977 亿千瓦时；日本新能源发电量占比由 2.6%增长至 12.5%，达 1256 亿千瓦时。

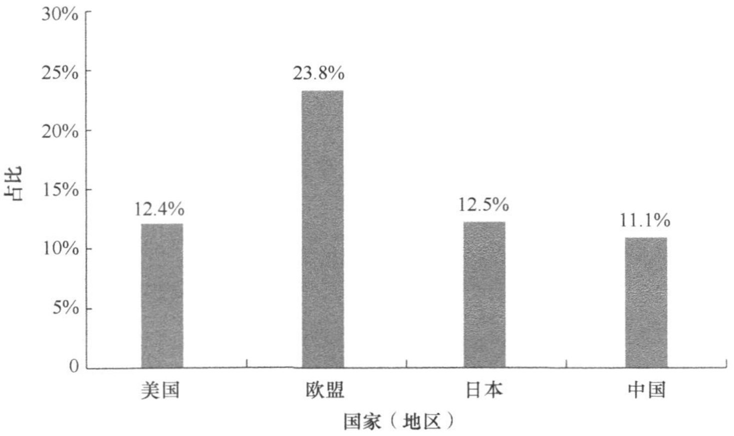

图 13.6　2020 年世界部分主要经济体新能源发电量占比

1）欧盟

欧盟电力基础设施的连通由来已久，早在 20 世纪 50 年代，全球首个 220 千伏的跨国电网将法国、瑞士和德国的电网相连，而后又有多个欧洲国家加入电网互联的进程中，并逐步覆盖欧洲大陆的大部分地区。近年来，欧盟国家大规模开发风能和太阳能等可再生能源，可再生能源电力的波动性使各国电力系统的不稳定性增大，建立统一的电力市场逐渐成为共识。欧盟通过加强跨国电网互联，实现电力资源的共享和优化配置，其中，欧洲互联电网已覆盖 40 多个国家的 6 亿多人口，成为全球最大的跨境电力市场的互联电网。欧盟还提出了 2020 年各成员国跨国输电能力至少占本国装机容量的 10%，2030 年要达到 15%的目标。目前，德国和其邻国电网间的电力交换能力已经达到 25 吉瓦，占其总装机容量的 12%及冬季最高负荷的 30%。

欧盟通过制定可再生能源发展战略和法规，使其可再生能源的发电量比例不断上升（陈伟等，2021）。从 2010 年至 2020 年，欧盟新能源发电量占比由 7.7%激增至 23.8%，达 9210 亿千瓦时。丹麦作为高比例新能源电力系统的“先行者”，已经实现了将近 60%的发电量来自风电和光伏。德国、英国、葡萄牙、西班牙、意大利、希腊都实现了新能源发电量超过 20%。总的来说，欧盟电力系统建设正朝着高比例可再生能源、高灵活性和高可靠性方向发展，为实现欧盟的气候目标和可持续发展做出了积极贡献。

2）美国

为推动电力系统转型，美国政府采取了一系列政策措施。联邦政府和许多州政府都提出了可再生能源目标，要求电力公司使用一定比例的可再生能源电力。政府还提供了一些激励措施，如税收优惠和补贴等，以鼓励电力公司和个人更加积极地采用可再生能源。总的来看，美国电力系统转型包括两方面：一方面是由能源低碳化转型驱动的电源转型，包括扩大新能源发电规模、关停燃煤电厂等；另一方面是由能源转型和现代社会发展共同驱动的电网转型，大力发展智能电网和微电网。

在转型政策的推动下，美国的发电结构发生了显著的变化。表 13.2 展示了美国 2018 年、2019 年和 2020 年煤电、天然气和可再生能源的净发电量。可再生能源的净发电量在逐年增长，这显示出美国的能源结构正朝着更环保、更可持续的方向发展。

表 13.2　2018～2020 年美国发电结构变化

年份	煤电净发电量/太瓦时	天然气净发电量/太瓦时	可再生能源净发电量/太瓦时
2018	2401	3572	2346
2019	2272	3596	2394
2020	2073	3611	2501

2. 我国新型电力系统建设现状

目前我国电力系统发电装机总容量、非化石能源发电装机容量、远距离输电能力、电网规模等指标均稳居世界第一，电力装备制造、规划设计及施工建设、科研与标准化、系统调控运行等方面均建立了较为完备的业态体系，为支持全社会低碳发展奠定了坚实基础。我国新型电力系统建设所取得的成绩主要包括以下方面。

1）电力供应保障能力稳步夯实

截至 2022 年底，我国各类电源总装机规模达 25.6 亿千瓦，西电东送规模达到约 3 亿千瓦，形成了区域间有效互联的电网格局，电力资源优化配置能力稳步提升。2022 年，全社会用电量达到 8.6 万亿千瓦时，总发电量达到 8.7 万亿千瓦时。电力可靠性指标持续保持较高水平，城市电网用户平均供电可靠率约为 99.9%，农村电网供电可靠率达 99.8%。

2）电力绿色低碳转型不断加速

截至 2022 年底，非化石能源装机规模达 12.7 亿千瓦，占总装机的 49%，超过煤电装机规模（11.2 亿千瓦）。2022 年，非化石能源发电量达 3.1 万亿千瓦时，占总发电量的 36%，如图 13.7 所示。其中，风电、光伏发电装机规模 7.6 亿千瓦，占总装机的 30%；风电、光伏发电量 1.2 万亿千瓦时，占总发电量的 14%，分别比 2010 年和 2015 年提升 13 个百分点、10 个百分点。

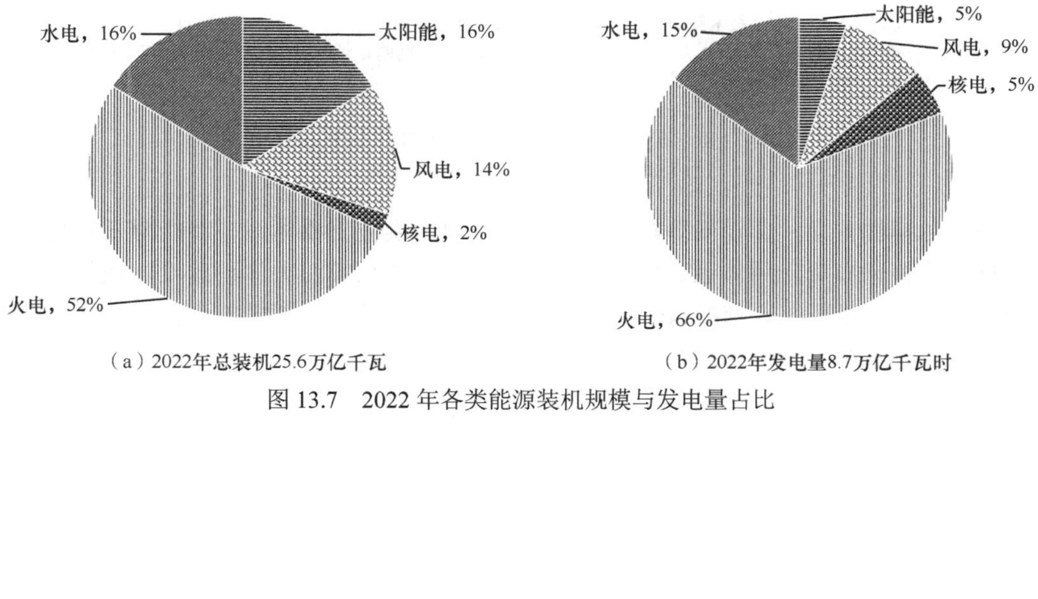

（a）2022年总装机25.6万亿千瓦　（b）2022年发电量8.7万亿千瓦时

图 13.7　2022 年各类能源装机规模与发电量占比

3）电力系统调节能力持续增强

截至 2022 年底，煤电灵活性改造规模累计约 2.57 亿千瓦，抽水蓄能装机规模达到 4579 万千瓦，新型储能累计装机规模达到 870 万千瓦。新能源消纳形势稳定向好，全国风电、光伏发电利用率达到 97%、98%，特别是西北地区风电、光伏发电利用率达到 95%、96%，同比提升 0.8 个百分点、1.0 个百分点。

13.2.3 新型电力系统建设总体框架与重点任务

1. 总体框架

2023 年 6 月，国家能源局组织发布了《新型电力系统发展蓝皮书》，让新型电力系统有了建设的总体框架方向。以 2030 年、2045 年、2060 年为新型电力系统构建战略目标的重要时间节点，制定新型电力系统“三步走”发展路径，有计划、分步骤推进新型电力系统建设，各阶段主体任务如图 13.8 所示。

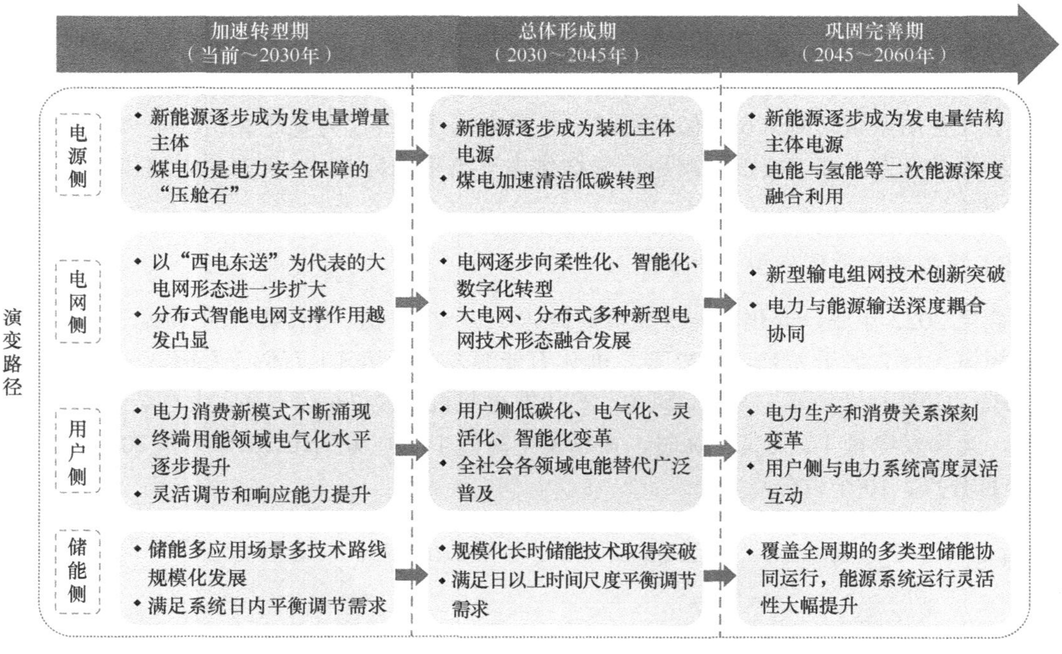

图 13.8 新型电力系统建设“三步走”发展路径

资料来源：《新型电力系统发展蓝皮书》

在总体架构方面，建设新型电力系统要加强电力供应支撑体系、新能源开发利用体系、储能规模化布局应用体系、电力系统智慧化运行体系等四大体系建设，强化适应新型电力系统的标准规范、核心技术与重大装备、相关政策与体制机制创新的三维基础支撑作用（谭忠富和李云峰，2021）。

2. 重点任务

1）新型电力系统要突破生产消费的物理界限

以新能源为主体的新型电力系统下，能源生产和消费界限需要打破，各种能源业务领域的界限需要弱化，传统的单一能源供应模式需要转向多能源协同供应模式，这样才可以提高综合用能效率。

2）新型电力系统需要各类新基建与新能源开发消纳技术的集成

技术需要融入新型电力系统基础建设“源网荷储”中，如智能发电环节（源）涉及的高比例新能源智能灵活、友好并网、高效环保技术；智能电网环节（网）涉及的高弹性电网技术，交直流远距离输电、区域互联、主网与微网互动技术；智能用电环节（荷）涉及的高度电气化技术、负荷多元互动技术等。储能环节（储）涉及的抽水蓄能、压缩空气储能、储氢、储热等跨季节长时间尺度储能等技术。

3）完善区域电网主网架结构，推动电网之间柔性可控互联

提高风电和光伏发电功率预测水平，完善并网标准体系，建设系统友好型新能源场站。全面实施煤电机组灵活性改造，加快推进抽水蓄能电站建设，推动气电、太阳能热发电与风电、光伏发电等融合发展、联合运行。

4）优化电源侧多能互补调度运行方式，充分挖掘电源调峰潜力

优化布局电网侧储能，发挥储能消纳新能源、削峰填谷、增强电网稳定性和应急供电等多重作用。拓宽储能应用场景，推动电化学储能、梯级电站储能、压缩空气储能、飞轮储能等技术多元化应用，探索储能聚合利用、共享利用等新模式新业态，大力提升电力负荷弹性。

13.3　新型能源体系建设与经济发展

13.3.1　新型能源体系建设与碳减排

新型能源体系建设可以促进新能源发展，进而降低对传统化石燃料的依赖程度，降低污染物排放和全球气候变化的影响，同时也是我国实现生态文明建设的重要支柱和推动社会发展绿色转型的必然举措。

我国能源转型在碳减排方面取得了显著的成就。能源绿色发展对碳排放强度下降起到了重要作用，2019 年碳排放强度比 2005 年下降 48.1%，完成了 2020 年碳排放强度比 2005 年下降 40%～45%的目标，扭转了碳排放快速增长的局面。根据国家发展改革委发布的数据，2021 年我国单位 GDP 能耗下降了 26.4%，单位 GDP 碳排放下降了 34.4%，主要资源产出率提高了约 58%，废气中主要污染物排放量在 2016～2021 年逐年下降。

另外，能源转型也带来了空气质量的改善。对煤炭等传统能源的使用逐渐减少，对清洁能源的使用不断增加，使得大气中的颗粒物、氮氧化物、二氧化硫等污染物排放量

显著下降（图 13.9）。空气质量明显改善，特别是在城市和工业区等污染物排放较为集中的地区。根据中国环境监测总站的数据，2021 年我国地级及以上城市空气优良天数比率达到了 87.5%，比 2012 年提高了 11.7 个百分点，这表明我国在改善空气质量方面已经取得了显著的进展。

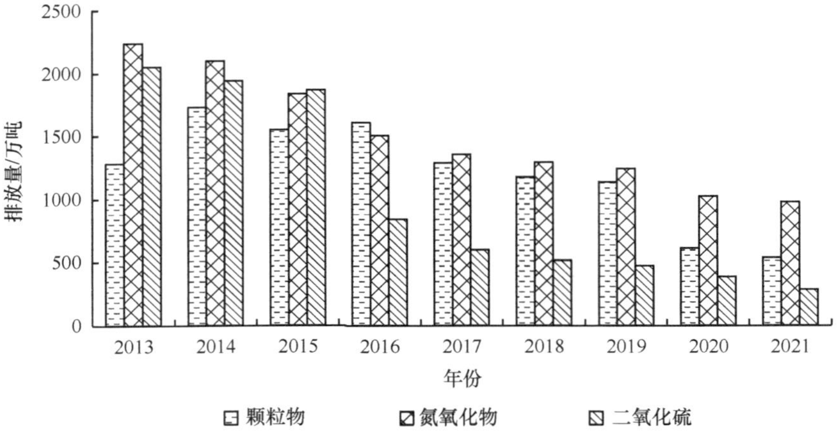

图 13.9　2013～2021 年废气中主要污染物排放量

总体上，我国能源转型已显著减少污染物排放和改善空气质量，对于促进我国可持续发展和应对环境问题具有重要意义。

13.3.2　新型能源体系建设与低碳经济发展

在“双碳”和经济高质量发展等多重目标推动下，必须正确处理好控碳降碳与能源安全、经济发展等多方间的协调关系，要以绿色低碳为引领，聚焦传统能源“三化”（低碳化、互补化、智慧化）转型，共筑清洁、高效、安全、互补的新型能源体系。明晰传统能源产业变革，关键在于正确认知传统化石能源与新能源的优缺点，把握“变”与“不变”的关系。明晰煤炭在能源结构中的“压舱石”作用不会变、传统能源消费仍将稳步增长的趋势不会变、传统能源保障经济安全的地位不会变，能源结构由“一煤独大”向“多能互补”转变。

1. 传统能源产业聚焦“三化”改革，保障经济稳步增长

1）高碳能源低碳化

抓住低碳转型契机，在煤炭增量受限情况下，推动煤炭由分散利用向集中利用、由燃料利用向原料利用、由一次利用向二次利用转变，积极探索煤炭转化与可再生能源相结合、CCUS 等耦合利用的新模式，投资于煤电机组节能降碳改造，加快构建低碳循环、清洁高效的煤基综合利用产业体系。促进传统能源之煤炭产业向科技型深水区发展。通过技术改革将生物化工技术与石油产业链结合，处理城市与农村废弃物的同时，减少对高碳石油燃料的使用，从而在减少石油产业碳排放的同时节省成本；通过对膜反应机、超重力反应机、微反应机等设备进行技术改造，采用等离子体技术、分子辨识分离技术、

膜分离技术工艺提高过程反应速率，实现石油化工产业过程降碳；大数据中心液冷材料电子化学品合成配方升级，提高算力的同时降低大数据中心用电量，挖掘高耗能石化产品替代方案，与计算机产业合作实现双向减碳。

2）清洁能源互补化

传统能源多为固体、液体、气体，相比就地发电后以电能进行运输的清洁能源，具有较强的可运输性、可保存性、可调控性。与物流行业深度合作，定制物流运输方案，在清洁能源难以覆盖到的城市、农村及行业具有较高的使用价值。清洁能源在使用时与气候、温度、季节等有强关联性，与人类使用电力“夏冬双高”的特征匹配性较低，因此需要传统能源相配合，以进行调节，从而联合管理发电量，降低“弃风弃光”率，提高价值投资回报率。通过耦合设计，将天然气、瓦斯或沼气等以 CH_4 为主的气体作为燃料，结合城市供暖行业，使用燃气冷热电三联供系统作为冬季地源热泵的补充，在将地源水与低温烟气进一步换热后，85℃烟气降至 25℃，实现了烟气消白及深度余热回收，热泵系统效率提高 3%～5%。

3）综合能源智慧化

综合智慧能源是以电力系统为核心与纽带，多类型能源网络和交通运输网络高度整合，能源生产、传输、储存、消费与互联网多产业高度融合的能源产业发展新模式，是具有“横向多能源互补，纵向源网荷储协调”和能量流与信息流双向流动特性的新型能源供应体系。依托大数据系统和信息化能力，打造能源数字经济平台，构建综合能源供应体系，结合清洁能源与传统能源，促进各级运营在线监控与辅助决策、产业与生态协同发展（图 13.10）。例如，华东电力大学综合能源供热系统项目针对高校用能季节波动性大、晚上用热相对集中的特点，实现了对设备运行状态、天气变化、用水情况、水温等条件的实时跟踪监测及对未来用水需求、太阳能集热器产水量、校园附近电厂各热源设备出力的预测，使能源投入、产出、排放等信息可见、可管、可量化，节约校园用热成本的同时为系统日常运行、维护、保养以及升级提供了更专业的判断。

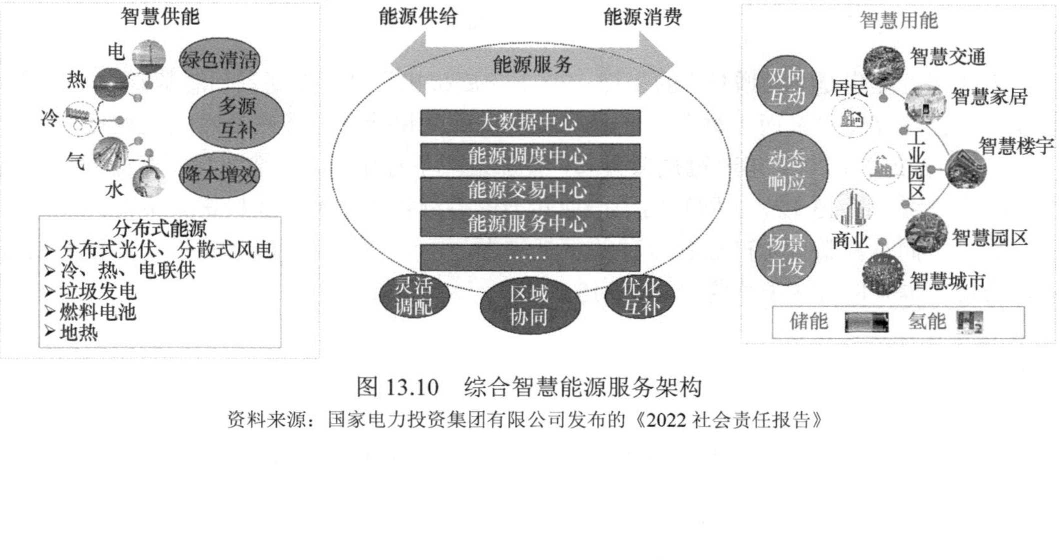

图 13.10　综合智慧能源服务架构

资料来源：国家电力投资集团有限公司发布的《2022 社会责任报告》

2. 新能源行业兼顾“调结构”和“稳增长”作用

从宏观视角来看，传统化石能源向新能源转变主要体现在两方面。一是能源集中度的转变，代表工业经济潜力的变化。全球化石能源产量主要集中在美国、俄罗斯、中国、澳大利亚和印度等国家，而新能源产量主要集中于中国和美国，且中国具有绝对领先地位。由传统能源转向新能源代表着中国工业潜力的提升。二是能源贸易方式的转变，代表贸易优势地位的变化。传统能源以原料贸易为主，利润集中在资源密集型行业和资源国；而新能源虽然以硅、镍原料贸易为主，但更重要的是电池、电机设备等高技术产成品的贸易，利润集中在技术密集型行业和生产国。由传统能源转向新能源，代表着中国国际贸易优势增大和贸易利润提升。

新能源行业是“调结构”的旗手。2012 年中央经济工作会议提出“加快调整产业结构，提高产业整体素质”[①]，其中新能源行业得到大量政策支持，推动我国能源体系发生巨大的转变，初次能源的消费结构中新能源的占比快速提升（图 13.11）。

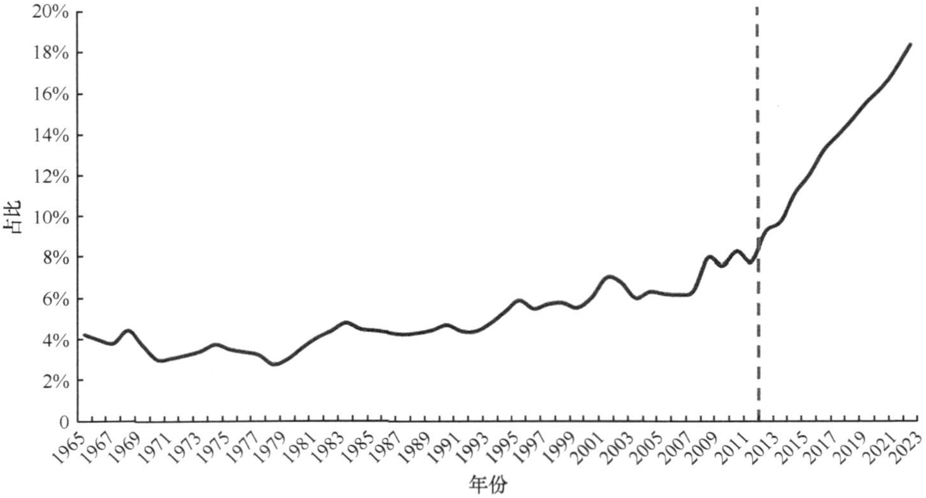

图 13.11 新能源在初次能源的消费结构中的占比

资料来源：bp 集团，国泰君安证券

新能源行业也是“稳增长”的先锋。2021 年底提出了“适度超前”的基础设施建设，基建发力程度整体“拖而不举”，地产与基建投资之和基本维持在 2%～3%的低增速区间（王威，2023）。2022 年新冠疫情再起，叠加地产下行压力，制造业投资开始发挥“稳增长”的作用（图 13.12）。同时由于产业转型的持续推进，制造业投资集中在高技术产业上发力，而从高新技术产业各分项的贡献来看，电力设备和新能源是推动高技术制造业投资增速提升的最主要力量（图 13.13）。

① 《中央经济工作会议举行 习近平温家宝李克强讲话》，https://www.gov.cn/ldhd/2012-12/16/content_2291602.htm，2012-12-16。

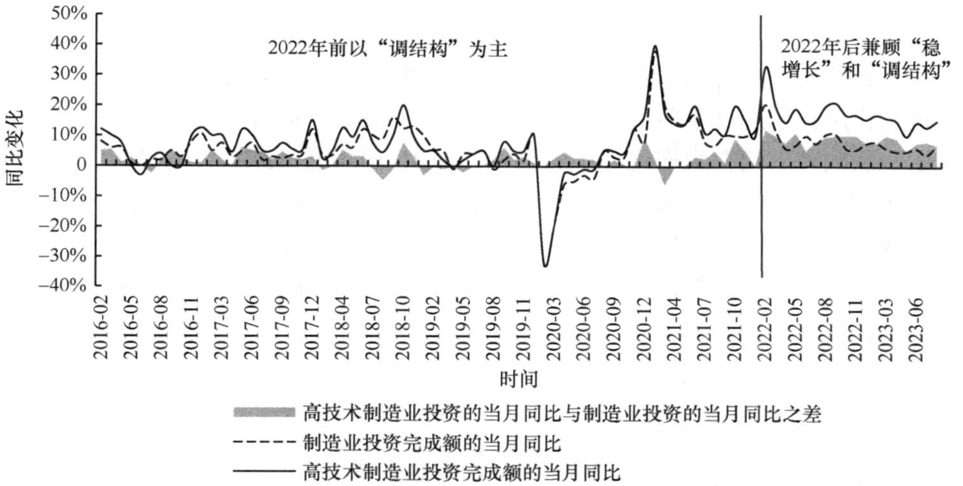

图 13.12 高技术制造业投资及完成额（当月同比）

资料来源：Wind，国泰君安证券

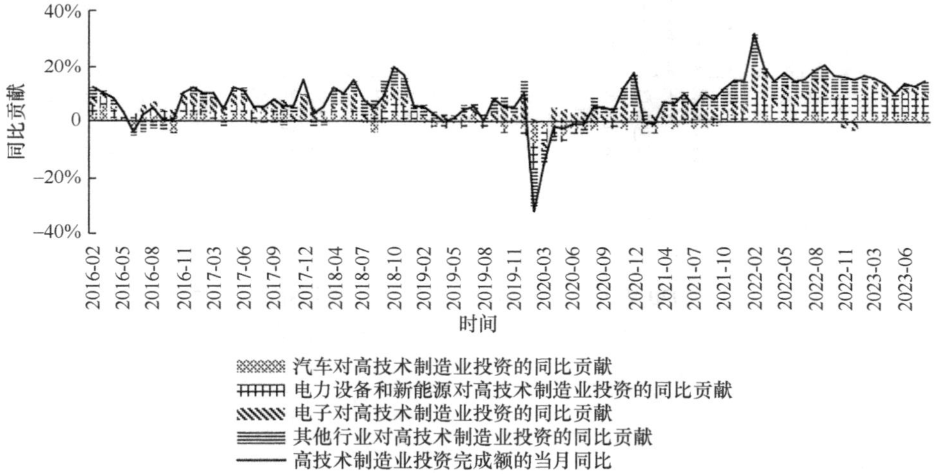

图 13.13 各行业对高技术制造业投资的同比贡献

资料来源：Wind，国泰君安证券

3. 新能源行业带动全产业链蓬勃发展

1）宏观视角看行业：出口是关键

从 2020 年生产诱发系数①来看，出口对电力设备和新能源行业的产出影响最大。从生产诱发系数指标看，1 单位最终消费、1 单位资本形成、1 单位出口分别诱发 0.02、0.07 和 0.13 单位的电力设备和新能源产品生产，1 单位总产出则诱发 0.06 单位的电力设备和新能源产品生产。出口占电气设备及新能源产品最终需求的 70%，也证明了出口对当前新能源行业的重要性。

① 生产诱发系数计算了 1 单位某项最终需求所直接或间接消耗的某类产品总量，换言之，表示某项最终需求每提升 1 单位所诱发的某类产品产量。

2）行业视角看宏观：贡献在拉动

影响力系数代表某部门增加 1 单位最终产出需要全行业增加的初始投入，反映对总需求的拉动作用；感应度系数代表某部门 1 单位产品的作为中间品的消耗能推动经济产出的增量，反映该部门在生产过程中的地位。图 13.14 和图 13.15 分别呈现了 2020 年各行业的影响力系数和感应度系数。可见，新能源行业对宏观经济有较强拉动力。1 单位电力设备和新能源产品的产出能拉动各行业增加共 1.27 单位的投入，在所有行业中排名第三；而 1 单位电力设备和新能源产品的投入能拉动经济整体增加 0.85 单位产出。新能

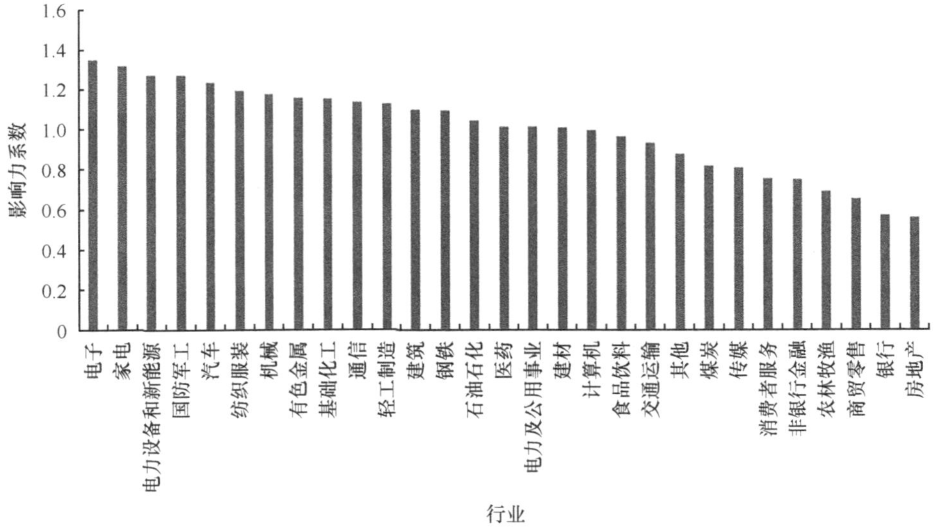

图 13.14　2020 年各行业的影响力系数（对需求端的拉动作用）

资料来源：2020 年投入产出表，国泰君安证券

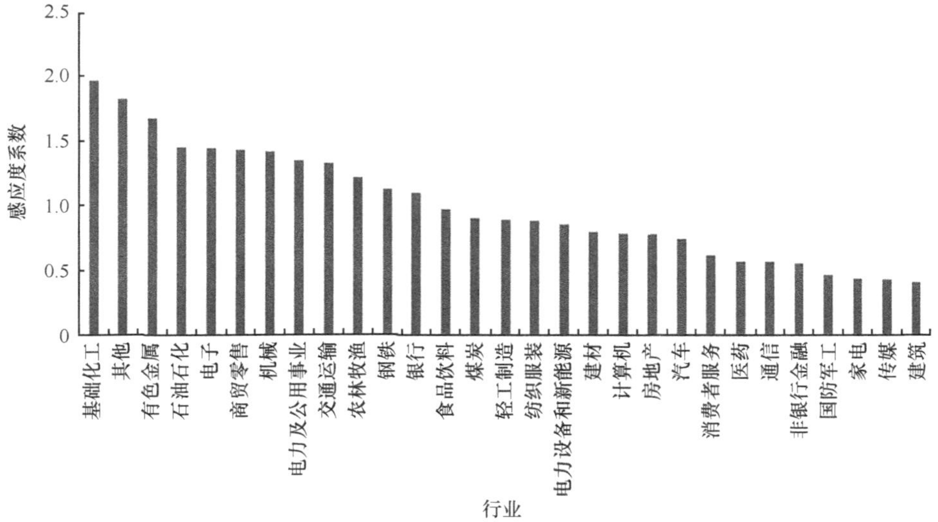

图 13.15　2020 年各行业的感应度系数（对供给端的支持能力）

资料来源：2020 年投入产出表，国泰君安证券

源行业发展对各行业总体需求的拉动能力较强。但由于目前新能源行业体量较小，对经济的拉动作用有限。利用影响力系数与行业总投入量的乘积计算 2020 年各行业对经济的整体拉动能力（图 13.16）。可见，尽管建筑、机械的拉动能力弱于电力设备和新能源，但二者总投入体量较大，对经济的整体拉动能力远高于电力设备和新能源。这意味着，在产业结构转型背景下，若新能源行业体量提升，可以替代部分建筑行业（地产与基建）对经济的支持作用。

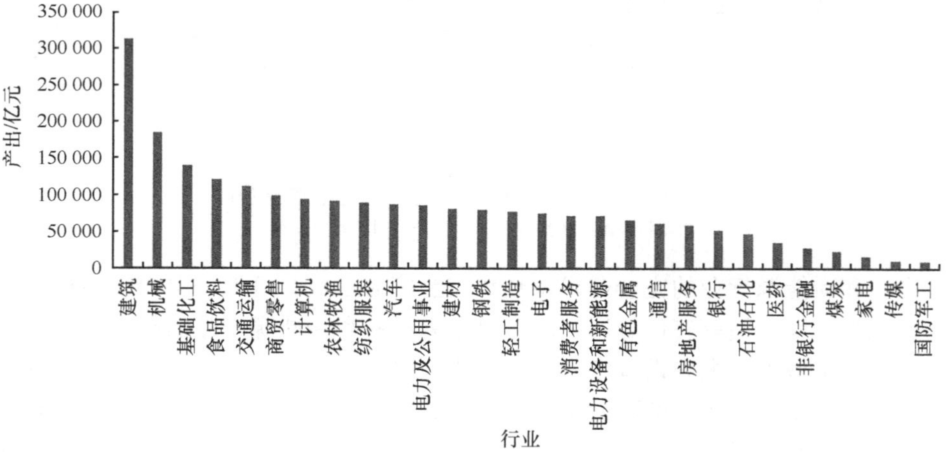

图 13.16　2020 年各行业对经济的整体拉动能力

资料来源：2020 年投入产出表，国泰君安证券

3）行业之间的联系：依赖与推动

新能源行业的完全需求系数是指 1 单位新能源产品的最终需求需要消耗的其他行业的产量，反映新能源行业对其他行业的依赖程度。完全需求系数显示新能源行业的生产主要依赖有色金属，意味着对有色需求端的拉动作用较大。图 13.17 和图 13.18 分别呈现

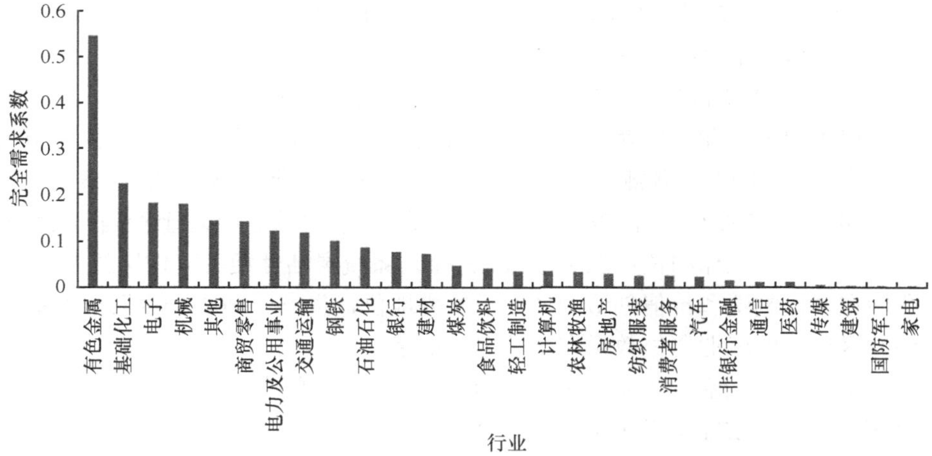

图 13.17　电力设备和新能源行业的完全需求系数

资料来源：2020 年投入产出表，国泰君安证券

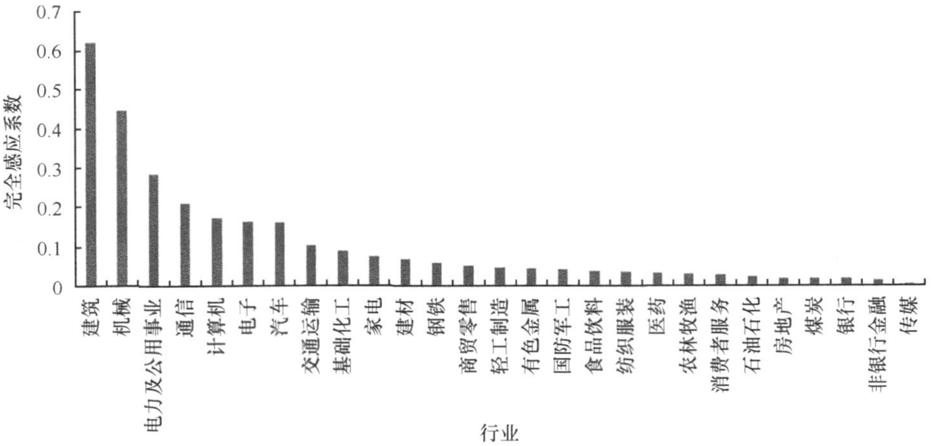

图 13.18 电力设备和新能源行业的完全感应系数

资料来源：2020 年投入产出表，国泰君安证券

了电力设备和新能源行业的完全需求系数和完全感应系数。可见，电力设备和新能源行业主要依赖锂、镍、钴等有色金属，即单位电力设备和新能源产品的最终需求拉动有色金属行业的产量最大。电力设备和新能源行业的完全感应系数表示 1 单位电力设备和新能源行业的初始投入所带来的其他部门生产增加量，反映电力设备和新能源行业对其他行业生产的直接和间接推动效应。完全感应系数显示电力设备和新能源行业对建筑、机械和电力及公用事业的影响较大，意味着电力设备和新能源行业对这些行业的供给端推动作用较大。

13.3.3 新型能源体系建设与就业保障

新型能源体系的发展需要大量的投资和技术支持，这会增加能源领域的就业机会，提高社会的综合经济效益。向以可再生能源为基础的经济转型不仅能减少排放和应对气候变化，而且已经在全球范围内创造了超过 1270 万个工作岗位，图 13.19 反映了 2012～2019 年全球与可再生能源产业相关的技术岗位逐年增长。

2021 年，越来越多的国家正在可再生能源领域创造就业机会，约三分之二的就业岗位在亚洲。仅中国的就业岗位就占全球总量的 42%，其次是欧盟和巴西，各占 10%，美国和印度各占 7%。IRENA 预测，与目前的能源系统相比，到 2050 年能源系统转型可以刺激全球 GDP 累计增加 98 万亿美元。可再生能源相关工作岗位将增至约四倍，达到 4200 万个，能源效率相关工作岗位增加到 2100 万个，系统灵活性相关工作岗位增加到 1500 万个。我国在本地制造和价值创造领域处于领先地位，生产了 80%的太阳能产品，并使整个亚洲地区创造的就业岗位数量在全球名列前茅。

许多国家和地区已经出台的一系列政策前景看好。在美国，《2022 年通胀削减法案》将创造近 500 万个清洁能源工作岗位。2022 年欧盟太阳能产业的就业率增长 30%，新增约 60 万个工作岗位，要实现欧盟可再生能源（REPowerEU）计划的目标，在 2022 年至 2030 年将需要约 350 万个工作岗位。印度对太阳能光伏电池和组件征收实施一系列激励措

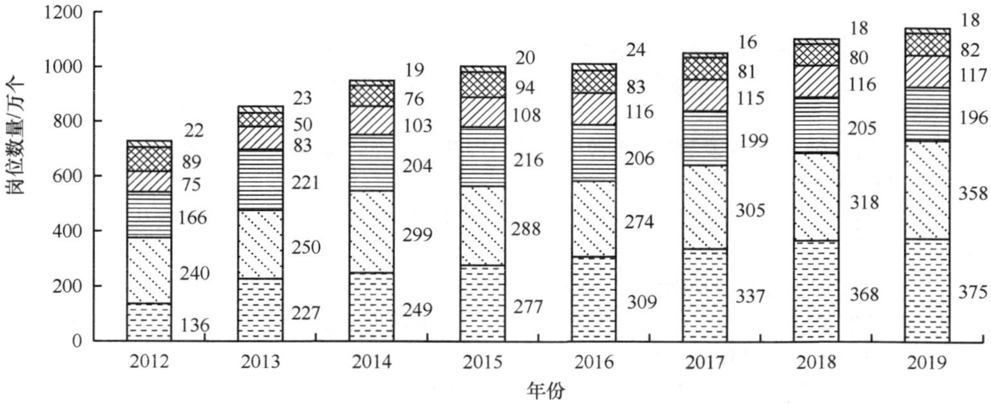

图 13.19 2012～2019 年全球与可再生能源产业相关的技术岗位变化情况

施，推动国内生产，这一举措预计到 2030 年将在风能和并网太阳能发电领域创造高达 340 多万个就业岗位。

新型能源体系强调了能源产业链的相互协同，我国能源产业链加速完善，构建新型能源体系势必会在相关产业链上下游促成多个千亿、万亿级别的新兴产业，将会产生几千万个新的就业岗位。2021 年，我国新能源行业就业人数达到了 240 万人，其中太阳能和风能是两个最大的领域，分别占 31%和 40%。在太阳能领域，随着光伏产业的快速发展，从硅料、硅片、电池到组件各个环节，都需要大量的人才。同时，太阳能电站的运营和维护，也需要专业的技能人才。在风能领域，从风力发电机组的设计、制造、安装到运行维护，也需要大量的专业人才。此外，随着新能源汽车的普及和充电基础设施的建设，新能源汽车相关产业的人才需求也在不断增加。

习题：

1. 什么是新型能源体系？什么是新型电力系统？两者的关系是什么？
2. 我国新型能源体系建设主要面临哪些挑战？
3. 我国新型电力系统建设的重点任务是什么？
4. 在新型能源体系建设过程中，新能源产业扩大，传统能源产业缩减，如何应对传统能源产业缩减带来的经济和就业问题？

本章参考文献

陈伟，郭楷模，岳芳，等. 2021. 世界主要经济体能源战略布局与能源科技改革[J]. 中国科学院院刊, 36(1): 115-117.
冯玉军. 2023. 国际能源大变局下的中国能源安全[J]. 国际经济评论, (1): 38-52, 4-5.
郝宇，张宗勇，廖华. 2016. 中国能源“新常态”：“十三五”及 2030 年能源经济展望[J]. 北京理工大学学报(社会科学版), 18(2): 1-7.
李苍舒. 2023-07-11. 加快建设现代能源体系[N]. 经济参考报, (8).
李岚春，岳芳，陈伟. 2023. 国家安全视域下新型能源体系的内涵特征与构建路径[J]. 智库理论与实践,

8(3): 180-191.
刘华军, 乔列成, 郭立祥. 2022. 减污降碳协同推进与中国 3E 绩效[J]. 财经研究, 48(9): 4-17, 78.
谭忠富, 李云峰. 2021. 碳中和目标下以新能源为主体的新型电力系统体系构建[J]. 中国电力企业管理, (34): 52-53.
王枫, 周斌, 张辉. 2022. "双碳"背景下源网荷储协调互动助力新型电力系统建设[J]. 中国资源综合利用, 40(5): 188-191, 201.
王谋, 潘家华, 陈迎. 2010. 《美国清洁能源与安全法案》的影响及意义[J]. 气候变化研究进展, 6(4): 307-312.
王威. 2023. 适度超前开展新型基础设施建设的重点方向和关键路径[J]. 新经济导刊, (6): 52-57.
《新型电力系统发展蓝皮书》编写组. 2023. 新型电力系统发展蓝皮书[R/OL]. https://www.nea.gov.cn/download/xxdlxtfzlpsgk.pdf[2023-06-02].
中华人民共和国国家发展和改革委员会. 2022. 国家发展改革委新闻发布会 介绍生态文明建设有关工作情况[EB/OL]. https://www.ndrc.gov.cn/xwdt/wszb/stwmjsyggzqk/[2022-09-21].
中华人民共和国国务院新闻办公室. 2020.《新时代的中国能源发展》白皮书[R/OL]. https://www.gov.cn/zhengce/2020-12/21/content_5571916.htm?eqid=933b44c70007d00700000006645e2cce[2020-12-21].
周宏春. 2022. 新型能源体系建设须以降碳减污扩绿增长为导向[J]. 中华环境, (11): 17-21.
European Commission. 2019. European green deal[EB/OL]. eur-lex.europa.eu/EN/legal-content/summary/european-green-deal.html[2019-11-12].
IRENA. 2020. Global renewables outlook: energy transformation 2050[R/OL]. https://www.irena.org/publications/2020/Apr/Global-Renewables-Outlook-2020[2023-09-30].

第四篇

低碳经济行业实践

低碳产业的兴起和发展是人类产业发展模式高级化的自觉选择，也是应对资源环境挑战的必然选择。低碳产业是一个全新的概念，其内涵在不断丰富和延伸，正在引导人类产业的发展。狭义地说，低碳产业指提供以减少CO_2排放为目标的产品和服务的行业；广义地说，低碳产业指有助于节能减排的所有行业类别，包括提供节能技术服务间接减少CO_2排放的行业、处理已经产生CO_2的行业以及服务于碳排放权交易市场的所有行业。低碳产业与传统产业最大的区别在于其低排放特性，低碳产业能够大幅降低CO_2排放并实现可持续发展。随着人类认识的不断深入，发展低碳产业会形成更加科学合理的路径。本篇基于国际上形成的基本低碳产业分类框架，将低碳产业分成农业、工业、建筑、交通和服务业，对各个行业的内涵和特征、碳排放来源与核算、低碳化的实施路径以及目前国内外针对行业低碳化所实行的政策措施等进行详细介绍。

本章要点

1. 明晰农业碳排放主要来源。
2. 掌握农业碳排放核算方法。
3. 熟悉农业低碳发展的实施路径。

第 14 章　低 碳 农 业

农业减排是我国“双碳”的重要组成部分，也是实现农业高质量发展、农业绿色低碳转型以及建设农业强国的必然要求。2022 年 12 月联合国粮食及农业组织（Food and Agriculture Organization of the United Nations，FAO）在《2022 年世界粮食及农业统计年鉴》中称，2020 年全球人为温室气体排放量中 31%来自农粮系统。2020 年我国农业温室气体排放高达 7.89 亿吨 CO_2 当量，占全国碳排放的 8%左右。农业温室气体的不断增加不仅会影响农业部门的生产活动，更会破坏生态环境的良性循环。在“双碳”目标下，农业系统需要通过低碳转型，实现“低投入-高产出-低排放”的发展范式，推动农业的可持续发展。

14.1　低碳农业概述

14.1.1　低碳农业的内涵

低碳农业作为低碳经济的重要组成部分，是一种环保、节能和可持续的农业生产方式，旨在通过产业结构调整、低碳技术创新、可再生能源利用等手段，减少农业产业链环节的温室气体排放，在确保食品供给及粮食安全前提下，实现高能效、低能耗和低碳排放的农业发展模式。因此，低碳农业的发展，要求在减排固碳的同时，还要做到保护和改善农业生态环境，降低自然资源消耗和污染程度，确保农业生态效益、经济效益和社会效益有机统一。

发展低碳农业不仅能够优化农业能源结构，更能有效助力实现“双碳”目标。一方面，低碳农业的发展可以减轻农业污染，加快农业产业升级转型。例如，水稻种植、化肥施用、动物肠道发酵等农业生产活动都会产生大量的温室气体，而低碳农业能够以减污降碳协同增效为抓手，促进农业发展方式从密集型和集约型向生态化和低碳化转变。另一方面，低碳农业的推广可以提升农业碳汇减排固碳的潜力，缓解节能减排压力。例如，废物处理资源化能够有效消化农业废弃物，减少不当处理造成的碳排放；农村发展清洁能源还可以减少对森林的砍伐，增加森林碳汇等。因此，构建“控源优先、减耗为主、增汇为辅、循环利用”的低碳农业体系，不仅能够提升农业资源利用率，增强土壤固碳减排能力，更能促进农业向低碳化、可持续方向发展。

14.1.2 低碳农业的特征

低碳农业是一种农业生产和管理方式，旨在减少温室气体的排放，降低农业对气候变化的影响，以及提高农业系统的生态和环境可持续性。低碳农业的目标是在确保食品安全的前提下，最大程度地减少农业活动的碳排放，同时提高土壤质量、加强水资源管理和提高生物多样性。低碳农业的特征包括以下几个。

1. 高效节约性

低碳农业的高效节约性特征体现在通过使用低碳技术提升资源的利用效率、减少温室气体排放、降低成本以及实现农作物丰产增效等方面。一方面低碳农业通过科学管理和精细化操作，实现了农业资源的高效利用。通过合理施肥、准确灌溉以及优化耕作等措施，最大程度地减少了水、肥料和能源的浪费，提高了农田资源的利用效率。另一方面低碳农业采用绿色种植技术，提高土壤的有机质含量，提高了土壤质量和农作物产量，实现增产与减排协同，提高农业生态效益和经济效益。

2. 安全环保性

低碳农业的安全环保性体现在减少化学农药和化肥的使用、保护生态多样性、提高土壤质量以及减少温室气体排放等多个方面。减轻对化学农药和化肥的依赖，有助于降低化学农药残留在农产品中的风险，保障农产品的食品安全；低碳农业注重对生态系统的保护和恢复，通过生态农田轮作、保护湿地和森林等措施，维护农田的生态多样性的同时也能提高土壤的肥力，促进土壤的健康和可持续利用；通过减少 CH_4 和 NO_x 等温室气体的排放，减小农业对气候变化的负面影响。

3. 资源循环性

低碳农业的资源循环性主要体现在农作物秸秆利用、有机肥料应用以及农业废弃物处理等多个方面，最大程度实现农业生产过程中资源和废弃物的循环利用。农作物秸秆利用不仅可以还田增肥或生产生物质，还能将废弃物转化为资源，实现农田养分的回收和再利用；有机肥料应用不仅能够提供植物所需的养分，还能够促进土壤有机质的积累，实现养分的循环利用；农业废弃物处理是指对农业废弃物进行有效处理，如厌氧发酵产生沼气，或者制作有机堆肥，将废弃物转化为能源或肥料，实现资源的循环利用。

4. 系统协调性

低碳农业的系统协调性主要体现在综合资源管理、生态系统建设以及多方参与和政策支持等多个方面。综合资源管理意味着注重整合农田的各种资源，以最优方式配置和利用资源，实现农业生产的协调发展。低碳农业倡导建立循环的农业生态系统，实现农田和生态的协调共生，其实施需要政府、农民、科研机构等形成合力，共同推动低碳农业的发展，实现农业系统的协调性。通过这些协调性举措，低碳农业可以实现农业生产、生态保护和社会发展的有机统一。

低碳农业通过可持续的资源利用、环境友好的农业实践以及气候适应性的策略，致力于减小对气候变化的负面影响，与传统农业在能源、化肥和水资源使用等方面存在显著区别。主要特征比较概括如表 14.1 所示。

表 14.1　低碳农业和传统农业的特征比较

比较角度	低碳农业	传统农业
生产模式	采用可持续的农业模式，强调自然生态系统与农业生产的协同作用。它倡导有机农业和生态农业，鼓励采取多样性种植、轮作轮休等方法，减轻对化学品和农药的依赖	通常采用大规模机械化生产和化学农业模式。它依赖化肥、农药和高耗能机械来提高产量，较少考虑对生态系统的保护
生产投入	更注重土壤和生态系统的健康，采取施有机肥料和自然控制害虫的方法。它通常需要更多的人工劳动，减轻对化石燃料的依赖	依赖大规模机械设备和化学品，如化肥和农药。它通常大量使用化肥、农药和水资源，并依赖化石燃料驱动的机械设备
产品质量	追求生产更加天然、无化学残留物的食品。它不仅注重食品的味道、营养价值和有机认证，同时更注重土壤和生态系统的健康，可以产出更高品质的农产品	产品质量可能受到化学农药和化肥的影响，生产的食品可能含有农药残留和化学物质，质量参差不齐
行业特征	强调可持续性和生态友好性，注重生态系统保护。市场定位可能更偏向于有环保意识、会购买有机食品的消费者，可能需要更多的人力投入和专业知识	通常以大规模产量为导向，追求产量和经济效益。它可能在一些农业产业链上依赖大型农业公司和化学企业，具有较强的机械化和工业化特征，通常依赖农业科技进步

14.2　农业碳排放来源与核算

14.2.1　农业碳排放来源分析

WRI 和世界可持续发展工商理事会（World Business Council for Sustainable Development，WBCSD）将农场生产活动的温室气体排放源分为机械类和非机械类。机械类排放主要来源于机械设备运转所需的燃料燃烧和电力消耗等，如播种机和收割机等。非机械类排放是指复杂生物反应过程产生的温室气体排放，如动物肠道发酵、肥料硝化反应和秸秆燃烧等。如表 14.2 所示，农业排放源主要包括机械类能源消耗排放和非机械类生物反应过程排放产生的 CO_2、N_2O 以及 CH_4。其中种植业的土壤会产生固碳作用，其碳排放量以负数计算，即减少农业碳排放。

表 14.2　农业温室气体排放源范围

核算边界	温室气体排放源			温室气体种类
	排放源类型		排放源举例	
机械类：能源消耗排放	燃料燃烧排放	移动燃烧源	生产过程中的机械设备	CO_2
		固定燃烧源	用于发电和供热的设备	CO_2
	电/热设备使用排放	外部购入电力、热力	播种、收割等用电、热的设备	CO_2
非机械类：生物反应过程排放	种植业	生产过程排放源	化肥施用	N_2O
			有机土壤排水	CH_4
		废物处理过程排放源	秸秆还田	N_2O
			秸秆焚烧	CH_4、N_2O、CO_2
		土地固碳碳汇	农田土壤碳库	CO_2

续表

核算边界	温室气体排放源			温室气体种类
	排放源类型		排放源举例	
非机械类：生物反应过程排放	养殖业	生产过程排放源	动物肠道发酵	CH_4
		废物处理过程排放源	粪便管理	CH_4、N_2O

1. 能源消耗排放

农场能源消耗产生碳排放主要是因为现代化农场的运作需要使用机械设备进行播种、收割等农业活动，需要燃烧大量的化石能源，如煤炭、柴油等，来为农场上运行的机械设备提供动力，燃烧的过程会产生大量的温室气体。此外农场的运营还需要使用电力，也会产生温室气体。

2. 生物反应过程排放

在过程排放中，种植业碳排放主要来源于生产过程排放源、废物处理过程排放源以及土地固碳碳汇。例如，化肥施用通过微生物的硝化和反硝化过程自动产生 N_2O，人为向土壤输入化学肥料增加了可用于硝化和反硝化的氮量，从而最终增加 N_2O 的排放量。有机土壤排水有助于改善作物的生长条件，是农业种植常用的手段。当有机土壤排水后，土壤中的厌氧条件被改变，有机土壤中存储的碳会被分解并释放。在不排水的情况下，厌氧条件可以帮助土壤固存更多的碳。废物处理过程排放源中，秸秆还田是指把不宜直接作饲料的秸秆（麦秸、玉米秸和水稻秸秆等）直接或堆积腐熟后施入土壤中的一种方法。丰收后焚烧农作物秸秆（消灭秸秆上的害虫卵），不仅会产生大量温室气体，更会造成很多农村地区的大气污染。农田土壤碳库是土壤有机质、微生物活动和根系生长共同作用的结果，利用保护性耕作、结合覆盖、轮作、农药病虫害防治等措施，可以减少碳库损失、增加碳输入以实现土壤固碳。

养殖业的碳排放主要来源于生产过程排放源和废物处理过程排放源。例如，动物肠道发酵产生的碳排放是指碳水化合物在食草动物的消化道中进行细菌分解，并向外排放 CH_4 的过程。动物肠道发酵的 CH_4 排放量主要受到动物数量、消化系统类型、采食饲料的种类和数量的影响。其中，反刍动物（如家牛、水牛和绵羊）是主要排放源，但部分非反刍动物（如猪和马）也会释放一定的 CH_4。动物粪肥在储存和处理过程中的 N_2O 排放量取决于粪肥中氮及碳的含量、储存时间和处理方式。牲畜粪肥的主要成分是有机物，当有机物在厌氧环境降解时会产生 CH_4 或 N_2O，当奶牛场、猪场和鸡场等规模化饲养动物时，会将粪便储存到储粪池，这种粪便的堆积会产生大量温室气体。

14.2.2 农业碳排放核算方法

农业碳足迹的核算通常需要先确定农业系统的边界，即界定农业生产从投入到产出全过程中直接或间接产生碳排放的活动，再利用碳排放因子法核算农业生命周期中的碳排放。因此，本部分根据表 14.2 所示的农业温室气体排放源，运用碳排放因子法，从能源消耗排放以及过程排放两个角度核算农业碳排放。

当采用碳排放因子法核算农业碳排放数据时，选择合适的温室气体排放因子十分重要。在获取温室气体排放因子时，应考虑来源明确、有适用性以及时效性的碳排放因子。因此，在实际使用过程中应该优先考虑通过农业企业内的直接测量等方法得到的排放因子或相关参数值。若无相关数据，再使用国家、省级、地级及其他权威机构等测算出的排放因子，或相关的数据库（如《IPCC 国家温室气体清单指南》、《省级温室气体清单编制指南（试行）》、各碳排放交易试点城市实施的温室气体排放核算指南等）提供的排放因子。

1. 能源消耗排放

按照燃料种类和企业购入的电力分别计算燃料燃烧排放、热力使用排放以及电力使用排放，并根据式（14.1）以 CO_2 当量为单位进行加总。

$$\begin{aligned} E_{能源消耗} &= E_{燃料} + E_{电} + E_{热} \\ &= \sum_i (AD_{燃料,\,i} \times EF_{燃料,\,i}) + \sum_i (AD_{购电量} \times EF_{电}) + \sum_i (AD_{购热量} \times EF_{热}) \end{aligned} \tag{14.1}$$

其中，$E_{燃料}$ 为燃料燃烧产生的温室气体排放量总和；$E_{电}$ 为购入电力所产生的温室气体排放量总和；$E_{热}$ 为购入热力所产生的温室气体排放量总和；$AD_{燃料,\,i}$ 为报告年度内第 i 种化石能源的活动数据；$EF_{燃料,\,i}$ 为报告年度内第 i 种化石能源的排放因子；$AD_{购电量}$ 为购电量（单位：兆瓦时）；$EF_{电}$ 为电力生产排放因子；$AD_{购热量}$ 为购热量（单位：吉焦）；$EF_{热}$ 为热力生产排放因子。

$$AD_{燃料,\,i} = FU_{燃料,\,i} \times NCV_{燃料,\,i} \times 10^{-6} \tag{14.2}$$

$$EF_{燃料,i} = CC_i \times OF_i \times \frac{44}{12} \tag{14.3}$$

式（14.2）和式（14.3）分别计算报告年度内第 i 种化石能源的活动数据和排放因子。其中，$FU_{燃料,\,i}$ 为第 i 种化石能源的年消耗量；$NCV_{燃料,\,i}$ 为第 i 种化石能源的低位发热值；CC_i 为第 i 种化石能源的单位热值含碳量；OF_i 为第 i 种化石能源的碳氧化率；$\frac{44}{12}$ 为 CO_2 的分子量与碳的分子量之比。

2. 过程排放

按照不同过程分别计算各过程产生的温室气体排放量，并根据式（14.4）以 CO_2 当量为单位进行加总。

$$E_{过程} = E_{种植} + E_{养殖} = E_{化肥} + E_{土壤} + E_{碳汇} + E_{肠道发酵} + E_{粪便} \tag{14.4}$$

其中，$E_{种植}$ 和 $E_{养殖}$ 分别为种植业和养殖业产生的碳排放；$E_{化肥}$ 为种植业化肥施用造成的 N_2O 排放，计算过程如式（14.5）所示：

$$E_{化肥} = E_{N_2O} \times GWP_{N_2O} \tag{14.5}$$

其中，E_{N_2O} 为施肥产生的 N_2O 排放量（单位：吨）；GWP_{N_2O} 为 N_2O 的全球增温潜能值。

$E_{土壤}$ 为种植业有机土壤排水造成的 CH_4 排放，计算过程如式（14.6）所示：

$$E_{土壤} = EF_{CH_4,土壤} \times A_1 \times 10^{-3} \times GWP_{CH_4} \tag{14.6}$$

其中，$EF_{CH_4,土壤}$ 为有机土壤排水的 CH_4 排放因子；A_1 为稻田种植面积；GWP_{CH_4} 为 CH_4 的全球增温潜能值。

种植业碳汇应根据标准 NY/T 1121.6—2006 实测农田土壤有机质含量变化，土壤有机碳汇变化计算见式（14.7）和式（14.8）：

$$E_{碳汇} = \frac{(SOC_T - SOC_0)}{T} \tag{14.7}$$

$$SOC_T = SOC_{ref} \times F_{LU} \times F_{MG} \times F_I \times A_2 \tag{14.8}$$

其中，SOC_T 为最后一年的土壤有机碳库；SOC_0 为核算初始年的土壤有机碳库；T 为单独核算年，通常取 5～20 年；SOC_{ref} 为参考碳库，以 0～30 厘米耕层计；F_{LU} 为特定土地利用中土地利用系统或亚系统的库变化因子；F_{MG} 为土地管理的库变化因子；F_I 为有机质投入的库变化因子；A_2 为土地面积。

养殖业动物肠道发酵造成的 CH_4 排放如式（14.9）所示：

$$E_{肠道发酵} = EF_{CH_4,肠道发酵} \times AP \times 10^{-3} \times GWP_{CH_4} \tag{14.9}$$

其中，$EF_{CH_4,肠道发酵}$ 为动物肠道发酵的 CH_4 排放因子；AP 为动物存栏数；GWP_{CH_4} 为 CH_4 的全球增温潜能值。

养殖业粪便管理造成的 CH_4 排放估算如公式（14.10）所示：

$$E_{粪便} = EF_{CH_4,粪便} \times AP \times 10^{-3} \times GWP_{CH_4} \tag{14.10}$$

其中，$EF_{CH_4,粪便}$ 为动物粪便管理的 CH_4 排放因子；AP 为动物存栏数；GWP_{CH_4} 取 25。

14.2.3 农业碳排放核算方法应用

中国碳核算数据库使用分部门碳排放因子法核算了中国分部门碳排放。如图 14.1 所

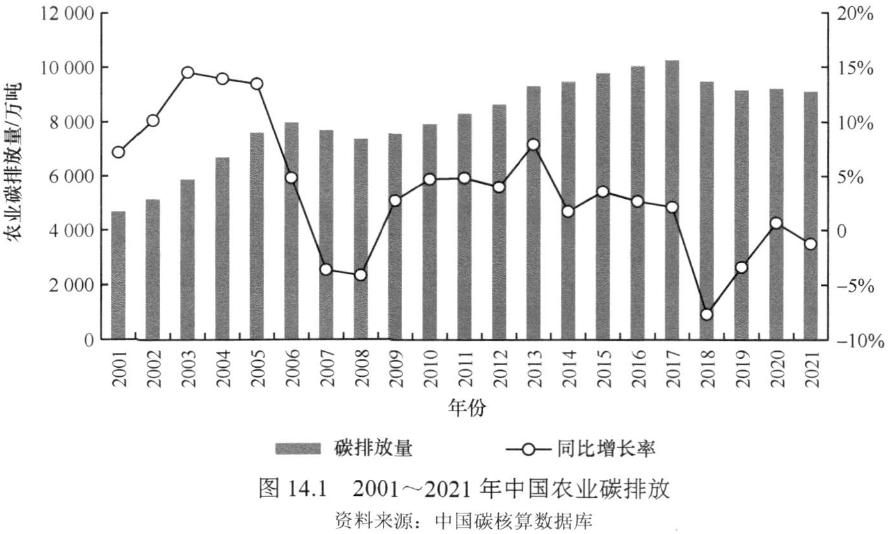

图 14.1　2001～2021 年中国农业碳排放

资料来源：中国碳核算数据库

示，2001 年至 2021 年中国农业碳排放量小幅下降，并伴随一定的波动，总体呈现“波动下降—持续上升—波动下降”三个阶段。2001 年至 2008 年为第一个阶段。农业碳排放量于 2006 年达到阶段性的峰值，随后呈现持续下降的态势，大型牲畜养殖规模的缩减以及畜牧业产业结构的逐步优化是该阶段碳排放量大幅下降的关键动因。2009 年至 2017 年为第二阶段。农业碳排放量在这个阶段表现出持续上升的态势，并于 2017 年达到最大，农业能源利用、农用物资投入的持续增加是导致该阶段碳排放量增长的主要原因。2018 年至 2021 年为第三阶段。农业碳排放总量波动下降，该阶段碳减排成效的取得主要得益于国家战略的有力推动、能源与农用物资利用效率的不断提升以及大型牲畜保有量的大幅缩减。

14.3 低碳农业的实施路径

如图 14.2 所示，针对目前农业 CO_2 排放现状以及前文所述农业碳排放的来源，当前有效降低农业碳排放量、实现低碳农业的实施路径主要包括促进农业数字化转型、调整农业产业结构、建设农村可持续发展体系。

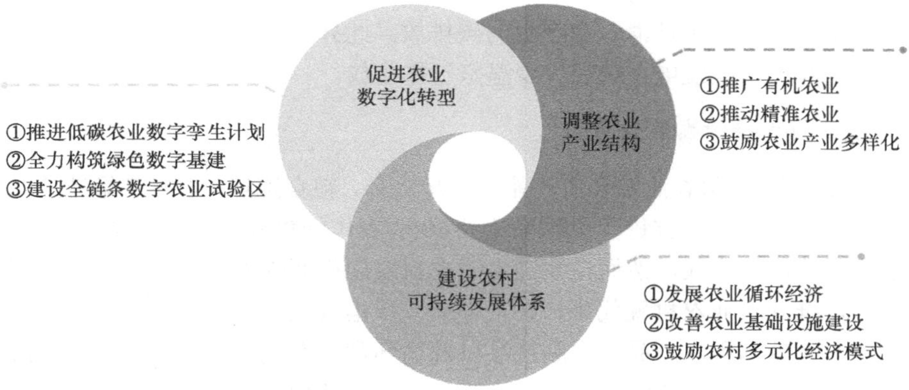

图 14.2 低碳农业实施路径

1. 促进农业数字化转型

新发展格局下，“数字化”和“低碳化”发展双双驶入快车道，是稳步推进农业农村实现高质量发展的主要动力。为了加快推动低碳农业数字化转型，可以从以下三个方面着手。第一，推进低碳农业数字孪生计划。加快 5G（fifth generation of mobile communications technology，第五代移动通信技术）、大数据、人工智能、区块链、云计算等新型信息技术在涉农领域的融合应用，助力农业绿色化、集约化发展。抢抓技术迭代机遇，加快农业领域脱碳零碳数字技术突破，增加农业数字化转型应用场景，全面布局“双碳”行动农村主战场。第二，全力构筑绿色数字基建。通过统一部署、同步监管、分级负责数字化运维，提高农业农村大数据中心、农村宽带、农村 5G 基站等涉农数字基础设施建设的平衡性和协调性。加快农业生产经营主体数字化转型，推动实时碳排放信息智能采集技术发展，结合云计算、物联网 AR（augmented reality，增强现实）和机器人等信息技术赋能降碳，并支撑各类农业资源高效利用。第三，建设全链条数字农业试验区。充分激活数据资源和数字技术生态潜能，增强农业数字化与“双碳”行动协同发展韧性，加快推进覆盖农业全产业链条的数字农业试验区建设，探索打造绿色低碳标杆型农业科技示范园区工作体系。

2. 调整农业产业结构

优化农业产业结构，鼓励农民采用更可持续的种植和养殖方式，如发展有机农业、精准农业和生态农业。减少温室气体排放并提高资源利用效率可以从以下三个方面着手。第一，推广有机农业。首先，减少对化学农药和化肥的使用，使用天然有机物质和生物控制害虫，减轻对化学农药的依赖，从而减少温室气体排放。其次，提高土壤健康水平，提高土壤固碳能力，进而减少排放。最后，维护有机农田生态平衡，保持农田生态系统多样性，减小对环境的负面影响。第二，推动精准农业。采用传感器、无人机和数据分析等智能技术，精确测量土壤状态、水分含量和植被生长情况，以实现精确施肥和灌溉，减少资源浪费；减少机械耕作，推广植保技术，降低机械作业的能源消耗，减少碳排放。第三，鼓励农业产业多样化。一方面通过提高农产品多样性降低单一农业产业的碳排放风险，提高农业的抗风险能力；另一方面将农业与林业相结合，通过树木种植和森林管理来增加碳汇，这有助于抵消农业产生的碳排放。此外，支持农村地区发展可再生能源项目，如风电和太阳能发电，也能减少温室气体排放。

3. 建设农村可持续发展体系

截至 2023 年，我国农业综合生产能力稳步提升，粮食连年丰收，产量持续九年保持在 1.3 万亿斤以上，农业科技进步贡献率达到 60%，农作物耕种收综合机械化率达到 71%，农业绿色发展迈出新步伐。然而，我国农业农村发展仍面临不少矛盾和挑战。因此，立足我国国情，推动农业农村现代化，必须继续坚持推进农村可持续发展。首先，发展农业循环经济。有效利用农产品、农副产品以及循环利用有机废弃物，可以最大限度地减少资源浪费，降低环境污染的程度。这样不仅有助于保护环境，还为农村经济提供了新的增长点。其次，改善农业基础设施建设。通过引入可再生能源设施，如太阳能板和风力发电设备，为农村地区提供清洁能源，不仅能够改善能源供应状况，还有助于减轻对传统化石能源的依赖，从而减少温室气体排放。同时，提供清洁饮水和卫生设施，改善农村居民的生活条件，可以提高他们的生活质量，促进社会进步。最后，鼓励农村多元化经济模式。鼓励农民参与农村旅游、农产品加工等多样化经济产业，不仅可以创造新的就业机会，还有助于增加农民的收入来源。这样的经济多元化可以减轻对传统农业的过度依赖，提高农村经济的韧性和可持续性。

14.4 低碳农业的国内外实践

14.4.1 国外低碳农业实践

让农业在保持甚至提高生产力的同时，实现低碳乃至零碳转型，正逐步成为各国气候战略的重要组成部分。丹麦、荷兰、日本、美国等国家都纷纷将低碳农业作为推动农业可持续转型的目标。英国是世界重要的农业大国，农业生产率已达到相当高的水平，现代农业呈现“两低”“三高”“四化”[①]的发展特征，英国政府近年来相继出台了一系列契合农业发展特征的政策和规划，提出了改善环境原则下的可持续农业发展趋势。因此本节以英国为例剖析发达国家低碳农业实践。

1. 提高农业科技水平

1）加强农业数据信息化

英国农业信息化从起步开始就一直非常注重加强基础数据建设。政府、学校及企业、农场等，都根据不同需求目标，围绕产前、产中、产后不同阶段，建设了大量基础性数据库并积累了丰富数据资源，为政府决策、科学研究、生产经营等提供了有效基础支撑。英联邦农业局[②]建立了庞大的农业数据库系统，包括农业环境、作物种植、动物科学、食品营养等各方面的信息。英国政府还统一规划建设并运行了“全国土壤数据库”“农业普查数据库”“单一补贴支付数据库”等基础数据库系统。

2）发展智慧农业和精准农业

集卫星定位、自动导航、遥感监测、传感识别、智能机械、电子制图等技术于一体的精准农业在英国得到全面发展，成为信息化高新技术与复杂农艺技术深度融合的典范。英国的农田作业拖拉机全部装备了卫星定位系统，田间耕作、播种、收获、施肥、施药等机械全部加装了电脑控制系统和软件应用系统。

3）应用物联网技术

以自动感知技术为代表的物联网技术在英国农业中得到广泛应用。在英国农场中广泛使用的施肥机械、施药机械，作业灵巧精准。在机械上加装感知作物高度、密度等指标的传感器，使其能根据作物长势灵巧地调节作业高度、倾斜度、肥药喷洒量等。

2. 制定低碳农业政策

英国在农业科技领域具有以下三方面优势：①大学和研究机构在农业重要领域的研究处于世界领先地位；②拥有众多富有活力和创造力的农民、食品制造商和零售商；③有能力通过出口农产品和农业科技影响国际市场。因此，农业科技是英国的一个重要且成熟的行业，政府也增加了对农业科技不同领域的投资。加大在自动化和机器学习等领域的投资力度，大力推动精准设备和传感器技术等在农业领域的应用；在基础设施、公共通道、农村抗灾能力的建设方面设立相应的基金资助方案，支持农村地区推广可再生能源技术，如太阳能和风力发电；引入碳市场机制，允许农民参与碳交易，

① “两低”即英国农业产值在国民生产总值中所占的比重低，以及农业劳动力人数在全国总劳动力人数中的比重低。“三高”指英国农业机械化水平高、劳动生产率高、畜牧业占比高。“四化”即指英国农业生产规模化、集约化、功能化和信息化。

② 1985年更名为国际农业和生物科学中心（Centre Agriculture Bioscience International，CABI）。

使其通过实施减排项目来赚取碳排放配额，从而鼓励农业领域减少温室气体排放。此外，英国退出欧盟，给食品和饮料行业带来很大的机遇和挑战。为了解决这个问题，2017 年 11 月，英国政府推出的《产业战略：建设适应未来的英国》承诺在政府和整个食品链之间建立新的合作伙伴关系，成立食品和饮料联合会（The Food & Drink Federation，FDF），确保英国的可持续和优质的食品饮料继续位列世界领先水平。

14.4.2 国内低碳农业实践

2002 年中华人民共和国农业部（以下简称农业部）[①]征集并筛选了生态农业模式，2003 年开始推广十大典型生态农业模式及配套技术，如北方的“四位一体”生态模式、平原农林牧复合生态模式及配套技术、南方“猪—沼—果”生态模式及配套技术、生态渔业模式及配套技术、丘陵山区小流域综合治理利用型生态农业模式和观光生态农业模式及配套技术等，获得了很好的农业经济效益、社会效益和生态效益，对低碳农业发展起到了良好示范作用。

1. 创新农业减排固碳技术

2021 年 11 月 19 日举行的 2021 中国农业农村科技发展高峰论坛暨中国现代农业发展论坛发布会上，农业农村部农业生态与资源保护总站发布了农业农村减排固碳十大技术模式。遴选的技术模式既能够保障国家粮食安全和重要农产品有效供给，又能协同推进农业绿色低碳发展，减排固碳效果显著，农业生产质量效益得到提高，具备很好的推广应用条件，对各地开展农业农村减排固碳工作有重要的参考指导作用。发布的农业农村减排固碳十大技术模式涵盖种植业减排固碳、畜牧业减污降碳、渔业减排增汇和农村可再生能源替代等重点领域，涉及温室气体减排技术 4 项、固碳增汇技术 4 项、可再生能源替代技术 2 项，主要包括稻田甲烷减排技术、农田氧化亚氮减排技术、保护性耕作固碳技术、农作物秸秆还田固碳技术、反刍动物肠道甲烷减排技术、畜禽粪便管理温室气体减排技术、牧草生产固碳技术、渔业综合养殖碳汇技术、秸秆能源化利用技术、农村沼气综合利用技术等。

2. 制定低碳农业政策

近年来，我国已基本建立了农业农村绿色低碳转型的战略、政策体系。2015 年，我国向联合国气候变化框架公约秘书处提交的应对气候变化国家自主贡献文件承诺推进农业低碳发展；2017 年农业部发布《关于实施农业绿色发展五大行动的通知》；2022 年，农业农村部、国家发展改革委联合印发《农业农村减排固碳实施方案》，提出农业农村减排固碳十项“重大行动”，降低农业温室气体排放强度，提高农田土壤固碳能力，为全国实现“双碳”目标做出贡献。

---

① 2018 年组建中华人民共和国农业农村部（以下简称农业农村部），不再保留农业部。

习题：

1. 什么是低碳农业？低碳农业的特征是什么？
2. 我国农业碳排放的主要构成是什么？哪些是最主要的碳排放来源？
3. 秸秆焚烧产生碳排放吗？
4. 如何实现农业的低碳化发展？
5. 搜集我国为引导农业低碳化发展出台的政策举措。

本章参考文献

李华, 李秀英, 王磊, 等. 2023. “双碳”目标下肥料行业发展对策: 基于 2011—2020 年碳减排与存在问题的分析[J]. 中国生态农业学报(中英文), 31(2): 206-213.

梁吉义. 2016. 绿色低碳循环农业[M]. 北京: 中国环境出版社.

邱子健, 靳红梅, 高南, 等. 2022. 江苏省农业碳排放时序特征与趋势预测[J]. 农业环境科学学报, 41(3): 658-669.

陶良虎. 2010. 中国低碳经济: 面向未来的绿色产业革命[M]. 北京: 研究出版社.

翁伯琦. 2011. 低碳农业发展论[M]. 北京: 中国农业出版社.

谢培秀, 徐和生, 许建. 2013. 中国低碳农业发展及其政策研究[M]. 合肥: 合肥工业大学出版社.

Guan Y R, Shan Y L, Huang Q, et al. 2021. Assessment to China’s recent emission pattern shifts[J]. Earth’s Future, 9(11): e2021EF002241.

Koondhar M A, Tan Z X, Alam G M, et al. 2021. Bioenergy consumption, carbon emissions, and agricultural bioeconomic growth: a systematic approach to carbon neutrality in China[J]. Journal of Environmental Management, 296: 113242.

Liu D T, Song C C, Xin Z H, et al. 2023. Agricultural management strategies for balancing yield increase, carbon sequestration, and emission reduction after straw return for three major grain crops in China: a meta-analysis[J]. Journal of Environmental Management, 340: 117965.

本章要点

1. 明晰工业碳排放主要来源。
2. 掌握工业碳排放核算方法。
3. 熟悉工业低碳发展的实施路径。

第15章 低 碳 工 业

工业领域是消耗能源资源和产生排放的主要领域，当前工业能源消费及碳排放状况不容乐观。根据国家统计局发布的《中国统计年鉴》，我国工业部门能源消费占我国能源总消费的比重长期保持在70%左右。其中，石化、化工、电力、钢铁、有色、建材六大行业的能耗量超过工业总能耗的80%，这些行业对环境造成的压力不可小觑。由于工业为经济社会发展提供必需的技术、装备和产品，因此其供给质量和绿色化水平对于整个社会实现绿色低碳发展具有重要意义。

15.1 低碳工业概述

15.1.1 低碳工业的内涵

低碳工业是指在国民经济的生产中，实现从高碳向低碳的连续突破性的转变，使低碳的生产方式和低碳产业逐渐替代高碳的生产方式和高碳产业，从而使经济发展和工业化过程摆脱对化石能源和温室气体排放的依赖。因此，可将低碳工业理解为在对过去传统的“高投入、高能耗、高污染、低利用”的工业生产模式进行反思的基础上，应用先进能效技术、可再生能源利用技术和温室气体减排技术，从高碳生产转向低碳生产的工业模式。

低碳工业强调在工业资源投入、生产过程、产品产出和运输方式等各个环节中减少能源消耗，同时追求经济效益和环境效益。总的来说，低碳工业实质上以低碳技术为核心，追求“低能耗、低污染、低排放”；目标是使工业生产与碳排放脱钩，实现清洁生产，促进社会、经济和生态环境的可持续发展。低碳工业是对气候变暖和可持续发展挑战的回应，它代表了工业进步和可持续发展的方向。

15.1.2 低碳工业的特征

传统工业的耗能量大、碳排放量高，这些工业主要包括依赖于化石能源的行业，如火电、石化、钢铁、建材和有色金属等工业，以及由此衍生出的汽车、船舶、航空、机械、电子和化工等领域。在工业化发展初期，由于缺乏对资源短缺和气候变暖等环境问题的关注，粗放型低效率的工业模式通常伴随着高碳排放量。因此，工业产值高而碳排放量少的工业模式几乎不存在。根据低碳工业的内涵界定，低碳工业主要有以下特征。

1. 经济和环境效益兼顾

通过工业产业结构转型升级，使工业发展能够脱离对高碳能源的依赖。在生产过程中多级利用物质和能量，减少资源浪费和污染物排放。在保证工业发展的前提下，减少碳排放。

2. 资源高效利用

低碳工业注重对资源的高效利用，减少对能源和原材料的浪费，并采用新能源、清洁能源；采用循环经济理念，推动废物再利用和资源回收；对资源进行合理开采，使各种工矿企业相互依存，形成共生的网状生态工业链。

3. 创新技术应用

依靠低碳能源技术和可再生能源技术，通过要素投入低碳化、生产过程低碳化和产品产出低碳化等措施，实现从源头到终端的全面低能耗和低碳排放。

4. 可持续发展导向

低碳工业致力于实现经济、社会和环境的协调发展，要求产业结构和产业布局合理，以与其所处的生态系统和自然结构相适应，充分利用共生原理和长链利用原理，最大限度地开发和利用资源。

结合低碳工业的特征分析，低碳工业与传统工业的特征比较概括如表 15.1 所示。

表 15.1 低碳工业与传统工业的特征比较

比较角度	传统工业	低碳工业
追求目标	追求经济效益，忽略生态效益	经济效益和生态效益并重
资源利用	采用传统的以煤为主的化石能源；有利于在较短时期内提高产量、增加收入的方式都可采用，出现工矿企业林立，资源过度开采、单一利用等状况	采用新能源、清洁能源；对资源进行合理开采，使各种工矿企业相互依存，形成共生的网状生态工业链，达到资源的集约利用和循环使用
技术投入	主要用于提高生产能力与改进生产工艺上	主要用于传统产业改造、低碳技术运用[如碳捕集与封存（carbon capture and storage，CCS）]、低碳技术产业化发展等方面
结构布局	以传统的重化工业为主；产业结构趋同、产业布局集中，与当地的生态系统和自然结构不相适应，不利于资源的合理配置和有效利用	传统产业适当发展，战略性新兴产业与低碳产业占据一定地位；是一种开放性的系统，要求合理的产业结构和产业布局，以与其所处的生态系统和自然结构相适应，符合生态经济系统的耐受性原理
废弃物处理	实行单一产品的生产加工模式，对废弃物一弃了之	不仅尽量减少废弃物的排放，而且充分利用共生原理和长链利用原理，通过生态工艺关系，尽量延伸资源的加工链，最大程度地开发和利用资源
环境影响	高投入、高能耗、高污染	低能耗、低污染、低碳排

资料来源：陶良虎（2016）

15.2 工业碳排放来源与核算

15.2.1 工业碳排放来源

工业是指通过开采自然资源和加工各种原材料来进行物质生产的社会部门，它包括制造业、采矿业、加工业、冶金工业等。工业生产领域的碳排放主要包括三方面。

一是来自工业生产过程的直接能源消耗。工业部门为了满足生产过程的能源需求，广泛使用煤炭、石油和天然气等化石燃料。工业生产过程利用这些能源来驱动设备和机械的运行，进行加热、冷却、压缩和化学反应等操作，这些化石燃料的燃烧会释放大量的 CO_2。

二是工业生产中的过程碳排放。工业生产原料在生产过程中需要消耗能源并产生碳排放。例如，水泥生产过程涉及高温和化学反应，需要使用化石燃料作为能源，并且该过程伴随 CO_2 的释放。

三是间接碳排放。间接碳排放是指由于工业生产过程中使用、消耗电力、热力和蒸汽而产生的排放。这种排放并非工业本身的直接能源消耗碳排放，而是与上游企业的能源消耗有关，涉及供应链的其他环节。在生产过程中，部分能源（如电力、热力和蒸汽）需要从外部购买和使用，这些能源在生产过程中都会产生 CO_2 等温室气体。

15.2.2 工业碳排放核算方法

工业企业碳排放计算标准的制定旨在准确评估企业的碳排放程度，并为企业减少碳排放提供科学依据。目前，国际上通用的工业企业碳排放计算标准是 ISO 14064-1: 2018 标准，该标准规定了企业应如何计算其包括直接和间接两种类型的碳排放量。除了 ISO 14064-1: 2018 标准，国内也有一些相关的标准和规定。《工业企业温室气体排放核算和报告通则》（GB/T 32150—2015）规定了温室气体排放计算的基本原则、核算方法和报告要求。该标准适用于企业、园区、组织和机构等的温室气体排放计算。

碳排放量计算方法通常包括三个步骤：排放源识别、排放量测量和碳排放量计算。首先，需要识别主要的排放源，如化石燃料燃烧和工业生产过程等。其次，采用合适的测量方法（如直接测量或间接计算）来测量排放量。最后，根据国家标准中规定的公式，计算出碳排放量。对于碳排放的核算，方法包括两种：①计算（包括碳排放因子法和物料平衡法）；②实测。目前，在工业碳排放核算中碳排放因子法是应用最广泛的方法，下面对其进行重点介绍。

工业部门碳排放来源于直接碳排放（燃料燃烧碳排放和过程碳排放）以及间接碳排放（购入的和输出的电力、热力产生的碳排放）。

1. 燃料燃烧碳排放

$$E_{\mathrm{CB}}=\sum_{i=1}^{n}\mathrm{AD}_i\times\mathrm{NCV}_i\times\mathrm{CC}_i\times O_i \tag{15.1}$$

其中，E_{CB}为燃料燃烧产生的碳排放量，AD_i为第 i 种化石燃料的消耗量；$NCV_i \times CC_i \times O_i$为燃料燃烧排放因子。

2. 过程碳排放

$$E_{PR} = AD_t \times EF_t \tag{15.2}$$

其中，E_{PR}为过程碳排放量；AD_t为水泥用量；EF_t为水泥生产排放因子。

3. 购入的电力、热力产生的碳排放

$$E_{PE} = AD_{PE} \times EF_E \tag{15.3}$$

$$E_{PT} = AD_{PT} \times EF_T \tag{15.4}$$

其中，E_{PE}为购入的电力所产生的碳排放；AD_{PE}为购入的电力量；EF_E为电力生产排放因子；E_{PT}为购入的热力所产生的碳排放；AD_{PT}为购入的热力量；EF_T为热力生产排放因子。

4. 输出的电力、热力产生的碳排放

$$E_{OE} = AD_{OE} \times EF_E \tag{15.5}$$

$$E_{OT} = AD_{OT} \times EF_T \tag{15.6}$$

其中，E_{OE}为输出的电力所产生的碳排放；AD_{OE}为输出的电力量；EF_E为电力生产排放因子；E_{OT}为输出的热力所产生的碳排放；AD_{OT}为输出的热力量；EF_T为热力生产排放因子。

5. 工业部门碳排放

$$E = E_{CB} + E_{PR} + E_{PE} - E_{OE} + E_{PT} - E_{OT} \tag{15.7}$$

其中，E为碳排放总量；E_{CB}为燃料燃烧产生的碳排放量；E_{PR}为过程碳排放量；E_{PE}为购入的电力所产生的碳排放；E_{OE}为输出的电力所产生的碳排放；E_{PT}为购入的热力所产生的碳排放；E_{OT}为输出的热力所产生的碳排放。

15.2.3　工业碳排放核算方法应用

中国碳核算数据库使用分部门碳排放因子法计算了中国工业分部门的碳排放量（表15.2）。其数据显示，2021 年我国碳排放量最多的部门是电力、燃气及水生产和供应业，达到 525 315 万吨，其次是黑色金属冶炼和压延加工业及非金属矿物制品业，分别达到 185 088 万吨和 113 884 万吨。除此之外，石油加工及炼焦业、化工原料及化学产品制造业、有色金属冶炼和压延加工业的碳排放量也较大。

表 15.2　2021 年部分工业部门碳排放量

工业行业	碳排放量/万吨	工业行业	碳排放量/万吨
煤炭采选业	3 299	非金属矿物制品业	113 884
石油和天然气开采业	3 852	黑色金属冶炼和压延加工业	185 088
食品加工业	1 126	有色金属冶炼和压延加工业	6 269
食品生产业	1 463	金属制品业	3 106
饮料生产业	810	通用设备制造业	1 033
纺织工业	747	专用设备制造业	258
造纸和纸制品业	958	交通运输设备制造业	536
石油加工及炼焦业	19 716	电力、燃气及水生产和供应业	525 315
化工原料及化学产品制造业	10 875		

资料来源：中国碳核算数据库

图 15.1 和图 15.2 分别是碳排放量最高的三个行业及其他碳排放量较高的行业的碳排放变化趋势。电力、燃气及水生产和供应业，黑色金属冶炼和压延加工业，以及非金属矿物制品业的碳排放量总体上都呈现上升趋势。2001～2021 年，这三个行业碳排放量的年均增速分别为 19.4%、14.8%、10.4%。电力、燃气及水生产和供应业不仅增速最高，其碳排放增加的绝对量也最多。从发展趋势上看，电力、燃气及水生产和供应业的碳排放仍有上升的趋势，而非金属矿物制品业和黑色金属冶炼和压延加工业的碳排放趋于平稳。石油加工及炼焦业的碳排放呈现总体上升的趋势，化工原料及化学产品制造业的碳排放从 2015 年开始逐年下降，有色金属冶炼和压延加工业的碳排放从 2007 年开始一直保持相对稳定的趋势，在 7000 万吨上下浮动。因此，可看出工业内部行业的碳排放变化趋势也有较大的差异。

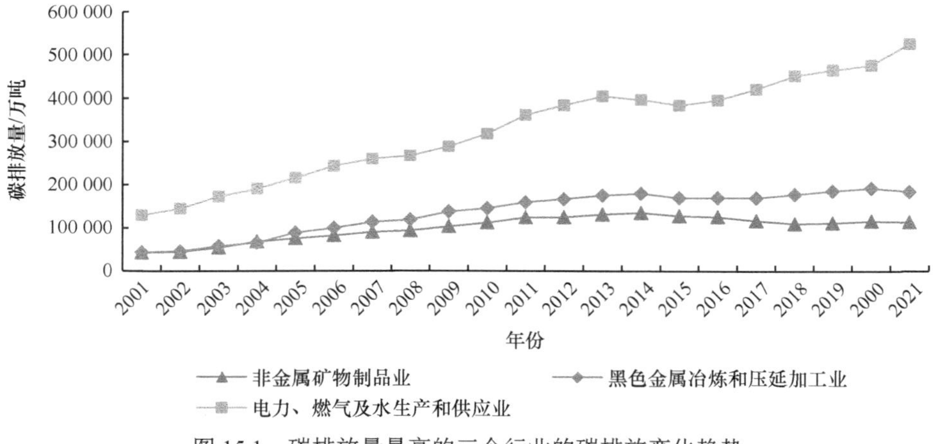

图 15.1　碳排放量最高的三个行业的碳排放变化趋势

资料来源：中国碳核算数据库

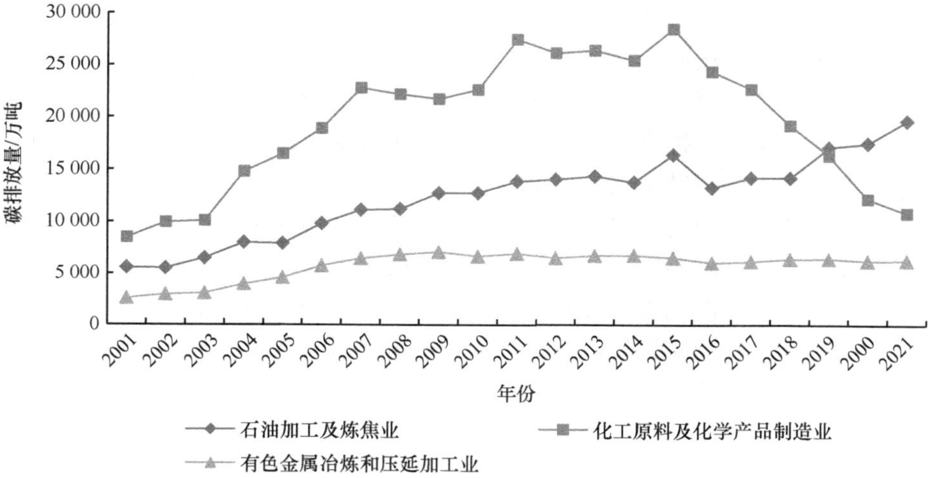

图 15.2　其他碳排放量较高的行业的碳排放变化趋势

资料来源：中国碳核算数据库

15.3　低碳工业的实施路径

如何走出一条低污染低排放的新型工业化道路成为中国面临的一项重大挑战。当前有效的减排路径主要有调整产业结构、优化能源结构、提高低碳技术水平、推动数智化转型等（图 15.3）。

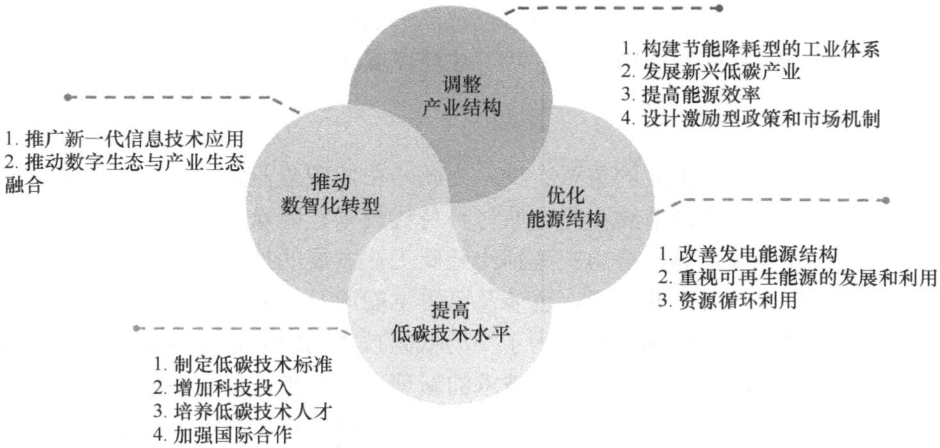

图 15.3　低碳工业的实施路径图

1. 调整产业结构

调整产业结构的措施主要包括以下几种。第一，构建节能降耗型的工业体系。这意味着需要：优化产业结构，加快产业升级和转型，转向更加环保和资源节约型的产业领域；淘汰落后产能，控制高能耗、高污染行业的过快增长；鼓励和引导采用节约能源资源的生产和消费方式。第二，发展新兴低碳产业。低碳产业是以低能耗、低污染为基础的产业，涉及火电减排、循环经济、新能源汽车等领域，这些新兴行业具有巨大的发展潜力。通过发展新型低碳产业（如太阳能产业、风电产业、电动汽车产业、生物质产业等），以及积极推动清洁和可再生能源逐步替代传统的高碳能源，构建一个以“低碳”为特征的产业结构。第三，提高能源效率。提高能源效率被认为是最有效的减少碳排放的方式，并且存在很大的提升空间。中国仍处于工业化和城市化进程中，重化工业领域如钢铁、机械和石化等行业仍在快速发展，这些行业在能源使用过程中会产生相对较高的碳排放。提高重化工业能源转化环节的能源利用效率、降低单位能耗将成为产业转型的必然方向。第四，设计激励型政策和市场机制。历史经验证明，单纯依靠企业和个人资源或强制行为是无法实现减排目标的。这意味着需要引入市场机制，通过激励机制和经济手段来推动行业清洁能源技术的发展和应用普及。

2. 优化能源结构

降低煤炭在能源使用中的比重，并以清洁和高效能源生产为主的能源消费结构是低碳工业化和可持续发展的基础。工业能源结构的优化要求如下。首先，改善发电能源结构。大力发展水电、核电。煤炭的燃烧会产生烟尘、二氧化硫、二氧化碳、氮氧化物等污染物，而水电和核电是世界公认的安全、清洁、低碳的高效能源，也是降低工业生产带来的环境压力的较好选择之一。其次，重视可再生能源的发展和利用。大力调整工业产品结构，促进可再生资源对高碳资源的替代，在经济运行过程中实现可持续的资源利用。在推动新能源技术进步上加大力度，将重点放在提高新能源利用的市场竞争力上。最后，资源循环利用。循环经济的第一原则是减量化，通过从生产活动的源头节约资源来最大程度地减少产品在制造、消费和回收等环节的污染物排放。大力推动资源循环利用不仅可以解决资源紧缺的问题，还有助于减轻环境污染，并降低大气中的碳浓度。

3. 提高低碳技术水平

科学技术是发展低碳工业的重要支撑。为此，在低碳工业发展过程中，需要重点组织开发具有推广意义的资源节约和高碳原材料替代技术、能量梯级利用技术、零排放技术、废弃物回收处理技术等，努力突破制约低碳工业发展的技术瓶颈。低碳技术涵盖了冶金、化工、石化等传统工业部门，也涉及可再生能源及新能源利用、油气资源和煤层气的勘探开发、CCS 等诸多新领域。为了推动低碳技术的发展，需要做到以下几点。第一，制定低碳技术标准。引入国际低碳技术的新理念新成果，结合中国低碳技术的研发实际，制定具有中国特色的低碳技术标准。同时，对低碳技术的产品及生命周期进行分析和评价，推动低碳技术的规范化和制度化。第二，增加科技投入。集中投入研发力量，提高关键低碳技术的自主创新能力，制定低碳技术和产品研发规划，加快优势技术的产业化进程，促进低碳技术和产业发展。第三，培养低碳技术人才。大力发展低碳能源技术、低碳能源和可再生能源开发与利用相关专业，培养技术型人才，以加快低碳产品研发速度。第四，加强国际合作。与国际对接，争取国际低碳技术资源，引进其他国家先进的节能技术，为我国低碳技术水平提升及低碳工业化发展创造条件。

4. 推动数智化转型

数智化转型是数字化发展与智能化升级的结合，是数字技术与人工智能技术的深度融合与应用。在制造业中，数智化转型依托“5G+工业互联网”和新一代人工智能技术，通过智能制造的纵向集成、横向集成和端到端集成，推动企业内部合作、企业间合作、企业与客户以及价值网络中不同企业之间的数字化和智能化深度融合。通过数智化转型推动制造业绿色低碳高质量发展的主要措施包括以下两种。第一，推广新一代信息技术应用。通过先进通信技术、人工智能、工业互联网等新一代信息技术，改造传统产业的工艺流程，优化能源调度，精准实施能源梯级利用，促进工业节能减碳。集成应用智能传感、大数据和区块链等数字技术，实现对生产全流程碳排放的追踪、分析、核算和交易，倒逼制造业企业优化产品生产流程、提升生产过程管理的精准性，从而减少污染物排放。第二，推动数字生态与产业生态融合。建设一批企业级工业互联网平台和工业互联网体验中心、推广中心，推动数字生态与产业生态融合发展。推动平台汇聚工业大数据、工业 APP 和数字化转型解决方案等资源，推进平台生态体系赋能行业和区域数字化转型，打造贯穿创新链、产业链、人才链、资金链的新型工业生态系统。

15.4　低碳工业的国内外实践

15.4.1　国外低碳工业实践

在全球发展低碳经济的背景下，英国、日本、美国、欧盟、中国等国家和地区已经采取了一系列的措施来推动工业低碳化。由于日本的资源相对缺乏，其政府非常重视节能减排，一直致力于推动低碳产业的发展。因此本节以日本为例从低碳技术及与低碳经济相关的政策方面梳理和剖析发达国家的工业低碳化发展实践。

1. 发展低碳技术

1）节能减排技术

日本的高工业生产效率主要得益于其在工业领域对先进技术的运用，如高炉渣显热回收、高温空气燃烧、低温废热利用等。同时，日本的 CCS 技术占据世界领先地位，通过使用氧燃烧技术改造现有电厂，提高机组效率，减少碳排放。

2）清洁能源利用技术

日本自 2000 年开始着手太阳能发电系统制造技术的开发工作，在 2012 年日本采用了“固定电价收购制度”之后，太阳能发电的比例大幅提高，发电量从 2012 年的 5.6 吉瓦上涨到 2019 年的 49.5 吉瓦。京瓷、三洋电机、夏普和三菱电机等世界级太阳能光伏产业群也伴随着产业的发展在日本崛起。

3）低碳技术出口

目前，日本参与国际竞争的策略是利用本国企业的低碳技术优势，生产低碳基础设施并向海外销售。日本经济产业省确定了 11 个基础设施出口领域，包括燃煤发电和煤炭前汽化、核能、废弃物回收、智能电网和智能社区、可再生能源、信息和电信等领域。在 2008 年 G8①峰会上日本宣布投入 100 亿美元建立“凉爽地球伙伴”融资机制，旨在帮助发展中国家提高能效，削减温室气体排放量，并向受气候变化影响的国家提供援助。此外，日本正在寻求与周边国家签订协议，以换取污染权信用为目的，向其出口日本研发的低碳技术和设备。

2. 制定低碳经济政策

经历了 1973 年和 1978 年两次石油危机冲击后，日本政府和企业意识到开发和推广替代能源对生产的重要性，并开始积极推动新能源的开发和利用。为此，日本制定了《石油替代能源开发及引进促进法》，旨在制定替代能源的发展目标，并采取优惠政策以鼓励和促进新能源技术的开发和推广。为确保实现替代能源发展目标，日本于 1997 年还制定了《促进新能源利用特别措施法》，规定向使用新能源的单位提供金融支持。2006 年，日本经济产业省出台了以能源安全为核心的《国家能源新战略》，实施能源消费多样化、降低石油依存度和发展节能技术等六个方面的新能源战略。战略中明确提出，到 2030 年，通过社会系统的改善和能源技术的创新，将能源使用效率至少提高 30%。

“福田蓝图”被用作应对全球气候变暖的策略，其目标是相比于 2008 年，到 2050 年将温室气体排放量减少 60%～80%。2016 年日本政府发布了《能源环境技术创新战略 2050》，重点推进五大技术创新领域的发展，包括能源系统集成、节能、储能、可再生能源发电和碳固定与利用。2020 年，日本经济产业省发布了《绿色增长战略》。该战略通过监管、补贴和税收优惠等激励措施，动员超过 240 万亿日元（约合 2.33 万亿美元）的私营领域绿色投资，针对包括海上风电、核能产业、氢能等在内的 14 个产业提出了具体的发展目标和重点发展任务。此外，日本还不断调整工业产业，淘汰高能耗产业，并制定节能规划和标准，呼吁进行管理创新。

15.4.2 国内低碳工业实践

改革开放 40 多年来，我国工业发展模式一直以高能耗、高排放和高污染为特征。这种“三高”发展模式已成为制约中国实施低碳发展战略的瓶颈。为了顺利实施低碳发展战略，我国政府采取了一系列重要措施，包括调整产业结构、优化能源利用结构、完善绿色发展技术标准、推动工业数字化转型、制定低碳经济政策等，极力扭转工业碳排放大幅增长的趋势（表 15.3）。

表 15.3 我国工业低碳化措施

领域	年份	政策	政策内容
产业结构	2005	《国务院关于发布实施〈促进产业结构调整暂行规定〉的决定》	鼓励和支持发展先进生产能力，限制和淘汰落后生产能力，防止盲目投资和低水平重复建设，切实推进产业结构优化升级

① G8 即八国集团（Group of Eight），2014 年俄罗斯的 G8 成员国地位被暂停。

续表

领域	年份	政策	政策内容
产业结构	2018	《战略性新兴产业分类（2018）》	准确反映“十三五”国家战略性新兴产业发展规划情况，满足统计上测算战略性新兴产业发展规模、结构和速度的需要
	2019	《绿色产业指导目录（2019 年版）》	进一步厘清产业边界，将有限的政策和资金引导到对推动绿色发展最重要、最关键、最紧迫的产业上，有效服务于重大战略、重大工程、重大政策
能源结构	2016	《能源生产和消费革命战略（2016—2030）》	推进能源生产和消费革命，形成以新能源和可再生能源为主体的能源供应体系
	2021	《中共中央 国务院关于完整准确全面贯彻新发展理念做好碳达峰碳中和工作的意见》	厘清“双碳”具体目标和实施方案，推进绿色低碳循环发展的经济体系和清洁低碳安全高效的能源体系全面建立
低碳技术	2020	《中共中央关于制定国民经济和社会发展第十四个五年规划和二〇三五年远景目标的建议》	坚持绿色低碳发展原则，推进绿色低碳技术研发
	2023	《国家发展改革委 市场监管总局关于进一步加强节能标准更新升级和应用实施的通知》	推进节能标准更新升级和应用实施，支撑重点领域和行业节能降碳改造，加快节能降碳先进技术研发和推广应用，坚决遏制高耗能、高排放、低水平项目盲目发展
数字化转型	2020	《工业互联网创新发展行动计划（2021—2023 年）》	深入实施工业互联网创新发展战略，推动工业化和信息化在更广范围、更深程度、更高水平上融合发展
	2021	《“十四五”信息化和工业化深度融合发展规划》	信息化和工业化在更广范围、更深程度、更高水平上实现融合发展
	2022	《工业领域碳达峰实施方案》	推动新一代信息技术与制造业深度融合。利用大数据、第五代移动通信（5G）、工业互联网、云计算、人工智能、数字孪生等对工艺流程和设备进行绿色低碳升级改造
经济政策	2009	《太阳能光电建筑应用财政补助资金管理暂行办法》	对分布式光伏发电项目按电量给予补贴，支持太阳能光电应用
	2017	《全国碳排放权交易市场建设方案（发电行业）》	加快推进建设碳交易市场，逐步扩大市场覆盖范围、丰富交易品种和交易方式

1. 调整产业结构

自 2005 年《国务院关于发布实施〈促进产业结构调整暂行规定〉的决定》（国发〔2005〕40 号）印发以来，我国持续出台大量政策改造传统高耗能产业，严格控制高耗能项目，淘汰落后产能和用能产品，推进行业和区域的战略调整，优化调整工业结构。2005 年起，国家不断更新《产业结构调整指导目录》，明确了鼓励、限制和淘汰的行业目录。2023 年 12 月已更新至 2024 年本。2018 年和 2019 年，国家统计局以及国家发展改革委等七部委分别印发了《战略性新兴产业分类（2018）》和《绿色产业指导目录（2019 年版）》。相关部门根据这些目录，出台了投融资、财税等支持政策，有效引导了产业投资的方向。

2. 优化能源利用结构

我国将推进能源的清洁化使用作为减少碳排放的重要途径。煤炭等一次能源使用过程中容易产生污染与碳排放，因此提升非化石能源占比、强化一次能源的清洁使用成为重要工作。2016 年，国家发展改革委、国家能源局印发了《能源生产和消费革命战略（2016—2030）》，提出非化石能源消费比重的目标——非化石能源消费占比到 2020 年提升至 15%[①]，到 2030 年提升至 20%左右，到 2050 年提升至超过一半，并强调“煤炭清洁高效利用”的重要性。2020 年全国能源工作会议提出“积极推进清洁能源消纳，不断提升能源普遍服务水平”[②]。

3. 完善绿色发展技术标准

自 2008 年起，国家逐步出台了单位产品能源消耗限额标准，涵盖钢铁、煤炭、电力、石化、有色、建材和通用标准七大类，对每种产品生产的能耗限额都制定了限定值、准入值和先进值三个层次的标准。根据 2023 年国家发展改革委、市场监管总局印发的《关于进一步加强节能标准更新升级和应用实施的通知》（发改环资规〔2023〕269 号），我国已发布实施强制性能耗限额国家标准 108 项、强制性能效国家标准 66 项、推荐性节能国家标准 190 项，节能标准体系基本建立，为加速各行业节能工作提供了强有力的支撑。

4. 推动工业数字化转型

工业互联网是以互联网为代表的新一代信息技术在工业领域的应用和发展，也是造就数字工业的基础工具，是继消费互联网后覆盖更广、渗透更深、成效更大、前景更好的创新体系。近几年来，国家和相关部门陆续印发了《工业互联网创新发展行动计划（2021—2023 年）》《“十四五”信息化和工业化深度融合发展规划》《工业领域碳达峰实施方案》等一系列指导文件，大力发展数字经济，推动工业制造业的数字化转型。

5. 制定低碳经济政策

中国在进行工业结构调整的同时，积极调整税率政策以促进低碳经济发展。资源税改革是其中重要的举措，2011 年对原油和天然气资源税由从量计征改为从价计征，并将销售额的 5%作为税率。此外，中国还实施了税收优惠政策，对节能项目、可再生能源设备购买等给予所得税和增值税优惠。同时，清洁能源相关企业还可以享受财政补贴，如 2009 年，财政部印发的《太阳能光电建筑应用财政补助资金管理暂行办法》，对光电项目给予定额补助。

我国还通过建立碳排放权交易市场，将碳交易作为重要的市场化降碳手段。在 2017 年，国家发展改革委印发了《全国碳排放权交易市场建设方案（发电行业）》，正式启动了全国碳排放交易体系的建设工作。截至 2020 年 8 月，我国的碳排放交易试点省市碳市场已覆盖了钢铁、电力、水泥等 20 多个行业。在碳排放权交易市场的试点基础上，于 2021 年 7 月启动了发电行业全国碳排放权交易市场上线交易。

目前，中国已建立了多层次的绿色金融市场，涵盖了绿色信贷、绿色债券、绿色股票、绿色保险、绿色基金和碳金融等领域，并配套了相应的支持政策。这使得中国

① 根据国务院发展研究中心发布的《中国能源革命进展报告（2020）》，2019 年，中国非化石能源消费占比与世界平均水平基本一致，已超过 15%。

② 《2020 年全国能源工作会议在京召开》，http://www.nea.gov.cn/2019-12/16/c_138635637.htm，2019-12-16。

成为全球首个构建起较为完善的绿色金融政策体系的国家，为降低工业企业碳排放提供了助力。

习题：

1. 什么是低碳工业？低碳工业相较于传统工业的特征是什么？
2. 我国工业碳排放的主要构成是什么？哪个行业是最主要的碳排放来源？
3. 工业过程碳排放主要包括什么？
4. 如何实现工业的低碳化发展？
5. 思考下，你认为工业低碳化发展面临的主要挑战是什么？

本章参考文献

鲍健强, 苗阳, 陈锋. 2008. 低碳经济: 人类经济发展方式的新变革[J]. 中国工业经济, (4): 153-160.
胡剑锋, 黄海蓉. 2017. 低碳工业论[M]. 北京: 中国环境出版社.
李宏岳, 陈然. 2011. 低碳经济与产业结构调整[J]. 经济问题探索, (1): 66-71.
李继峰, 常纪文. 2023. 我国工业低碳转型的基础、路径与政策: 历史述评与未来思考[J]. 城市与环境研究, 10(2): 56-71.
李晓易, 吴睿. 2023. 交通运输温室气体核算边界和测算方法研究[J]. 气候变化研究进展, 19(1): 84-90.
陶良虎. 2010. 中国低碳经济: 面向未来的绿色产业革命[M]. 北京: 研究出版社.
陶良虎. 2016. 低碳产业[M]. 北京: 人民出版社.
查冬兰, 周德群. 2010. 基于 CGE 模型的中国能源效率回弹效应研究[J]. 数量经济技术经济研究, 27(12): 39-53, 66.
Guan Y R, Shan Y L, Huang Q, et al. 2021. Assessment to China's recent emission pattern shifts[J]. Earth's Future, 9(11): e2021EF002241.
Shan Y L, Guan D B, Zheng H R, et al. 2018. China CO_2 emission accounts 1997–2015[J]. Scientific Data, 5: 170201.
Shan Y L, Huang Q, Guan D B, et al. 2020. China CO_2 emission accounts 2016–2017[J]. Scientific Data, 7: 54.

本章要点

1. 明晰建筑行业碳排放主要来源。
2. 掌握建筑行业碳排放核算方法。
3. 熟悉建筑行业低碳发展的实施路径。

第16章　低碳建筑

IPCC 第六次评估报告综合报告《气候变化 2023》统计显示，2019 年全球建筑温室气体排放高达 120 亿吨 CO_2 当量，占当年全球温室气体排放量的 21%，其中 57%是由发电和供暖导致的间接碳排放，24%由建筑现场建设产生，18%是水泥和钢铁等建材的生产产生的隐含碳。建筑排放的温室气体中超 95%为 CO_2，3%为卤代烷烃类，0.08%为 CH_4 和 NO_2，如果仅考虑 CO_2 排放量，建筑 CO_2 排放量占全球 CO_2 排放量的 31%。因此，建筑领域节能减排是全球实现绿色发展的重要突破口，也是城市实现净零碳目标的基石。

16.1　低碳建筑概述

16.1.1　低碳建筑的内涵

建筑节能通常被称为“提高能源在建筑中的利用效率”。它要求在保证建筑舒适性的前提下，在建筑的新建、改造和使用过程中，执行更高要求的节能标准。通过采用先进的工艺、材料和设备，来提高建筑物使用过程中的能源利用效率。例如，改善空调的冷热效率，提升墙体保温材料的性能等。同时，在确保室内热环境质量达标的前提下，尽量减少对空调、照明、热水供应等的使用。低碳建筑与节能建筑存在一致性，在节能方面表现出色的建筑往往也是低碳建筑。这是因为在追求节能的过程中，节能建筑采用了先进的技术手段，通过降低能源消耗和优化能源利用来减少碳排放，这符合低碳建筑的要求。因此，在工程实践中，常常将建筑节能作为评估和推动建筑低碳化的指标。

因此，低碳建筑可定义为：在建筑的整个生命周期内，减少化石能源的使用，提高能源利用效率，降低 CO_2 排放量的建筑。低碳建筑又被称为“碳足迹比较小的建筑物”。这一定义主要包括两方面内涵。

（1）低碳建筑的核心在于在建筑物的全生命周期均需考虑建筑的节能减排。建筑物的全生命周期主要包括建筑材料的选择和设备制造、建筑施工、建筑的运行及维护、建筑物的报废拆除和回收阶段（图 16.1）。在每个阶段，建筑物需要耗费不同的能源和资源，并伴随着一些中间产品的投入和使用，这将带来直接或间接的碳排放，所有阶段的总碳排放之和为建筑物全生命周期的碳排放量。但是，对于不同的建筑类型，目前尚未存在一个统一的数值标准来定义低碳建筑。

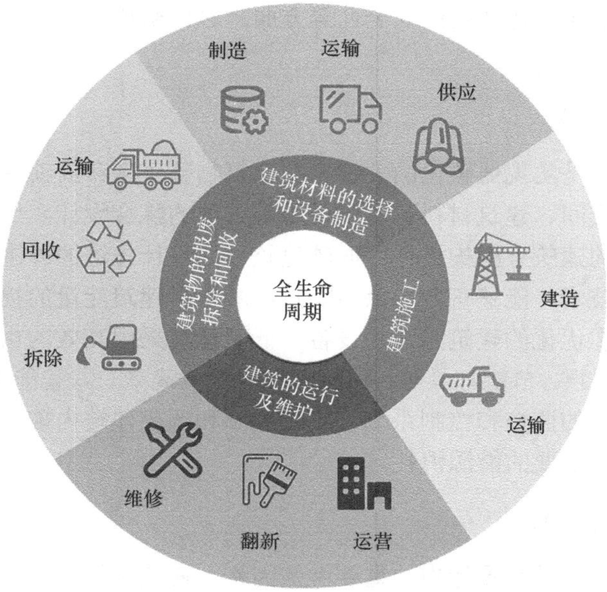

图 16.1　建筑物的全生命周期过程

（2）发展低碳建筑的目的是在建筑的整个生命周期内实现低能耗、低污染，最大程度地减少碳排放，为人们提供舒适、可持续的使用空间。其目的包含了对低碳建筑三个方面的要求：首先，在可持续发展和绿色理念的指导下，减少建筑在全生命周期内的碳排放，从而减轻环境负荷；其次，低碳建筑强调与自然环境的融合和共生，追求人与自然、建筑与自然之间的和谐、可持续发展；最后，低碳建筑致力于提供安全、健康、舒适的生活空间，为人们创造良好的居住和工作环境。其要求在满足合理舒适度的前提下，最大限度地减少碳排放，不能只为了减排而忽视人们对安全、健康、舒适的生活空间的需求。

因此，低碳建筑的关键是在建筑设计阶段明确并详细规划减少碳排放的方案。在国际上，已有知名度较高且相对成熟的绿色建筑评价体系，包括英国的建筑研究院环境评估法（building research establishment environmental assessment method，BREEAM），美国的能源与环境设计先锋（leadership in energy and environmental design，LEED）评价体系，日本的建筑物综合环境性能评价体系（comprehensive assessment system for building environmental efficiency，CASBEE），以及加拿大的绿色建筑工具（green building tool，GB TOOL）。

16.1.2　低碳建筑的特征

根据 16.1.1 节的分析，低碳建筑的核心是减少碳排放，而其实质是为居住者提供舒适的生活环境。建筑物在运行阶段的碳排放主要来源于为维持舒适的室内环境及各类用能设备的能耗，因此，性能优良的外围护结构和高效节能设备是构成低碳节能建筑的必要条件。此外，环境的舒适性不仅体现在建筑本身的设计上，还体现在内部环境的舒适性、宜居性，以及建筑周边环境的安全性等方面。总体来说，低碳建筑相较于传统建筑具有以下特点和优势。

1. 建筑设计节能低碳

低碳建筑的设计是实现低碳化的关键。在建筑物整个生命周期中尽量减少碳排放的要求，涉及对建筑空间、建筑材料和建筑设备等方面的综合设计。低碳建筑的设计特点主要包括：①高效的建筑外围护设计。低碳建筑采用设计先进的外围护结构，包括高效的绝缘材料和隔热技术，能够有效地保温隔热，减少了建筑能量的损失，从而减少了能源消耗及碳排放。②优化的建筑系统和设备。低碳建筑采用高效的供暖、照明、通风和空调系统，如地源热泵、节能灯具等，使能源利用更为高效。③智能化监控和控制系统。低碳建筑利用智能化的监控和控制系统，实时监测和调控建筑内部环境，以实现最佳能源利用效果，减少不必要的能源消耗。

2. 建筑空间健康舒适

低碳建筑的舒适性是其设计中的重要考量因素。在建筑的平面设计阶段，综合考虑热环境质量、空气环境质量、声环境质量和光环境质量等方面，保证低碳建筑对居住者的健康和舒适性有积极影响，实现与自然环境的和谐融合。

1）热环境质量

低碳建筑通过合理的建筑形式和遮阳散热方式，在保证标准采光条件的前提下，有效控制建筑内部的温度，提供舒适的热环境。

2）空气环境质量

低碳建筑往往注重优化通风系统的设计，确保新鲜空气的流通，并采用环保材料和设备，减少有害气体的释放。因而，低碳建筑拥有良好的室内空气质量。

3）声环境质量

低碳建筑在规划和设计时通过合理布置建筑物和采用吸音装饰材料等手段，降低噪声对建筑内部的干扰，提供安静的声环境。

4）光环境质量

低碳建筑通过合理的采光设计和材料选择，使得自然光线能够充分进入室内，可以提供舒适的光环境。

16.2 建筑行业碳排放来源与核算

16.2.1 建筑碳排放来源

建筑业的碳排放不仅涉及施工阶段，还涉及建筑物全生命周期的各个阶段。建筑业是全球碳排放的重要来源之一，其全过程能耗和碳排放包括建筑材料生产、建筑施工、建筑运行和建筑拆除阶段的能耗和碳排放。

建筑材料生产阶段的能耗和碳排放是指当年建筑业消耗的建材在其生产全过程（含上游的原材料）中的能耗和碳排放。建筑所使用的材料，如钢筋、水泥、玻璃等的制造过程需要消耗大量能源，会产生大量的碳排放，并反映在建筑物的使用阶段，与产业之间存在一定的关联性。建筑材料的碳排放量对于整个建筑物的碳排放总量至关重要，这些碳排放被视为建筑材料的内含碳排放，也被称为间接碳排放，它们被纳入建筑物的全生命周期中。

建筑施工阶段即行业分类中的建筑业，与建筑业统计年鉴口径一致，属于狭义的建筑业，其碳排放来自企业施工生产活动中消耗的能源和资源。具体而言，建筑施工阶段的碳排放是指房屋建筑工程施工（含新建、改扩建、翻新装修、建筑拆除等施工）和基础设施工程施工在现场照明、动力用电以及施工机械设备的燃油消耗等方面产生的碳排放。随着新型建筑工业化的发展，一部分施工活动会转移到建筑制品的生产过程中，从而减少建筑施工阶段的能耗。由于施工阶段直接消耗的能源在建筑物的全生命周期中所占比例较小，因此从直接碳排放的数据来看，建筑业的碳排放较少。

建筑运行阶段的能耗和碳排放指的是已经建成的建筑在使用过程中的能耗和碳排放，主要包括采暖、空调、照明、炊事、热水、家用电器、办公设备等的能耗和碳排放。从宏观统计的角度来看，建筑运行能耗和碳排放表现为在第三产业和居民生活能源消费中，扣除交通运输部分后的能耗和碳排放。

在建筑拆除阶段，大型机械设备和工具的使用是必不可少的。然而，这些设备和工具的使用会导致一定量的碳排放。与此同时，拆除后进行建筑垃圾处理也会产生一定量的碳排放。

16.2.2　建筑碳排放核算方法

为了规范中国建筑碳排放计算，中国工程建设标准化协会和中国建筑设计研究院等单位共同合作，在 2014 年发布并施行了《建筑碳排放计量标准》（CECS 374：2014）。该标准指出建筑全生命周期的碳排放量应为材料生产、施工建造、运行维护、拆解和回收阶段中各单元过程的碳排放量之和。《2022 中国建筑能耗与碳排放研究报告》给出了核算边界（图 16.2），其将拆除阶段的碳排放计入建筑施工阶段。因此，建筑各阶段的碳排放计算公式如下。

1. 建筑材料生产阶段碳排放量

该阶段碳排放量计算公式为

$$E_{SC}=\sum_{i=1}^{n}\left(AD_{SC_i}\times EF_{SC_i}\right) \tag{16.1}$$

其中，E_{SC} 为建筑材料生产阶段碳排放；AD_{SC_i} 为建筑材料用量；EF_{SC_i} 为建筑材料碳排放因子。

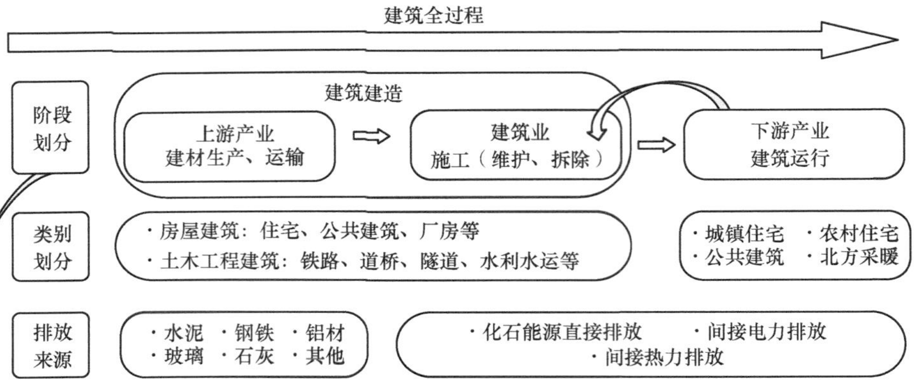

建材生产能耗边界	工程范围	年度	测算方法
口径一：当年建筑业消耗的建材生产排放	所有的工程建设项目	仅限于当年的建材消耗量	投入产出表法 实物消耗测算法
口径二：当年竣工的房屋建筑建材生产隐含碳排放	当年竣工的房屋建筑	包括往年的建材消耗量	实物消耗测算法

图 16.2　建筑全过程核算

资料来源：《2022 中国建筑能耗与碳排放研究报告》

2. 建筑施工阶段碳排放量

该阶段碳排放量计算公式为

$$E_{\mathrm{SG}}=\sum_{i=1}^{n}\left(\mathrm{AD}_{\mathrm{SG}_i}\times\mathrm{EF}_{\mathrm{SG}_i}\right)+\mathrm{AD}_{\mathrm{SGD}}\times\mathrm{EF}_{\mathrm{SGD}} \tag{16.2}$$

其中，E_{SG} 为建筑施工阶段碳排放；$\mathrm{AD}_{\mathrm{SG}_i}$ 为施工阶段一次能源消耗量；$\mathrm{AD}_{\mathrm{SGD}}$ 为施工阶段电力消耗量；$\mathrm{EF}_{\mathrm{SG}_i}$ 为施工阶段一次能源排放因子；$\mathrm{EF}_{\mathrm{SGD}}$ 为施工阶段电力排放因子。

3. 建筑运行阶段碳排放量

该阶段中能耗产生的碳排放量计算公式为

$$E_{\mathrm{YXNH}}=\sum_{i=1}^{n}\left(\mathrm{AD}_{\mathrm{YX}_i}\times\mathrm{EF}_{\mathrm{YX}_i}\right)+\mathrm{AD}_{\mathrm{YXD}}\times\mathrm{EF}_{\mathrm{YXD}}+\mathrm{AD}_{\mathrm{YXT}}\times\mathrm{EF}_{\mathrm{YXT}} \tag{16.3}$$

其中，E_{YXNH} 为建筑运行阶段碳排放；$\mathrm{AD}_{\mathrm{YX}_i}$ 为运行阶段一次能源消耗量；$\mathrm{AD}_{\mathrm{YXD}}$ 为运行阶段某单元过程中的电力消耗量；$\mathrm{AD}_{\mathrm{YXT}}$ 为运行阶段某单元过程中的热力消耗；$\mathrm{EF}_{\mathrm{YX}_i}$ 为运行阶段一次能源排放因子；$\mathrm{EF}_{\mathrm{YXD}}$ 为运行阶段电力排放因子；$\mathrm{EF}_{\mathrm{YXT}}$ 为运行阶段热力排放因子。

该阶段中材料构件更替产生的碳排放量为

$$E_{\mathrm{FXGT}}=\sum_{i=1}^{n}\left(\mathrm{AD}_{\mathrm{ZT}_i}\times\mathrm{EF}_{\mathrm{ZT}_i}\right) \tag{16.4}$$

其中，E_{FXGT} 为材料构件更替的碳排放；$\mathrm{AD}_{\mathrm{ZT}_i}$ 为建筑材料用量；$\mathrm{EF}_{\mathrm{ZT}_i}$ 为建筑材料碳排放因子。

4. 建筑全生命周期碳排放量

$$E_{\mathrm{LC}} = E_{\mathrm{SC}} + E_{\mathrm{SG}} + E_{\mathrm{YXNH}} + E_{\mathrm{FXGT}} \tag{16.5}$$

其中，E_{LC} 为建筑全生命周期碳排放。

16.2.3　建筑碳排放核算方法应用

1. 全过程碳排放总量

根据《2022 中国建筑能耗与碳排放研究报告》，2020 年全国建筑全过程能耗总量为 22.7 亿吨标准煤，占全国能源消费总量的比重为 45.5%。其中，建材生产、建筑施工及建筑运行阶段能耗分别为 11.1 亿吨标准煤、0.9 亿吨标准煤及 10.6 亿吨标准煤。同时，全国建筑全过程碳排放总量为 50.8 亿吨，占全国碳排放的比重为 50.9%。其中，建材生产、建筑施工及建筑运行阶段碳排放分别为 28.2 亿吨、1.0 亿吨及 21.6 亿吨（图 16.3）。

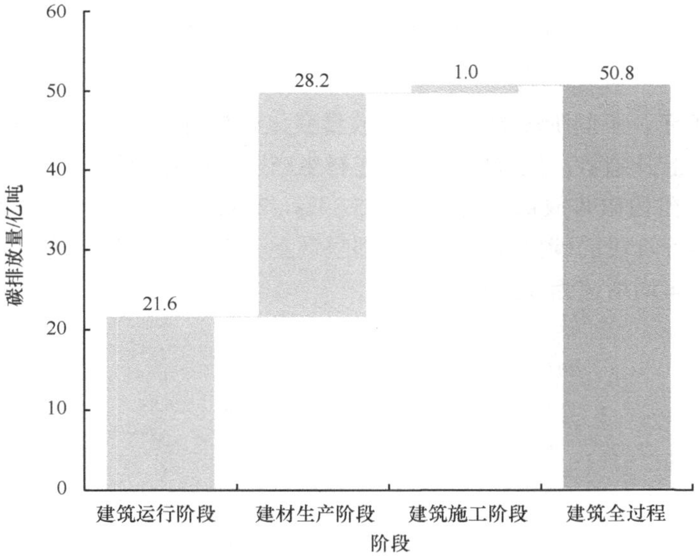

图 16.3　2020 年中国建筑各阶段及全过程碳排放情况

资料来源：《2022 中国建筑能耗与碳排放研究报告》

此外，在建材生产过程中，生产钢铁、水泥和其他材料的能耗分别为 5.8 亿吨标准煤、4.9 亿吨标准煤、0.5 亿吨标准煤，产生的碳排放量分别为 14.7 亿吨、12.3 亿吨、1.2 亿吨。在建筑运行过程中，公共建筑、城镇居建、农村居建的能耗分别为 4.2 亿吨标准煤、4.1 亿吨标准煤、2.3 亿吨标准煤，碳排放量分别为 8.3 亿吨、9.0 亿吨、4.3 亿吨。

2. 建筑碳排放变化趋势

如图 16.4 所示，全国建筑全生命周期能耗总体上呈现增长趋势，从 2010 年的 12.75

亿吨标准煤，增长到 2020 年 22.70 亿吨标准煤，增长 78.04%，年均增速为 5.94%。全国建筑全生命周期碳排放量从 2010 年的 32.50 亿吨，增长到 2020 年 50.80 亿吨，年均增速为 4.57%。

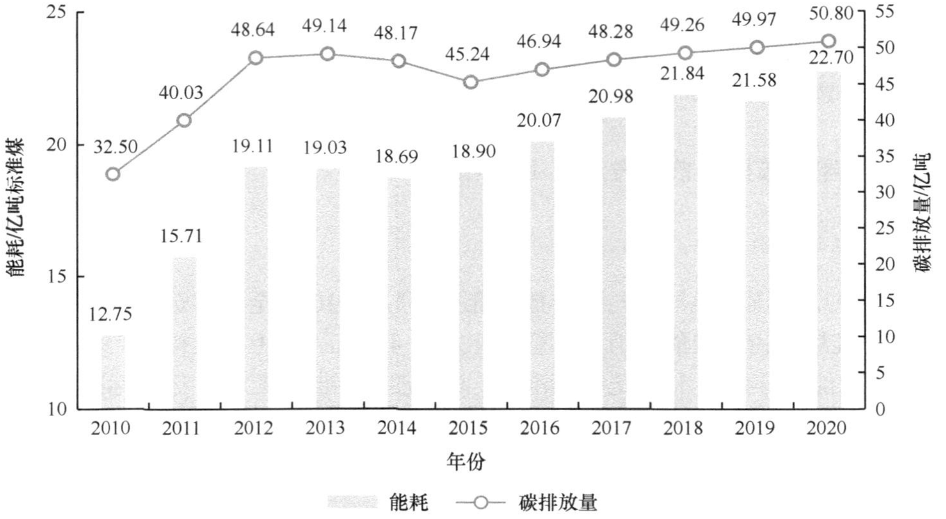

图 16.4 中国建筑全生命周期能耗及碳排放量变化

资料来源：《2022 中国建筑能耗与碳排放研究报告》

如图 16.5 所示，不同阶段的建筑碳排放量变化趋势特点存在一定差异。建材生产阶段碳排放总体呈上升趋势，但 2015 年是建材生产阶段碳排放量变化的分水岭，2012～2015 年建材生产阶段碳排放量年均下降了 5.34%，2015 年之后基本进入平台期。建筑施工阶段和建筑运行阶段的碳排放量总体上都呈现上升趋势，但建筑施工阶段的碳排放量增速相对平缓，年均增速为 3.20%。

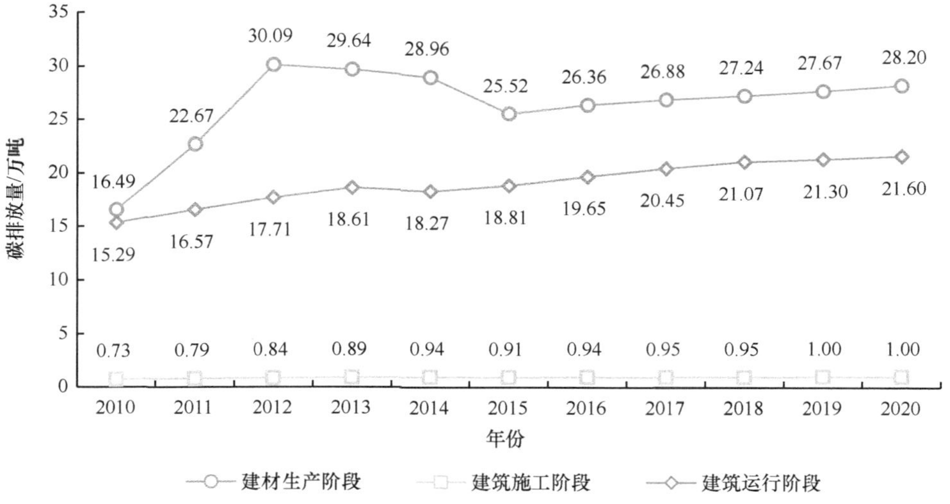

图 16.5 分阶段的建筑碳排放量变化

资料来源：《2022 中国建筑能耗与碳排放研究报告》

根据不同建筑类型的碳排放量数据（图 16.6），2010～2020 年，公共建筑的碳排放量增长了 50.1%（2.77 亿吨）。城镇居住建筑的碳排放量增长了 36.6%（2.41 亿吨）。农村居住建筑的碳排放量虽然也增长了 36.1%（1.14 亿吨），但由于其原本就相对较少，且随着城镇化率的增长，其碳排放量增长速度已放缓，排放增量对总量增加的影响较小。尽管不同类型建筑的碳排放量增速不同，但它们的占比相对稳定。总体来看，公共建筑、城镇居住建筑和农村居住建筑的碳排放比重为 4∶4∶2，其中城镇居住建筑略高于公共建筑。

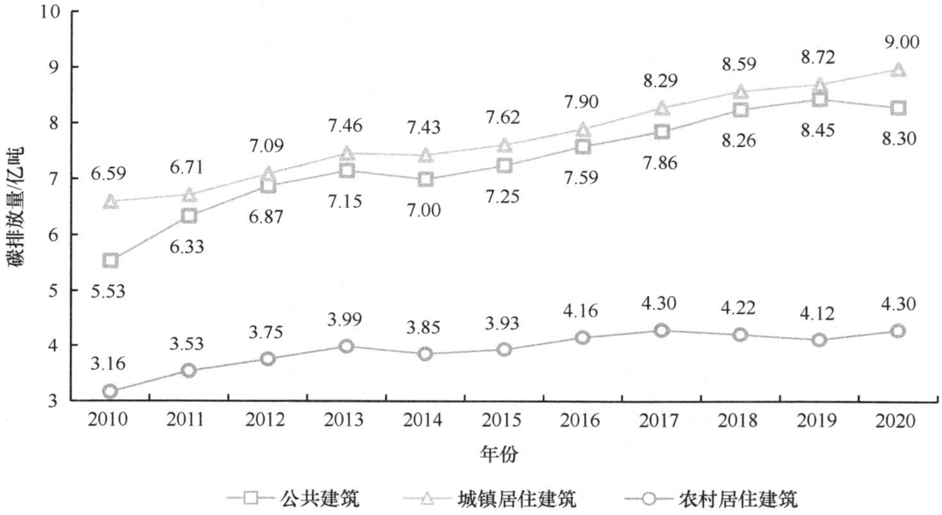

图 16.6 建筑运行阶段碳排放变化趋势——分建筑类型

资料来源：《2022 中国建筑能耗与碳排放研究报告》

16.3 低碳建筑的实施路径

低碳建筑以减少碳排放、节能和提高资源利用效率为核心，从整个建筑生命周期降低环境的负面影响。如何实施低碳建筑政策，推动建筑行业更加可持续地发展呢？目前，对低碳建筑的发展主要从建筑设计和技术方面考虑。

1. 优化建筑设计与规划

建筑物的节能设计是开展低碳建筑工作的重要起点，在建筑的整体设计过程中，需要考虑场地质量、室内环境、绿化环境和围护结构等，结合自然环境条件，通过选址、规划、外部环境和朝向设计使建筑与自然环境相融合，利用良好的微外部环境，达到节能的目的。建筑的自然通风和采光与建筑的形态、间距、密度、高低错落的空间布局密切相关。合理的布局、通风与采光设计等可以提高建筑物的可持续性和适应性，有利于实现自然通风和采光，从而减轻对人工照明和空调采暖的依赖，创造良好的室内环境。良好的绿化环境设计不仅可以调节居住区的微环境，降低城市的“热岛效应”，还可以提高建筑物的室内舒适度，从而降低能源消耗，实现碳减排的效果。

2. 使用低碳绿色建筑材料

绿色建材的生产选用了可再生、可循环的原材料或采用了废物利用技术加工的废弃物（如尾渣、垃圾、废液），并且在生产加工过程采用了低碳技术，减少了加工能源消耗。绿色建材包括竹材、木材、石材、钢材、水泥、工程塑料等结构材料，涂料、贴面、瓷砖等装饰材料，以及具有防水、隔热、保温等功能的各类新材料等。此外，绿色低碳建材不会对使用者产生不利影响，并且产品具有多功能，有助于优化建筑环境，提高生活品质。例如，在建筑物建造过程中使用新型建筑围护结构材料，如具有优异热物理性能的外墙保温隔热材料、屋顶隔热保温材料，以及具备智能外遮阳装置和防水防潮功能的饰面材料等，这些新型材料能够根据外部条件的变化自动调整其物理性能，可实现建筑物的保温、隔热、透光、通风等多种功能，从而既能保持室内的良好环境质量又能提高建筑的能源利用效率以达到节能减排的目的。

3. 充分利用可再生能源

用清洁可再生能源替代传统能源，既能满足能源的可持续利用需求，又能减轻对传统能源的依赖。例如，通过光热建筑一体化和光伏建筑一体化将太阳能纳入建筑的构建中，可创造低能耗和高舒适度的生存环境，达到绿色低碳的效果。其节能途径包括两种。第一种是在建筑物上安装太阳能热水器、采暖器等设备，将太阳能转化为热能，并进行利用。这样可以调整建筑能耗结构，提供热水和供暖。第二种是将太阳能光伏产品集成到建筑物上，充分利用建筑外表面，安装多种光伏发电设备，所产生的电能可以自给自足，或者并网输送到电力系统中。地源热泵技术也是建筑节能减排的重要路径，它利用地球表面浅层地热资源进行能量转换，是一种供暖空调系统，可以实现冬季采暖和夏季制冷的功能。需要注意的是，在充分利用可再生能源的同时，还需要合理设计和规划建筑的能源系统，以确保最大化和高效地利用可再生能源。

4. 建筑智能化和信息化

智能化技术在低碳建筑实施中的应用也愈发重要。为推动建筑节能低碳，可以借助物联网、云计算等高科技手段，通过建设自动化、信息化的垃圾废水智能处理与循环利用系统，打造低碳智慧建筑。利用智能化系统监测和控制建筑的能耗情况，通过分析、预测和优化，提高能源使用效率。具有自适应性和智能控制能力的智能化系统还可以实时监测建筑物的各种参数，如温度、湿度、光照等，并根据建筑内外环境的变化，自动调节各种设备和系统的运行，实现室内环境控制，提供舒适的室内氛围，并减少不必要的能源消耗。在建筑中利用信息系统可以对建筑物的运行进行全面监测和管理，以及时发现存在的问题，并采取相应的措施。

总的来看，全面建成低碳建筑需要在建筑设计与规划、建筑材料、可再生能源利用以及建筑智能化和信息化等方面进行落实。节能技术、建筑材料的优化及智能化技术和新兴技术的应用将推动低碳建筑的实施。推进技术路径的创新，有助于实现低碳建筑的目标并建设绿色可持续的社会。

16.4 低碳建筑的国内外实践

16.4.1 国外低碳建筑实践

世界许多国家都在积极推动绿色低碳建筑和可持续发展，通过低碳创新技术和设计理念降低能耗、减少碳排放，并为人们提供舒适、健康的生活环境。发达国家在绿色低碳建筑领域的成果尤为显著，如英国、日本、美国以及一些欧盟国家等。本节以获得德国可持续建筑委员会（Deutsche Gesellschaft für Nachhaltiges Bauen，DGNB）金级认证的绿色办公建筑——德国联邦环境局（Umweltbundesamt，UBA）办公大楼（以下简称办公楼）为例，分析建筑的低碳化设计。

1. 最大化地利用能源

办公楼的能源策略以自然过程为主，在减少化石燃料消耗的同时确保舒适度体验。为此，在建造上采取了一系列措施来实现办公楼的能源节约和舒适度的平衡。首先，通过紧凑的建筑外形和具有良好保温隔热性能的围护结构，最大限度地减少建筑表面的热损失。还通过提高建筑密封性、回收排风热量和预热送风等方式，最小化通风过程中的热损失。其次，在夏季热防护方面，采取了地热交换系统、三层玻璃隔热、屋顶内遮阳和利用建筑主体结构的蓄热能力等措施来降低室内温度波动幅度。为了最大限度地利用太阳能资源，采取了全面的被动式太阳能利用策略，包括采用可调节的遮阳设施、高效的太阳能吸收器以及先进的光电收集器。最后，办公楼还通过中庭调节微气候，利用垃圾填埋产生的 CH_4 进行区域供热，使用循环材料和可降解材料。

办公楼通过以下手段利用可再生能源：太阳能光伏发电系统、太阳能辅助制冷设施和地热交换系统。这些系统相互协作，形成一个有机的整体，最大化利用外部条件。在建筑中庭的玻璃屋顶和主体建筑的平屋顶上安装了太阳能光伏电池板，利用系统产生的电能，满足室内部分电子设备和照明用电需求；主楼屋顶安装了太阳能接收器，将太阳能量输送到吸收冷却装置，用于空气输送系统以及电子数据处理房间回风系统的冷却；在基地安装了地热交换系统，利用该系统满足供暖和制冷需求。通过上述技术手段，办公楼实现了对可再生能源的最大化利用，减轻了对传统能源的依赖。

2. 优化的通风采光设计

办公楼的通风设计目标是最大化利用自然风，并尽量降低能耗。办公楼通过地下的空气处理机、管道系统以及房间门边的面板设计，实现了送风和排风的有序流动。为了利用排风中的能量，办公楼还安装了热量回收系统对送风进行预处理。

办公楼根据内向和外向办公室对采光的不同需求，采取了相应的措施。对于内向办公室，通过选择透明度高的玻璃作为中庭屋顶材料、使用浅色地面材料反射光线、使用浅色材料的天花板和家具等方式来增加自然采光，减少照明用能。对于外向办公室，则安装了遮阳百叶和光偏转百叶，避免过多的太阳直射和眩光，改善内部光照情况。

通过以上措施，办公楼实现了有效的气流组织和排风，以及对内向和外向办公室的不同采光需求的满足，保证了室内环境的舒适性。

3. 安装智能管理系统

办公楼安装了建筑管理系统（building management system，BMS），该系统能够客观、精确地判断周围环境，决定是否需要运行特定设备（如空调、机械通风、自动门等），从而减少能源浪费。BMS 监控和管理通风、烟雾和排热系统，加热和冷却装置，电器电信系统，采光系统，供暖系统和夜间通风板等部分。除了自动化控制，用户也可对建筑进行直接控制。例如，使用者也可以自主控制面向中庭的窗户的开关以及办公室照度水平。BMS 既避免了不必要的能耗又增强了工作环境的舒适度。

16.4.2 国内低碳建筑实践

清华大学超低能耗示范楼（以下简称示范楼）是国家科技攻关计划项目“绿色建筑关键技术研究”的技术集成平台，旨在展示和实验低能耗、生态化、人性化的建筑形式和先进的技术产品，并推广节能、生态、智能技术在建筑上的应用。该示范楼得到了来自中国、美国、德国、日本、丹麦等国家的近 50 家企业的技术支持，集成了国内外近百项建筑节能技术，为技术交流、产学研合作、知识普及搭建了桥梁。它不仅是清华大学与企业界合作开发、展示新产品的平台，也是向社会大众宣传、展示建筑节能和可持续发展理念、技术及产品的窗口。示范楼由建筑物理环境控制与设施、建筑材料与构造、室内环境控制、建筑智能化四大系统构成。

1. 建筑物理环境控制与设施

为了提高建筑的热惯性，使室内热环境更加稳定，示范楼采用了相变蓄热地板的设计方案。为提高屋顶的隔热保温性能，并改善生态环境质量，示范楼采用了种植屋顶技术。在满足防水和承重要求的前提下，选择了适合北京地区气候特点的低矮灌木和草皮进行种植。此外，屋顶还设置了光导管采光系统，利用太阳光为地下室提供采光，从而减少白天的照明能耗。

2. 建筑材料与构造

示范楼东立面和南立面采用了双层皮幕墙和玻璃幕墙结合水平或垂直遮阳的方式。双层皮幕墙根据室内外温差调节室外空气进出风口的开合程度。水平和垂直遮阳叶片的宽度为 600 毫米，每个叶片都有单独的自控系统，根据不同区域的采光、视野、能量收集和太阳能集热需求进行控制调节，以实现冬季太阳能最佳利用和夏季太阳辐射遮挡，并同时满足室内自然采光需求。西北立面采用轻质保温外墙，并使用铝幕墙作为外部装饰。外窗采用双层中空玻璃，并配备保温卷帘。

3. 室内环境控制

示范楼采用被动方式来维持室内热舒适环境。利用自然通风来带走余热，缩短空调系统的运行时间，保证室内保持较为舒适的热环境；利用热压通风和风压通风的原理，依据建筑结构形式及周围环境特点，在楼梯间和走廊设置通风竖井来负责不同楼层的热压通风；在建筑顶端设计了玻璃烟囱，利用太阳能强化通风；在建筑外立面设置了开启扇，以使室外空气在风压通风的作用下顺畅贯穿流过建筑。该建筑还设置了4台新风机组，采用溶液除湿设备处理空气，消除室内湿负荷，提供干燥的新风。相比于传统空调工程中采用的冷冻除湿方法，溶液除湿方式能够将除湿过程从降温过程中分离出来，并利用较低品位能源进行除湿，从而降低空调能耗。此外，在保证室内空气质量要求的有足够的新鲜空气方面，示范楼采用了高效热回收技术，在新风机组中实现全热回收效率超过80%。

示范楼采用固体燃料电池及内燃机热电联供系统作为主要能源供应方式，并使用清洁天然气作为能源来源。日常中主要供电由内部发电机或者氢电池提供，并通过电网补充尖峰电负荷。发电后的余热在冬季被用于供暖，在夏季作为低温源驱动液体除湿新风机组并进行溶液再生。建筑南侧立面安装的光伏玻璃板可提供建筑物遮阳百叶和玻璃幕墙开启扇所需的电力。屋面装有太阳能高温发电装置，屋顶设有太阳能集热器以获得额外的余暖并驱动溶液再生系统。

4. 建筑智能化

示范楼还配备了智能化控制系统。示范楼屋顶布置了气象参数测点测量室外温度、湿度、风速和太阳辐射强度等数据。系统的测试包括各玻璃、窗框、遮阳百叶、保温墙体的表面温度和热流等参数，以及冷辐射吊顶表面温度、送回风温度湿度、盘管出水温度和溶液除湿系统的溶液浓度等运行参数。该智能化控制系统的主要功能有：根据日照情况和朝向方位自动调节遮阳百叶状态；通过自动采集室外气象参数，控制外窗、热压通风风道、双层皮幕墙进出风口的开闭；实时监测测量工作区各点的照度数据，并根据数据调节百叶角度和人工照明灯具；根据房间内 CO_2 浓度和湿度自动调节室内新风量。其他能源设备、水泵、太阳能装置等也会根据负荷情况自动调节。

习题：

1. 什么是低碳建筑？低碳建筑的内涵和特征是什么？
2. 从全生命周期视角来看，我国建筑行业碳排放的主要来源是什么？
3. 如何实现建筑行业的低碳化发展？
4. 思考下，你认为住宅建筑低碳化发展面临的挑战是什么？

本章参考文献

鲍健强，叶瑞克，等. 2015. 低碳建筑论[M]. 北京：中国环境出版社.
陈易，等. 2015. 低碳建筑[M]. 上海：同济大学出版社.
刘秀莲. 2012. 中国产业结构调整的难度及政策选择[J]. 经济研究参考，(42): 5-12.
欧晓星. 2016. 低碳建筑设计评估与优化研究[D]. 南京：东南大学.
史丹. 2018. 绿色发展与全球工业化的新阶段：中国的进展与比较[J]. 中国工业经济，(10): 5-18.
张志军，曹露春. 2012. 可再生能源与建筑节能技术[M]. 北京：中国电力出版社.
中国建筑节能协会建筑能耗与碳排放数据专业委员会. 2022. 2022中国建筑能耗与碳排放研究报告[R]. 重庆：中国建筑节能协会.

本章要点

1. 明晰交通行业碳排放主要来源。
2. 掌握交通行业碳排放核算方法。
3. 熟悉交通行业低碳发展的实施路径。

第17章 低碳交通

交通行业一直是中国碳排放的三大来源之一。根据IPCC报告，尽管长期以来各国政府一直致力于交通低碳化转型，2022年全球交通碳排放依然增长2.1%（17 300万吨）。在国家经济稳步增长的总目标下，城镇化和产业扩张导致交通行业的碳排放依然呈现大幅增长的趋势。作为国民经济中基础性、先导性、战略性产业和重要服务性行业，交通运输是可持续发展的重要支撑。因此，交通行业亟须进行低碳化转型，这是实现中国“双碳”目标、提升产业环境效益所必须走的道路。

17.1 低碳交通概述

17.1.1 低碳交通的内涵

英国早在2007年发布的《低碳交通创新战略》中将低碳交通定义为将现有的交通运输发展方式转变为“低能耗、低污染、低排放、高能效”的交通运输发展模式。随后，越来越多的国家开始关注低碳交通。例如，日本在2008年通过了“低碳社会行动计划”，该计划提出低碳交通的实现主要通过提高运输效率和能源使用效率，还提及了燃料电池汽车的推广。美国于2009年通过了《美国清洁能源与安全法案》，该法案也将提高交通运输效率作为重点，通过提高交通运输工具运载率、鼓励多人共享交通工具、给予载客量较高的运输工具优先权等方式实现交通运输部门的节能减排。

因此，低碳交通可以被定义为一项涉及城市交通运输部门的系统工程，其核心在于提高交通运输部门的能源利用效率、优化交通运输结构、实现现代交通运输组织和管理体系构建以及出行方式的低碳转变。

17.1.2 低碳交通的特征

低碳交通是低碳城市和低碳经济不可或缺的重要组成部分，同时也是对可持续交通与绿色交通理念的继承与发展。低碳交通作为一个内容广泛的可持续发展交通体系，与传统交通体系有着本质上的不同，是交通体系发展的必然趋势和最终形态。因此，可以将低碳交通的特征概括为以下几个方面。

1. 低碳性

低碳交通既服务于经济社会的发展，促进社会效益的增长，又遵循生态可持续发展的原则，平衡环境与经济效益。它的核心目标是节约资源、减少排放、促进社会经济的可持续发展，并应对全球气候变暖问题，以保护人类生存的环境。低碳交通追求通过优化交通运输和能源使用结构、合理控制交通需求、降低交通工具能耗以及提高运行效率来实现这些目标。最终目的是建立一个高效、安全、低能耗、低污染的城市交通系统，并推动交通领域实现从生产到消费整个链条的低碳化，促进整个社会向低碳转型。

2. 系统性

作为一个综合性系统，低碳交通不能仅依赖单一交通模式来实现。因此，发展低碳交通需要发挥各种交通方式的优势，保持各交通内部系统（如运载工具系统、交通能源系统等）间的动态协调关系。此外，低碳交通是一个复杂且庞大的运输系统，不论是道路设计，还是交通设施的规划、建设、维护、运营，乃至交通工具的生产、使用、维护及相关制度和技术保障措施，各方面都需要用到系统化、整体化的思维。在这样一个集成体系中，发展低碳交通既要发展新的低碳能源，开发利用新型绿色能源，又要提升传统能源的利用率，二者相辅相成，缺一不可。

3. 双向性

低碳交通涵盖“供给”和“需求”两个方面，因此实现交通低碳化也需“供给”和“需求”两手抓。在供给方面，需要提供一个低碳的交通运输服务系统，主要措施包括技术性减排（如新能源汽车推广、车辆新技术应用）和制度性减排（如市场准入与退出机制）。在需求方面，需要使公众更新传统的交通理念，鼓励公众选择合理的交通出行工具。只有实现了交通运输系统内的“供需平衡”，才能真正使城市交通向低碳化迈进。

4. 相对性

在推进低碳交通的过程中，提高能源使用效率、优化交通用能结构是降低交通行业整体碳排放的重要手段。这并不意味着要完全摒弃现有的交通体系，因为燃油类交通工具在我国的交通运输行业中，特别是在货物运输领域，仍然占据着主导地位。因此，低碳化转型是相对于传统的高碳排放交通方式而言的转变。

5. 可计量性

低碳交通的可计量性是指能够对采取低碳交通方式所产生的碳排放和环境影响进行度量和评估。可计量性包括对不同交通方式的能源消耗进行测量，以评估其对资源的需求和影响。低碳交通的可计量性涉及测量交通方式产生的碳排放量，由于不同类型交通工具的 CO_2 或其他温室气体（如 CH_4、N_2O）的排放水平各不相同，因此，需要精确测量各类交通工具的碳排放水平。

17.2 交通行业碳排放来源与核算

17.2.1 交通行业碳排放来源

IPCC 规定，交通运输温室气体核算边界为航空、道路、铁路、水路和其他运输过程中产生的排放，并将国际航空和国际水运产生的温室气体排放单独核算。IPCC 交通运输温室气体核算边界及气体如表 17.1 所示。道路运输除了核算化石燃料和生物质产生的温室气体，也将轮胎所产生的 SF_6 排放纳入其中。基础计算方法为燃料消耗乘以各种燃料对应的排放因子。

表 17.1 IPCC 交通运输温室气体核算边界及气体

运输方式	核算气体
航空运输	国内范围航空运输所产生的 CO_2、CH_4、N_2O
道路运输	化石燃料燃烧所产生的 CO_2、CH_4、N_2O，生物质燃料燃烧所产生的 CH_4、N_2O，绝热轮胎所泄漏的填充气体 SF_6
铁路运输	CO_2、CH_4、N_2O
水路运输	内陆水运（化石燃料燃烧所产生的 CO_2、CH_4、N_2O，生物质燃料燃烧所产生的 CH_4、N_2O）
其他运输	非道路运输——管道运输产生的 CO_2、CH_4、N_2O、制冷设备含氢氟烃（hydrofluorocarbon，HFC），其他间接 N_2O
国际航空	CO_2、CH_4、N_2O
国际水运	CO_2、CH_4、N_2O

交通领域碳排放涉及环节多、周期长，上述各类交通运输方式的碳排放来源主要涵盖交通基础设施的固定排放，以及交通运输工具的移动排放。交通基础设施的固定排放主要包括各类交通场所（如公路、港口、机场等）前期规划设计、施工建设、运营维护导致的温室气体排放。交通运输工具的移动排放是指各类交通工具（如汽车、火车、飞机等）在客运/货运途中使用燃料、电力导致的温室气体排放。图 17.1 以道路运输为例从全生命周期角度说明了温室气体排放过程。

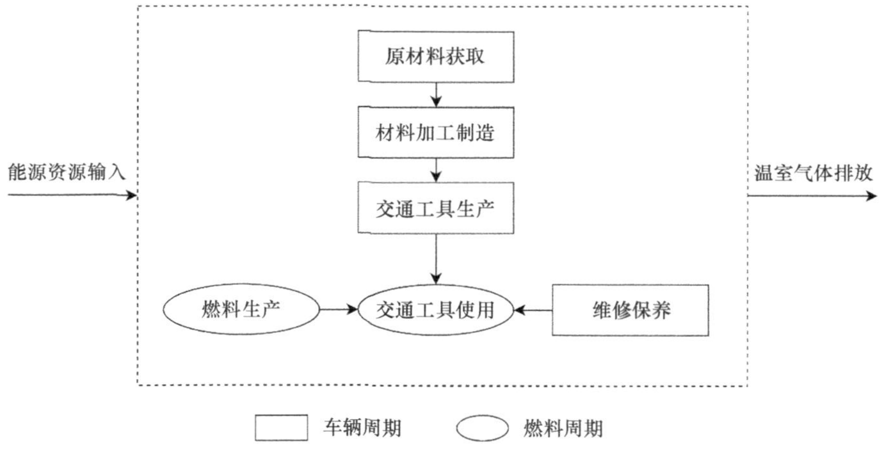

图 17.1 交通行业全生命周期温室气体排放核算边界

17.2.2 交通行业碳排放核算方法

现阶段交通运输领域碳排放量测算方法主要是碳排放因子法。碳排放因子法按照核算路径的不同，可以分为“自上而下”法和“自下而上”法（图 17.2）。

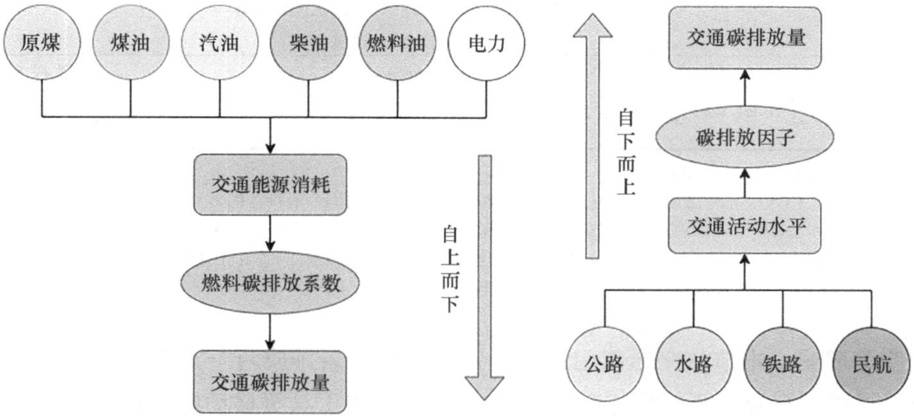

图 17.2 “自上而下”法和“自下而上”法

“自上而下”法，即在考虑工业化水平、人口、能源消耗强度、人均 GDP 等宏观影响因素与碳排放之间的关联关系基础上构建碳排放计量模型。这种方法常用于区域碳排放研究中，一般将地区范围内的交通运输行业能源消耗数据乘以燃料碳排放系数计算交通碳排放量。“自下而上”法，即研究车流量、里程、车型、自然系数等微观影响因素与碳排放之间的定量关系，一般将各种交通活动水平（如行驶里程）乘以单位活动水平的碳排放因子来计算交通碳排放量。

目前，我国在交通行业的碳排放核算主要采用“自上而下”的碳排放因子法，国家温室气体排放清单是基于《2006 年 IPCC 国家温室气体清单指南》进行编制的（薛露露和刘岱宗，2022）。表 17.2 详细说明了《2006 年 IPCC 国家温室气体清单指南》中各交通部门的碳排放核算方法。在实际运用中，可根据数据可得性选择适合的交通行业碳排放核算方法。

表 17.2 《2006 年 IPCC 国家温室气体清单指南》中各交通部门的碳排放核算方法

交通部门	方法 1	方法 2	方法 3
道路交通	次优选项 $\sum_a (\text{Fuel}_a \times \text{EF}_{a\_\text{Default}})$	最优选择 $\sum_a (\text{Fuel}_a \times \text{EF}_{a\_\text{CS}})$	无
铁路	次优选项 $\sum_a (\text{Fuel}_a \times \text{EF}_{a\_\text{Default}})$	最优选择 $\sum_a (\text{Fuel}_a \times \text{EF}_{a\_\text{CS}})$	无
水运	次优选项 $\sum_a (\text{Fuel}_a \times \text{EF}_{a\_\text{Default}})$	最优选择 $\sum_{a,b} (\text{Fuel}_{a,b} \times \text{EF}_{a,b\_\text{CS}})$	无

续表

交通部门	方法 1	方法 2	方法 3
航空	第三选项 $\sum_a (\text{Fuel}_a \times \text{EF}_{a\_\text{Default}})$	次优选择 LTO 起降循环排放+巡航排放 LTO 起降循环排放=飞机起降架次×排放因子_起降 巡航排放=燃料消耗总量_起降燃料消耗×排放因子_巡航	最优选择 根据航班出发地和目的地（3A 级方法）或者航班的活动与轨迹（3B 级方法）估算航空排放
非道路机械	第三选项 $\sum_a (\text{Fuel}_a \times \text{EF}_{a\_\text{Default}})$	次优选项 $\sum_{a,b} (\text{Fuel}_{a,b} \times \text{EF}_{a,b\_\text{CS}})$	最优选择 $\sum_{a,b} (N_{ab} \times H_{ab} \times P_{ab} \times \text{LF}_{ab} \times \text{EF}_{ab})$

资料来源：薛露露和刘岱宗（2022）

注："最优选择"指该核算方法为《2006 年 IPCC 国家温室气体清单指南》最推荐的方法。如果缺乏最优选择所需的统计数据，则推荐次优选项和第三选项。a 为燃料类型；b 为船舶类型、发动机类型或非道路机械类型；Default 为缺省因子，缺乏本地化数据时采用；EF 为 CO_2 排放因子；CS 为本地化排放因子（而非缺省因子）；LTO 为起降循环次数；N_{ab} 为人口；H_{ab} 为年运营小时数；P_{ab} 为平均额定功率；LF_{ab} 为负荷系数

为便于理解，本节从交通部门直接碳排放与间接碳排放两个方面对整个交通部门的碳排放总量进行核算。直接碳排放（即 $E_{燃料}$）为交通工具等移动燃烧设备消耗柴油、汽油、天然气等化石燃料产生的碳排放，间接碳排放（即 $E_{外购电、热}$）是使用净外购的电力导致的排放。

$$E_{总} = E_{燃料} + E_{外购电、热} \tag{17.1}$$

与能源相关的交通碳排放可以通过公式（17.1）计算。

$$E_{燃料} = \sum_i \text{AD}_i \times \text{EF}_i \tag{17.2}$$

其中，AD_i 为交通工具消耗的第 i 种化石燃料的实物量；EF_i 为第 i 种化石燃料的排放因子。

$$\text{EF}_i = \text{NCV}_i \times \text{CEF}_i \times \text{COF}_i \times \frac{44}{12} \tag{17.3}$$

其中，NCV_i 为第 i 种能源的平均低位发热量；CEF_i 为第 i 种能源的单位热值含碳量；COF_i 为第 i 种能源燃烧时的氧化率；$\frac{44}{12}$ 中的 44 和 12 分别为 CO_2 和碳的分子量。

$$E_{外购电} = \sum \text{AD}_{外购电} \times \text{EF}_{电力} \tag{17.4}$$

其中，$\text{AD}_{外购电}$ 为外购的电力量；$\text{EF}_{电力}$ 为生产电力的碳排放因子。

$$E_{外购热} = \sum \text{AD}_{外购热} \times \text{EF}_{热} \tag{17.5}$$

其中，$\text{AD}_{外购热}$ 为外购的热能量；$\text{EF}_{热}$ 为生产热能的碳排放因子。

17.2.3 交通行业碳排放核算方法应用

基于《2006 年 IPCC 国家温室气体清单指南》的方法，中国碳核算数据库核算了 2001～2021 年交通行业碳排放量，结果如图 17.3 所示，2001～2018 年交通行业碳排放量呈现上升趋势。交通行业碳排放量的增加可以从两方面解释：从居民角度出发，伴随

着经济社会的高速运转，人民生活水平得到进一步提升，出行意愿的增加引致了更高的出行量；从产业角度出发，国内经济的良好形势推动产业经济活动愈加频繁，尤其是快递行业的发展使得产业运输需求旺盛。总而言之，社会交通需求量大导致交通行业碳排放量持续上升。相反，自 2004 年起交通行业碳排放量的增长率则是总体呈现出波动下降的趋势，2019 年增长率转为负值，下降的增长率趋势说明交通行业正在朝着全面低碳转型方向努力并且有所成效。例如，2011 年中华人民共和国交通运输部（以下简称交通运输部）在天津、重庆等 10 个城市开展了首批建设低碳交通运输体系城市试点，低碳逐渐深入我们的交通出行领域。2020 年受到新冠疫情的冲击，交通行业碳排放量大幅下降，新冠疫情冲击带来的碳减排效果并未持续太长时间，随着社会活动的恢复，2021 年交通行业碳排放量逐渐反弹至 2019 年的水平，最终该年碳排放量较上年增长 6.6%。总而言之，政府应当始终坚持调整运输结构、引导绿色出行、提高能源利用效率、推动清洁能源转型等积极的低碳交通政策。

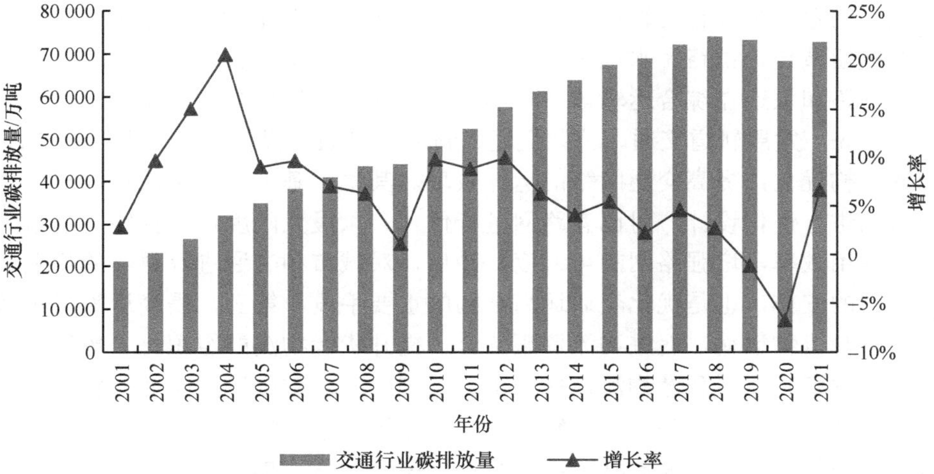

图 17.3　2001～2021 年交通行业碳排放量

资料来源：中国碳核算数据库

17.3　低碳交通的实施路径

发展绿色低碳交通是交通运输行业加强生态文明建设、服务国家“双碳”目标，深入打好污染防治攻坚战的重要举措。针对影响交通行业碳排放的因素，结合我国交通行业碳排放现状，当前有效促进低碳交通转型的路径包括提高交通行业低碳技术水平、优化低碳运输及运力结构、积极引导低碳交通出行等减排措施。

17.3.1　提高交通行业低碳技术水平

低碳技术是交通行业发展的着力点，为此实现交通行业低碳技术的提升需要从新能源汽车和燃油汽车两方面考虑。首先，提升新能源汽车及配套设施建设技术水平。交通电气化是道路运输和铁路运输减排的重要一环。一方面，要继续深化以纯电动汽车、插电式混合动力（含增程式）汽车、燃料电池汽车为“三纵”，动力电池与管理系统、驱动电机与电力电子、网联化与智能化技术为“三横”的“三纵三横”总体研发布局；另一方面，加快充换电基础设施建设，推动智能路网设施建设，加快搭建新能源汽车充电桩、配电站等基础设施。其次，提高燃油车能源使用效率。一方面，通过积极引入和广泛推广先进的科学技术，加速燃油车技术的创新；另一方面，建立和完善低碳交通碳排放的相关技术标准，加大高端人才的引进力度，加大资金投入力度，实现能源使用的低碳化、交通管理的低碳化以及交通工具的节能化，从而显著降低交通碳排放。

17.3.2 优化低碳运输及运力结构

全面推进客运和货运结构调整能够有效减少交通部门碳排放，加快低碳交通建设。第一，充分发挥各种运输方式的整体优势和组合效率。加快港口、铁路、航道等基础设施建设，构建完善综合运输体系，发挥综合运输整体效能。港口是集装箱多式联运最重要的枢纽节点，铁路、水运是综合运输体系中大运量、长距离运输的主要手段之一，提高铁路和水运在综合运输体系中的比重有助于结构性减排。第二，优化交通运力结构。首先，发展轨道交通、公共交通、新能源交通、慢行交通（步行和自行车），促进交通结构优化，提高交通网络的运行效率。其次，基于全城车流量和出行信息，对路网结构进行优化设计，对已有路网进行优化，以最大限度地发挥路网的潜力，提升路网的使用效率，增强路网的可靠度。最后，对城市和交通进行科学的规划，对用地进行合理的安排，也是优化交通运力结构的重要手段。第三，提高运输组织效率。发展网络平台货物运输，促进物流资源整合，提升货运物流的组织化、集约化水平，有效降低空驶率。发展智慧物流，提升货运系统效率；鼓励运输企业、物流园区、港口、货运场站广泛应用物联网、大数据、自动化等技术，推广应用自动立体仓库、智能输送分拣和装卸设备；发展城市共同配送、统一配送、集中配送、分时配送等集约化模式，与干线甩挂运输一体化运作。

17.3.3 积极引导低碳交通出行

1）全面推进国家公交都市建设

优先发展公共交通，完善城市公共交通服务网络，提高公共交通供给能力，提升公共交通服务品质。同时，推动自行车、步行等城市慢行系统发展，加快转变城市交通发展方式，综合施策，加大城市交通拥堵治理力度。

2）积极宣传低碳交通出行方式

通过广泛传播和举办多种活动，向市民普及低碳概念，鼓励大众培养低碳出行的良好习惯。政府、社会机构、企业和个人的共同努力将使低碳交通理念深入融入各个领域，从而达到实现低碳经济效应的目的。

3）发挥市场措施的激励作用

全国范围内实施绿色出行碳激励措施，如“碳积分”制度，鼓励小微企业、社区、家庭和个人采取绿色低碳行为，以获得与其碳积分对应的经济回报。逐步建立家庭出行碳账户制度，以减少高碳出行的家庭数量。

17.4 低碳交通的国内外实践

17.4.1 国外低碳交通实践

先进的低碳交通政策与实践已经为伦敦、东京、纽约等城市带来了巨大的经济效益与社会效益。其他国家低碳交通的发展经验表明，低碳交通发展规划与城市发展规划以及经济发展有着强相关性。了解其他国家的低碳交通发展情况，从实践经验中提炼出精华，为我国低碳交通发展实践提供参考建议。

1. 大力发展公共交通系统，支持非机动交通

扩大地铁、电车、公共巴士覆盖范围，发展自行车共享系统等，为人们提供更多便利和可持续的出行选择。鼓励人们以步行、骑车等方式进行短距离旅行，修建安全的步行街、脚踏车道，并推行自行车出租等措施，以减少对机动车的使用。以德国弗赖堡为例，在城市整体规划方面，它采用了紧密的路网结构，使得车辆行驶范围以城郊为主，减小了中心城区的车流密度。在城市的主要功能区域内，建立了大型的公共交通设施，努力解决交通拥挤的问题，弱化了居民对私人交通的需要。

2. 交通管理和拥堵收费

采取诸如收取高峰拥挤费、限行等交通管理措施，缓解城市交通拥挤情况，降低大气污染程度。英国伦敦已开始对中心区交通拥堵采取收费措施，并推出了差异化收费理念，以进入中心商务区的汽车所产生的 CO_2 排放为基础进行收费。按照这个提议，对产生最大污染的汽车每天要收费 25 英镑，而对没有废气的汽车则是免费的。

3. 推行慢行交通

投资步行和自行车出行的基础设施建设，为私家车出行提供具有吸引力的替代选择；通过市场、信息和其他方式推动需求管理政策的替代选择。法国巴黎政府实施了一项名为“巴黎慢行”的计划，旨在提高步行和自行车出行的便捷性。该计划包括改建人行道、划分自行车道、限制汽车通行等措施，以提高城市的空气质量和居民生活质量。

4. 采取智能城市规划和土地利用政策

将住宅、商业和工作场所更加紧密地结合在一起，以缩短通勤距离，降低碳排放。日本低碳交通建设的一大工作重点是通过布置环线路网来连接各大轨道干线及站点并重新梳理相关的道路网络，对关键的交通换乘点，尤其是轨道站前广场和各类交通流线进行再规划，以保证站点在大客运流量下得以有序运作。此外，日本还针对各地区的地理

环境与交通需求特征重新布局公交网络，以提升公共交通的可达性和客运效率（王妍和欧国立，2018）。

17.4.2 国内低碳交通实践

在中国迅速崛起成为世界第二大经济体的道路上，经济高速增长始终伴随着高碳排放的问题。国内低碳交通发展绕不开政府政策引导，表 17.3 总结了我国现有的关于低碳交通的政策。2000 年以来实施的交通领域多方面的减排措施，使得中国在控制交通行业碳排放方面取得了重大进展。

表 17.3 交通行业低碳化相关政策（部分）

年份	政策	内容	
2008	《公路水路交通节能中长期规划纲要》	确定了中长期交通节能的总体目标和主要任务	把加强节能作为转变交通发展方式、调整交通产业结构的重要内容；着力提高交通系统运行效率和能源利用效率；以市场为导向；充分调动企业作为节能主体的作用；坚持制度创新与技术创新相结合
2009	《道路运输车辆燃料消耗量检测和监督管理办法》	加强道路运输车辆节能降耗管理	经交通运输部公布的检测机构检测，符合道路运输车辆燃料消耗量限值标准要求的车型方可进入道路运输市场
2013	《加快推进绿色循环低碳交通运输发展指导意见》	围绕大交通制定的绿色循环低碳发展指导意见	提出了强化交通基础设施建设的绿色循环低碳要求等五方面 22 条具体任务，全面覆盖了交通运输行业资源节约、能源利用、控制排放和保护环境等内容
2016	《交通运输节能环保“十三五”发展规划》	落实绿色交通工作目标绩效考核	将绿色交通考核纳入各地市的节能减排考核体系
2017	《“十三五”现代综合交通运输体系发展规划》	提升交通发展智能化水平	交通基础设施、运载装备、经营业户和从业人员等基本要素信息全面实现数字化
2021	《交通运输行业重点节能低碳技术推广目录（2021 年度）》	交通领域低碳技术	引导交通运输企业应用先进适用的节能低碳新技术
2021	《公路、水路交通实施〈中华人民共和国节约能源法〉办法》	提高能源利用效率	交通用能单位应当加强节能管理，制定并实施节能计划和节能技术措施，建立和完善节能管理制度，根据生产过程中运量、运力、施工作业等多种因素变化情况及时调整生产计划，提高交通用能设备的使用效率
2021	《“十四五”民航绿色发展专项规划》	健全绿色民航供给体系	推动民航运输与先进制造业深度融合，强化业务关联、链条延伸、标准互补、政策协同，支撑民航绿色低碳循环发展
2021	《绿色交通“十四五”发展规划》	明确阶段性低碳交通发展目标	提出到 2025 年，交通运输领域绿色低碳生产方式初步形成，基本实现基础设施环境友好、运输装备清洁低碳、运输组织集约高效，重点领域取得突破性进展，绿色发展水平总体适应交通强国建设阶段性要求
2022	《绿色交通标准体系（2022 年）》	提出绿色交通标准体系	包括国家标准和交通运输行业标准。还列出了国家节能降碳相关标准、国家污染物排放相关标准和国家生态环境保护相关标准共计 43 项，以促进绿色标准的协同实施

1. 低碳道路交通

1）提升道路快速通行能力

综合运用法律、经济、技术、行政等多种手段，加大道路交通拥堵治理力度，优化路网运行模式，建立路网一体化运营管理模式及控制平台；利用我国北斗卫星导航等技术设备为道路交通效率的提高提供技术支撑，实现路面通行效率最优化。

2）引导低碳交通出行

交通运输部、国家发展改革委于 2020 年 7 月 23 日印发了《绿色出行创建行动方案》，旨在通过开展绿色出行创建行动，倡导简约适度、绿色低碳的生活方式，引导公众出行优先选择公共交通、步行和自行车等绿色出行方式。

3）开展数字化改造

2016 年交通运输部印发《交通运输信息化“十三五”发展规划》，将交通行业信息化作为交通建设主要任务。从道路交通基础设施数字化改造开始，交通的各个环节均加入了数字化信息技术的应用，如高速“云收费站”、智慧公交系统等。

2. 低碳铁路交通

1）提升铁路客货运输组织效率

《“十四五”铁路科技创新规划》提出“智能铁路”“运输服务”等多个领域的建设目标，推动前沿技术与铁路领域深度融合，目的在于提高运输设备效率、提高铁路货运量，减少不必要的能耗。

2）运用新技术

我国铁路在积极推进电气化改造、货运重载化、机车“油改电”等技术的同时，加强新能源及混合动力机车、新材料、废弃资源回收利用等领域新技术研发，积极抢占未来铁路节能减排技术新高地，提升我国铁路节能环保技术水平。

3. 低碳水运交通

中国积极推广使用新能源船舶，包括电动船舶和液化天然气船舶；促进水路与铁路、公路和铁路之间的无缝衔接，以提高货物运输的效率，降低物流成本；加强水路交通管理，制定并实施了一系列法律法规和行业标准，规范和引导水运行业的绿色发展和环境保护行动。交通运输部印发了《水运“十四五”发展规划》，规划提出了“强基优能，打造高能级港口枢纽”等八项重点任务。

4. 低碳航空交通

我国针对航空业的低碳化推出了《“十四五”民航绿色发展专项规划》，提出到 2025 年航空公司可持续航空燃料消费量达 5 万吨，机场单位旅客吞吐量综合水耗降至 60 升、场内纯电动车辆占比提升至 25%、可再生能源消费占比提升至 5%等多种新能源相关指标。这不仅要求单位生产指标的能耗和碳排放要下降，更要求注重能源供给侧的创新变革，更贴合“双碳”目标实现的要求。

习题：

1. 什么是低碳交通？低碳交通的内涵和特征是什么？
2. 交通碳排放核算中“自上而下”法和“自下而上”法的区别是什么？
3. 我国交通行业碳排放的主要来源是什么？
4. 如何实现交通行业的低碳化发展？
5. 思考下，你认为新能源电动车大规模发展面临的主要挑战是什么？

本章参考文献

王妍, 欧国立. 2018. 典型国家城市低碳交通政策解析及对我国的启示[J]. 生态经济, 34(8): 31-37, 57.
薛露露, 刘岱宗. 2022. 精准施策：中国省级交通领域二氧化碳排放核算方法研究[R]. 北京：世界资源研究所.
朱婧, 刘学敏, 初钊鹏. 2016. 城市低碳交通的发展途径分析[J]. 生态经济, 32(1): 76-81.

本章要点

1. 明晰服务业碳排放主要来源。
2. 掌握服务业碳排放核算方法。
3. 熟悉服务业低碳发展的实施路径。

第 18 章　低碳服务业

2022 年我国第三产业（服务业）增加值占 GDP 的比重为 52.8%，高于第二产业 12.9 个百分点。按照国民经济部门分类，服务业包括饮食、住宿、旅游、仓储等为社会提供劳务和服务的业务，其具有投资小、能耗低、污染少等特点。因此，从中央政府到各地方政府都把大力发展服务业、提升服务业占 GDP 的比重作为优化三次产业结构的一个目标，来缓解经济增长对资源环境造成的压力。然而，随着互联网、信息通信技术产业为代表的新经济的迅速增长，传统意义上的低能耗服务业或将成为新的能耗“大户”，特别是信息与通信技术（information and communications technology，ICT）的能耗与 CO_2 排放量均呈现逐年增长趋势[①]。因此，兼顾经济社会可持续发展与“双碳”目标实现，发展低碳服务业将在节约能源资源、减少温室气体排放和促进低碳经济发展的过程中发挥重要作用。

18.1　低碳服务业概述

18.1.1　低碳服务业的内涵

构建绿色低碳循环发展经济体系是实现“双碳”目标的重要举措。2021 年 2 月，国务院印发《关于加快建立健全绿色低碳循环发展经济体系的指导意见》，指出提高服务业绿色发展水平，要从有序发展出行、住宿等领域共享经济，加快信息服务业绿色转型，倡导酒店、餐饮等行业不主动提供一次性用品等多方面展开[②]。

生产性服务业和生活性服务业是服务业的重要组成部分，是当前中国经济最具活力的产业，也是未来经济发展最具潜力的产业。国家统计局制定了《生产性服务业统计分类》和《生活性服务业统计分类》，为开展相关产业统计工作提供了依据。生产性服务业是指与农业、工业等直接相关的配套服务业，贯穿于价值链的诸多增值环节，是一、二、三产业加速融合的引擎和介质，具有专业性强、创新活跃、产业融合度高、带动作用显著等特点，涉及 16 个国民经济行业门类，348 个行业小类（如批发业，交通运输、仓储和邮政业，信息传输、软件和信息技术服务业，金融业等）。生活性服务业聚焦居民消费

① 《传统低能耗服务业或成能耗“大户”，ICT 产业如何兼顾数字赋能和低碳发展？》，http://zhb.org.cn/lshj/lshj_2/2022-04-06/14084.html，2022-04-06。

② 《国务院关于加快建立健全绿色低碳循环发展经济体系的指导意见》，https://www.gov.cn/zhengce/content/2021-02/22/content_5588274.htm?5xyFrom=site-NTl，2021-02-22。

升级需要，增加健康、体育、文化等满足居民身心健康需要的升级类服务业有效供给，涉及 13 个行业门类，288 个行业小类（如零售业，住宿和餐饮业，房地产业，旅游业，居民服务，文化、体育和娱乐业等）。

随着经济的发展和产业结构的升级，服务业占国民经济的比重不断上升成为普遍规律。随着第一、二产业节能减排潜力的快速释放，其节能减排成果的边际递减效应也不断凸显，而我国服务业的节能减排工作尚处于起步阶段，存在巨大潜力和发展空间，是我国减少能源消耗和 CO_2 排放亟须开拓的新领域。根据服务业的分类，低碳服务业包括低碳生产性服务业和低碳生活性服务业，指一方面通过低碳技术协助一、二产业向低碳化、可持续化方向转型，另一方面全面促进重点领域消费绿色转型，使低碳、环保理念得以有效落地，形成绿色低碳循环发展的消费体系。

低碳服务业的目标是通过创新和改进低碳技术通过更节能和环保的技术和实践，协助一、二、三产业减轻对碳能源的依赖，降低环境负荷；同时为消费者提供高质量的服务，鼓励和支持个人、家庭及社区采取可持续的生活方式，减少对资源的消耗，打造绿色低碳消费体系。通过引入更环保的实践和技术，实现生产性服务业和生活性服务业的双重低碳化，低碳服务业有助于推动社会向更加可持续的方向发展，同时也为企业和社会带来了商机和经济效益。

18.1.2 低碳服务业的特征

低碳服务业作为可持续发展理念的应用范畴，分为低碳生产性服务业与低碳生活性服务业两个层面，通过碳减排、资源高效利用等措施，为社会经济和环境可持续发展做出实质性贡献。因此，低碳服务业的特征主要体现在低能耗、低污染、高效益和高责任四个方面。

1. 低能耗

一方面由于低碳生产性服务业通过引入高效节能技术、优化生产流程和使用清洁能源，协助其他产业实现低碳转型，因此其能帮助降低能源消耗。另一方面，低碳生活性服务业通过推广能源节约型设备、倡导绿色交通方式以及改善建筑节能标准等措施，减少人们在日常生活中对非清洁能源的需求，从而降低整体的能源消耗。

2. 低污染

在低碳生产性服务业领域，通过采用绿色生产技术、减少有害物质排放以及加强废物处理，企业能够最大限度地减轻对环境的污染。在低碳生活性服务业中，通过倡导绿色消费、推广环保产品以及减少单车交通，人们可以降低个人生活对环境的负面影响，实现低碳环保的生活方式。

3. 高效益

在低碳生产性服务业中，通过循环经济模式应用、资源高效配置以及跨界合作，企业能够提高产出与资源投入的效益，实现经济效益最大化。在低碳生活性服务业领域，通过引入智能化设备、优化服务流程以及提供高品质的绿色产品，人们可以在享受服务的同时，实现资源的有效利用，从而提高整体的生活质量。

4. 高责任

在低碳生产性服务业中，企业需要履行社会责任，积极参与环保活动，推动绿色生产方式的发展，为社会和环境做出积极贡献。在低碳生活性服务业方面，个人和社区也需要承担起环保责任，通过提升环保意识、积极参与志愿活动以及支持可持续发展的行动，为构建绿色和谐社会贡献力量。

18.2　服务业碳排放来源与核算

18.2.1　服务业碳排放的来源

需要指出的是服务业本质是一种非实体化的经济，随着经济活动的不断发展，新兴业态的不断出现，服务业内涵也不断发生变化。不同国家和地区对服务业的行业分类和统计口径都不一致，通过综合《中国能源统计年鉴》和《中国统计年鉴》中对服务业能源消费的统计分类，本节将服务业分为批发零售和住宿餐饮业以及其他服务业两类进行分析。

1. 批发零售和住宿餐饮业

零售业属于商业流通领域，企业场所运营过程产生的碳排放量在国民行业总排放量中的占比虽然不大，但其经营过程紧密连接生产端和消费端，也存在物流运输环节的碳排放。中国连锁经营协会在研究报告中提出，能源消耗，尤其是外购电力消耗，是零售企业主要的碳排放来源。因此批发零售业的碳排放来源主要集中在以下两个方面。一是货物运输。由于批发零售业涉及大量商品的运输和配送，从生产商到仓库、分销中心，再到零售店或直接到消费者手中，运输和物流过程中的交通工具，如卡车、飞机和船舶，通常使用化石燃料，因此产生碳排放。二是门店运营。零售店的电力使用、设施建设、商品养护与包装、冷链管理、卖场管理等经营过程都会排放温室气体。

餐饮行业虽不是国家碳排放大户，但行业的快速发展带来的碳排放变化情况仍值得关注。《餐饮商家低碳行动指引研究报告》指出，2021 年餐饮行业的总能耗约为 1985 万吨标准煤，碳排放总量约为 4500 万吨，餐饮行业碳排放强度约为 0.25 吨 CO_2/万元。餐饮行业的碳排放主要来源于以下三个方面。第一，食材采购和运输。运输、储存和处理食材所消耗的能源以及食材来源地的碳足迹都会影响餐饮业的碳排放。长途运输和不可持续的食材供应链可能导致额外的碳排放。第二，能源使用。餐饮业需要消耗大量能源，包括烹饪、加热、冷却、照明和设备使用等。使用天然气、电力和其他能源都会产生碳排放，尤其是如果能源来自不可再生的化石燃料。同时餐饮业的用水量较大，尤其是在清洗食材、餐具和设备时。能源用于加热和处理水，同时水处理过程也会产生一定的碳排放。第三，废物管理。餐饮业产生大量的有机废物、食材残渣和餐具等废物，不合理的废物管理和处理方式可能导致产生 CH_4 等温室气体，加剧碳排放。

中国饭店协会联合北京第二外国语学院旅游科学学院和上海盈蝶企业管理咨询有限

公司共同发布的《2020 中国酒店业发展报告》显示，截至 2020 年 1 月 1 日，我国住宿业设施总数达到 60.8 万家，客房总规模 1891.7 万间。《住宿行业迈向净零排放的三大途径》（*3 Ways the Accommodation Sector is Making the Journey to Net Zero*）报告显示，全球住宿行业（如酒店和度假村）的碳排放共约为 2.64 亿吨 CO_2 当量，主要来源于以下两个方面。一是能源使用。酒店能源使用包括燃烧化石燃料，如天然气、石油和煤炭，以供暖、供冷、照明和电力供应等。同时，使用电器设备，包括空调、电视、电脑、洗衣机等，也会导致电力消耗产生碳排放。此外，酒店可能会提供接驳车服务，这些交通工具通常使用燃油，因此它们的运行也会导致碳排放。二是酒店运营。酒店建设和装修阶段可能需要大量的材料，运输这些材料以及施工活动都会产生碳排放；酒店运营期间，维护和维修建筑、设备以及提供服务都需要能源和资源，从而产生碳排放；酒店销售和管理活动，包括行销、预订和行政事务，也会产生一定的碳排放。

2. 其他服务业

其他服务业是指除交通运输、仓储和邮政业以及批发零售和住宿餐饮业之外的其他服务业，包括金融业、房地产业、租赁和商务服务业等。由于该类服务业碳排放占比较小，本节仅以金融业及医疗行业的碳排放来源为例。

金融业的碳排放主要源于数据中心、办公楼用电及员工通勤差旅等。金融业的碳排放来源相对复杂，因为金融机构本身不直接涉及生产或制造，其碳足迹主要来自以下几个方面。一是能源消耗。金融机构的办公楼、数据中心和其他设施需要能源来维持正常运营，这包括照明、空调、电脑服务器和通信设备等。这些都消耗电力，如果电力来自化石燃料，就会产生碳排放。二是差旅与通勤。金融业涉及全球范围内的商务活动，员工通常需要进行商务旅行。航空、汽车和其他交通方式的使用会产生碳排放。三是投融资活动。金融机构通过投资和融资活动直接或间接地影响着各行各业的碳排放。例如，它们可能投资于高碳排放行业，如石油和天然气行业，或者为这些行业提供融资，间接导致碳排放。

我国老龄化程度的不断加深、新冠疫情的暴发促使国民健康意识逐步提升，医疗保障政策加快完善，新技术快速发展，上述种种因素的共同作用，使医疗机构的行业发展机会不断涌现。根据《中国统计年鉴 2021》的数据，2015 年至 2020 年我国医疗机构数量不断增长，总体呈上升趋势。截至 2020 年底，我国共有各类医疗机构 102.29 万家。在此背景下，我国医疗机构的碳排放量也逐步增加。2019 年 9 月发布的《医疗保健的气候足迹》（*Health Care's Climate Footprint*）报告指出，医疗机构的碳足迹相当于全球净排放量的 4.4%（约为 20 亿吨 CO_2 当量）。其中，中国医疗行业占据全球医疗行业碳排放的 17%，约 3.61 亿吨。此外，根据《中国医疗卫生系统的碳足迹：环境扩展的投入产出和结构路径分析研究》，我国医疗系统碳排放中，公立医疗机构、医院建设及非医院购买药品是碳排放量占比最高的三大领域，其中公立医疗机构的碳排放占总量的 47%。

18.2.2 服务业碳排放核算方法

服务业的碳排放总量等于服务业化石燃料燃烧、消耗外购电力和消耗外购热力产生的碳排放量之和，按式（18.1）计算：

$$E = E_{燃料} + E_{外购电} + E_{外购热} \tag{18.1}$$

化石燃料燃烧产生碳排放量是核算年度内各种化石燃料燃烧产生的碳排放量的加总，按式（18.2）计算：

$$E_{燃料} = \sum_{i=1}^{n}(\mathrm{AD}_i \times \mathrm{EF}_i) \tag{18.2}$$

$$\mathrm{AD}_i = \mathrm{NCV}_i \times \mathrm{FC}_i \tag{18.3}$$

$$\mathrm{EF}_i = \mathrm{CC}_i \times \mathrm{OF}_i \times \frac{44}{12} \tag{18.4}$$

其中，AD_i为核算年度内第 i 种化石燃料的活动数据；EF_i为第 i 种化石燃料的碳排放因子；NCV_i为核算年度内第 i 种化石燃料的平均低位发热量；FC_i为核算年度内第 i 种化石燃料的消耗量；CC_i为第 i 种化石燃料的单位热值含碳量；OF_i为第 i 种化石燃料的碳氧化率；$\frac{44}{12}$中的 44 和 12 分别为 CO_2 和碳的分子量。

消耗外购电力产生的碳排放量按照式（18.5）计算：

$$E_{外购电} = \mathrm{AD}_{外购电} \times \mathrm{EF}_{电} \tag{18.5}$$

其中，$\mathrm{AD}_{外购电}$为核算年度内的消耗外购电力电量；$\mathrm{EF}_{电}$为电网年平均供电排放因子。

消耗外购热力产生的碳排放量按照式（18.6）计算：

$$E_{外购热} = \mathrm{AD}_{外购热} \times \mathrm{EF}_{热} \tag{18.6}$$

其中，$\mathrm{AD}_{外购热}$为核算年度内的消耗外购热力电量；$\mathrm{EF}_{热}$为电网年平均供热排放因子。

18.2.3 服务业碳排放核算方法应用

应用上述碳排放因子法对 2001 年至 2021 年中国的服务业碳排放量进行核算（图 18.1）。自 2001 年以来，我国服务业碳排放量呈总量上升、增速放缓趋势。2001 年至 2015 年，我国服务业碳排放量呈上升趋势，这是由于随着经济的增长和城市化进程的推进，服务业规模不断扩大，服务业碳排放量增加。同时，服务业碳排放量的增长可能伴随着更多的交通运输、能源消耗和资源利用，进而加快碳排放量的增加。这种上升态势于 2015 年达到了顶峰，随后呈下降趋势。背后的原因在于，工业节能减排成果显著，边际减排效应递减，服务业成为节能减排潜力巨大的行业。同时随着低碳消费理念的推广，国民节能减排意识的逐渐增强，消费端碳排放的减少也间接为服务业碳排放减少做出贡献。

18.3 低碳服务业的实施路径

低碳服务业的双重目标：一方面要促进产业转型，另一方面要引导消费者践行绿色消费行为。通过创新和改进技术，减少碳排放，提高资源利用效率，低碳服务业有助于减轻环境负荷，推动产业的可持续发展。同时，通过教育、宣传和提供绿色消费选择，低碳服务业还能够引导消费者在日常生活中采取环保、可持续的行动，共同构建绿色低碳的未来。具体实施路径如图 18.2 所示。

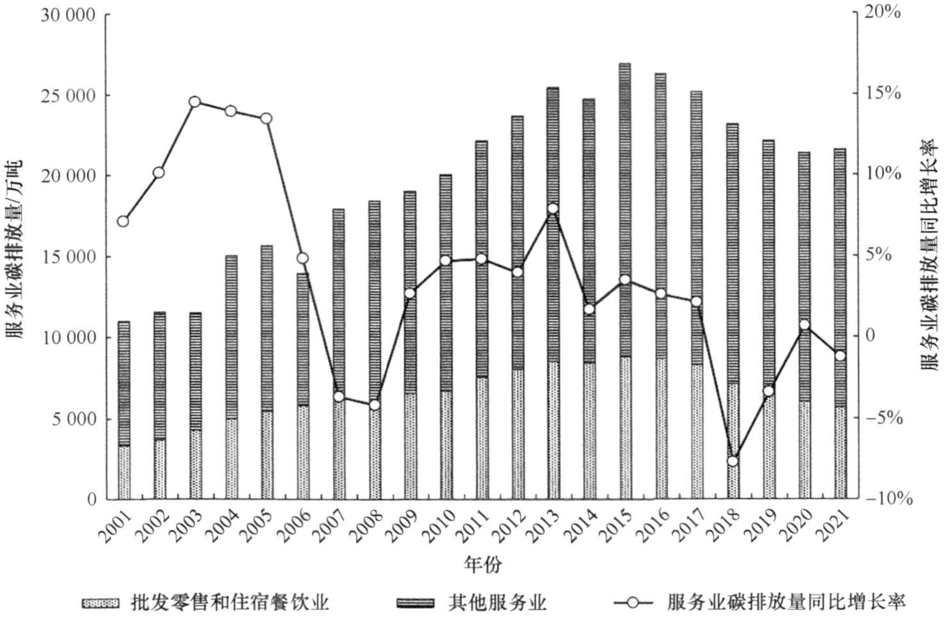

图 18.1　中国服务业碳排放量

资料来源：中国碳核算数据库

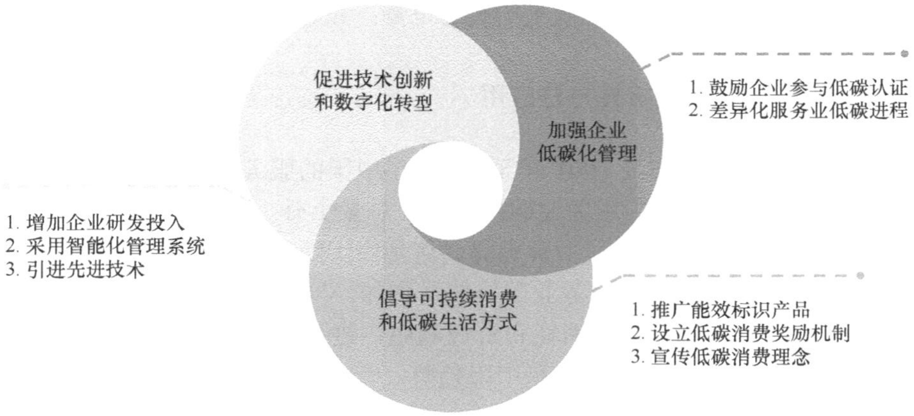

图 18.2　低碳服务业的实施路径

18.3.1　促进技术创新和数字化转型

服务业企业需要制定明确的技术创新和数字化转型战略规划，通过技术创新和数字化转型来实现低碳发展。主要包括以下方面。第一，增加企业研发投入。增加研发投入，支持技术创新和数字化转型的研究和开发工作。与高校、研究机构合作，开展合作研究项目，利用外部智力资源。第二，采用智能化管理系统。企业采用信息技术和数据分析来优化业务流程和提高资源利用效率。建立智能化的服务模式，如数字化营销、居家办公、无纸化办公等，减少能源消耗和碳排放。第三，引进先进技术。寻找国内外领先的低碳技术，积极引进并应用于服务业中。这可能涵盖能源效率提升、清洁能源应用、数字化解决方案等多个方面。

18.3.2　加强企业低碳化管理

企业在发展过程中要具备环保意识，通过低碳管理，培训员工低碳意识，使其积极参与低碳实践，激发企业环保创新意识，进而增强企业的低碳竞争力，增强社会责任感。首先，鼓励企业积极参与低碳认证。低碳认证要求企业采取措施来减少能源消耗和碳排放，如使用能源效率更高的设备、采用可再生能源、改进建筑设计方案等。通过这些措施，企业可以降低能源成本，提高运营效率，同时对环境产生更小的负面影响。并且取得 ISO 14000 的低碳认证会提高企业在公众中的信誉度、美誉度，增强企业的竞争力。其次，差异化服务业低碳进程。根据不同的服务行业的特点，推动差异化、分行业的低碳化进程，加强不同产业间的合作，促进资源共享和技术创新，推动服务业企业在产业链中的低碳转型。例如，鼓励物流行业优化供应链和物流管理，采用更高效的运输方式，减少运输中的能源消耗和碳排放；激励生产性服务企业进行绿色建筑设计，采用环保建材和设备，同时实施有效的设施管理，以降低能源和资源消耗；鼓励废物分类、回收和再利用，降低废物产生量，减少资源浪费，同时降低环境污染程度和减少碳排放等。

18.3.3　倡导可持续消费和低碳生活方式

鼓励低碳消费是实现可持续发展和环境保护的重要举措。低碳生活性服务业直接涉及人们的日常生活，如公共交通、节能家电、环保餐饮等，推广和提供这些领域的服务，可以有效减少碳排放和能源消耗，从而对环境产生积极影响。倡导可持续消费和低碳生活方式可以从以下三个方面入手。首先，推广能效标识产品。在商品上标注低碳认证、环保标志可以让消费者更容易地辨认和选择环保产品，提高低碳消费的便利性和透明度。其次，设立低碳消费奖励机制。通过积分、折扣、礼品等方式回馈低碳消费者，刺激消费者选择低碳产品。鼓励银行和金融机构推出绿色贷款、信用卡等金融产品，为低碳消费提供优惠利率或额外福利，鼓励人们采取可持续消费行为。最后，宣传低碳消费理念。利用社交媒体、电视、广播等多媒体渠道，传递低碳消费的理念；组织绿色讲座、工作坊等，向公众普及低碳知识，增强他们的环保意识，培养低碳生活方式。

18.4　低碳服务业的国内外实践

低碳服务业的发展既有助于减少碳排放，又可以为经济增长和可持续发展创造机会，正在逐步成为各国气候战略的重要组成部分。丹麦鼓励绿色餐饮业发展，通过推广有机食材、减少食物浪费、使用可降解包装等方式，促进餐饮行业低碳化；加拿大推广可持续旅游，鼓励旅游机构采取环保措施，保护自然资源；新加坡鼓励数字化健康服务，推广在线医疗，减少医疗资源浪费；中国推动共享经济发展，如推广共享单车、共享汽车等，减少资源浪费和碳排放。

18.4.1 国外低碳服务业实践

随着低碳服务的不断普及，低碳服务业在低碳经济发展中的重要性越来越显著。在应对气候变化的大背景下，全球许多国家为推进服务业顺利地从“高碳”向“低碳”转型，进行了针对性的尝试和实践。

1. 推广服务业可再生能源技术

服务业主要的碳排放来源是企业的外购电力与热力，因此推广服务业可再生能源技术是实现低碳服务业的关键之一。例如，澳大利亚皇家阿德莱德医院（Royal Adelaide Hospital）通过太阳能光伏板发电满足部分能源需求，减轻了对传统电力的依赖。同时，该医院采用高效的节能设备和技术，包括节能照明系统、智能能源管理系统等，以期降低医院能源消耗，实现低碳医疗。

2. 实现绿色采购

绿色采购被称为环境友好采购，是指通过竞品比较，选择对人类身体健康和自然环境损害最小的产品与服务。例如，日本政府推广了“环境友好型政府机关”项目，引导各部门开展节能减排和环保工作，大力推广环保产品和服务。此外，日本政府还启动了“EcoLeaf”计划，对环保产品进行认证，以提高政府采购的环保水平。

3. 进行生态环保认证

“绿色钥匙”（Green Key）认证是世界领先的、旨在提升酒店领域环境保护的生态标签。获得 Green Key 标签意味着该酒店采取了一系列环保措施，为环保和可持续酒店业做出了积极贡献。例如，位于丹麦哥本哈根的蒂沃里酒店（Tivoli Hotel）已通过 Green Key 的环保认证，不仅为服务业低碳转型做出了贡献，也提升了企业口碑。

18.4.2 中国低碳服务业实践

旅游业的碳排放集中在交通、住宿和旅游活动上。其中，旅游交通是最主要的来源。随着低碳经济的兴起，低碳消费正影响着大家的消费观念。“千岛鲁能胜地”项目位于千岛湖西南湖区，是 2022 年第 19 届杭州亚运会淳安赛区所在地。项目由央企中国绿发投资集团有限公司投资建设，采用了低碳排放、5G、人工智能等技术，广泛应用绿色节能环保材料，运用低碳高效的施工工艺，是中国低碳服务业的典型案例。

1. 推广可再生能源技术

杭州亚运会淳安场地自行车馆位于千岛湖旅游度假区界首鲁能胜地项目区块。按照海绵城市建设要求，该场馆巧妙地打造了雨水回收池，以循环利用水资源，这项举措充分体现了可持续水资源管理。同时，场馆在设计和施工过程中奉行绿色建筑和“零碳”

建筑标准，营造了生态友好的施工现场，有效降低建筑过程中的碳排放，并且场馆安装了太阳能光伏发电设备，为运营提供清洁能源，进一步降低了场馆的能耗。

2. 倡导低碳生活方式

该场馆通过采用“机动车异地集中停靠、电瓶车转换入户”的交通组织方式，提升了交通效率，显著减少了碳排放，同时将低碳交通理念传递给观众，展示了绿色亚运的范例。

3. 打造多元化生态旅游圈

在“千岛鲁能胜地”的整体开发建设过程中，中国绿发投资集团有限公司还制定了“七大生态提升计划”①，开展生态绿化、生态复育等工作，提高绿植覆盖率，发挥碳汇林的生态固碳作用，营造低碳宜居的旅游胜地。这种多元化发展模式不仅为地区经济注入了新的活力，也将持续地传递绿色、可持续的发展理念，以实际行动实现环保与发展的和谐共生。

习题：

1. 什么是低碳服务业？低碳服务业的内涵和特征是什么？
2. 批发零售和住宿餐饮业的主要碳排放来源是什么？
3. 如何实现服务业的低碳化发展？
4. 引导低碳消费的举措中，积分、折扣、礼品、优惠券等，哪一项举措能够激励你产生低碳消费行为？可以具体举例。

本章参考文献

曹莉萍，诸大建，易华. 2011. 低碳服务业概念、分类及社会经济影响研究[J]. 上海经济研究，23(8): 3-10.
陶良虎. 2010. 中国低碳经济：面向未来的绿色产业革命[M]. 北京：研究出版社.
Hou H M, Wang J W, Yuan M N, et al. 2021. Estimating the mitigation potential of the Chinese service sector using embodied carbon emissions accounting[J]. Environmental Impact Assessment Review, 86: 106510.
Xiao H J, Shan Y L, Zhang N, et al. 2019. Comparisons of CO_2 emission performance between secondary and service industries in Yangtze River Delta cities[J]. Journal of Environmental Management, 252: 109667.
Yu X Y, Hu Y Z, Zhou D Q, et al. 2023. Carbon emission reduction analysis for cloud computing industry: can carbon emissions trading and technology innovation help?[J]. Energy Economics, 125: 106804.

① 即“种子计划”“色彩计划”“生态互联计划”“海绵计划”“生境统建计划”“动物恢复与保育计划”“生态运营计划”。

第五篇

低碳经济区域实践

中国区域自然条件和资源禀赋差异较大，低碳经济发展存在不平衡、不充分的问题。充分挖掘区域低碳发展潜力，平衡区域间低碳经济发展水平，成为当前我国绿色低碳高质量发展过程中亟须解决的重要问题。区域是一种地理概念，指一定尺度范围内的既定空间，既可指行政区域，也可指为实现特定功能而人为设定的空间范围。以区域为研究对象制定的低碳战略或低碳路径更加适合本地需求。本篇在概述区域低碳发展内涵的基础上，分别围绕城市、农村、园区的区域性低碳转型进行分析，以期为协同推进我国区域低碳经济发展和制定科学合理的低碳发展战略提供政策参考，为实现“双碳”目标和构建绿色低碳循环发展经济体系提供理论基础和现实支撑。

本章要点

1. 掌握区域低碳发展的内涵。
2. 认识区域主要低碳发展模式。
3. 明晰区域低碳创新的主要作用机制。

第 19 章 区域低碳发展

中国区域资源禀赋、经济技术水平、产业结构大有不同，区域低碳发展既要重视区域之间的差异化，更要重视区域之间的协同。只有区域协同低碳发展才能有效缓解能源资源和绿色技术在区域分布上的供需背离矛盾，实现“双碳”目标与构建新发展格局战略的有机统一。中国各区域在长期合作竞争中形成了能源产业关联、污染治理深度协作的局面，也使区域协同低碳发展具备了深厚的历史渊源和现实基础。

19.1 区域低碳发展内涵及评价维度

19.1.1 区域低碳发展的内涵

区域低碳发展是可持续发展理念和低碳经济思想在空间区域层面上衍生出来的概念。区域作为人类科技、文化、教育、经济等社会活动的主要场所，容纳了集约的人类行为方式，区域的规模随着产业和人口的不断聚集而日益扩大。然而，区域规模扩大所引发的能源危机和环境问题也愈发严重，降低能耗，减少温室气体排放，实行低能耗、低污染、低排放的低碳发展模式成为各区域发展的不二之选。区域低碳发展作为一个新兴概念，对于其内涵目前尚未达成一致意见，学者从不同视角发表了有关区域低碳发展内涵的观点，主要包括以下层面。

1. 城市

2003 年，英国在《能源白皮书》中首次正式提出“低碳城市”概念：指通过更少的资源消耗和环境污染，获得更多的经济产出，以实现更高的生活质量。世界自然基金会认为，低碳城市是指在经济高速发展的前提下，保持能源消耗和二氧化碳排放处于较低的水平。郑德高等（2022）认为，低碳城市是从人与人工系统的减碳增汇出发，以低碳技术和低碳产品为基础，以低碳化的能源生产和消费为主要对象，以城市碳排放总量为衡量指标，在发展经济和提高人们生活质量的同时致力于减少碳排放的城市。

2. 农村

与低碳城市发展的核心理念类似，低碳农村发展的内涵是以农业为核心，走现代低碳经济之路，实现人民收入增加、资源高效利用、环境和谐发展的经济可持续发展目标。

其宗旨是以现代低碳发展理念抵御传统工业文明对乡村可持续发展的破坏，打破传统的城乡二元发展机制，实现现代乡村发展与城市发展的一体化，最终构建一种超越工业文明与农业文明对立、城市与乡村对立、发展与环境对立的新型发展模式。

3. 园区

随着我国生态文明建设的持续深入，园区围绕绿色低碳探索实践不断推进。低碳园区强调的是通过各种努力实现温室气体排放不断减少的动态过程。低碳园区是园区绿色低碳、可持续、高质量发展的一种模式，以控制和减少碳排放总量并降低碳排放强度为目标，以产业低碳化、低碳产业化为发展方向，以能源低碳转型为核心，以创新科技研发应用为支撑，通过政策与技术手段的有效组合，最终实现园区碳排放趋近于零或净零。

除此之外，能源资源禀赋、低碳技术区域分布不平衡的矛盾，要求区域协同低碳发展。多区域的低碳合作也成为区域低碳发展讨论的热点，其内涵为在特定区域空间内，以低碳经济为发展方向，构建多元（低碳技术集成、制度集成、管理集成等）一体的区域发展新模式，提升能源利用效率，强化区域协同减排，促进区域低碳、零碳发展和可持续发展。区域低碳经济协同发展，有利于调整能源消费结构，大幅度减少碳排放，发挥区域协同减排作用，推动区域协调发展，促进产业高质量发展，助力美丽中国建设。

综合来看，区域低碳发展模式是在一定空间范围内融合低碳经济、低碳能源、低碳技术、低碳社会、可持续发展等理念，基于发展经济的本质目标，通过创新低碳技术，改善能源结构，提高能源利用效率，最大限度地减少温室气体排放，以确保实现碳排放量减少和社会经济可持续发展并行的区域低碳发展模式。从低碳发展范围来看，低碳区域既可包含宏观层面的城市和农村，也可包含微观层面的试点园区等；从发展模式来看，低碳区域既可以进行单一区域的低碳转型，也可以开展跨区域的低碳协同合作。

19.1.2 区域低碳发展的评价维度

区域是由能源系统、经济系统、社会系统、环境系统、政治系统组成的复杂系统，区域低碳发展涵盖能源结构、产业布局、生活方式、技术革新及制度政策等多个方面。目前国内外学者主要基于以下视角划分区域低碳发展的评价：①从投入产出角度，选取资金、技术、政策三个方面的指标描述投入，选取总体、生产、生活三个方面的指标作为产出；②从资源消耗角度，选取消耗社会资源较多、对区域碳排放影响较大的主要耗能产业来评价区域低碳发展水平，包括建筑业、交通业、重工业等；③从因果关系角度，DPSIR 模型被广泛应用于环境及可持续发展水平的衡量，其将评价区域低碳发展水平的因素依据因果关系划分为驱动力（driving）、压力（pressure）、状态（state）、影响（impact）与响应（response）五个维度（简称为 DPSIR），更好地表明区域低碳发展水平与各因素之间的相互作用；④从区域系统角度，区域低碳发展的评价维度必须考虑区域系统的能源、经济、社会、环境、科技和政策等多个方面，全面系统地评价区域低碳建设水平。

19.2　区域低碳发展的模式选择

由于资源禀赋和发展阶段不同，区域在低碳发展过程中会选择差异化的发展模式。从转型幅度来看，欠发达地区可选择学习式发展模式，即通过交互式学习推动低碳知识再制造，推动欠发达地区跨越式发展。发达地区可筛选创新式发展模式，即结合区域优势选择具有技术突破潜力的产业，进行低碳技术创新并推动技术扩散。另外，跨区域的低碳合作被认为是一种更快、更有效的发展模式。

19.2.1　基于区域学习的低碳发展模式

区域学习强调区域之间的集体学习，不同主体之间的交互式学习在区域低碳发展的学习与创新过程中发挥着重要作用。在区域低碳发展与创新过程中，企业作为低碳知识生产、扩散、应用子系统的交叉点，其学习能力与动力强弱是衡量以大学、科研机构为核心的低碳知识生产系统和以中介机构为核心的扩散系统构成的区域学习网络运行效率的核心指标。大学、科研院所及研发企业是区域低碳创新系统的技术中心和知识中心，在区域学习过程中，科研院所等研究机构与企业间的交互式学习与交流为区域低碳知识重组与创新、低碳技术扩散提供途径及创新源。区域内不同类型、不同性质的中介服务体系，包括低碳产业转化平台、低碳风险投资、法律咨询、会计服务、低碳信息服务等，促进了区域政产学研合作。区域内不同主体之间的低碳知识流动即是区域学习。政府的职责是制定适合的低碳发展政策和制度，构建和维护区域低碳学习网络，引领区域低碳学习与发展的方向，规范区域学习与发展的行为，调控区域学习与发展的进程，以此保障区域低碳知识生产、创新、扩散的有序进行。在大学及科研院所、企业、政府三位一体的三重螺旋模式中，政府的职能就是通过政策、制度、机制保障发挥区域主体学习的自主性，促进区域内研发资源与企业的联系。同时，地方根植性学习文化为区域奠定了学习的文化环境与基础，低碳知识的传递与共享基础促进了区域低碳显性知识的学习，发挥了重要作用。各区域可通过多维的关系网络构成基于学习的低碳发展网络，区域低碳学习的过程包含三个层次，见图 19.1。

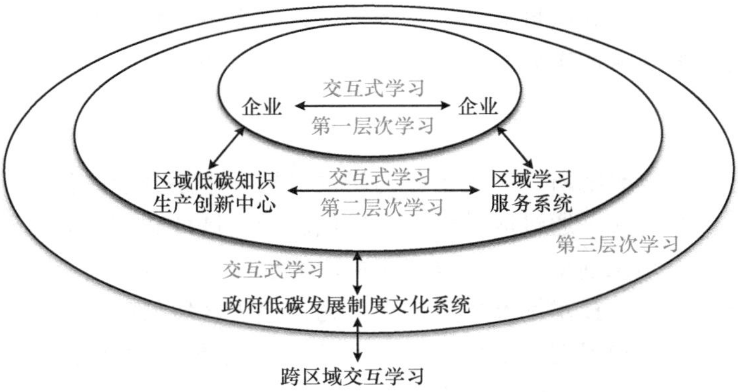

图 19.1　区域低碳学习的过程

第一层次是区域内核心企业间的交互式学习过程。区域核心企业在空间临近、产业关联、社会文化等因素的作用下，通过垂直方向的“供应-生产”关系网络、水平方向的“竞争-合作”关系网络建立复杂多维的区域低碳学习网络，区域低碳知识在网络中流动，核心企业通过交互式学习实现低碳知识与技术的共享与再创造。基于区域内企业个体在情感、知识结构、社会共识和语言等方面的共性基础，企业个体通过关系网络的非正式交流渠道共享区域内的低碳发展隐性知识，促进了区域低碳知识的流动与学习。此外，企业间人员的流动促进了低碳知识与技术的扩散，外部劳动力的流入为低碳知识与技术的传递及其与区域低碳知识系统内部原有知识的重组提供了可能。

第二层次是区域低碳知识生产创新中心、区域学习服务系统与核心企业间的低碳知识流动与交互式学习过程。区域低碳知识生产创新中心通过中介服务机构构建的专业服务通道推动低碳知识向以企业为核心的区域生产体系流动，实现了区域生产方式转变，向着以创新为主导的低碳化生产模式转变，进而实现产业结构调整和生产方式转变。

第三层次是区域外围网络向核心网络的低碳知识流动及跨区域的交互式学习与创新过程。前面两个层次是区域低碳发展的基础，因为区域低碳发展最终需要建立在自身发展基础和优势的基础上。该层次区域学习体现了欠发达地区在低碳技术创新、低碳政策制度制定、低碳社会治理革新等方面向发达地区的学习与引进过程，体现了基于学习的欠发达地区在低碳发展方面的学习与模拟的精神。区域政府在组织跨区域的学习与交流过程中发挥着重要作用，以跨国公司与本地企业的交互式学习为主要途径，在跨区域人员流动与培训、低碳技术扩散、低碳文化融合、低碳产业连接、市场连接等过程中不断产生区域主体间的交互式学习。区域外部低碳知识的融入，以及内部相应低碳知识的调整与重组，构成了区域低碳知识的再生产和跨区域流动。由此，促进区域低碳发展，实现欠发达地区基于学习的低碳跨越式发展。

19.2.2 基于区域创新的低碳发展模式

1. 区域低碳创新系统的构成

区域低碳创新要求转变以资源、能源等要素投入主导的模式，转向以创新主导的模式。创新主导的区域发展模式以区域学习、区域创新、区域合作为基本发展框架。基于系统科学理论和创新集群式区域创新系统理论，以低碳发展和创新发展为根本出发点，构建基于低碳经济的区域低碳创新系统，包括以下子系统。

1）知识创新系统

该系统由区域内科研院所、领先企业的研发机构、中小企业的创新研发网络、政府职能部门和支撑体系构成，通过区域学习实现创新的区域低碳编码知识和意会知识的共享与扩散。区域低碳知识创新系统由政府相关职能部门、行业协会等组织构成，通过制定政策制度、行业规则、技术标准规范市场行为，促进区域低碳知识创新。区域低碳技术创新系统是区域低碳知识创新系统的重要组成部分，主要包含区域低碳技术创新主体、创新方式、创新组织模式、创新实现途径等。

2）创新制度文化系统

该系统是区域低碳创新系统建设的软环境，是促进区域低碳创新系统发挥最大创新效益的“游戏规则”。区域低碳创新制度文化系统包括创新制度和创新文化两个部分。创新制度包含政府制定的关于区域技术研究与发展的全局性、原则性的政策制度以及企业创新政策。政府低碳创新政策的制度建设深度融合低碳发展理念，涵盖了对政府科技发展规划的低碳导向性调整，并综合运用财政激励、税收优惠、金融扶持、科技创新以及产业引导等多重手段，以激发社会各界的低碳创新与发展活力。区域低碳创新制度文化系统是区域低碳发展的“游戏规则”，为区域低碳发展建立了可靠的法律、政策支撑，创建了良好的制度软环境。低碳创新文化网络建设的关键在于区域低碳发展价值定位、创新精神培育以及创新心理塑造等环节。

3）创新中介服务系统

该系统作为区域低碳创新系统的连接纽带，提供区域低碳科技中介服务，包括创业孵化、科技咨询和科技成果转化等。区域低碳创新中介服务系统一般包括低碳企业孵化器、低碳技术研发开放实验室、低碳技术市场、低碳科技信息中心、低碳技术评估协会、低碳技术中介组织等机构，涉及低碳技术咨询、低碳技术评估、低碳技术交流、低碳技术经纪、低碳信息服务、低碳人才培训、低碳金融中介、物流系统等服务。

4）创新产业系统

该系统主要是为区域低碳创新成果的产业化、商品化服务，并实现低碳产业发展与低碳科技创新之间的有效互动。低碳创新成果最终需要市场转化价值，产业与创新的互动加速了低碳技术的快速产业化，同时提高了产业体系中主体企业对市场的敏感度，并引导战略战术方向与需求。

2. 区域低碳创新的作用机制分析

1）区域低碳发展的核心：低碳技术创新

区域低碳技术创新主要是区域低碳生产技术创新和管理科学技术创新，在区域生产体系中进行低碳产品创新、过程创新、组织创新、管理创新及低碳技术扩散等。区域低碳技术创新的关键是结合区域自身优势特点，选择具有技术突破潜力的产业领域，建立区域低碳技术创新、技术扩散所必需的制度与文化环境。

2）区域低碳发展的基础：低碳制度文化创新

在区域低碳发展过程中，不仅需要在区域物质基础、产业结构、交通运输方式等方面进行低碳创新改革，还要培育区域低碳发展的社会文化基础及政策制度保障。建立低碳社会发展的文化基础，促进低碳生活、生产的思想理念渗入居民的日常生活及行为习惯中，使低碳发展建立在居民自觉行为的基础上。制度创新为区域创新建立良好的创新“软环境”，奠定区域创新的“游戏规则”，其核心功能表现为降低交易成本，提供特定经济服务，创造合作环境，提供激励机制和保险功能等。

3）区域低碳创新发展的载体：低碳创新网络

低碳创新网络是区域创新系统的主要形式和有效载体。创新网络的初始阶段通常表现为非正式网络，由共同的经验兴趣发展起来，网络成员间的关系倾向于临时性、短期性。随着契约关系的形成，非正式的关联能发展成为具有目的性和工具性的战略联盟。当非正式网络表现出契约性和封闭性时，这种网络将转化为基于领先企业控制的网络形式，网络成员受到严格的控制并基于供应链关系发展成为正式的商业合作关系。从不同关联中获取经验及在网络中取得中心位置是网络创新的决定因素，网络的连通性与网络创新之间存在“学习循环”过程。外部的关联推进创新，创新的产出吸引更多的合作关联，由此形成创新与发展之间的循环递进的过程。

19.2.3 基于区域协同合作的低碳发展模式

1. 构建区域低碳合作的组织框架及制度

一方面，在区域内部构建性质和职能相似的低碳发展组织机构，制定相关制度及工作机制，推动区域间低碳合作谈判、低碳法律交流、低碳行动执行、低碳相互学习、碳排放交易等。例如，在区域内构建生态环境类商品和服务市场体系、区域低碳发展公共服务机制、区域低碳发展的经济利益协调机制等，为跨区域合作奠定基础。另一方面，在不同类型区域之间建立有效的跨区域合作及促进机制。建立多重主体区域合作框架，以企业合作为核心，以产业合作为纽带，以区域法律制度为保障，构建多层次、多主体结构的全面合作体系。区域低碳经济发展，需要政府与市场机制共同作用，在企业、政府、科研机构、产品市场、行业协会等主体间建立跨区域的合作组织及机制。从宏观与微观角度构建不同层次的低碳技术学习与研发平台、低碳文化学习与交流组织、低碳商品的市场流通与交易平台、低碳产业合作平台、碳金融投融资体系、政府及非政府组织的谈判协调平台与机制等，形成区域间具有法律或者行业约束力的低碳发展利益分配与矛盾协调仲裁机构与机制。在法律法规、人员往来、协商机制以及贸易纠纷申诉和调解机制等方面有效合作，切实促进区域低碳发展合作。

2. 构建区域低碳技术学习与创新机制

在全球碳减排合作体系下，在区域之间构建符合各方利益诉求的低碳技术国际合作交流组织及机制，培育畅通的低碳技术学习途径。例如，构建政府及非政府组织主导的多种形式的技术扩散通道，实现低碳技术双向扩散；构建基于市场机制的技术转移途径，通过在欠发达区域直接投资成立独资或控股的合资公司等方式实现低碳技术的内部转让。领先企业嵌入欠发达区域企业网络，通过人员流动、技术示范与应用、竞争与合作、市场开拓等途径实现低碳技术溢出。发达区域与欠发达区域在电力、交通、建筑、冶金、化工、石化等部门，在可再生能源及新能源开发、煤的清洁高效利用、油气资源和煤层气勘探、CCS 等领域，开展低碳技术合作研究与学习应用，促进区域间低碳技术的学习与创新。

3. 构建区域低碳投融资体系

合作机制、技术学习及资金投入是区域低碳发展的不同类型区域合作的三个核心内涵。首先，在区域之间建立碳金融合作框架，构建完善的碳交易法律和监管框架，制定投资、税收、信贷等方面的区域合作政策，引导区域社会资本向欠发达区域低碳产业聚集，将碳金融发展纳入区域气候变化、节能减排和可持续发展的谈判合作框架，促使碳金融成为低碳发展合作的重要政策工具。其次，完善碳交易市场机制，创新碳金融参与模式。通过建立低碳银行、环境权交易所、能源交易所、碳排放权交易所等多元化、多层次的碳交易平台，为碳排放权供需双方搭建沟通和议价场所，实现公平合理定价。探索排放配额制度，发展排放配额交易市场，有效配置环境资源。最后，制定反映供需双方利益诉求的碳市场交易规则。在欠发达区域逐步建立起类似于发达区域排放交易机制下的碳排放权交易市场，促进欠发达区域拥有碳市场定价权。拓展多样服务，发展以配额交易和项目交易为核心的碳交易权服务，拓展碳金融衍生产品。基于产业链的碳金融产品、基于碳汇资源的碳金融产品以及碳货币证券化和套利交易工具，构建碳金融风险控制机制，防范碳金融产品的信用风险、市场风险以及政策性风险。

习题：

1. 区域低碳发展的内涵是什么？有哪些评价维度？
2. 区域低碳创新系统的构成是什么？
3. 区域低碳创新的作用机制有哪些？

本章参考文献

郑德高, 罗瀛, 周梦洁, 等. 2022. 绿色城市与低碳城市: 目标、战略与行动比较[J]. 城市规划学刊, (4): 103-110.

本章要点

1. 明晰城市碳排放主要来源。
2. 掌握城市碳排放核算方法。
3. 熟悉低碳城市发展路径。

第 20 章　低碳城市发展

不同城市由于在经济水平、资源禀赋、人口结构等因素上存在差异，因此对于减污降碳所采用的主要手段也有所不同。低碳城市试点是将各类城市中最具代表性的城市列为"减碳排头兵"，进而发掘适合各类城市实现低碳高质量发展的差异化实施路径，最终通过"以点带面"的方式助力我国尽早实现"双碳"目标。

20.1　低碳城市概述

20.1.1　低碳城市内涵及特征

低碳城市是其本身以低碳经济为发展模式及方向，市民以低碳生活为理念和行为特征，政府公务管理层以低碳社会为建设标本和蓝图的城市。试点城市用低碳的理念重新塑造城市，将低碳的理念和行为融入城市的经济、生活和政府的管理中，用低碳的理念和技术来改变城市的生产和生活，推广低碳的交通和建筑，使市民转变消费观念，不断创新低碳技术，减少城市温室气体排放，实现城市的低碳，甚至是零碳发展，形成健康、简约、低碳的生活和消费模式，实现城市的可持续发展。

中国科学院可持续发展战略研究组编写的《2009 中国可持续发展战略报告——探索中国特色的低碳道路》将低碳城市的特征概括为：①经济性，指在城市中发展低碳经济能够产生巨大的经济效益；②安全性，意味着发展耗能低、污染低的产业，对人类和环境具有安全性；③系统性，指在发展低碳城市的过程中，需要政府、企业、金融机构、消费者等各方的参与，低碳城市是一个完整的体系，缺少任何一个环节都不能很好地运转；④动态性，意味着低碳城市建设是一个动态过程，各个部门分工合作，互相影响，不断推进低碳城市建设的进程；⑤区域性，低碳城市建设受到城市地理位置、自然资源等固有属性的影响，具有明显的区域性特征。

20.1.2　低碳城市试点示范

党的十九大报告提出我国要"建立健全绿色低碳循环发展的经济体系"，"成为全球生态文明建设的重要参与者、贡献者、引领者”①。开展低碳城市试点工作是我国应对气候变化、推进生态文明建设的重要抓手。2010 年 7 月，国家发展改革委印发了《关于开展低碳省区和低碳城市试点工作的通知》，决定在 5 个省和 8 个城市开展低碳城市试点工作。考虑政策对经济发展的影响，2012 年 12 月，国家发展改革委主要将试点放在城市，将试点城市（地区）增加 28 个，省份中仅保留海南省试点。2017 年 1 月，国家发展改革委在充分总结政策目标和城市低碳发展经验的基础上，进一步扩大试点范围，将试点城市增加了 45 个，并逐渐向全国推广。截至 2022 年底，全国已开展了三批共计 81 个低碳城市试点。

20.2　城市碳排放来源与核算

城市作为人类聚集区，现代化愈发成熟的同时也造成了碳排放的日益增长。在 2023 国际数字能源展上，清华大学能源互联网创新研究院联合腾讯研究院、腾讯云共同发布的《城市能源数字化转型白皮书》显示，全球城市所产生的与能源相关的碳排放量已占全球总排放量的 71%到 76%，我国的城市人口已经突破总人口的 60%，城市碳排放的控制成为国家整体碳排放量控制的关键。

在国际上，碳排放来源分类多种多样，没有统一的定义。不同城市资源禀赋与未来发展方向不同，导致每个城市的碳排放来源占比差距较大。对于城市专用的碳排放划分与计算没有成体系的标准，学术界运用的城市碳排放公式常由通用碳排放公式调整而来。常用的碳排放来源划分方式有两种：一是根据核算对象的范围划分，可以分为区域碳排放、组织碳排放和生命周期碳排放；二是以碳排放来源划分，如我国国家温室气体清单将碳排放来源分为能源活动，工业生产过程，农业活动，废弃物处理，以及土地利用、土地利用变化和林业。

20.2.1　城市碳排放核算边界

碳排放来源核算体系较为复杂，根据核算对象范围的不同，可以分为区域碳排放、组织碳排放和生命周期碳排放，更具灵活性的核算可将三者结合，构造三维、立体的核算方式。在进行城市碳排放核算前，需要对城市范围进行界定，一般采用的是以行政区划城市边界为城市范围界定。更加细致准确的城市范围界定，国际上通常采用国际地方环境倡议理事会（International Council for Local Environmental Initiatives，ICLEI）地方政府运作协议。根据 ICLEI 地方政府运作协议的分类标准，城市碳排放核算的边界主要分为三类。

（1）范围一，即边界内排放源产生的所有直接温室气体排放（生物源产生的直接 CO_2 除外），这里的排放源包括固定源燃烧、移动源燃烧、过程排放和逸散排放四类。

（2）范围二，与外购电力、蒸汽、供热等消费相关的间接温室气体排放。

（3）范围三，范围一和范围二中不包含的其他生命周期过程的排放，如外购原料生

① 《习近平：决胜全面建成小康社会 夺取新时代中国特色社会主义伟大胜利——在中国共产党第十九次全国代表大会上的报告》，https://www.gov.cn/zhuanti/2017-10/27/content_5234876.htm，2017-10-27。

产过程中产生的排放等。

上述三种划分方式中，范围一的碳排放发生在城市边界内，范围二的电力使用发生在城市边界内，但排放发生在城市边界范围外；范围三从全生命周期的角度出发，能源使用过程和碳排放均发生在城市边界外（王海鲲等，2011）。

20.2.2 城市碳排放核算体系

除城市边界线难以确认以外，应当计入城市碳排放的部门同样众说纷纭。对此，在城市碳排放核算体系方面产生了许多不同的划分方式，不同的划分方式结合不同的数据收集方式（自下而上收集、自上而下收集、混合收集），其最后的结果也将产生差别。目前，国际上比较知名的核算体系有《2008 年国民账户体系》（System of National Accounts 2008，SNA 2008）、《环境经济核算体系 2012——中心框架》（System of Environmental-Economic Accounting 2012—Central Framework，SEEA 2012）、《国民经济行业分类》、IPCC、中国碳核算数据库城市碳排放清单等，本节将为大家重点介绍以上五种碳排放核算体系。

1. SNA 2008

SNA 主要测度经济系统中主体间出于各种目的发生的一切交易，其核心是货物和服务的生产。SNA 将环境的有关内容作为卫星账户进行核算，这体现在 SNA 1993 和 SNA 2008 两个版本中。SNA 2008 认为"环境核算的目的是在以 SNA 为基础的一个框架内反映自然资源使用（有时是耗竭）以及残余物产生（会污染空气和水）的影响"。根据 SNA 2008，环境核算要将环境统计数据与相关的经济活动联系在一起，识别使用权和所有权，从而确定环境影响的责任。其主要分类均建立在经济活动的分类上。

2. SEEA 2012

SEEA 2012 作为首个环境经济核算体系的国际统计标准，其中的相关概念和核算原则与 SNA 2008 中的是一致的，并且 SEEA 2012 将环境指标与经济系统直接联系在一起（United Nations et al.，2014）。SEEA 2012 核算的三种实物流量包括自然投入、产品和残余物。其中，"残余物是指基层单位和住户在生产、消费或积累过程中丢弃、泄漏或排放的固态、液态和气态物质流量"。实际核算中，实物流量常分为三类：能源、水和物质。对物质本身进行分析，通常按照物质类别或者具体的物质分组来进行，如固体废弃物流量或碳排放。可见，排放是残余物的一种并且属于物质实物流量，SEEA 2012 对排放进行核算的侧重点是经济系统对环境的直接排放。

3. 《国民经济行业分类》

以上两种核算体系均为联合国与欧盟合作订立的核算体系，若要符合中国国情还需进一步改良。由于我国碳排放与城市经济活动密不可分，因此在碳排放核算上也应当将经济活动分类标准作为参考的重中之重。根据经济活动参与者进行分类，经济活动主体分为生产者、消费者和生产要素供给者三类，分别对应宏观经济系统循环的三个过程：

生产、消费和收入。生产、消费和收入之间存在着一个经济循环过程，即“收入→生产→消费→收入”，生产是消费和收入的基础。

图 20.1 中①表示生产碳排放，主要是从生产者角度来考虑排放责任。从生产者角度看，经济系统中的各行业在生产货物和服务的过程中，由于大量的能源消耗和中间产品的使用而直接产生排放。由于生产排放在生产活动发生的当下就完成了从经济系统向环境系统的转移，因此，在多区域分析时生产排放不涉及城市间的分摊。

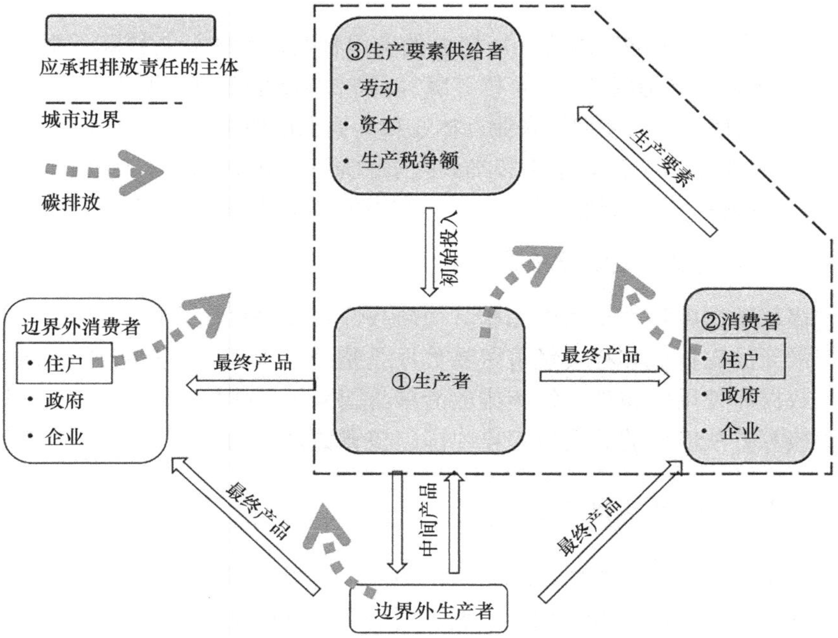

图 20.1　城市边界碳排放核算框架

图 20.1 中②表示消费碳排放，主要从消费者角度考虑排放责任。消费者包括住户、政府和企业，他们的消费碳排放指生产者为满足消费者对最终产品的需求进行生产而产生的排放。消费碳排放本质上是由于消费者为满足自身需求而拉动的上游生产排放，由于消费者消费最终产品并不直接产生碳排放，因此消费碳排放是间接排放的一种。在多区域研究中，区域间贸易的发展，使得货物和服务在城市间的流动变得频繁，碳排放也随着货物和服务的流动在城市间流动，从而导致本地消费排放中不仅包含上游的本地生产排放，同时也包含上游的其他城市生产排放。

图 20.1 中③表示收入碳排放，主要从生产要素供给者角度考虑排放责任。生产要素供给者（即在经济循环中以自身拥有的生产资料换取等值货币的人）包括住户、政府和企业，他们将自身拥有的生产要素（劳动、资本、生产税净额等）投入生产过程，驱动下游生产链上的行业从事中间产品和最终产品的生产，自身获取等值货币的同时也导致碳排放产生。尽管生产要素投入是供给本地生产，但在多区域研究中，本地生产要素投入对下游生产行业产生的影响不局限在本地，也会通过生产链将其影响扩散至生产链上游位于其他城市的行业（徐丽笑和王亚菲，2022）。

4. IPCC

WMO 和 UNEP 于 1988 年建立了 IPCC，主要应对全球气候变化问题。为支持《联合国气候变化框架公约》（United Nations Framework Convention on Climate Change，UNFCCC）的履行，IPCC 出版的《2006 年 IPCC 国家温室气体清单指南》成为世界各国编制本国国家清单的统一技术规范，2019 年 5 月，IPCC 第四十九次全会通过了《2006 年 IPCC 国家温室气体清单指南 2019 年修订版》。我国的国家温室气体清单便是依照其进行的编写与修改。

在各个城市中，根据城市边界中所包含的部门种类进行统计与核算。根据《2006 年 IPCC 国家温室气体清单指南 2019 年修订版》，城市主要的碳排放源来自四个部门，分别是：能源，工业过程和产品使用，农业、林业和其他土地使用，以及废弃物。通用的碳排放计算方法为：排放量等于活动水平和排放因子的乘积。其中，有三类排放因子可以选择：①IPCC 缺省排放因子；②国别排放因子；③利用模型工具的复杂方法（实测法）。

5. 中国碳核算数据库城市碳排放清单

中国碳核算数据库致力于为中国和其他新兴经济体提供碳排放核算方法和应用，提供准确的、最新的碳排放和社会经济贸易数据是整个学术领域对政策利益相关者和公众的责任。该数据库使用的城市一级碳排放清单与国家级碳排放清单相同，同时 20.2.3 节城市碳排放核算方法应用的数据也来自中国碳核算数据库的城市碳排放清单。

20.2.3 城市碳排放核算方法应用

基于中国碳核算数据库数据，Shan 等（2022）给出了 2001～2019 年我国 287 个城市的二氧化碳排放清单，并发现有 38 个城市至少在五年内主动通过提高效率和改变能源使用结果等努力来实现碳达峰目标，另有 21 个城市则是以经济衰退或人口减少为代价而被动出现了碳排放量下降的现象。被动减排的城市需要正视碳排放下降的原因，充分利用低碳目标带来的产业创新和绿色投资带来的机遇，实现经济复苏和碳减排目标。主动达到峰值的城市需要寻求策略来保持排放量的下降趋势，避免排放量反弹，从而为排放量仍在增长的城市达到排放峰值提供成功的范例。

在中国碳核算数据库项目组的研究中，如图 20.2 所示，将北京与台州作为主动减排城市，将阜新和沈阳作为被动减排城市。对于主动减排城市，北京通过降低能源使用强度，使得其本身碳排放在 2010 年与 2019 年分别达到了 8830 万吨和 7290 万吨。北京在实现经济发展和人口增长的同时，其碳排放总量减少 1540 万吨；能源强度的下降也带来了三大产业 1130 万吨的额外碳减排贡献。这些递减效应抵消并超过了经济和人口增长带来的碳排放增加。同样，台州的能源强度达到排放峰值后，抵消了经济发展（2180 万吨）和人口增长（150 万吨）带来的总排放的增加。这两个城市实现了碳排放与经济增长的有序脱钩，并走上了低碳发展的道路。

对于被动减排城市，阜新人口从 2011 年的 192.1 万人减少到 2016 年的 177.5 万人，使该市减少了 40 万吨的碳排放。同时，阜新第二产业的萎缩使该市的碳排放量又减少了 1210 万吨，原因是阜新正逐渐失去其支柱产业（即煤炭采矿和生产）。沈阳是被动减排城市的又一个代表性案例。它遭受了严重的经济衰退，2014～2019 年人均地区生产总值从 85 816 元降至 77 777 元，使碳排放量减少了 1010 万吨。沈阳是典型的东北老工业基地，然而，其第二产业的份额在这五年内下降了 16.2%，并贡献了约 1960 万吨的碳减排量。

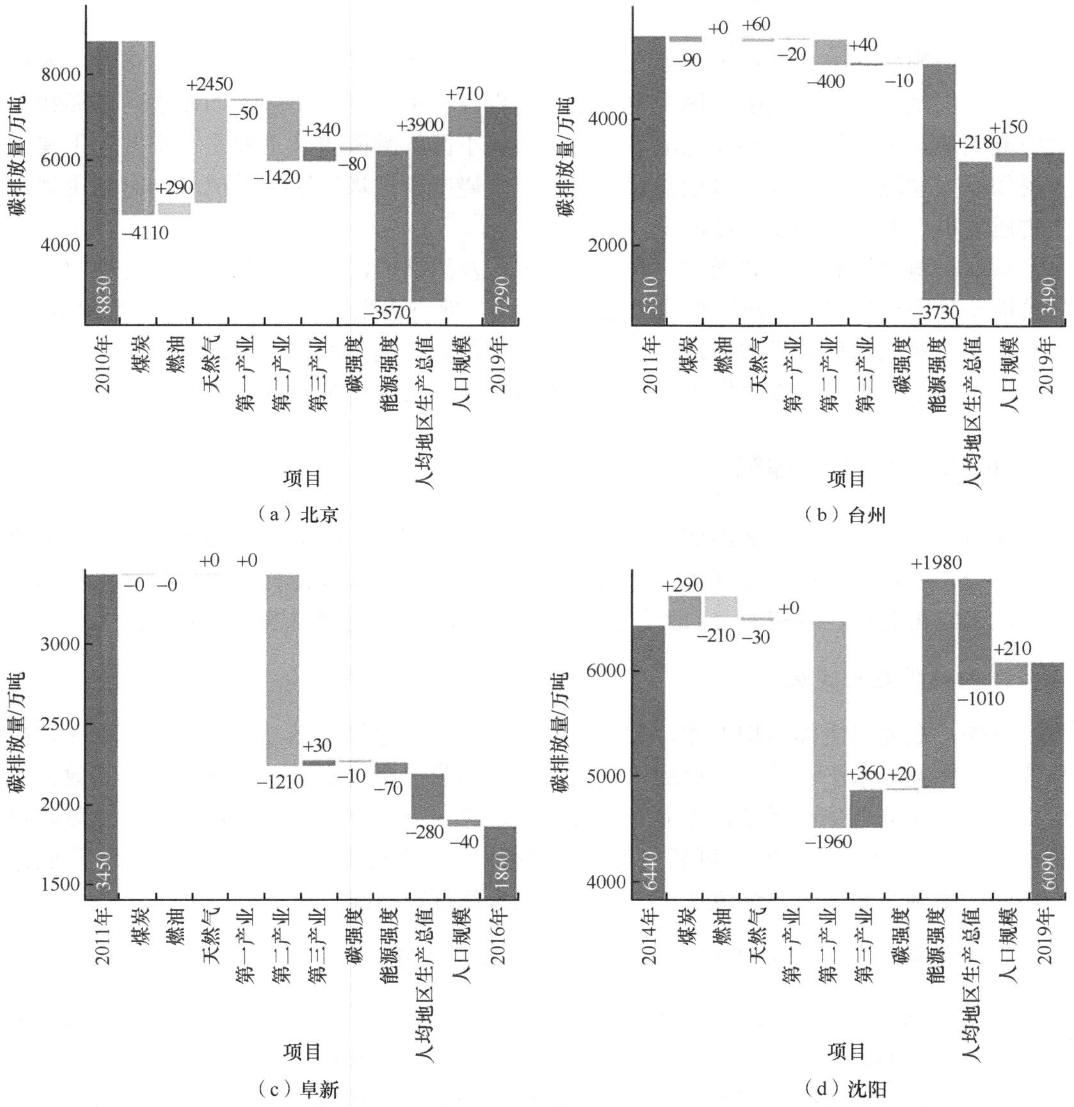

图 20.2　中国 4 个代表性城市碳排放量与结构变化（2010～2019 年）

资料来源：中国碳核算数据库

20.3　低碳城市发展路径

低碳城市概念提出得较早，国内外均有较为成熟的理论与实践研究。城市环境较为复杂，既有新建建筑群又有改造的老旧设施。多变且关联的环境造就城市多种多样的低碳路径：在减碳方面，主要考虑城市电力系统与城市低碳建筑两个方面；在负碳方面，主要介绍水资源与绿地相结合来吸收碳排放的情况；除上述路径外，绿色金融体系也多作为辅助手段来推进低碳城市建设。

20.3.1 城市能源开源节流

城市能源主要来自城市电力系统，分为民用、商用两部分。从民用电力来看，城市电力主要由供电厂统一调配，民用电低碳改造更多集中于老旧小区，如在小区车棚加装太阳能电池，为路灯加装存储电池等。对于新建小区，减碳措施主要是在小区地下建立全封闭小型垃圾焚烧厂与垃圾运输管道，就地焚烧减少垃圾运输碳排放，同时利用焚烧生物质发电、发热，减少化石能源使用。

从商用电力来看，主要通过分时、分层电价及清洁能源电价补贴等政策对商业、工厂的能源使用进行引导，减轻整体产业用电压力，促进谨慎用能、清洁用能、智慧用能。同时，小型风机组可建于城市近郊，为公共设施供电；港口城市潮汐能源丰富，建设潮汐发电单库单向电站、潮汐发电单库双向电站实现涨跌潮全时段发电。

20.3.2 城市低碳建筑

建筑作为城市中的主要组成结构，其本身生命周期中的碳排放是城市碳排放的主要组成部分。城市低碳建筑发展主要分为构建低能耗建筑、建筑建材全流程管理立足与建筑垃圾回收再利用、水资源+绿地结合改善城市环境、绿色金融控碳四种路径。

1. 构建低能耗建筑

首先，在建筑主体结构方面，加大房屋间隙，采用建筑遮阳与光电一体化设计，提高建筑本体隔热水平。其次，运用多种技术，如磁悬浮空调主机、慢速风扇、高效光伏逆变器及优化器、储能系统、光储充电桩系统、风光互补灯设备、光进铜退、微藻氧吧等 13 项前沿技术以及 120 项可复制可推广的技术，提升可再生能源的利用效率，降低建筑耗能，做到开源节流、绿色低碳，实现建筑本体夏凉冬暖。

2. 建筑建材全流程管理立足与建筑垃圾回收再利用

例如，废旧金属直接回收至钢筋加工场，熔炼去除杂质后可直接使用，木材去除杂质后可制作成木模板，废旧玻璃二次加工后可制作成再生玻璃、装饰材料和玻璃沥青混凝土，等等。废旧混凝土破碎后不仅可以直接作为回填、加固软土地基等的材料，还可应用于再生骨料的研究。再生砖由 85%的惰性拆除废弃物、水泥、石英砂和着色剂制作而成，具有良好的环境和经济效益。

3. 水资源+绿地结合改善城市环境

水资源重复利用是修复城市自然环境的开始。在城镇污水处理方面，通过臭氧活性炭和纳滤膜等深度处理工艺可将污水提纯为自来水、将自来水提升至饮用水标准。在水资源回用方面，加装水压变频装置、自动感应冲洗控制阀、两档节水型虹吸式排水装置可进行深度节水。采用高透水材料铺设地面，以增强对地下水的补给效果。

城市绿地改造可主要集中于煤炭矿坑，老旧工厂等高碳排放量企业退出后留下的土地。打造集绿色公园、开放空间、邻里中心、城市本土植物保护区等为一体的固碳花园。选择高固碳植物群落，组合大灌木层、小灌木层、地被层、结构层不同固碳植物，结合矿坑、工厂复杂地形，建成“娱乐+固碳”双功能的三维立体城市绿岛。

4. 绿色金融控碳

常用的绿色金融措施包括设立绿色信贷、发行绿色债券、进行环境信息披露、开展评估认证、开展绿色银行评价、建立碳排放交易市场等，提升节能环保企业的绿色创新能力，同时对重污染企业来说，绿色信贷政策具有显著的融资惩罚和投资抑制作用，从而促进企业的低碳转型（沈蕾和文秀，2023）。此外，金融控碳需考虑新增减排项目对城市建设预算的压力，应结合城市特有的经济因素和产业分布特点来调整信贷方向、建立绿色金融体系。

20.4 低碳城市的国内外实践

20.4.1 丹麦哥本哈根

丹麦哥本哈根的整体面积为 97 平方千米，是世界上比较小的首都，其目标是在 2025 年实现碳中和。从 2009 年起，其《CPH 2025 气候计划》（CPH 即哥本哈根）持续出版并不断推进，有望成为全球首个碳中和城市。哥本哈根的减碳方法可以归集为 4 个方向：能源消耗、能源生产、绿色出行、城市管理（图 20.3）。

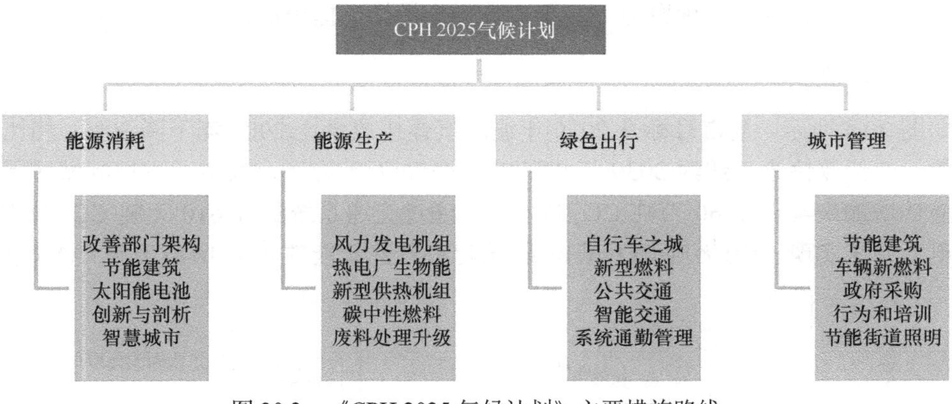

图 20.3 《CPH 2025 气候计划》主要措施路线

1. 能源消耗方面

哥本哈根的能源消耗来自多种清洁能源，风能为主要能源来源，用于制冷、冷冻与通风等用途；利用海水的天然低温环境，建设区域冷却站；采用自由冷却、热交换器冷却、吸收式和压缩式冷却器三种不同方式，对不同温度的海水进行冷却和生活制冷使用。

2. 能源生产方面

哥本哈根主攻能源的可循环性，建立可再生能源系统，利用热电联产结合生物能源的区域供热系统，在热电联产机组中使用秸秆、木质颗粒等，高效利用燃料中 94%的热量。同时更新改造供能系统，发展地热能源、生物质等清洁能源，引进烟道压缩冷却机、分布式供热、新式风车、太阳能电池板等设备，提高能源利用效率。

3. 绿色出行方面

丹麦被称为“自行车王国”，其在首都哥本哈根建设了 300 多千米的自行车快速道以支持民众选择骑自行车出行等绿色出行方式。新增商圈、枢纽等公交区域的单车停放点，并允许携单车乘坐地铁和轻轨，建设绿色骑行道路，提供面向儿童和青少年的骑行教育。自行车在城市中拥有优先权，在公交和自行车通过路口时保持绿灯状态，以最大化公交和自行车通过优先权。

4. 城市管理方面

哥本哈根以政府为主导推动绿色基建投资，加大对氢能源电动车的投资力度，建立氢能电动车使用管理系统，以检测和分析电动车注册和使用效果。基于环境标志采购政策，在全市范围内进行能源产品和服务招标时，要求所采购的产品必须有公认的生态标签，并在采购前评估购买价格和运营成本，努力节约财政资源和能源。

20.4.2 纽约

纽约已经连续多年编制城市温室气体清单，是当前温室气体清单编制较为全面、系统的城市之一，并且纽约基于多年温室气体清单，分析了温室气体排放变化的原因，考虑了自然气候和人为等多种原因，基于清单和分析结论提出的减排措施效果非常显著。

1. 低碳目标

如图 20.4 所示，全市目标是 2030 年温室气体排放量比 2005 年下降 30%；相比于基准情景，在低碳情景下纽约 2030 年共需减排 4870 万吨 CO_2，其中通过控制城区无序扩张和能耗增加来实现 1560 万吨 CO_2 减排量，通过交通系统实现 610 万吨 CO_2 减排量，通过电力系统实现 1060 万吨 CO_2 减排量，通过提升建筑能效实现 1640 万吨 CO_2 减排量。

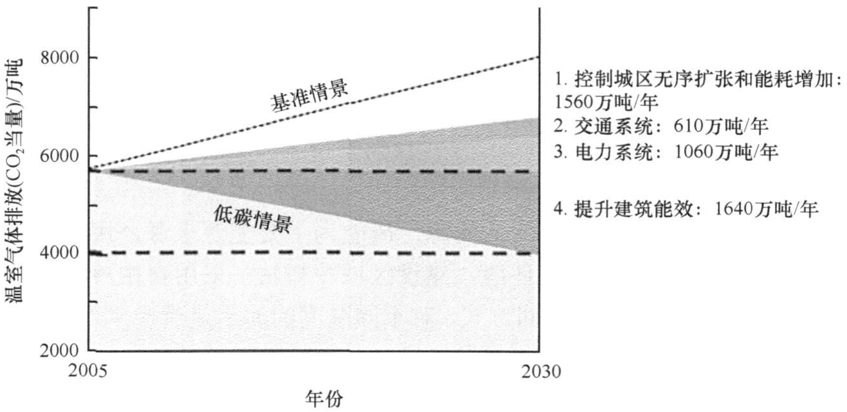

图 20.4 纽约低碳目标分解

2. 顶层设计

纽约在 2007 年发布《规划纽约 2030》(PlaNYC 2030)，旨在全面改善纽约的基础设施、城市环境和生活质量。在 2014 年立法宣布到 2050 年实现碳排放量较 2005 年减少 80%（即“80×50”目标），并发布《纽约市 80×50 路线图》(New York City's Roadmap to 80×50)，明确在能源、建筑、交通和废弃物等重点领域采取低碳行动。在 2015 年和 2019 年相继发布《一个纽约：建设富强而公正的纽约规划》(OneNYC 2020）和《一个纽约：纽约战略规划》(OneNYC 2050)，提出纽约 2050 年实现碳中和，成为世界上最大的可持续城市和应对气候变化的全球领导者，并通过进一步升级气候战略规划和一系列行动方案将城市气候愿景转变为可具体实施的措施①。

3. 纽约主要低碳措施

孙晓飞（2019）提出纽约模式的特点是，通过搭建“愿景—策略—指标”三级体系，以建筑、交通为减排重点领域，扎实推进城市绿色低碳发展。纽约的碳排放主要来源于建筑排放（68%）与交通排放（28%），且从发展趋势看，交通碳排放占比不断提升，因此该规划在城市可持续发展方面将建筑和交通作为减排重点领域。

1）交通方面

交通排放在 2008 年占总排放的 22%，到 2030 年需要下降 44%，在减少机动车 CO_2 排放的同时还要减少机动车的污染物排放。在交通方面采取的措施主要有：提高公共交通速度，大力发展快速公交系统（bus rapid transit，BRT)；建造并扩建交通基础设施；提高交通工具匮乏地区的公共交通便利性；改善现有基础设施的客运服务；推广使用自行车；试行交通堵塞费；引入道路准入计划、推广铁路自动化控制、支持生态驾驶，重型车辆加入货车运行认证计划的比例达到 50%。

2）建筑方面

能源审计、改造和调试是减少建筑物能耗与温室气体排放量的三大重要方向。能源审计主要分析怎样才能通过改变设备、装置及设计来降低能耗；而改造则主要针对建筑物的升级，主要集中在照明和供暖制冷系统上，通过 3～7 年的时间凭借能源节约量来实现成本回收的目标；对新建筑的调试，以及对现有建筑物的改造调试，主要是为了确保建筑物的设备安装正确，并以最高效率运行。加强高峰负荷管理，通过增加负荷管理项目和实时定价来削减 25%的高峰负荷。推广使用智能电表，若用户可以在高温天气下降低用电负荷，则其会得到一些报酬。实施电力实时定价措施，如果用户能够看到不同时期的电力费用，便可做出更明智的选择，即何时以及如何在一天内用电。此外，市政府还推动公共服务委员会规定 100%的中型和大型非住宅用户在同时期加入实时定价项目，同时积极推广使用建筑节能电器和照明节能灯，减少混凝土中水泥的用量，制造水泥是一个高能耗的过程：生产 1 吨水泥要稀释 1 吨的 CO_2。倡导一系列不同形式的混凝土生

① 《城市绿色低碳发展国际经验及启示》，https://zrzy.hebei.gov.cn/heb/gongk/gkml/kjxx/gjjl/10851888975983427584.html，2023-05-05。

产工艺，减少30%～40%的水泥使用量，同时保持混凝土质量。

3）废弃物方面

纽约批准“固体废物管理计划”，呼吁对有机废物转换成有用能源的技术进行评估。43项技术被研究应用。纽约大约60%的沼气池天然气被收集，并通过燃料电池来生产能源，其中大部分用于污水处理厂自身供电，25%的沼气池天然气被燃烧，其余的15%（约16.5万吨CO_2）逃逸。未来市政府将管理所有污水处理厂的CH_4排放，并积极推进沼气池天然气的生产规模扩张，以实现其在能源领域更为广泛的应用。

4）家庭低碳改造方面

一是开展家庭能效改善项目，为家庭提供节能咨询和建议，为家庭安装节能设备和房屋隔热温层，提供家庭可再生能源发电上网政策和电价补贴。二是创建低碳社区，革新低碳社区的能源供应结构和绿色基础设施，通过示范项目，展示低碳技术在社区层面的巨大减排潜力。

20.4.3 烟台

烟台是我国低碳城市试点、国家环境保护模范城市、山东省智能低碳城市试点、山东省内连续17年（2007～2023年）实现能耗下降目标的城市，在推动能源绿色低碳转型方面基础良好、优势突出。烟台在2023年《国家低碳城市试点工作进展评估报告》中被评为优良，且排名第三。烟台作为山东新旧动能转换核心引领城市，积极抢抓山东绿色低碳高质量发展先行区建设重大机遇，率先开启绿色低碳转型之路，以推进能源、产业、城市“三个转型”为抓手，努力建设全国、全省绿色低碳高质量发展先行示范区。

1. 顶层设计

烟台正在积极推动智能低碳城市建设，探索制定了国内首个城市全域《智能低碳城市规划》，创造城市绿色低碳高质量发展的新项目、新产业、新空间；出台了《烟台市智能低碳城市行动方案》，系统推动城市全面绿色转型，打造核能综合利用、万华工业园余废热低碳清洁供暖等29个应用场景，全市财政绿色采购占比达88%。在烟台，绿色出行、绿色消费等低碳生活已然蔚然成风。

2. 建设智能低碳城市

2023年初，大黑山岛成为烟台地区率先获得权威认证的负碳区域，为助力长岛打造国际零碳生态岛，提前实现“双碳”使命任务提供新思路、探索新路径。

1）把项目建设作为绿色低碳高质量发展的重要抓手

烟台355个项目纳入山东省绿色低碳高质量发展先行区三年行动计划重点项目库，项目个数、项目总投资和2023年计划投资均居山东省前列。万华新材料低碳产业园2022年实现二次扩区，一期工程获批建设，2023年一季度同步开工二期工程；截至2023年6月底，海阳核电项目一期已累计发电964亿度，二期正加快建设；截至2023年，总投资264

亿元的东方航天港实现海上发射 5 次、共计 37 颗卫星；2024 年 1 月 11 日“东方航天港”号自航式发射船投入商业运营，该船是国内首艘专业化的海上卫星发射工程船，同时还是一艘海上发射与回收多功能船。

2）狠抓生态环保

烟台大气环境质量连续 4 年（2018～2021 年）达到国家二级标准，截至 2023 年底，烟台共创建省级美丽幸福示范河湖 37 条，长岛列入国家公园空间布局方案，获评国家“绿水青山就是金山银山”实践创新基地。昆嵛山在黄河流域国家级自然保护区管理成效评估中位居前列，空气质量综合指数改善率居山东省前列，成功创建全国水生态文明城市、国家森林城市。

3）烟台在工业、交通、建筑等不同领域采取绿色低碳措施

（1）烟台在工业领域实施绿色制造行动，2023 年，30 家企业获评省级以上“绿色工厂”，1 家企业被认定为相关部门绿色供应链管理企业。

（2）烟台在交通领域积极推动交通运输工具“油换电”，新增公交车全部为新能源车辆，2023 年建成专用和公用充电桩 7300 余个。

（3）烟台在建筑领域结合城市更新行动，在山东省率先开展超低能耗建筑、近零能耗建筑、零能耗建筑建设试点工作，实施建筑绿色化改造，推广光伏屋顶和冷屋顶技术，有效减少建筑碳排放，让建筑“绿”起来，碳排放降下来。

烟台具有通山达海、河海相通、湾岛互映的禀赋，实现城市绿色低碳转型的条件优越。烟台以建设国际领先的智能低碳城市为目标，建设千里海岸观光廊道、夹河生态带、城市中央山体公园等，以推进低碳城市建设。

习题：

1. 低碳城市的内涵和特征是什么？
2. 城市碳排放核算中范围一、范围二和范围三构成区别是什么？
3. 国际上主流的碳排放核算体系分别是什么？有什么区别？
4. 我国城市碳排放的主要来源是什么？
5. 思考下，你认为低碳城市建设的主要挑战是什么？

本章参考文献

郭豪，杨秀，张晓灵，等. 2023. 城市绿色低碳发展国际经验及启示[J]. 环境保护, 51(3): 66-70.

郭巍. 2021. 以都市圈视角看国际绿色低碳发展经验[EB/OL]. http://www.rmhb.com.cn/zt/ydyl/202112/t20211207_800269346.html[2021-12-07].

沈蕾，文秀. 2023. 绿色金融试点政策对企业发展效率的影响研究：来自绿色金融改革创新试验区上市公司的证据[J]. 金融理论与实践, (6): 60-68.

生态环境部应对气候变化司. 2023. 国家低碳城市试点工作进展评估报告[R]. 北京：生态环境部.

孙晓飞. 2019. 国际低碳城市发展研究：以纽约和伦敦为例[J]. 应用能源技术, (9): 15-20.

王海鲲，张荣荣，毕军. 2011. 中国城市碳排放核算研究：以无锡市为例[J]. 中国环境科学，31(6):

1029-1038.
徐佳, 崔静波. 2020. 低碳城市和企业绿色技术创新[J]. 中国工业经济, (12): 178-196.
徐丽笑, 王亚菲. 2022. 我国城市碳排放核算: 国际统计标准测度与方法构建[J]. 统计研究, 39(7): 12-30.
臧鑫宇, 王峤, 李含嫣. 2022. “双碳”目标下的生态城市发展战略与实施路径[J].科技导报, 40(6): 30-37.
Shan Y L, Guan Y R, Hang Y, et al. 2022. City-level emission peak and drivers in China[J]. Science Bulletin, 67(18): 1910-1920.
United Nations, European Union, Food and Agriculture Organization of the United Nations, et al. 2014. System of Environmental-Economic Accounting 2012: Central Framework[M]. New York: United Nations.

本章要点

1. 明晰农村碳排放主要来源。
2. 掌握农村碳排放核算方法。
3. 熟悉农村低碳发展路径。

第 21 章　低碳农村发展

目前我国低碳经济发展迅猛，低碳方面的相关技术成果主要集中在城镇领域，农村领域相对较少。虽然农村碳排放量在总量中的占比不大，但是农村地区的低碳治理也是低碳化经济变革中必不可少的一部分，本章主要就低碳农村的内涵及特征、农村碳排放来源与核算、低碳农村发展路径，以及低碳农村的国内外实践展开讨论。

21.1　低碳农村概述

21.1.1　低碳农村的内涵

低碳农村是低碳经济这一新经济发展形态下的一个衍生概念，是低碳经济在农村建设与发展中的实现形式。低碳农村指在国家政策的指引下，在生产生活中运用相关低碳技术，形成和坚持有关低碳理念，最终打造人与自然和谐共生的农村环境

图 21.1 整理了低碳新农村建设评价指标体系，囊括八个一级指标：低碳生产、低碳建筑、低碳交通、低碳基础设施、能源利用、生态环境、低碳生活以及低碳政策法规。在此基础上又可分为 26 个二级指标，进一步反映一级指标的主要内容。总体而言，低碳农村建设多从生产、生活、生态三方面，就理念、技术和规划三角度出发寻找实现整体低碳的方法。

21.1.2　低碳农村的特征

关于低碳农村的特征，多借用可持续发展的部分目标加以表述。

（1）低碳排放。低碳是低碳农村的核心理念，碳减排是低碳农村建设中的关键内容。

（2）资源高效利用。这不仅是低碳农村建设的特征，更是其持续追求的发展目标，党的二十大报告中就明确提出要“推进各类资源节约集约利用”[①]。

（3）农民增收。农民收入是“三农”（农业、农村、农民）问题的重中之重，我国目前城乡居民收入差距较大，农业及其他生产方面的创新推动生产活动更加高效，生态方面的优化以及对光能等资源的开发利用能够拓宽居民的收入途径，实现农民收入水平提高，缩小城乡差距。

① 《习近平：高举中国特色社会主义伟大旗帜 为全面建设社会主义现代化国家而团结奋斗——在中国共产党第二十次全国代表大会上的报告》，https://www.gov.cn/xinwen/2022-10/25/content_5721685.htm，2022-10-25.

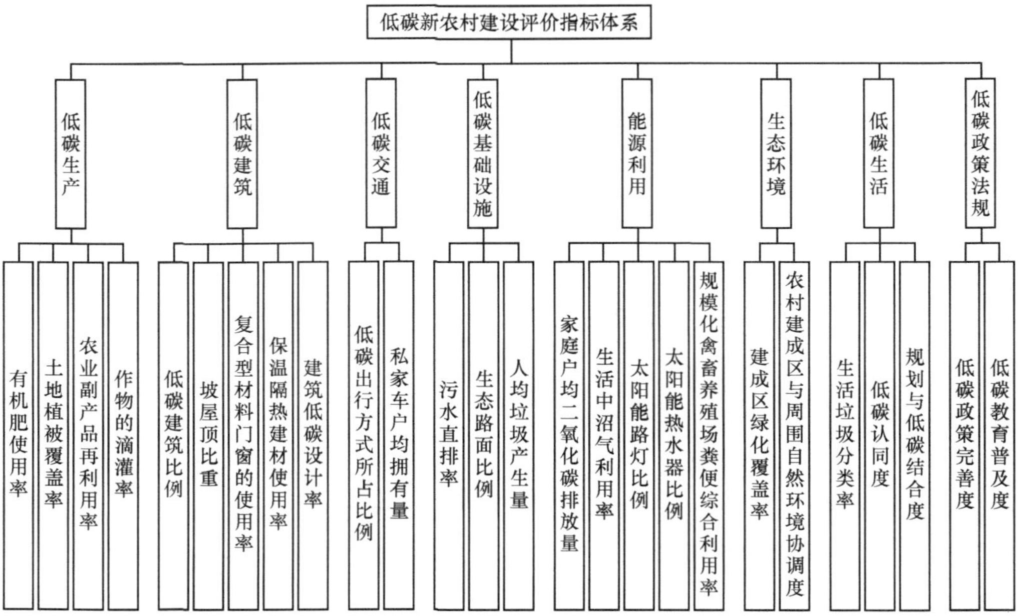

图 21.1 低碳新农村建设评价指标体系

资料来源：陈玉娟等（2013）

（4）环境友好。“绿水青山就是金山银山”这一理念仍然适用低碳农村的发展规划，实现环境友好不仅要提升绿植覆盖，还要对原有生态环境进行保护，目前有不少农村通过打造绿色生态系统，构建良好生态体系来吸引游客。

（5）食品安全。食品安全问题是关系国计民生的重大问题，在环境友好的基础上，良好的生产生活环境使得农业生产活动可以实现生产和生态的平衡，这样能让居民获得更加安全健康的食品，这也是低碳农村发展的关键。

21.2 农村碳排放来源与核算

21.2.1 农村碳排放构成

关于农村碳排放构成的分类目前并没有明确标准，大体是以《IPCC 国家温室气体清单指南》为依据，国内多将农村碳排放来源划分为能源消耗排放、农田排放、畜牧排放、农业生产资料消耗排放等四大类。Yu 等（2023）对《科学网》（*Web of Science*）核心收录的 2013～2022 年农村碳排放相关研究的总体情况进行研究，发现对农村碳排放结构的研究主要分为碳源和碳汇两大类，具体如表 21.1 所示。

表 21.1 农村碳源及碳汇指标分解

一级指标	二级指标	三级指标	具体内容
碳源指标	家庭碳排放	家庭能源碳排放	每日使用时间和总功率
		建筑碳排放	加热和冷却

续表

一级指标	二级指标	三级指标	具体内容
碳源指标	家庭碳排放	运输碳排放	车辆操作
		生活垃圾碳排放	生活垃圾
	生产碳排放	生产能源碳排放	种植和收获
		农田碳排放	种子、农用薄膜、农药、肥料和灌溉
		畜牧业碳排放	排泄
碳汇指标	天然碳汇	天然林碳汇	面积和林业类别
	人工碳汇	人工林碳汇	种植面积及类别
		种植碳汇	种植面积及类别

其中，碳源指标下包含家庭碳排放和生产碳排放，是基于中国农村产业结构以农业和劳务输出为主，能源结构以生物质和化石能源为主，碳排放源以家庭碳排放为主的考虑。二级指标则是根据目标村的特点进行调整的，比如，生产碳排放主要包括生产能源碳排放、农田碳排放和畜牧业碳排放三大类，其中农田碳排放又细分为单纯的农田碳排放和农药化肥碳排放。

为简便运算，本节参考韦玉琼等（2022）选取 18 个碳排放因子（表 21.2）进行讨论。在碳源分类上结合乡村振兴总要求中的“产业兴旺”“生活富裕”和“生态宜居”三个方面，将 18 个碳排放因子划分为产业碳源、生活碳源和生态碳源三类，并选择其中碳排放量较多或增长较快的因子进行讨论。其中产业碳源包括种植业、养殖业和生产过程中的柴油消耗；生活碳源包括农村住房以及家庭能源消耗（汽油、液化气、天然气、电力等）；生态碳源包括基础建筑（包括公共建筑和生产性建筑）、道路、煤等。

表 21.2　18 个碳排放因子的碳排放系数及来源

碳源	系数	单位	来源	碳源	系数	单位	来源
农膜	18.99	吨/吨	丁宝根等（2022）	柴油	3.095 9	吨/吨	根据 2011 年《省级温室气体清单编制指南（试行）》相关数据整理
化肥	3.3	吨/吨		汽油	2.925 1	吨/吨	
农药	18.08	吨/吨		煤	1.900 3	吨/吨	
稻田甲烷	9.118	吨/公顷	曹黎明等（2014）	液化气	3.101 3	吨/吨	
猪	0.172 415	吨/头/年	根据 2011 年《省级温室气体清单编制指南（试行）》相关数据整理	天然气	2.162 2	千克/米 ^{3}	
牛	2.075 4	吨/头/年		电力	0.856	千克/度	夏德建等（2010）
奶牛	2.900 55	吨/头/年		道路	0.004 7	吨/米 ^{2}/年	井彩霞（2019）
羊	0.253 445	吨/头/年		基础建筑	0.007 6	吨/米 ^{2}/年	熊宝玉（2015）
禽	0.002 545	吨/只/年		房屋	0.007 6	吨/米 ^{2}/年	

资料来源：韦玉琼等（2022）

以上各类碳排放因子的测算公式如下：

$$E_\lambda = \mathrm{AD}_\lambda \times e_\lambda \tag{21.1}$$

其中，E_λ 为各类碳排放因子的碳排放量；λ 为碳排放因子种类；AD_λ 为各类碳排放因子使用量（农药、化肥和农膜为其使用量；稻田甲烷为稻田面积；畜禽养殖为畜禽数量；能源为其消耗量；房屋和基础建筑为当年房屋存量；道路为道路面积）；e_λ 为各碳源碳排放系数。

图 21.2 展示了 2010～2021 年我国农村碳排放结构及碳排放量。总体来说我国农村碳排放量在 2010～2021 年呈上升趋势，碳排放结构在 2010～2021 年没有明显变化，碳排放量排在前 8 位的碳源从高到低（2021 年）依次为：电力、牛、稻田甲烷、房屋、猪、化肥、羊、煤，这 8 项始终占总排放量的 80%以上，其他年份的主要碳源构成与 2021 年相同，只顺序有所变化。具体来看，在 2016 年和 2019 年出现了两个低谷点。其中 2016 年出现低谷点主要是因为牛的数量减少，与 2015 年相比，牛的养殖数量减少了 15.7%；2019 年则是因为农村用煤和养猪的碳排放量下降幅度大于农村用电碳排放量的上升幅度。

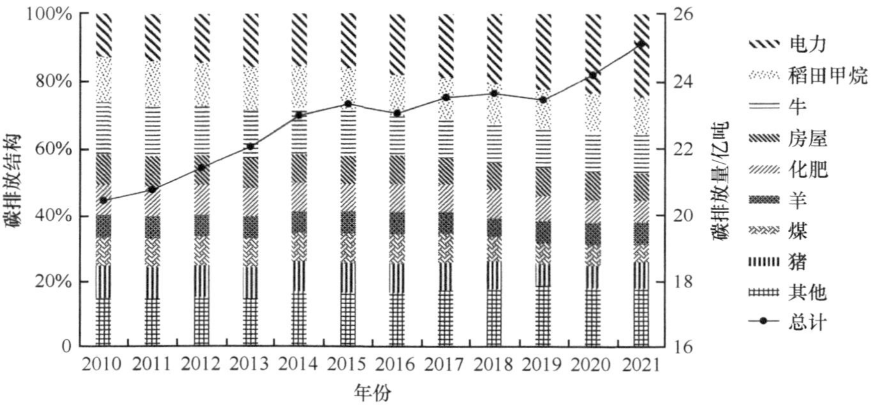

图 21.2　2010～2021 年我国农村碳排放结构及碳排放量

资料来源：《中国农村统计年鉴》《中国能源统计年鉴》《中国城乡建设统计年鉴》，韦玉琼等（2022）

21.2.2　产业碳源及现状

产业碳源包括种植业、养殖业以及生产过程中的柴油消耗。农村又被称为农业农村，可见农业生产在农村生产活动中的重要性，因此农业也成了农村碳排放的一个重要来源，这里只讲述农业中的养殖业，因为如果将养殖业作为一个整体，那么农村养殖业的碳排放量要高于电力。其余农业的相关内容在第 14 章低碳农业中已经有了较为完整的表述。

养殖业包括水产养殖和畜禽养殖，由于水产养殖受地理条件限制较为明显，所以这里以畜禽养殖为主，CH_4 是畜牧业碳排放的主要来源，80%源于肠道发酵，剩余源于粪污管理。图 21.3 描绘了畜禽碳排放量 2010～2021 年的变动趋势，畜禽碳排放总量在 2015 年达到峰值后大幅下降，主要原因是牛和猪的养殖量减少。如前文对图 21.2 的分析所述，总量的两个低谷点也均与养殖业相关，2016 年养牛数量较上一年大幅下降，2019 年养猪数量较上一年大幅下降，其余禽类的养殖数量变动较为平缓，对碳排放总量的影响较弱。

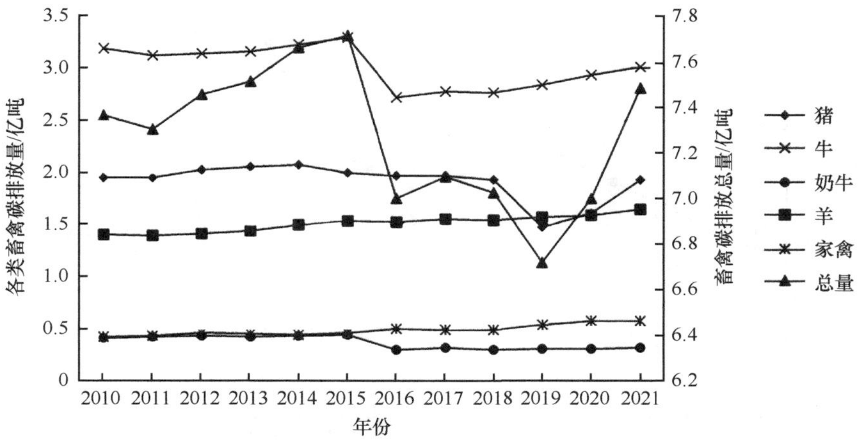

图 21.3　2010～2021 年畜禽碳排放量变动趋势

资料来源：《中国农村统计年鉴》

我国作为人口大国，对禽类的需求较大，并且随着我国生活水平的普遍提高，这种需求的增长将会持续。在《乡村振兴战略规划（2018—2022 年）》中也提及要优化畜牧业生产结构，在低碳化进程中养殖业的优化不容小觑，尤其是畜牧业大省，由于不同家畜的排放量不同，养殖业以猪、牛和羊为主的省份面临的压力要高于以禽和奶牛为主的省份。

21.2.3　生活碳源及现状

生活碳源包括与居民息息相关的住房以及电力、天然气、石油等，反映农村居民的居住条件和日常的生活方式，下面从农村住房、汽车汽油消耗以及农村电力使用三方面对该碳源及现状进行简要介绍。

1. 农村住房

住房问题是重要的民生问题，尤其对我国而言，大部分人始终保持着“有房才有家”的理念，而农村地区又以自建房为主，此类住房的碳排放来源于从房屋建设到房屋利用的全过程，主要包括：房屋设计方面，乱搭乱建、占用耕地等不科学规划；建筑能耗方面，整体数值偏高；农村房屋利用方面，存在大量闲置。

根据图 21.2 可知，农村住房碳排放量约占总碳排放量的 8%。图 21.4 中显示，虽然农村人口有所减少，但农村住房碳排放量总体呈上升趋势（除在 2017 年乡村振兴战略实施起始年有明显下降外）。

拆除旧房（全部或部分）修建新房对碳排放量的计算有较大的影响。根据碳排放全生命周期核算方法，房屋建造及拆除所产生的碳排放总量要平均分摊到其生命周期内的每一年。未到生命周期的旧房屋被拆除了，但其生命周期内的碳排放已然产生，而这部分碳排放量在基于年末实有面积计算的碳排放中是表现不出来的。

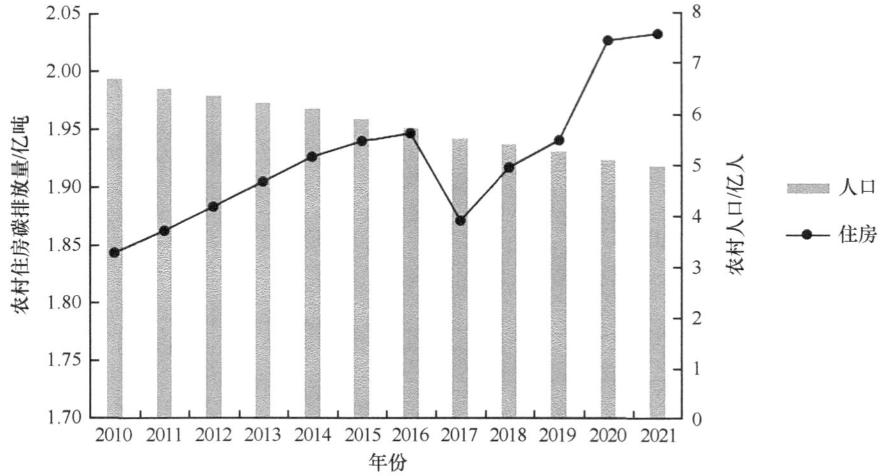

图 21.4 2010～2021 年农村住房碳排放量及农村人口趋势图

资料来源：《中国城乡建设统计年鉴》

2. 汽车汽油消耗

汽油在农村能源消耗中显著上升，碳排放量从 1570 万吨（2010 年）上升到 5210 万吨（2021 年），其中生产用油较稳定（图 21.5）。汽油消耗增加的主要原因是，农村的生活水平上升，汽车越来越普及，农村每百户拥有量从 2010 年的 2.8 辆上升到 2021 年的 30.2 辆（图 21.6）。汽车对汽油能源消耗的影响较大，一方面汽车数量的上升带来了基数的上升，另一方面就拥有汽车的家庭而言出行方式产生了一定的转变，考虑到天气、交通便利性等因素人们增加对汽车的使用，也就增加了汽油的消耗。随着低碳农村、乡村振兴等理念的逐步推广，人们也逐渐形成了低碳意识，在自身可承受范围内尽量少驾驶私家车，电车的出现也将在一定程度上改善燃油车能源消耗高碳排的局面。

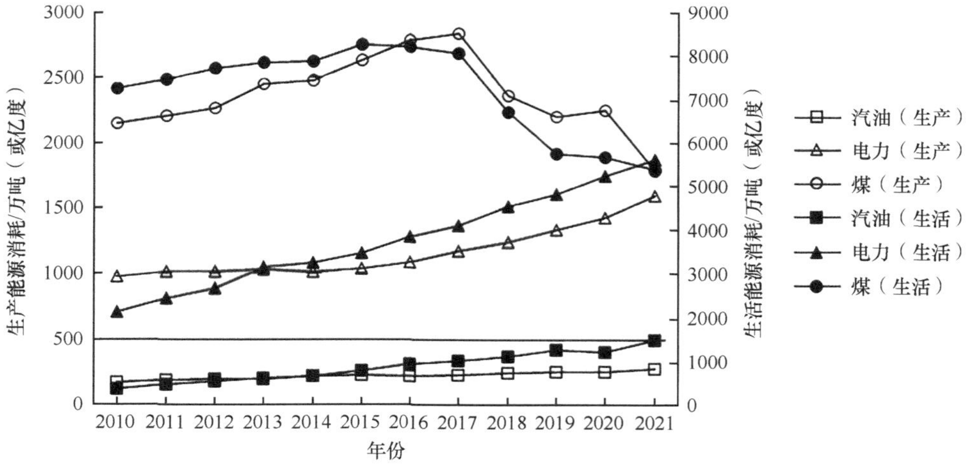

图 21.5 2010～2021 年生产生活能源消耗量

资料来源：《中国能源统计年鉴》

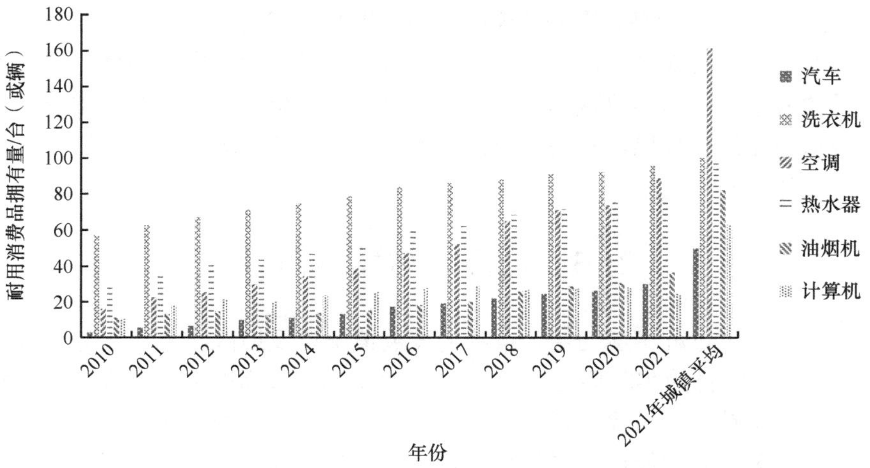

图 21.6　2010～2021 年农村部分耐用消费品拥有量

资料来源：《中国住户调查年鉴》

3. 农村电力使用

农村碳排放结构中，电力作为主要碳源从 2011 年开始就超过了其他碳排放因子，成为农村的第一碳排放因子，并且呈快速上升的趋势（图 21.2）。2021 年农村生活用电达到 5624.88 亿度（图 21.5），导致这种情况的主要原因在于农村家电拥有量快速上升，大部分电器，尤其是油烟机、空调、热水器的增长幅度非常大。但是，农村耐用消费品拥有量大部分还未达到城镇平均水平，随着未来人们生活质量的提高，农村家用电器的拥有量还会继续上升（图 21.6）。

21.2.4　生态碳源及现状

生态宜居的美丽乡村，体现在村容村貌提升、入户道路建设以及空气质量改善等方面。因此，将基础建筑、道路、煤等碳源归入此类。目前该碳源的减排现状如下。

1. 基础设施逐步完善带来减排压力

在 2021 年发布的《中共中央 国务院关于全面推进乡村振兴加快农业农村现代化的意见》中，特别强调要继续把公共基础设施建设的重点放在农村。除基础设施建设外，还有农村的公共场所搭建，如生产性建筑的修建，这些都是改善农村民生及发展农村现代产业的需要。目前，虽然农村基础设施困境有所缓解，但农村公共服务设施投入仍然不足，还有较大的开发空间，这些基础设施的建设会导致碳排放量激增，给低碳农村发展带来压力。

2. 农村用煤减排效果并不理想

城市对于煤的使用主要集中于生产环节，而农村还是以生活方面的用煤为主。2021 年煤的碳排放量在农村碳排放总量中排第 8 位（图 21.2），尽管煤的生产生活使用总量已从最高值 10 963.59 万吨（2016 年）减少到 7170.54 万吨（2021 年），减少了 35%（图

21.5），但绝对数量依然较高。因为低廉的价格，煤炭一直受到北方和西部地区农村居民的偏爱，这两地区的用煤量可以占到全国的85%。而且，我国农村地域广阔，煤改电、煤改气项目的成本高，这导致减排政策推广效果并不理想。虽然煤的减排空间大，但是如果没有合适的能源替代煤，农民转向使用如蓝炭、清洁煤球等清洁燃料后，煤的碳排放量反而会反弹上升。

21.3 低碳农村发展路径

低碳农村在建设过程中应当结合自身的发展情况以及地区特色，选择适合自己的减碳路径。我国低碳农村的实践仍处于摸索阶段，“双碳”目标提出后国家又连续发布了系列政策文件，其中针对乡村绿色低碳建设发展的包括《关于推动城乡建设绿色发展的意见》《“十四五”全国农业绿色发展规划》《农业农村减排固碳实施方案》《加快农村能源转型发展助力乡村振兴的实施意见》等，在农业节能减排、新能源产业发展、绿色低碳农房及基础设施建设、生态碳汇碳交易等重点领域做出部署。目前已经开展的第一批试验项目主要从减排固碳这两个视角出发，具体路径如图21.7所示。

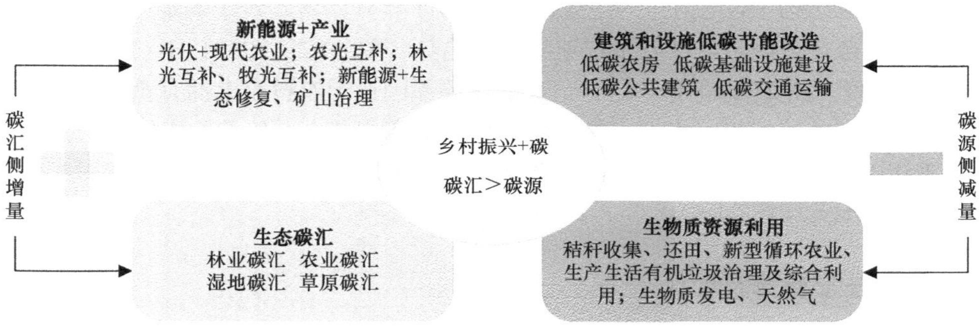

图21.7 基于碳汇侧增量和碳源侧减量的低碳乡村实践模式

1. 新能源+产业

农村可再生资源丰富，发展清洁能源可以实现低碳减排目标，助力农村生产生活，具有广阔发展前景，就“新能源+产业”这一部分而言，主要是在光伏运用以及电力使用方面实现增汇减碳目标，“零碳村”就是一种以这一模式为主体的实践形式。

光伏应用方面，我国很多农村地区太阳能资源非常丰富，随着光伏技术的不断发展和普及，光伏太阳能已经广泛应用于农村地区。其中推广力度较大的光伏屋顶项目，不仅可以解决农村居民的用电难题，还可以帮助农民实现创收。光伏村浙江龙观采取的就是这样一种发展模式，运用光伏建筑一体化（building integrated photovoltaic，BIPV）“寓建光伏”，将光伏产品集成到建筑之中。我国作为农业大国，农村地区占全国土地总面积的94%以上，荒地、屋顶资源丰富，全国有 1.4×10^4 平方千米的屋顶可以布设分布式光伏。其余相关项目，如农光互补、林光互补与光伏屋顶项目类似，简单来说就是提高土地的利用效率，在不影响农林业的情况下加入光伏。

电力使用方面，目前由国家发展改革委、国家能源局等相关部门联合提出的活动有

“千乡万村驭风行动”“千家万户沐光行动”，对加强农村电网发展规划与农村分布式可再生能源发展的衔接起到了重要推动作用。农村用电方式出现了巨大的变化，“光伏+储能”“风电+储能”等多种方式为农村提供更加便捷、优惠的电力，分散式风电和分布式光伏在农村地区的迅速发展，加速了“自发自用、余电上网”目标的实现，不仅大幅度提升了农村的电气化水平，也推动了农村电网的智能化改造。

2. 生态碳汇

生态碳汇，就是通过植树造林、森林管理等手段，利用植物的光合作用吸收掉部分 CO_2 的排放，实现增汇目标，生态系统碳汇是生态服务的重要功能，对于维持全球的生态平衡发挥着重要作用，碳汇方主要包括林业、农业、湿地和草原。

林业方面，主要措施有植树造林、恢复和保护已有植被、加强森林管理以及建立农林复合系统。这里的农林复合系统，也是一种提升土地利用效率的方式，如在林间空地上养殖家禽。除所有森林共有的在增汇减排上的作用，可转化为生物柴油等的功能林还可以增加农民收入。

农业方面的增汇主要以改变生产方式为主。具体包括：秸秆还田，杜绝秸秆焚烧污染的同时，实现增肥增产；增施有机肥，提高土壤效率；改变稻田灌溉方式，取消沟渠既能实现对土地的节约，也能实现增产增收。

湿地和草原方面，与林业类似，区别在于人工种植难度较大，以保育为主。

3. 建筑和设施低碳节能改造

《中共中央 国务院关于完整准确全面贯彻新发展理念做好碳达峰碳中和工作的意见》及《关于推动城乡建设绿色发展的意见》两份重要文件都给出了对绿色低碳城乡建设中的建筑设施部分的工作思路，主要从绿色建筑占比、节能建筑构造以及建筑的运行能耗等方面出发对现状进行了分析与评价。建筑和设施低碳节能改造的具体措施可以从以下三方面入手。

在房屋、设施建设方面，推动公用设施和分布式建筑屋顶光伏的一体化发展，构建以新能源为主体的新型农村电网；建造被动式太阳房，提升农房外围护结构的保温隔热性能。被动式太阳房是一种仅靠建筑方位及其他建筑物构件，就能自动地达到冬暖夏凉效果的房屋，能够有效降低人们使用相关电器的频率及强度，达到减排效果。

在建筑用能结构上，深化可再生能源建筑应用。因地制宜推进热泵、燃气、生物质能、地热能等清洁低碳供暖，加快推动建筑用能电气化和低碳化。

在其他设施方面，采用高效低碳的节能型设备，鼓励小排量、低能耗、新能源汽车和公共交通的使用。

4. 生物质资源利用

生物质资源利用包括对秸秆、生产生活有机垃圾等可再生能源的回收利用，实际上就是对能源农业循环经济产业体系的一种实践。能源农业循环经济产业体系结构如图 21.8 所示，该体系是一种将能源农业产业链的各领域相互连接，促进各产业之间物质流循环流动的体系，可以实现废弃物的最大化利用，促进社会经济全面良性循环发展。具体措施为：首先是对资源进行收集，包括农林废弃物和生活废弃物，农林废弃物可以通过建立收集点和设立收集车辆加以回收，生活废弃物收集则要求人们加强垃圾分类意识，提高工作效率；其次是对资源进行处理，包括利用生物质发电，制作燃气和液体燃料等。

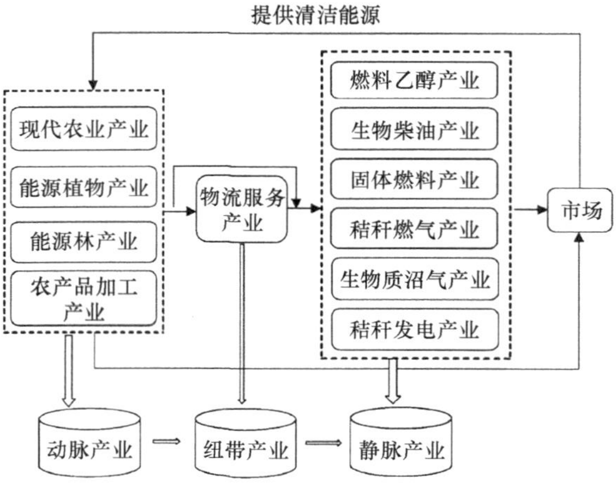

图 21.8 能源农业循环经济产业体系结构

资料来源：贾凤伶（2018）

21.4 低碳农村的国内外实践

21.4.1 德国莱茵-洪斯吕克县

莱茵-洪斯吕克县位于德国西部莱茵兰-普法尔茨州，属于中小型乡村型地区。该地区是德国气候中和领域最先进的地区之一，被德国和其他国家视为可以借鉴的“能源转型先行示范基地”。当地在地区能源结构转型方面采取了多项有效措施，具体包括以下几个方面。

可再生能源方面，当地 276 台风机生产的电力就足以满足 30 万户家庭的用电需求，不仅如此，2020 年时当地风能、太阳能和生物质的总发电量就已经是用电量的 3.37 倍。

废弃物处理方面，莱茵-洪斯吕克垃圾处理公司（Rhein-Hunsrück Entsorgung，RHE）的相关项目堪称全德国的典范。首先，RHE 利用修剪树木的绿化废弃物为学校供暖；其次，RHE 建设生物废弃物发酵工厂，从该地区的家庭住宅收集有机垃圾，并用垃圾产生的 CH_4 进行发电；最后，RHE 已实现本地光伏发电完全进入电力市场。

交通运输方面，2019 年起农村地区就开始推广共享电动汽车，在 24 个村庄，居民可以免费驾驶一年电动汽车。目前，当地正努力为这些村庄提供永久性的共享电动汽车服务。

该地区在自身实现气候中和后，正着力于通过能源互联网示范项目，助力跨地区的能源管理和协作，对应着正在建设的跨地区虚拟电厂“Designetz”（“能源之路”）能源互联网示范项目。该项目通过构建串联能源管理系统对地区内的虚拟电厂进行管理，提高可再生能源生产盈余电力的就地使用效率，实现跨地区协作，将农村的可再生能源连接到城市负荷，并实现可再生能源与分布式电网的优化集成。

21.4.2　法国巴黎自然村庄

度假村是一种以农村为主体的旅游项目，在中国还很少有成熟的案例。国外的相关项目中，巴黎自然村庄（Villages Nature Paris）是典范之一。巴黎自然村庄总占地 259 公顷，是欧洲目前最大的自然生态度假村，其成立目标就是成为一个零污染、零碳排放、可持续用水、可持续交通的自然生态环保度假村，并且由于对可持续旅游的贡献，巴黎自然村庄在 2019 年荣获由世界旅游交易会（World Travel Market，WTM）颁发的“世界负责任旅游奖”（World Responsible Tourism Awards）年度银奖。它的低碳主要体现在以下三方面。

建筑方面，村庄内所有建筑，包括家具、路灯等，有很大一部分使用当地及回收的木材或其他废料，整个度假村也都使用被动式太阳能设计，以减少对供暖的需求。

交通方面，巴黎自然村庄选址优越，游客去周边游玩可乘坐公共交通抵达，公共交通工具包括自然村庄内的免费电动穿梭巴士以及可租借的自行车和电动汽车。

能源方面，主要体现在供暖上，度假村的所有热量都来自地热能，所有娱乐设施的供暖和热水均采用 100%可再生能源。同时，整个度假村都使用节能电器，后续会持续对其他可再生能源进行研究与运用以满足生产电力全面覆盖需求电力的目标。

21.4.3　浙江省奉化区滕头村

低碳生态乡村系统，是中国东部浙江省奉化区滕头村所倡导的理念，旨在构建一个乡村低碳生态系统，下面从三方面对该村现状展开介绍。

村庄规划与理念宣传方面，村内制定实施了村规民约等制度，并在滕头乡村振兴学院开设了生态环保类课程，宣讲美丽乡村建设理念，组织志愿者团队定期开展环境整治、河道巡护等义务劳动，引导村民选择绿色生活方式。

污水处理方面，2022 年时，滕头村的居住区绿化覆盖率就已达近 70%，各类管线整齐有序，区域污水处理率达 100%，“三有四无”规范化公厕全覆盖，生活垃圾无害化处理率达 100%。

农业生产与生态旅游方面，依托国家级农业示范基地等产业园，滕头村形成了较成熟的花卉苗木等特色优势产业，构建了以农旅经济为核心的绿色产业体系，实现了循环农业、创意农业、农事体验与旅游相结合的农文旅产业新格局。同时，滕头村正在积极谋划将一、二、三产业协调发展，引入专业运营管理团队，以滕头、青云为中心联动带动城西片区农文旅融合产业发展，打造宁波亲子 IP（intellectual property，知识财产）[①]游学乡村。

① 在此处指一个地区的独特标识、形象或品牌。

21.4.4 湖北省孝感市红畈村

红畈村是湖北省孝感市大悟县的新城镇，多年来在国网湖北省电力有限公司（以下简称国网湖北电力）的支持下积极推动农村的低碳产业发展，通过电能替代、新能源利用等措施，让村庄的减碳量抵消碳排放量，2023 年已成为湖北的首个“零碳村”。

2015 年，国网湖北电力驻村工作队进驻于此，工作队结合红畈村四面环山、植物覆盖密度大的特点，利用山场林地进行减碳工作。

国网湖北电力驻村工作队结合当地日照时间长的特征，接连开展了一系列新能源项目，包括：风光发电、光伏长廊、光伏路灯、光伏垃圾桶、沼气发电等。

2022 年，由国网湖北省电力有限公司电力科学研究院组建的 6 人博士团队，经实地调研后编制了《孝感市大悟县红畈村 2021 年度碳核算报告》，明确测算了各项活动的碳排放量以及碳汇的吸收量，为村庄实现零碳目标提供了数据支撑，并基于此得出村内减碳装置还欠缺的结论。

2023 年，在与村民多次商讨后，国网湖北电力完成了首批屋顶光伏的安装，实现了设定的零碳目标。

习题：

1. 什么是低碳农村？低碳农村的内涵和特征是什么？
2. 农村碳排放的主要构成是什么？
3. 我国农村碳排放的主要来源是什么？碳汇包括哪些？
4. 思考下，你认为低碳农村建设的主要挑战是什么？

本章参考文献

曹黎明，李茂柏，王新其，等. 2014. 基于生命周期评价的上海市水稻生产的碳足迹[J]. 生态学报, 34(2): 491-499.

陈玉娟，祝铁浩，殷惠兰. 2013. 低碳新农村建设评价指标体系的构建研究：以浙江省为例[J]. 浙江工业大学学报, 41(6): 682-685.

大悟县人民政府. 2023. 清洁美丽新湖北·学习贯彻省委十二届四次全会精神·一线踏访｜“零碳村”的故事[EB/OL]. http://www.hbdawu.gov.cn/dwxw/1736976.jhtml[2023-09-06].

丁宝根，赵玉，邓俊红. 2022. 中国种植业碳排放的测度、脱钩特征及驱动因素研究[J]. 中国农业资源与区划, 43(5): 1-11.

贾凤伶. 2018. 我国能源农业循环经济产业体系研究[J]. 江苏农业科学, 46(13): 359-362.

井彩霞. 2019. 内蒙古地区农村公路全寿命期能耗及碳排放研究[D]. 西安：长安大学.

师帅，李翠霞，李媚婷. 2017. 畜牧业“碳排放”到“碳足迹”核算方法的研究进展[J]. 中国人口·资源与环境, 27(6): 36-41.

王光辉，唐新明，张涛，等. 2021. 全国建筑物遥感监测与分布式光伏建设潜力分析[J]. 中国工程科学, 23(6): 92-100.

韦惠兰，杨彬如. 2014. 中国农村碳排放核算及分析：1999～2010[J]. 西北农林科技大学学报(社会科学版), 14(3): 10-15.

韦玉琼，龙飞，岳欣冉. 2022. 乡村振兴背景下农村碳排放变动及减排策略[J]. 农业经济问题, 43(9):

62-73.
西门子能源. 2022. 中国县域绿色低碳能源转型发展报告[EB/OL]. https://www.siemens-energy.com/cn/zh/home/company/sustainability/china-county-low-carbon-energy-development-report.html[2022-12-18].
夏德建, 任玉珑, 史乐峰. 2010. 中国煤电能源链的生命周期碳排放系数计量[J]. 统计研究, 27(8): 82-89.
熊宝玉. 2015. 住宅建筑全生命周期碳排放量测算研究[D]. 深圳: 深圳大学.
浙江省人民政府. 2022. 未来乡村都市田园: 宁波市奉化区滕头村[EB/OL]. https://www.zj.gov.cn/art/2022/10/27/art_1229514421_59900789.html[2022-10-27].
Fan Y P, Fang C L. 2020. Insight into carbon emissions related to residential consumption in Tibetan Plateau: case study of Qinghai[J]. Sustainable Cities and Society, 61: 102310.
Yu Z J, Wang Y, Zhao B, et al. 2023. Research on carbon emission structure and model in low-carbon rural areas: bibliometric analysis[J]. Sustainability, 15(16): 12353.

本章要点

1. 掌握园区碳排放核算方法。
2. 熟悉低碳园区发展路径。
3. 了解我国低碳园区建设典型案例。

第22章 低 碳 园 区

22.1 低碳园区概述

22.1.1 低碳园区的内涵

低碳园区是园区的一种特定表现形式，指实现产业低碳化发展、能源绿色化转型、设施集聚化共享、资源循环化利用的产业区域。它以政府集中统一规划为主导，以人为本，统筹兼顾碳排放与可持续发展，积极采用清洁生产技术，大力提高原材料和能源消耗使用效率，尽可能把对环境污染物的排放消除在生产过程中，同时合理规划、设计和管理区域内的景观和生态系统，以形成低碳产业集群为最终发展目标（刘巍等，2021）。根据具体用途低碳园区主要可分为以下几种。

（1）工业低碳园区：通过能源转型、能源替代和工艺技术改革等方式，减少园区内企业的碳排放量等。

（2）生态低碳园区：将生态环保和低碳经济理念融入园区的规划、建设和运营中，实现资源的高效利用和循环利用。

（3）农业低碳园区：以农业产业为依托，利用农业资源的可再生性，通过科学的种植技术、养殖技术和农业废弃物利用技术等手段，实现园区低碳发展。

（4）科技低碳园区：以科技创新为动力，推动低碳技术和低碳产业的发展，实现园区的低碳化转型。

在多种园区类别中，产业园区和工业园区为主要的园区表现形式。产业园区作为我国经济社会发展的"主战场"是产业成长的重要平台和工业增长的重要引擎，被认为是实现国家"双碳"目标的"最后一公里"，园区需构建以低碳产业为主导的现代产业体系，形成低碳产业集群，响应国家战略需求，积极探索"双碳"背景下园区绿色低碳循环发展新路径（谢琳灿，2015）。

22.1.2 低碳园区的特征

基于上述用途，低碳园区的特征可以概括为：①绿色经济与可持续增长统筹兼顾。园区可以吸引投资、创造就业机会，并为经济增加值增加提供新的动力。②碳排放强度持续下降。低碳园区积极构建低能耗能源体系，争取实现清洁生产，同时在引进新能源技术、智能制造技术和绿色技术等创新过程中，园区还可以提高产业竞争力，实现产业的转型升级。③环境友好。碳排放的下降能够降低环境污染和生态破坏程度（李珀松等，2014）。表 22.1 列出了我国推进低碳园区建设的相关政策信息。

表 22.1 我国推进低碳园区建设的相关政策

年份	事件
2015	环境保护部发布《国家生态工业示范园区标准》（HJ 274—2015），主要包括经济发展、产业共生、资源节约、环境保护、信息公开等五大类 32 项指标，该标准将国家生态工业示范园区定位为“依据循环经济理念、工业生态学原理和清洁生产要求，符合本标准和《国家生态工业示范园区管理办法》及其他相关要求，并按规定程序通过审查，被授予相应称号的新型工业园区”
2016	国务院印发《“十三五”控制温室气体排放工作方案的通知》，提出组织创建 20 个国家低碳产业示范园区，推动开展 1000 个左右低碳社区试点，组织创建 100 个国家低碳示范社区
2017	《循环发展引领行动》的主要目标中提出要实现园区循环式发展。到 2021 年底，75%的国家级园区和 50%的省级园区开展了循环化改造，园区的资源能源消耗和污染物排放得到有效控制
2021	《“十四五”循环经济发展规划》提出，组织园区企业实施清洁生产改造。推进工业余压余热、废水废气废液的资源化利用，实现绿色低碳循环发展，积极推广集中供气供热
2021	《关于在产业园区规划环评中开展碳排放评价试点的通知》提出，确定江苏、浙江、重庆、山西、陕西等省市的 7 个产业园区作为全国首批在规划环评中开展碳排放评价的试点产业园区
2021	生态环境部发布了《规划环境影响评价技术导则 产业园区》（HJ 131—2021）将区域“三线一单”、减污降碳协同推进、规划和项目环评联动以及“放管服”改革要求等转化为技术要求，为实现园区绿色高质量发展提供了技术方法指引
2023	国家发展改革委发布《国家碳达峰试点建设方案》，明确选择 100 个具有典型代表性的城市和园区开展碳达峰试点建设，探索不同资源禀赋和发展基础的城市和园区碳达峰路径，为全国提供可操作、可复制、可推广的经验做法

22.2 低碳园区碳排放来源与核算

我国近 70%的工业用能集中在工业园区，工业园区碳排放约占全国的 31%。由于园区承载了不同的功能与产业，因此种类多样，且不同类型的园区用能特点各有不同，其碳排放组成与比例也会有所区别，这里选择其中一种类型的工业园区碳排放核算方法来做介绍。

22.2.1 低碳园区碳排放来源

园区内各主体在创造经济产出时会产生碳排放，工业园区碳排放主要来自工业、居住区、交通等，各部门碳排放源又可分为直接排放源和间接排放源。直接排放源为园区内产生的碳排放，如燃料的燃烧、资源利用带来的碳排放（严坤等，2023）。间接排放源为园区外为园区内提供服务的单位，如园区外的热电厂、垃圾处理厂、污水处理厂以及原材料、产品、设备的生产运输等（周德群等，2022）。从排放种类来看，园区温室气体主要以 CO_2 为主（吕斌等，2015），部分非 CO_2 温室气体排放的主要来源如表 22.2 所示。

表 22.2 部分非 CO_2 温室气体排放的主要来源

温室气体	主要来源
CH_4	煤炭开采、洗选、加工、运输以及油气开采

续表

温室气体	主要来源
N_2O	硝酸、己二酸、己内酰胺生产
HFCs	工业制冷剂生产、空调冰箱制造（使用 HFCs 作为制冷剂）
PFCs	半导体制造、医疗、电器绝缘、碳同位素分离等（使用 PFCs 作为低温制冷剂、绝缘材料、冷却剂或润滑剂）
SF_6	电气断路器、绝缘产品、光导纤维等电气产品生产（使用 SF_6 作为绝缘材料），半导体微电子工业产品生产（使用 SF_6 作为清洁气体和等离子蚀刻气体），镁及其合金的冶炼（使用 SF_6 作为保护气体）

资料来源：严坤等（2023）

22.2.2 园区碳排放核算方法

对园区碳排放进行核算，需要对三部分进行明确界定，分别为：核算边界、核算内容和核算方法（严坤等，2021）。园区的碳排放核算方法与低碳城市的大体相同。

1. 核算边界

核算边界包括园区的地理边界和数据统计边界。虽然工业园区大多具有明确的行政区划，但大量园区实际管辖面积已与公告目录存在较大差异，所以需对园区边界进行明确界定，以确保温室气体核算结果的准确性与完整性。不同部门日常管理可能会采用不同的核算边界，具有不同的统计口径，需要明确数据统计边界。例如，园区经济数据统计通常涵盖园区内注册的所有“四上”企业①，包含区内注册区外经营部分，而环保数据则通常为属地原则，仅统计园区内经营企业，两者存在显著差异（陈彬和杨维思，2017）。

2. 核算内容

对于核算气体种类，《京都议定书》及《〈京都议定书〉多哈修正案》规定了六种主要的温室气体，包括 CO_2、CH_4、N_2O、HFC_s、PFC_s、SF_6。工业园区碳排放的主要来源中，能源贡献了最直接的温室气体排放，以 CO_2、CH_4、N_2O 为主；工业过程和产品使用（industrial processes and product use，IPPU）部门涵盖园区企业各种生产过程，涉及的温室气体组成复杂且不同园区间差异显著，同时此部门也需充分考虑非 CO_2 温室气体；废弃物处理处置产生的碳排放也以 CO_2、CH_4、N_2O 为主，其中垃圾填埋和废水处理产生的 CO_2 属生物成因，对大气的影响是中性的，因此可以不用核算。总体而言，各园区均普遍产生的温室气体主要是 CO_2、CH_4 和 N_2O，这也是温室效应贡献最多的三种气体。

3. 核算方法

1）能源消费

能源消费的碳排放可分为燃料碳排放和电力与热力碳排放。在燃料碳排放中，部分能源消费用于加工转换为其他能源而非直接燃烧，其间产生的排放属于 IPPU，此处应进

① “四上”企业是现阶段我国统计工作实践中对达到一定规模、资质或限额的法人单位的一种习惯称谓。包括规模以上工业、有资质的建筑业、限额以上批发和零售业、限额以上住宿和餐饮业、有开发经营活动的全部房地产开发经营业、规模以上服务业法人单位。

行扣除。此外，生物燃料产生的生物源 CO_2 是自然界碳循环的一部分，因而无须计算。燃料碳排放的计算公式为

$$CE_i = \sum_i (Con_i - Input_i) EF_i \tag{22.1}$$

其中，CE_i 为该燃料的碳排放量；Con_i 为其消费总量；$Input_i$ 为其投入加工转换的部分；EF_i 为对应的排放因子。

电力与热力碳排放来源于生产过程而非消费过程，其间接碳排放实质上是对发电与供热方生产过程产生的碳排放进行责任分配，由电力与热力的消费方承担排放责任，园区热力与电力部分的碳排放应使用净消费量进行计算：

$$CE_{Heat} = (Con_{Heat} - Output_{Heat}) EF_{Heat} \tag{22.2}$$

$$CE_{Elec} = (Con_{Elec} - Output_{Elec}) EF_{Elec} \tag{22.3}$$

其中，CE_{Heat} 和 CE_{Elec} 分别为热力和电力碳排放；Con_{Heat} 和 Con_{Elec} 分别为热力和电力消费量；$Output_{Heat}$ 和 $Output_{Elec}$ 分别为热力和电力产出量；EF_{Heat} 和 EF_{Elec} 分别为热力和电力的排放因子。

2）IPPU

由于不同企业的行业类别、生产工艺等存在较大差异，对应的 IPPU 部门排放清单也多种多样，实际操作时园区应根据自身产业结构制定专属清单。此处不再对各行业 IPPU 碳排放的核算方法进行详细说明，仅提供构建此部分清单时的工作思路：一是仅针对园区内存在的重点行业及重点企业，使用对应行业的碳排放核算标准中的方法进行数据统计和碳排放计算；二是结合企业层面的碳排放核算成果，对各企业核算的此部分碳排放进行汇总，得到的结果同样具备较高的准确性与可靠性。

3）废弃物处理处置

废弃物处理处置部分的碳排放包括固体废物（以下简称“固废”）和废水两部分。对于固废部分，垃圾填埋产生的碳排放是多年间持续释放的，应采用 IPCC 提供的一阶衰减方法来计算，其余处理方式的碳排放可按式（22.4）计算：

$$CE_i = AD_i \times EF_i \tag{22.4}$$

其中，CE_i 为碳排放量；AD_i 为采用第 i 种方式处理处置的固废量；EF_i 为对应的排放因子。

22.3 低碳园区发展路径

园区的低碳发展需要从多个方面入手，采取综合性、系统性的措施，实现经济、社会和环境的可持续发展（吕一铮等，2021）。园区的低碳发展大致有以下三大路径：一是“抓源头”，淘汰高能耗产能，推动以循环经济为主的低碳园区发展；二是“创生态”，在规划布局、建筑设计、道路交通等方面植入绿色基因，打造低碳生态示范区；三是加强合作，与各方共同努力，推动低碳技术研发和政策实施，推动技术引领加强低碳园区建设。

22.3.1 “抓源头”推动以循环经济为主的低碳园区发展

循环经济是低碳园区发展的重要核心。园区通过推动废物减量化、再利用和资源化来实现资源的有效利用。发展循环经济推动园区节约和有效利用资源，对我国实现经济可持续发展具有重要意义（程会强和韦子超，2010）。

推动废物减量化、再利用和资源化。首先，园区内实行严格的垃圾分类制度，分类收集可回收物、厨余垃圾等不同类型的废弃物。其次，对可回收物进行再利用或回收处理；对厨余垃圾进行堆肥或生物处理等资源化处理；对其他垃圾进行安全处置或资源化利用。这些措施不仅有助于减少废物的产生和排放，还有助于提高资源利用效率。

淘汰高能耗产能，引导产业结构向绿色环保方向转型升级。及时淘汰高能耗产能，整治提升低效高耗企业，并引进新兴低碳项目，引导产业结构向绿色环保方向转型升级。逐步缩小煤炭等的使用规模，发展太阳能、风电、天然气等清洁能源，推动电化学、氢能等新型储能设施建设，以及发展循环经济、打造资源再生利用系统等，从根本上减少高碳消耗的行为。

推动园区绿色供应链管理。园区推动企业实施绿色供应链管理，从原材料采购、生产制造到产品回收再利用，全程控制环境污染物排放，实现整个供应链的绿色化。

加强低碳发展政策制定和宣传。通过政策引导，鼓励企业采取低碳技术和措施，推动园区的低碳发展。加强政策宣传与监督，园区应加大对低碳政策的宣传和监督执行力度。通过与企业沟通交流、组织培训等方式，确保政策的有效落地。同时，建立相应的奖惩机制对执行情况进行监督考核，对未能执行低碳政策的企业进行处罚，对积极采取低碳技术和措施的企业进行奖励，以强化企业的低碳意识，推动园区的低碳发展。

22.3.2 “创生态”推动园区建筑和交通的节能发展

面向建筑和交通节能的低碳园区发展是一个综合性的过程，需要从多个方面综合考虑建筑节能、可再生能源利用、绿色交通等多方面的因素，实现园区的可持续发展和绿色低碳发展目标。

1. 加强建筑节能设计

园区应推广节能建筑，从设计、施工到运营维护，全程实现节能目标。建筑物的设计应注重提高能源利用效率。可以使用保温隔热材料、节能门窗和节能灯具等来降低建筑物的能耗。同时，还可以利用可再生能源来为建筑物提供能源，如采用太阳能光伏发电等。辅以配套建筑能源管理系统，实时监测建筑能源消耗情况并进行优化调节。及时采取措施减少碳排放，采用智能化的能源管理系统，实现能源的节约和优化利用。同时，加强建筑节能知识的宣传和培训，提高员工节能意识。

2. 推广绿色交通

园区应积极推广绿色交通，鼓励使用低碳排放的交通工具。例如，可以提供充电桩等设施，鼓励乘用电动汽车和混合动力汽车；可以设置自行车道和人行道，鼓励步行和骑行；还可以优化交通线路，提高公共交通的使用效率，提供公交补贴、优化公交线路等。鼓励员工减少乘用私家车也有助于减少温室气体排放。同时，应配套建设低碳交通基础设施，如低碳交通枢纽、低碳停车场，设置智能交通系统，提高交通运行效率和管理水平，为低碳交通的发展提供支持。

3. “多方合作”推动低碳园区建设

以低碳技术为引领，是当前低碳园区实践的重要途径。依托龙头企业技术优势，整合能源、数字、智能等优势资源建设低碳产业园。目前国内低碳园区实践显示了技术资源推动的显著效果。在技术推动的同时加强生态建设，能实现低碳建设事半功倍的效果（禹湘，2018）。

1）利用高新技术企业开展低碳园区建设

结合当地资源条件，园区应推动低碳技术创新应用转化。充分利用示范园区中高新技术企业和科研院所的研发能力，开展包括能源替代、CCUS、工艺降碳、低碳管理等在内的活动，加强对有助于实现碳达峰的关键技术的研究和开发。在示范园区层面建立低碳技术企业孵化器，推动低碳技术的产业化。例如，鄂尔多斯零碳产业园，基于鄂尔多斯当地丰富的可再生能源资源和智能电网系统，依托远景科技集团绿色科技业务优势，打造“绿色能源+交通领域+化工领域”有机融合的低碳产业体系，驱动园区工业体系由高碳向低碳甚至零碳转变。

低碳园区应立足自身技术供给优势，整合资源提升能源技术，打造智能化能源系统，以能源转型和应用推动低碳产业园建设。基于技术支撑，因地制宜地发展太阳能、风能等可再生能源。积极推广碳捕集技术，通过该技术捕获 CO_2 并存入地下或用于工业生产中。园区内可建设碳捕集示范项目，提高碳捕集技术的应用水平。

2）加强生态合作伙伴关系建设

加强各方对低碳技术和政策的认识、提高实施能力，与各方建立合作伙伴关系，包括政府机构、企业、研究机构和社区等。通过合作，可以实现资源、知识和经验共享，共同推动低碳技术的研发和政策的实施。支持低碳技术的研发合作和创新，包括新能源技术、节能技术、碳捕集和储存技术等，在此过程中鼓励企业、研究机构和高校参与技术研发，园区和政府提供资金支持和政策激励。

加强宣传工作，促进公众对低碳园区建设的认识和支持。通过媒体、宣传册、网络等多种渠道宣传低碳技术和政策的重要性及实施成果，鼓励更多人参与到低碳园区的建设中来。以能力建设为指引，为政府官员、企业负责人、技术人员等提供培训和交流机会，帮助他们掌握低碳技术和政策的相关知识和技能。鼓励创新思维和方法在低碳园区建设中的应用。通过开展创新实践、举办创新竞赛等活动，激发创新潜力，推动技术在园区建设中的实际应用和优化升级。园区也可以通过加强国际合作，与世界各国共同研究和推广低碳技术和政策。通过参与国际会议、交流学习等方式，了解国际上最新的低碳技术和政策动向，共享经验和资源。

22.4 低碳园区的国内外实践

22.4.1 柏林欧瑞府零碳能源科技园区

柏林欧瑞府能源科技园是德国的一个零碳智慧园区，通过能源转型实现了从百年前的煤气厂向零碳园区的转变。一百多年前，这里还是一座煤气站，但在 1995 年关闭后，没有人知道如何处理这座老旧的工业保护遗址。然而，这座园区现在已经焕然一新，截止到 2022 年，该园区占地 5.5 公顷，拥有 25 幢建筑和 150 多家创新型企业，超过 5000 人在此工作和生活。园区通过能源转型和零碳能源技术的有机融合，成功转型为欧洲首个零碳智慧园区。

柏林欧瑞府能源科技园的成功转型主要归功于其能源转型策略。该园区已经超前实现了德国联邦政府制定的 2050 年气候保护目标——CO_2 减排 80%。这一目标是通过以下三个方面的措施实现的。

（1）楼宇和设备技术的建设以最高能效为首要目标，并通过智能化的能源管理系统集中控制。使用可再生能源，如沼气、光伏和风能，通过沼气热电联供站等设备来实现供暖、制冷和供电。园区内安装了大量的太阳能电池板，总装机容量为 300 千瓦时。这些电池板产生的电能可以满足园区内约 25%的用电需求。园区内安装了 2 台风力发电机组，每台容量为 2.5 兆瓦时。这些机组产生的电能可以满足园区内约 40%的用电需求。园区内还建设了一座沼气热电联供站，利用废弃物产生的沼气进行发电，该站可以满足园区内约 30%的用电需求。

（2）建设和运营智慧园区项目，包括接入 1.8 兆瓦时的电池储能系统，由大约能满足 100 辆电动汽车和公交车充电需求的智能充电站，以及运行电转热和电转冷设备共同组成的智能电网，利用智能电网技术将电动汽车充电桩与储能系统连接起来，可以在电力需求高峰时提供额外的电力供应，同时也可以在电力需求低谷时储存多余的电能，实现 100%使用可再生能源供电的目标。

（3）柏林欧瑞府能源科技园还注重环保和资源回收利用。园区在建设和运营过程中产生的废弃物被分类回收利用，减少了废弃物的产生，减小了对环境的影响。同时，园区还通过推广绿色建筑和绿色生活方式，降低能源消耗和减少碳排放。

总的来说，柏林欧瑞府能源科技园是一个能源转型的成功案例，展示了如何通过创新和技术实现零碳目标。这个科技园注重楼宇和设备技术的建设，使用可再生能源，建设和运营智慧园区项目，注重环保和资源回收利用，在上述多个方面进行了改造，以实现 2050 年气候保护目标。这些措施的实施不仅有助于减少碳排放和降低能源消耗，也有助于提高园区的整体运营效率和发展潜力。

22.4.2 亦庄“碳中和”智慧园区

亦庄“碳中和”智慧园区是国内风电企业新疆金风科技股份有限公司（以下简称金

风科技）在 2021 年打造的一个绿色、低碳、可持续发展的智慧园区，是国内首个可再生能源“碳中和”智慧园区，集研发、办公、展示、会议、生活配套于一体。该园区位于北京经济技术开发区内，占地面积约为 136 亩[①]，建筑面积达到 13.9 万平方米，常驻员工有 4000 余人。

为了实现低碳目标，园区在能源转型方面做出了显著的努力。园区采用了可再生能源供电，包括太阳能和风能。在园区内建设了太阳能发电系统和风能发电系统，所发电力直接接入园区低压配电系统，为园区提供清洁、可再生的电力。

园区配置了总容量超过 1 兆瓦的光伏发电设备，以及两台总容量 4.8 兆瓦的风电机组以及两台 600 千瓦和两台 65 千瓦的微燃机，使用天然气发电，使园区实现了冷热电三联供，系统产生的能量就地消纳，冷、热水可直接用于楼宇供热和冷却系统。2020 年全年，亦庄“碳中和”智慧园区总用电量 1573 万度，其中使用金风科技自有风电机组和光伏设备发电量 482 万度，剩余电量购自电网。在可再生能源发电量与园区用电负荷存在时间差异，新能源电量得以返送电网消纳的情况下，加上自发自用绿电，园区总的可再生能源发电比例近 50%。

此外，园区还通过先进的能源管理系统和智能运维系统，实现能源的高效管理和精准控制，为园区提供了强大的能源保障能力。园区配置了全钒液流电池、锂电池，以及超级电容器等在内的储能装置，用于系统的削峰填谷，平滑功率波动，大大提升园区供电质量。为应对突发情况，园区还准备了一台 500 千瓦的柴油发电机，用于模拟海岛型微电网的项目运行。同时，结合分散式风电、分布式光伏等多种形式进行储能，实现能源的稳定供应和高效利用。

在建筑节能方面，园区内的建筑均采用了先进的节能技术和设备。例如，使用高性能建筑材料和保温隔热系统，以提高建筑的能效；采用节能灯具和智能照明控制系统，以减少能源浪费；使用高效空调系统和空气源热泵等设备，以降低建筑内的能源消耗。为了更好地管理和监控能源使用情况，园区建立了完善的能源消费监管体系。通过智能化管理系统和监测设备，实时监测园区的能源使用情况，并进行数据分析。通过这些措施，园区实现了能源的高效利用和节能减排。

在生态建设方面，园区注重绿化和生态修复工作。园区内种植了大量绿植和花卉，提高了园区的绿化覆盖率，同时积极引进和培育各种生态物种，形成生物多样性。此外，园区还建设了雨水收集系统和生态湿地，通过自然生态的方式处理和利用雨水资源，减少对水资源的消耗。这些生态环境保护措施不仅有助于美化园区环境，还有助于改善生态环境和促进生态平衡。

为了进一步减少碳排放，园区还尝试了碳捕集和储存技术。通过碳捕集技术，将排放的 CO_2 捕获并储存起来，以减少温室气体排放。园区与相关企业合作，建设了碳捕集示范项目，并进行了碳储存与利用的可行性研究。这些举措为园区的低碳发展提供了有益的探索和实践。

① 1 亩≈666.6667 平方米。

习题：

1. 什么是低碳园区？低碳园区的特征是什么？
2. 园区碳排放主要构成是什么？
3. 如何实现园区低碳发展？
4. 思考下，你认为化工园区低碳建设的主要挑战是什么？

本章参考文献

陈彬，杨维思. 2017. 产业园区碳排放核算方法研究[J]. 中国人口·资源与环境, 27(3): 1-10.
程会强，韦子超. 2010. “循环经济与低碳经济园区发展模式研讨会”综述[J]. 经济学动态, (9): 148-149.
李珀松，冯昱，王天天. 2014. 中国低碳产业园区的实践与发展模式选择[J]. 生态经济，30(2): 143-146, 169.
刘巍，刘敏，李沐阳，等. 2021. “双碳”目标下青岛高新区低碳发展路径研究[J]. 中国环境管理, 13(6): 32-39.
吕斌，熊小平，康艳兵，等. 2015. 中国产业园区温室气体排放核算方法研究[J]. 中国能源, 37(9): 21-26.
吕一铮，田金平，陈吕军. 2021. 基于人地关系的中国工业园区绿色发展思考[J]. 中国环境管理，13(2): 55-62.
谢琳灿. 2015. 低碳经济背景下低碳园区的发展策略[J]. 宏观经济管理, (4): 54-56.
严坤，高晗博，冯则实，等. 2023. 关于建立工业园区统一规范碳核算方法体系的思考[J]. 中国环境管理, 15(3): 5-16.
严坤，吕一铮，郭扬，等. 2021. 工业园区温室气体核算方法研究[J]. 中国环境管理, 13(6): 13-23.
禹湘. 2018. 国家试点工业园区低碳发展分类模式研究[J]. 中国人口·资源与环境, 28(9): 32-39.
周德群，邓海东，王义忠，等. 2022. 传统工业园区实现“双碳”目标路径研究：以江北新材料科技园为例[J]. 北京理工大学学报(社会科学版), 24(4): 37-51.

第六篇

低碳经济政策

21 世纪以来，全球对于过度排放 CO_2 所导致的气候变暖问题的关注度急剧上升。这一问题不仅引起了世界的普遍关切，而且推动低碳经济的发展成为全球经济转型的主要趋势。本篇以国际社会的碳减排为切入点，系统回顾了全球应对气候变化的共同行动和历程，并对国际组织提出的策略和报告进行了审视。在此基础上，详细探讨了各国推行的低碳经济政策和实践经验。最后，本书深入分析了我国主要低碳政策，评估了低碳经济在我国的发展前景。

本章要点

1. 理解气候变化的危害。
2. 熟悉全球应对气候变化的共同行动和历程。
3. 了解低碳经济发展相关国际策略和报告。

第 23 章　国际社会碳减排

随着气候变化的不断加剧，国际社会正迫切寻求可持续发展途径，以减轻和适应气候变化的不良影响。在这场全球性的挑战中，减少温室气体排放已成为国际社会共同的责任。从极端天气事件发生到海平面上升，气候变化迹象无处不在，而减少碳排放则成为确保地球未来可持续的关键。在这个背景下，国际社会正在加强合作，共同应对气候变化的威胁。UNFCCC 下的《巴黎协定》为各国提供了共同的平台，通过自主贡献目标，各国致力于将全球平均气温限制在可控范围内。本章旨在深入探讨国际社会在碳减排方面的共同努力，围绕全球应对气候变化的共同行动和历程以及低碳经济发展相关的国际策略和报告两方面进行讨论。

23.1　全球应对气候变化的共同行动和历程

23.1.1　气候变化及其危害

UNFCCC 第一条，将“气候变化”定义为：除在类似时期内所观测的气候的自然变异之外，直接或间接的人类活动改变了地球大气的组成而造成的气候变化。温室气体增加所导致的全球气候变暖问题是国际社会讨论最频繁的气候变化问题。气候一旦发生变化，极端天气等气候事件将会高频率发生，给人类和社会带来诸多不确定因素和威胁。温室气体排放导致了全球变暖，这是无法反驳的事实。2017 年，在第二十三届联合国气候变化大会召开之际，WMO 发布的研究报告指出，全球平均气温已经比前工业化时期上升了大约 1.1℃。科学证据表明，这种气候变化已经给生态系统和人类造成了严重的危害。

2023 年 3 月，IPCC 发布了第六次评估报告综合报告《气候变化 2023》。该报告指出，大气、海洋、冰冻圈和生物圈发生了广泛而迅速的变化。人为造成的气候变化已经影响到全球每个区域的许多天气，导致出现较多极端天气事件，对自然生态和人类社会造成了广泛的不利影响。该报告将气候变化的影响划分为四个主要领域：粮水供应、人类健康、生态系统和城市基建。

粮水供应方面，以全球变暖为主要特征的气候变化，造成了水循环紊乱和水资源短缺，对粮食生产和供应造成了不利影响。尽管全球农业生产率在过去 50 年总体上有所提高，但气候变化减缓了这一增长，特别是在中低纬度地区。同时，海洋变暖和海洋酸化对渔业和贝类养殖造成了不利影响。由于受到气候和非气候因素的综合作用，目前全球大约有一半的人口在一年中至少在某个时间面临严重的水资源短缺问题。

人类健康方面，极端高温事件的增加导致全球范围内的死亡率和发病率上升，同时与气候相关的疾病也在增加。在一些地区，心理健康问题与气温上升、极端事件的创伤以及生活方式和文化的丧失有关。极端气候和天气事件导致非洲、亚洲、北美以及中美洲和南美洲的流离失所现象加剧，而加勒比和南太平洋的小岛国受到了不成比例的影响。

生态系统方面，气候变化已对陆地、淡水、冰冻圈、沿海和开放性的海洋生态系统造成了重大损害，导致地方物种减少。对某些生态系统的影响已经接近不可逆转，如冰川消融引起的水文变化，以及永久冻土解冻对山区和北极生态系统的影响。

城市基建方面，气候变化对各个系统、地区和部门造成不同程度的经济损失，影响了农业、林业、渔业、能源和旅游业等。气候变化尤其对城市地区的人类健康、生计和关键基础设施产生了不利影响，导致经济损失、服务中断和福祉下降。这些影响在经济和社会边缘化的城市居民中更加显著，同时也对性别和社会公平产生了负面影响。

23.1.2 应对气候变化的国际进程

1. 早期应对气候变化的国际进程

为了应对全球气候变化和控制 CO_2 排放量，自 20 世纪 70 年代以来，全球各国进行了多次协商和谈判，共同应对全球气候变化，实施全球碳减排战略与规划。1972 年至 1994 年是国际社会应对气候变化的早期阶段。1979 年 2 月，由 WMO 主办的第一次世界气候大会在日内瓦召开。会议认识到人类活动可能会影响区域甚至全球气候变化，迫切需要全球合作，探索未来全球气候可能的变化过程，并根据新知识制定未来人类社会的发展计划。同年 6 月联合国在斯德哥尔摩召开人类环境会议，该会议通过了《联合国人类环境会议宣言》，是第一次讨论当代环境问题的国际会议。此后，国际社会通过各种国际会议探索气候变化问题的解决方案（表 23.1）。

表 23.1 1992 年 UNFCCC 生效至 2022 年 COP27 的相关情况

时间	地点	会议内容与进展
1994 年 3 月 21 日	巴西 里约热内卢	198[①]个国家和区域一体化组织（欧盟）成为 UNFCCC 缔约方，这是迄今为止在国际环境与发展领域影响最大、涉及面最广、意义最深远的国际法律文书
1995 年 3 月 28 日至 4 月 7 日	德国柏林 COP1	会议通过了《柏林授权书》等文件，指出现行的 UNFCCC 义务是不充分的。讨论了未来 20 年内采取何种措施来保护气候，并决定在最晚 1997 年之前签署一项议定书。该议定书应明确规定发达国家在一定期限内应减少的温室气体排放量
1996 年 7 月 8 日至 19 日	瑞士日内瓦 COP2	就《柏林授权书》所涉及的议定书起草问题进行讨论，出现分歧。为解决该问题，特设小组由全体缔约方参与，继续讨论并向 COP3 报告结果。同时通过其他决定，包括支持发展中国家准备信息通报、技术转让和共同执行活动等

① 截至 2024 年 8 月 4 日，已有 198 个国家或地区成为 UNFCCC 缔约方，https://unfccc.int/zh/jinchenghehuiyi/shenmeshilianheguoqihoubianhuakuangjiagongyue#:~:text=，2024-12-13。

续表

时间	地点	会议内容与进展
1997 年 12 月 11 日	日本京都 COP3	149 个国家和地区的代表一致通过了《京都议定书》。《京都议定书》于 2005 年 2 月 16 日正式生效
1998 年 11 月 2 日至 14 日	阿根廷 布宜诺斯艾利斯 COP4	发展中国家分化为三个集团，一个是易受气候变化影响，自身排放量很小的小岛国联盟，自愿承担减排目标；二是期待清洁发展机制（clean development mechanism，CDM）的国家，期望以此获取外汇收入；三是中国和印度，坚持目前不承诺减排义务
1999 年 10 月 25 日至 11 月 5 日	德国波恩 COP5	通过了 UNFCCC 附件，细化 UNFCCC 内容
2000 年 11 月 13 日至 24 日	荷兰海牙 COP6	谈判形成欧盟-美国-发展中大国（中国、印度）三足鼎立之势
2001 年 7 月 16 日至 27 日	德国波恩 COP6 续会	
2001 年 10 月 29 日至 11 月 10 日	摩洛哥马拉喀什 COP7	通过了有关《京都议定书》履约问题的一揽子高级别政治决定，形成马拉喀什协议文件
2002 年 10 月 23 日至 11 月 1 日	印度新德里 COP8	会议通过的《德里宣言》强调减少温室气体的排放与可持续发展仍然是各缔约国今后履约的重要任务
2003 年 12 月 1 日至 12 日	意大利米兰 COP9	未取得实质性进展
2004 年 12 月 6 日至 17 日	阿根廷 布宜诺斯艾利斯 COP10	成果资金机制的谈判艰难，效果甚微
2005 年 11 月 28 日至 12 月 9 日	加拿大蒙特利尔 COP11	达成了 40 多项重要决定，包括启动《京都议定书》新二阶段温室气体减排谈判，以推动和强化全球气候变暖的共同行动。大会的重要成果被称为“控制气候变化的蒙特利尔路线图”
2006 年 11 月 6 日至 17 日	肯尼亚内罗毕 COP12	达成包括“内罗毕工作计划”在内的几十项决定，以帮助发展中国家提高应对气候变化的能力；在管理“适应基金”的问题上达成一致，同意将其用于支持发展中国家具体的适应气候变化活动
2007 年 12 月 3 日至 14 日	印度尼西亚 巴厘岛 COP13	通过了“巴厘岛路线图”
2008 年 12 月 1 日至 12 日	波兰波兹南 COP14	八国集团领导人就温室气体长期减排目标达成一致，并声明寻求与 UNFCCC 其他缔约方共同实现到 2050 年将全球温室气体排放量减少至少一半的长期目标
2009 年 12 月 7 日至 18 日	丹麦哥本哈根 COP15	商讨《京都议定书》一期承诺到期后的后续方案
2010 年 11 月 29 日至 12 月 10 日	墨西哥坎昆 COP16	谈判未有实质性进展
2011 年 11 月 28 日至 12 月 9 日	南非德班 COP17	美国、日本、加拿大以及新西兰不签署《京都议定书》
2012 年 11 月 26 日至 12 月 7 日	卡塔尔多哈 COP18	最终就 2013 年起执行《京都议定书》第二承诺期及第二承诺期以 8 年为期限达成一致，从法律上确保了《京都议定书》第二承诺期在 2013 年实施。加拿大、日本、新西兰及俄罗斯明确不参加第二承诺期
2013 年 11 月 11 日至 22 日	波兰华沙 COP19	发达国家再次承认应出资支持发展中国家应对气候变化

续表

时间	地点	会议内容与进展
2014年12月1日至14日	秘鲁利马 COP20	就2015年巴黎气候变化大会协议草案的要素基本达成一致
2015年11月30日至12月12日	法国巴黎 COP21	《巴黎协定》签署，为2020年后全球应对气候变化行动做出安排
2016年11月7日至19日	摩洛哥马拉喀什 COP22	通过《巴黎协定》第一次缔约方大会决定和UNFCCC COP22决定
2017年11月6日至17日	德国波恩 COP23	按照《巴黎协定》的要求，为2018年完成《巴黎协定》实施细则的谈判奠定基础，同时确认2018年进行促进性对话
2018年12月2日至16日	波兰卡托维兹 COP24	各缔约方达成了《巴黎协定》的实施细则，为落实《巴黎协定》提供了指引。名为"卡托维兹气候一揽子计划"的文件将促进应对气候变化的国际合作，也稳固了各国在国内层面开展更有力的气候行动的信心
2019年12月2日至15日	西班牙马德里 COP25	此次大会达成了包括"智利-马德里行动时刻"及其他30多项决议，见证了全球对于提高国家自主贡献（nationally determined contributions，NDCs）目标的广泛呼声
2021年10月31日至11月14日	英国格拉斯哥 COP26	包括UNFCCC近200个缔约方在内的几乎所有的参会缔约方，就《格拉斯哥气候公约》达成一致。153个国家（地区）承诺实现净零排放，加强了应对气候变化的准备，提高了适应资金承诺，动员了数万亿美元的气候融资，并促进了跨部门合作。此外，大会通过《巴黎协定》规则手册，确立了新的国际碳市场机制和时间框架，加速了减缓气候变化的进程
2022年11月6日至18日	埃及沙姆沙伊赫 COP27	此次会议有五个关键要点，包括建立损失与损害基金以应对气候灾害，强调1.5°C目标的紧迫性，强调问责制、气候融资的重要性，以及将气候承诺付诸实际行动

注：COP为Conference of the Parties（缔约方会议）

2. 1992年至今的国际行动及主要成果

1）UNFCCC

1992年6月，联合国环境与发展会议在巴西里约热内卢召开，其间正式开放签署UNFCCC。该公约是全球第一部具有法律约束力的国际公约，旨在全面控制温室气体排放并应对气候变化，成为国际社会应对气候变化的基本框架。公约的目标是稳定大气中的温室气体浓度。

为实现这一目标，公约将各国划分为发达国家和发展中国家两组，分别负有不同的责任。所有缔约方有义务编制国家温室气体排放源和汇的清单，并制定适应和减缓气候变化的国家战略，充分考虑社会、经济和环境政策中的气候变化因素。

UNFCCC生效后，每年都召开COP以评估应对气候变化的进展。截至2024年11月，历经29次COP，较为重要的成就包括1997年通过的《京都议定书》和2015年通过的《巴黎协定》。

2）《京都议定书》

1997年12月，在日本京都召开的COP3通过了《京都议定书》。2005年2月16日，该议定书正式生效，确定了全球减排机制。议定书规定发达国家从2005年开始减少碳排放量，发展中国家从 2012 年开始承担减排义务。在承诺期内，发达国家和地区的温室气体排放量与 1990 年相比至少应减少 5%。为了促进减排目标的实现，该议定书建立了三种灵活的履约机制：清洁发展机制、联合履行机制和排放贸易机制。这一阶段也见证了低碳技术的发展和国际温室气体排放权交易体系的建立。尽管《京都议定书》规定的生效条件已经满足，但其只规定了 2008～2012 年的减排目标，缺乏政治意愿，导致气候谈判陷入“形式陷阱”。

3）“巴厘岛路线图”

“巴厘岛路线图”于 2007 年 12 月 15 日在印度尼西亚巴厘岛经过为期两周的艰苦谈判后达成，该协议旨在明确加强执行 UNFCCC 的具体措施。1997 年 COP3 制定了减排温室气体的具体规定，即《京都议定书》。“巴厘岛路线图”作为进一步实施 UNFCCC 的指南，强调了国际合作、解决美国的参与问题、关注应对气候变化的具体措施、技术开发与转让以及资金问题，并为下一步实施 UNFCCC 设定了时间表。中国在“巴厘岛路线图”中发挥了重要作用，承诺应对气候变化的共同责任。尽管“巴厘岛路线图”没有法律约束力，但它是人类应对气候变化历程中的重要里程碑，为气候变化谈判提供了指导和计划。

4）“哥本哈根协议”

“哥本哈根协议”强调发达国家实行强制减排措施，发展中国家采取自主减排行动，并建立了资金支持机制来满足发展中国家的需求。然而，该协议不具备法律约束力，各国的参与和承诺都是自愿的。该协议没有规定发达国家到 2020 年的中期减排目标和到 2050 年的长期减排目标。此外，在该协议达成期间，发达国家和发展中国家之间出现了分歧，协议结果低于预期，缺乏法律性和明确的全球减排目标。

5）《坎昆协议》

2010 年 12 月 11 日，《坎昆协议》在 UNFCCC COP16 的第二天宣布达成。该协议坚持了 UNFCCC、《京都议定书》和“巴厘岛路线图”的原则，并强调了“共同但有区别的责任”。《坎昆协议》同意建立一个技术机制，加强合作，协助制定和实施低排放发展策略、国家适应行动计划和技术合作。另外，该协议设立了一个大规模投资的“绿色气候基金”，提供资金支持发展中国家的气候适应行动。总体而言，《坎昆协议》为未来全球气候行动奠定了坚实的基础，尽管结果并不完全理想。

6）《巴黎协定》

2015 年 12 月，COP21 在法国巴黎召开，全球 196 个缔约方通过了《巴黎协定》，这是有关气候变化的首个全球性协定。该协定的主要价值在于确立了温室气体减排目标，旨在将全球平均气温升幅控制在 2℃以内，并努力将其控制在 1.5℃以内。2018 年，IPCC 发布了《全球升温 1.5℃特别报告》，指出全球温升 2℃将比预测的影响更为严重，只有实现 1.5℃的目标才能更有效地避免气候变化的严重后果。不同于《京都议定书》的强制减排机制，《巴黎协定》采用了自愿减排机制，充分考虑了各方的利益，强调广泛参与和方案的可调整性。然而，由于缺乏强制性的惩罚机制，减排效果主要取决于各缔约方的合作和自觉性，是否能够成功实现温控目标仍存在不确定性。2017 年，美国宣布退出《巴黎协定》，但在 2021 年 1 月 20 日，时任总统拜登重新签署了加入《巴黎协定》的行政令，使美国再次成为缔约方。尽管《巴黎协定》在碳减排承诺与实际执行之间存在差距，但为了实现 1.5℃内的升温目标，各国必须共同努力，做出更大的贡献。

23.2 低碳经济发展相关的国际策略和报告

23.2.1 UNFCCC：低排放发展战略

目前，低排放发展战略（low emission development strategies，LEDS）的建立还在自愿层面，因此尚未出现必须遵循的建议或要求。LEDS 最早由欧盟于 2008 年提出，其核心理念在于为规划低碳发展路径提供信息，以协助国际社会获得资金支持并确定优先事项，同时有助于衡量全球气候行动的成效。此概念随后被多个国家接受，成为战略性气候变化规划的重要补充。在 2009 年 7 月的 G8 峰会中，各国领导人宣布将制定低碳增长计划（Low Carbon Growth Plans）。UNFCCC 气候谈判中，LEDS 被提议作为国家适当减缓行动（Nationally Appropriate Mitigation Actions，NAMA）的一部分，主要是基于 UNFCCC 第 4.1 条[尤其是第 4.1（b）条]的规定。

未来，在 UNFCCC 的框架下，及时启动绿色气候基金机制将对推动 LEDS 具有关键作用。LEDS 具备多重功能，但其主要作用在于以更协调、一致和策略性的方式推动各国积极应对气候变化。此外，气候技术中心和网络（Climate Technology Centre & Network，CTCN）机制也将在协助缔约国方面发挥重要作用，该机制将支持创新、发展和传播新技术，同时协助并支持低排放发展战略的制定和实施，以及 NAMA 与国家适应计划和行动的开展。

23.2.2 IPCC：《可再生能源与减缓气候变化特别报告》

在 2011 年的阿布扎比召开的 IPCC 会议上，各国通过了有关《可再生能源与减缓气候变化特别报告》（Special Report on Renewable Energy Sources and Climate Change Mitigation，SRREN）的“决策者摘要”。该报告不仅呈现了可获取的资源，还提供了未来几十年可再生能源扩大开发所需的公共政策。这些报告内容将整合到 IPCC 更广泛的《第五次评估报告》（Fifth Assessment Report，AR5）中。

已通过审查的 SRREN 关注六种可再生能源技术的普及率以及它们在未来数十年内的部署潜力。这些分析情景的结果显示，在正常情况下，通过适当减排政策，可以减少大约三分之一的温室气体排放量，从而有助于将大气中的温室气体浓度维持在 450 微升/升以下，进而实现全球气温上升幅度低于 2℃的目标。

23.2.3 IPCC：第六次评估报告综合报告《气候变化 2023》

2023 年 3 月，IPCC 发布了第六次评估报告综合报告《气候变化 2023》。该报告整合了第六次评估周期的三个工作组报告，以及之前发布的特别报告，包括《全球升温 1.5℃特别报告》（2018 年）、《气候变化与土地：IPCC 关于气候变化、荒漠化、土地退化、可持续土地管理、粮食安全及陆地生态系统温室气体通量的特别报告》（2019 年）和《气候变化中的海洋和冰冻圈特别报告》（2019 年）。《气候变化 2023》从全面的角度总结了气候变化领域的观测数据、影响评估结果、风险评估结果，以及减缓和适应气候变化的进展和情景，不仅为 2023 年全球履行《巴黎协定》情况首次全球盘点提供了重要信息，还将在未来一段时间内对全球气候治理进程产生重要的指导性影响。

习题：

1. 根据《气候变化 2023》，气候变化的影响有哪些？
2. 《巴黎协定》的主要内容和进展是什么？
3. 思考下，为什么应对气候变化的国际行动难以达成一致？

本章参考文献

侯方淼，付亦重. 2015. 世界低碳经济政策与行动[M]. 北京：中国林业出版社.

Lee H, Calvin K, Dasgupta D, et al. 2023. Climate change 2023: synthesis report, summary for policymakers[R]. Geneva: Sixth Assessment Report of the Intergovernmental Panel on Climate Change.

本章要点

1. 了解各个国家碳减排目标和相关推动政策。

2. 结合各个国家资源禀赋等特点，比较各个国家低碳发展的目标。

第 24 章　国外低碳经济政策与实践

各国政府正在积极应对气候变化，推动低碳经济发展。欧洲、美国、日本和韩国等地区或国家纷纷制定了旨在减少碳排放的政策，以应对不断加剧的环境挑战。本章将首先详细介绍欧盟在低碳经济方面的实践经验，其次从碳减排目标、低碳政策和具体行动等方面，深入探讨全球主要国家的低碳经济政策体系。

24.1　欧洲低碳经济政策体系

24.1.1　欧盟低碳经济政策与行动

1. 欧盟碳减排目标

欧盟凭借其在国际气候事务中的引领地位、先驱角色以及作为国际气候规则制定的主要参与者之一，充分体现了其在全球气候治理中的核心角色。在应对气候变化的政策方面，欧盟采取了一种协同运用多种经济政策工具的基本模式，通过灵活运用市场机制，建立了一个成本效益最佳的温室气体减排体系，以实现其既定的减排目标。欧盟的碳减排政策可以分为四个阶段，每个阶段都有其独特的目标和重点，具体如表 24.1 所示。

表 24.1　欧盟碳减排政策的四个阶段

阶段	主要政策或措施	主要内容
第一阶段（2000～2007 年）	欧洲气候变化计划	2008～2012 年，欧盟总体排放量在 1990 年基础上减少 8%
第二阶段（2008～2013 年）	能源气候一揽子计划	2020 年欧盟总体排放量在 1990 年基础上减少 20%以上
第三阶段（2014～2020 年）	气候和能源政策新目标白皮书	2020 年欧盟总体排放量在 1990 年基础上减少 40%
第四阶段（2021 年至今）	“Fit for 55”一揽子气候立法提案	2030 年欧盟总体排放量在 1990 年基础上至少减少 55%

2. 欧盟排放交易体系

作为世界上第一个多国参与的碳市场，欧盟碳市场已经成为欧盟应对气候变化政策的基石，欧盟碳排放权交易体系（EU Emissions Trading System，EU ETS）是有效减少温室气体排放的关键工具。EU ETS 先后经历四个发展阶段，形成总量控制与分配机制相结合、配额储存与预留机制相结合的排放交易体系，并配套建立监测、报告与核查制度和碳边境调节机制（carbon border adjustment mechanism，CBAM）。

EU ETS 于 2005 年正式建立，其初步设想起源于 1997 年《京都议定书》为工业化国家设定的减排目标。EU ETS 是目前世界上规模最大、交易最活跃的碳市场，其交易总量占国际碳交易总量的 3/4 以上。以 2022 年为例，其碳交易额达 7514.59 亿欧元，占全球总量的 87%。截至 2023 年，EU ETS 在 30 多个国家运行，限制了超过 1.1 万座高能耗设施（发电厂和工业厂房）和航空公司的温室气体排放，覆盖欧盟约 45%的温室气体排放，是其他国家和地区进行碳市场建设的主要借鉴对象。此外，2021～2022 年，全球碳定价收入为 840 亿美元，比 2020 年增加了 310 多亿美元，其中 EU ETS 贡献了全球碳定价收入的 41%。2023 年 2 月，受欧盟立法机关正式通过欧盟碳边境调节机制的利好消息影响，欧盟碳价首次站上 100.7 欧元/吨的历史高位。EU ETS 的发展大致分为四个阶段（表 24.2）。总体来看，覆盖行业逐步扩大，配额总量逐步收紧，减排承诺愈加严格。

表 24.2　EU ETS 不同阶段的基本情况

项目	第一阶段	第二阶段	第三阶段	第四阶段
期限	2005～2007 年（试验时期）	2008～2012 年（改革时期）	2013～2020 年（深化时期）	2021～2030 年（常态时期）
减排目标	达成《京都议定书》第一承诺期减排要求，建立基础设施和碳市场	在 1990 年基础上减少 8%温室气体排放	在 1990 年的基础上减少 20%温室气体排放	在 1990 年的基础上减少 40%温室气体排放
覆盖行业	电力、能源、石化、钢业、水泥、玻璃、陶瓷、造纸等	第一阶段行业、航空部门	扩大的工业部门、航空部门	与第三阶段一致
温室气体	CO_2	CO_2、N_2O	CO_2、N_2O、PFCs	CO_2、N_2O、PFCs
允许排放量（每百万吨 CO_2 当量）	2096	2049	2084	1610
总量设定	22.36 亿吨/年	20.98 亿吨/年	2013 年为 20.84 亿吨/年，之后每年线性减少 1.74%	每年线性减少 2.2%
配额方法	95%配额免费分配	90%配额免费分配	电力行业 100%拍卖；工业企业 2013 年免费发放 80%，拍卖 20%，逐年减少，至 2020 年免费发放的配额下降到 30%	电力行业 100%拍卖；总配额的 40%免费分配，至2026年降至0
特点	免费分配供大于求	跨期结转需求减少	配额拍卖稳定储备	收紧上限创新融资
市场表现	成员国上报的碳配额需求普遍虚高，配额总量超过了实际排放量 3 亿吨，导致 2006 年欧盟排放配额（European Union allowance，EUA）期货价格暴跌，从最高每吨 30 欧元跌到 10 欧元，再加上第一阶段不允许跨期储存，2007 年末 EUA 价格已逼近 0 欧元	受金融危机影响，各成员国碳配额需求大幅减少，EUA 价格大幅下跌，2009 年初欧盟在价格剧烈波动时进行回购操作平抑市场波动。2009～2011 年 EUA 价格逐渐趋稳，保持在每吨 15 欧元左右	2014年2月欧盟启动折量拍卖计划，短期刺激碳价格到每吨 7 欧元，很快回到每吨 4.6 欧元，2018 年，欧盟宣布启动期收紧，价格迅速攀升。至 2019 年 8 月，价格最高达到每吨 28.7 欧元	受需求拉动影响，EUA 期货价格在 2021 年 12 月 8 日达到历史最高点：每吨 88.97 欧元

EU ETS 使企业减排方式更加灵活，降低了减排成本，具体运行机制如下。

一是总量控制与分配机制。EU ETS 的核心交易原则是总量控制与交易（cap and trade）原则。前两个阶段，每个成员国编写一份国家分配计划（national allocation plan，NAP），公布本国分配的拟定配额，欧盟委员会对 NAP 进行评估，批准或修订拟分配的配额总数。自第三阶段开始，成员国需要准备一份国家执行措施（national implementation measures，NIM）。欧盟委员会检查和批准 NIM，必要时要求修改，以确保统一所有成员国的分配方法。如果企业实际排放量小于分配的排放许可量，那么可以将剩余的排放权出售，获取利润；反之，需要购买排放权，否则将受到惩罚。欧盟希望以上述市场化机制激发私人部门减排。

二是配额储存与预留机制。市场稳定储备机制是欧盟为了应对需求侧冲击和配额过剩并稳定碳市场信心的机制。欧盟每年发布截至上一年末碳市场的累积过剩配额总数，然后将过剩配额总数的 24%（2024 年起为 12%）转存入“市场稳定储备”（market stability reserve，MSR）。同时，当市场配额低于 4 亿吨，或者虽不低于 4 亿吨但配额价格连续 6 个月以上的较上两年的平均价格高出 3 倍，则从储备中取出 1 亿吨配额注入拍卖市场，从而有效应对不可预料的需求侧冲击。

三是建立监测、报告与核查制度。监测、报告与核查制度是 EU ETS 获取配额数据的重要来源，也是维持整个体系有效运作的基础与支撑。其遵循的基本原则包括排放源和源流的完整性，监测的一致性和可比性，数据收集、编译和计算的透明性及准确性等。同时，欧盟还建立了安全高效的交易环境和安全机制，主要包括《金融工具市场指令》（Markets in Financial Instruments Directive，MiFID）和《金融工具市场法规》（Markets in Financial Instruments Regulation，MiFIR）、《市场滥用条例》（Market Abuse Regulation，MAR）、《市场滥用刑事制裁指令》（Criminal Sanctions for Market Abuse Directive，CS-MAD）、《反洗钱指令》（Anti-Money Laundering Directive，AMLD）、《资本要求指令》（Capital Requirement Directive，CRD）、《资本要求条例》（Capital Requirements Regulation，CRR）等管理措施。

四是建立碳边境调节机制。欧盟正计划建立碳边境调节机制，旨在应对商品贸易中可能出现的碳排放差异。这一机制将对进口产品中的高碳排放水平征收费用或配额，旨在维持欧盟产业在面对碳价格冲击时的国际竞争力。EU ETS 将提高能源成本，这可能会对欧盟内的生产造成不利影响，因为与未设定碳价格的地区相比，生产成本会有所增加。这种劣势可能会导致碳排放和生产活动转移到其他地区，破坏碳定价政策的有效性，即出现“碳泄漏”现象。为避免这种情况，需要确保国内承担温室气体排放成本的生产商和可能不承担这些成本的进口商之间公平竞争。

24.1.2 英国碳减排目标、低碳政策及具体行动

1. 英国碳减排目标

英国作为第一次工业革命时期的先驱，不仅引领了工业化浪潮，而且进入 21 世纪后，更成为全球应对气候变化和促进低碳经济发展的积极倡导者和领导者。2003 年，英国发布了《我们能源的未来：创建低碳经济》能源白皮书，明确确立了低碳经济发展的国家

战略。该白皮书同时也确立了明确的碳减排目标，要求到 2050 年前，全国碳排放量降低 60%，并在 2020 年前取得实质性的进展。2003 年版本的能源白皮书提出了多种具体的途径，包括运用市场机制，如实施碳交易制度、提高能源效率、促进低碳技术发展以及提高清洁能源比例等，以确保碳减排目标的实现。随后于 2007 年，英国发布了新版能源白皮书——《能源白皮书——迎接能源挑战》，再次强调其在 2020 年前取得实质性碳减排成果的决心。相对于 2003 年版本，2007 年的白皮书更进一步，确立了在 2020 年前实现可再生能源发电占比 20%的目标。2008 年，英国通过了《气候变化法案》，成为首个通过法律规定碳排放的国家。《气候变化法案》中设定了具有法律约束力的碳排放目标，要求到 2050 年，将碳排放量减少 80%，2020 年碳排放量至少减少 34%。同时，法案还设立了每五年一轮的碳预算体系，规划了从 2008 年到 2050 年的碳排放路径。

2009 年，英国制定了《英国低碳转型计划》，计划到 2020 年将碳排放量在 1990 年基础上减少 34%的目标，该减排目标已于 2019 年提前实现。在行业层面，电力行业目标是减排约 50%， 40%的电力将来自清洁能源，其中 30%来自可再生能源，10%来自核能和清洁煤；交通行业计划减排约 20%；农业计划减排约 5%。随后，英国在 2019 年接受 IPCC 的建议，正式将 2050 年减排目标修改为实现净零排放。这一目标也被纳入新修订的《气候变化法案》中，使英国成为全球首个将实现净零排放目标写入法律的国家。根据英国气候变化委员的最新报告[①]，英国自 2008 年《气候变化法案》开始制定的三次碳预算均已实现，分别涵盖了 2008～2012 年、2013～2017 年，以及 2018～2022 年的减排目标。

2. 英国低碳政策

在政策层面，英国在 2001 年 4 月开始征收气候变化税，这项税收实际上是一种“能源使用税”。其税收计算基于煤炭、天然气和电力的使用量，但使用石油产品、热电联产以及可再生能源可以获得减免。实施这项税收的目的主要是促进能源效率的提高和鼓励节能投资，而非扩大税收基础或筹集财政资金。在征收气候变化税的同时，英国政府还降低了公司为员工支付社会保险金的比例（降低了 0.3%）。此外，为了推动可再生能源的使用，英国制定了《可再生能源强制条例》，要求电力供应商必须购买一定比例的可再生能源用于销售给客户。该强制条例于 2002 年 1 月 1 日生效，随着时间的推移，其执行程度逐步加强，到 2010 年，可再生能源要占总供电的 10%。为了支持这些政策举措，英国政府承诺提供大量资金及相关技术的示范项目和研发活动。2002 年至 2008 年，英国投入 5 亿英镑，用于发展近海风能、生物质能和太阳能等项目。

在低碳技术方面，2010 年，英国能源与气候变化部发布了《清洁煤：英国 CCS 产业发展战略》。这项战略明确了英国在 2030 年前要建立可持续的 CCS 供应链的目标，并提出了 CCS 发展计划，包括首批 4 个示范项目，以及规模超过示范的其他具体项目方案。随后在 2012 年，英国政府发布了商业化计划和路线图，计划投资 10 亿英镑，以支持大规模商业化项目的发展。此外，还有 1.25 亿英镑的投资用于技术研发，其中还包括成立

① 即 2024 年向议会提交的进展报告（https://www.theccc.org.uk/publication/progress-in-reducing-emissions-2024-report-to-parliament/）。

CCS 研究中心。

3. 具体行动

在能源领域，作为岛国的英国在能源转型上更倾向于对外依存度低的技术路径，因此将大力发展海上风电、氢能及核电。计划到 2030 年，海上风电装机容量将达到 40 吉瓦，低碳氢能产能将达到 5 吉瓦。2021 年，英国商业、能源和产业战略部[①]成立了一项市场竞争基金，用于支持海上风力发电项目。英国还继续推进大型核电项目，与塞兹韦尔 C 核电项目的投资商进行对接。同时，英国宣布逐步淘汰现有的煤炭发电厂，并已在 2024 年 9 月 30 日完成了这一任务。在交通领域，交通运输业的碳排放是英国温室气体排放的主要来源。为鼓励绿色低碳出行，英国推出了多项支持步行和自行车出行的公共服务计划。此外，英国发布了《英国国家公共汽车战略》（National BUS Strategy for England），计划推动公共汽车行业的绿色转型，并已完成全国铁路网近 38%电气化。英国还发布了交通脱碳计划，整合铁路、公共汽车、航空等交通运输领域的低碳转型计划，促进公共交通和私人交通的电气化。目前，英国拥有超过 60 万辆插电式电动汽车，新能源汽车的产量占汽车总产量的五分之一。

在工业领域，英国率先推出了《工业脱碳战略》，支持低碳技术的发展，减少重工业和能源密集型行业的碳排放，大力开发 CCUS 技术、氢燃料转换技术。英国计划到 2030 年大幅减少制造业企业的 CO_2 排放，到 2040 年建立全球首个净零排放工业区。

在建筑领域，英国发布了《供热与建筑战略》，旨在减少建筑排放，以实现 2050 年的净零排放目标。这一战略包括为低排放家庭提供资金支持、逐步停止销售新的燃气锅炉，并在 2035 年前推广替代产品，以及将热泵的部署量增加到每年 60 万台。政府还对未来五年内安装的节能材料实行零税率，启动了价值 4.5 亿英镑的锅炉升级计划。

在农业领域，英国气候变化委员会提出了三个层面的以技术为关键杠杆的方法框架，以在 2040 年之前实现农业零碳排放。这包括减少碳排放的多种措施：种植树木、保护和修复土壤，以及提高对可再生能源和生物能源的使用率。英国各地的农场已采取一系列措施，包括运用少耕技术、耕地轮作休耕制度、太阳能驱动的自动光电机械以及养殖高效能杂交牛品种等。英国还计划将 1/5 的农业用地用于自然修复，以实现预期目标。

24.1.3 德国碳减排目标、低碳政策及具体行动

1. 德国碳减排目标

德国于 2019 年 11 月通过了《气候保护法》，计划到 2030 年，温室气体排放总量较 1990 年至少减少 55%，到 2050 年实现碳中和。2021 年 5 月 12 日，联邦内阁根据德国联邦环境部部长舒文嘉·舒尔茨（Svenja Schulze）的建议，通过了《气候保护法》的修订版法案，核心内容包括 2045 年实现碳中和、碳中和的实现路径、计划 2030 年温室气体排放总量较 1990 年水平减少 65%的约束条件等。

① 2023 年，该机构被分割为能源安全和净零部，科学、创新与技术部，以及商业和贸易部。

修订法案保留了限制各部门许可排放量的制度，维持近 10 年内有效，但是可排放水平将大大降低。到 2030 年，绝大部分的额外减排量将由能源和工业部门承担。此外，在所有其他领域中，可再生能源将替代化石燃料，成为减排的关键。该法案还设想了 2030 年到 2040 年每年的具体减排目标，并将于 2024 年确定这些目标在不同部门之间的划分。

2. 德国低碳政策

德国为促进碳中和所构建的法律体系体现了系统性的方法。德国联邦政府在气候立法前，已经制定并发布了《德国适应气候变化战略》（German Strategy for Adaptation to Climate Change）、《适应行动计划》（Adaptation Action Plan）、《气候保护规划 2050》一系列国家长期减排战略、规划和行动计划，以此框定目标、取得共识。在此基础上，再通过《气候保护法》《可再生能源法》《国家氢能战略》等一系列法律法规增强约束力，进而再落实具体行动计划，出台了“气候保护计划 2030”，对每个产业部门的具体行动措施做了明确的规定。

作为落实德国《气候保护法》的重要行动措施和实施路径，《气候保护计划 2030》将减排目标在建筑和住房、能源、工业、建筑、运输、农林等六大部门进行了目标分解，规定了部门减排措施、减排目标调整、减排效果定期评估的法律机制。

2021 年 1 月 1 日，德国全面启动国家碳排放权交易系统，每吨 CO_2 的初始价格定为 25 欧元。此后将逐年提高碳定价，到 2025 年逐渐上升到 55 欧元，预期到 2026 年时碳定价将在最低不低于 55 欧元和最高不高于 65 欧元的价格区间。根据《燃料排放交易法案》对 CO_2 排放的规定，供暖和运输部门将为排放温室气体付出代价。德国联邦政府在推进碳定价的同时，也考虑将碳定价收益通过资助措施和平行的财政救助措施返还给居民，从而减轻居民的经济负担。

3. 具体行动

在能源领域，2019 年德国联邦政府通过《2050 年能源效率战略》，旨在提高各经济领域的能源效率，并明确了到 2030 年减少一次能源使用的目标。2020 年，《可再生能源法》第六次修订版（2020 年 12 月 18 日通过）规定了到 2030 年可再生能源发电占总电力消耗的 65%。同年，德国还通过了《国家氢能战略》，旨在促进绿色氢能源的发展，为钢铁行业提供可替代的、可持续的能源。2020 年，德国进一步通过了《逐步淘汰煤电法案》（Act to Reduce and End Coal-Fired Power Generation），设定了分阶段逐步淘汰燃煤电站和削减 CO_2 排放的目标。此外，在风能领域，德国计划到 2030 年将海上风电场的装机容量提高到 20 吉瓦，同时各联邦州将有更大的自主权来建设陆上风力发电厂。在光伏发电方面，德国取消了光伏发电装机补贴的上限，以促进更多的光伏产业投资。

在交通领域，政府支持电动汽车技术，并鼓励电动汽车的购买和市场发展。此外，政府投资电动车充电基础设施，计划在 2030 年之前实现铁路网络的现代化，提高交通和货物运输效率。政府还采取措施降低长途铁路出行的增值税，并提高航空增值税。

在工业领域，政策重点在于鼓励工业企业采用气候友好的生产技术和创新技术，以减少能源和资源消耗。政府通过气候保护高技术战略和《国家氢能战略》的实施，投入

70 亿欧元，旨在提升德国在全球范围内的可持续发展竞争力。此外，德国联邦政府通过设立数十亿元产业基金来吸引更多工业部门投资研发资金，特别是在 CCUS 技术、储能系统电池技术、循环经济技术等领域。

在建筑领域，德国通过《建筑能源法》（2020 年 11 月 1 日生效）明确了用可再生能源供暖系统替代旧供暖系统的要求，同时注重能效改善和对可再生能源的投资。政府还出台税收减免措施，以支持节能建筑改造，包括设立联邦节能建筑基金，提供免税与信贷支持。

在农业领域，德国通过修订版《气候保护法》，提出农业领域温室气体年排放量须减少至 5600 万吨 CO_2 当量。德国农业部门认为，增加有机农业用地有助于农业领域减排。2023 年，德国联邦农业部长杰姆 • 厄兹德米尔推出《2030 年有机战略》，提出 2030 年德国有机农业和食品工业达到 30%。

24.1.4 法国碳减排目标、低碳政策及具体行动

1. 法国碳减排目标

2016 年 12 月底，法国发布《法国国家低碳战略》（French National Low-Carbon Strategy），成为继美国、墨西哥、德国和加拿大之后，第 5 个向 UNFCCC 提交气候变化发展战略的国家。该战略根据《能源转型法案》（Energy Transition Act）制定，从国家层面提出了如何减少温室气体排放，协调各方向低碳经济转型。

法国是最早在国内颁布气候法的国家之一，2019 年，法国政府将 2050 年实现净零排放的目标纳入立法，推广绿色金融和绿色预算方法，使国家支出和收入过程与气候和其他环境目标保持一致。就清洁能源转型而言，政府的 2030 年投资计划及其经济复苏计划是全球最雄心勃勃的计划之一，其创新融资计划旨在鼓励建筑改造和低碳交通。

法国承诺到 2030 年温室气体排放量比 1990 年减少 40%，到 2050 年减少 75%，覆盖 2015～2018 年、2019～2023 年以及 2024～2028 年 3 个阶段的碳预算期。

2. 法国低碳政策

与《法国国家低碳战略》相辅相成的是法国在 2015 年 8 月通过的《绿色增长能源转型法》，法国依法构建了国内绿色增长与能源转型的时间表。此外，法国政府在过去几年还制定并实施了《多年能源规划》（La Programmation pluriannuelle de l’énergie，PPE）、《法国国家空气污染物减排规划纲要》等，为实现节能减排、促进绿色增长提供有力的政策保障。

法国采用两种主要的碳定价机制。EU ETS 自 2005 年开始实施，涵盖法国 75%的工业排放。2014 年，法国对化石燃料消耗征收碳税。2015 年 8 月，法国颁布《促进绿色增长的能源转型法》（Energy Transition for Green Growth Act）。在该法案下，法国的碳税将在 2022 年达到每吨 56 欧元，到 2030 年继续提高到每吨 100 欧元。在法国，碳税是针对天然气、石油和煤炭等化石能源征收的，碳税和欧盟的 EU ETS 并行存在。EU ETS 覆盖下的排放源，如工业企业、发电行业等，并不需要缴纳碳税。

3. 具体行动

1）能源领域

法国计划到 2050 年将相关生产排放减少 96%。具体措施包括提高能源效率、发展可再生能源，同时避免修建新的热电厂，并提高能源系统的灵活性，以增加可再生能源的份额。法国还根据《能源与气候法》，逐步淘汰化石燃料，支持可再生能源的发展，减少天然气的销售关税，降低对核电的依赖，以实现电力结构多元化。法国还计划在核能技术创新上投资 4.7 亿欧元，以及在氢能源战略上投资 70 亿欧元。

2）交通领域

目标是到 2050 年减少至少 2/3 的温室气体排放。具体措施包括提高车辆能源效率、加速能源载体的发展、抑制车辆流动性需求、发展私家车替代工具，并鼓励使用其他交通模式。法国还宣布在电动和插电式混合动力汽车领域投资 40 亿欧元。

3）工业领域

目标是到 2050 年减少 75%的温室气体排放。主要措施包括支持企业制定碳中和经济路线图、研发低排放技术、控制产品制造的能源和材料需求等。法国计划投资 80 亿欧元用于工业脱碳、氢气和小型模块化反应堆。

4）建筑领域

目标是到 2050 年减少 87%的温室气体排放。具体措施包括实施利用脱碳化能源并提高产量、提高建筑物能源效率、大幅提高住宅和服务部门的建筑翻新速度、提高新建建筑的节能减碳绩效水平、提高设备能源效率、使用低碳产品和设备进行建筑物的建造和翻新。

5）农林业领域

目标是到 2050 年减少 50%温室气体排放。具体措施包括发展农业生态学、混农林业和精致农业，增加土壤碳汇和降低土壤的人工化程度，发展生物经济（CH_4、第二代生物燃料等），改变食物需求，改用优质产品，发展有机农业。

24.2　美国碳减排目标、相关举措、低碳政策及具体行动

24.2.1　美国碳减排目标

美国在全球气候变化问题上的长期碳减排目标和规划分为联邦和地方两个层面。在联邦层面，美国的碳减排政策和目标在不同总统任期内发生了变化，反映了民主党和共和党政府在处理气候变化问题上的不同态度，美国历任政府碳减排主要政策或措施如表 24.3 所示。

表 24.3 美国历任政府碳减排主要政策或措施

政府	时间	主要政策或措施	主要内容
老布什政府时期（1989～1992 年）	1992 年	签署 UNFCCC	
克林顿政府时期（1993～2000 年）	1993 年	《气候变化行动计划》	2000 年将碳排放量减少到 1990 年水平
	1997 年	伯德-哈格尔决议	对美国签署 UNFCCC 有关协定或《京都议定书》做出明确限制
	1998 年	签署《京都议定书》	
小布什政府时期（2001～2008 年）	2001 年	退出《京都议定书》	
	2002 年	《全球气候变化计划》	2012 年将温室气体排放强度降低 18%
奥巴马政府时期（2009～2016 年）	2009 年	《美国清洁能源与安全法案》	2020 年时的温室气体排放量在 2005 年基础上减少 17%，到 2050 年减少 83%
	2013 年	《总统气候行动计划》	重申到 2020 年温室气体排放量比 2005 年减少 17%的承诺
	2014 年	签署《中美气候变化联合声明》	2025 年在 2005 年基础上实现温室气体减排 26%～28%的目标
	2015 年	《清洁电力计划》	发电厂 2030 年 CO_2 排放将在 2005 年基础上减少 32%；可再生能源发电将再增长 30%以上
	2015 年	签署《巴黎协定》	
特朗普政府时期（2017～2020 年）	2017 年	《美国优先能源计划》	要求环保署立即审查《清洁电力计划》，并尽快提出新法规以暂停、修订甚至废除原法规
	2017 年	废除《清洁电力计划》	
	2017 年	宣布退出《巴黎协定》	
拜登政府时期（2021 年至今）	2021 年	重返《巴黎协定》	
	2021 年	《清洁未来法案》	2050 年之前实现温室气体净零排放

24.2.2 美国地方行政部门和环保组织的多项举措

为了推动碳中和、控制碳排放、保护美国环境，美国各个地方政府及环保组织采取积极行动，通过签署协议和交易排放权等方式，应对温室气体减排挑战。代表性计划包括区域温室气体倡议（Regional Greenhouse Gas Initiative，RGGI）、西部气候倡议（Western Climate Initiative，WCI）。此外，全球第一个具有法律约束力、遵循国际规则的温室气体排放登记、减排和交易平台——芝加哥气候交易所（Chicago Climate Exchange，CCX）也被纳入讨论，具体内容见表 24.4。

表 24.4 美国地方政府减排代表性计划和交易平台

项目	RGGI	WCI	CCX
减排对象	限制和减少电力部门的 CO_2 排放量。具体限制对象为超过 25 兆瓦的化石能源发电机组	电力、工业等多个行业的温室气体排放量	其减排交易项目涉及 CO_2、CH_4、N_2O、HFCs、PFCs、SF_6 六种温室气体
减排目标	计划在 2020～2030 年将各州电力部门 CO_2 排放量缩减 30%	成员州（省）2020 年比 2005 年排放降低 15%	
参与者	康涅狄格州、特拉华州、缅因州、马里兰州、马萨诸塞州、新罕布什尔州、纽约州、罗得岛州、佛蒙特州等	美国加利福尼亚州等西部 7 个州和加拿大新斯科舍省、魁北克省等 4 个省	于 2003 年以会员制运营，创始会员包括美国电力公司、杜邦、福特、摩托罗拉等 13 家公司

续表

项目	RGGI	WCI	CCX
减排方式	各州通过拍卖出售几乎所有的 CO_2 配额，并将收益投资于可再生能源、高能效等项目建设，以促进清洁能源经济创新发展。配额也可通过在交易所二次交易获得	限定排放上限，通过逐年降低排放上限减少排放	加入的会员必须做出自愿但具有法律约束力的减排承诺，在交易所中的交易相当于减排配额的碳金融工具合约。交易所根据成员的减排计划及基准签发减排配额，超出配额部分需购买

24.2.3　美国低碳政策

在碳交易政策方面，美国在 2022 年推出了新的自愿碳交易市场计划，旨在促进发展中国家对清洁能源项目进行私人投资。这项被称为能源转型加速器的计划将与洛克菲勒基金会和贝佐斯地球基金会合作创建，该计划涉及购买和出售代表碳污染的信用。该市场不会向化石燃料公司开放，旨在加强对可再生能源的投资并帮助减少排放。

自愿认购的绿证使企业和个人都能够为加速绿色转型、推动市场创新以及更好地整合可再生能源消费做出贡献。在美国，绿证也被称为可再生能源证书（renewable energy certificate，REC）。它是一种基于市场的工具，代表了可再生能源发电的环境、社会和其他非电力属性的产权。当可再生能源发电并将 1 兆瓦时的电力交付给电网时，就会发出 REC。它们在核算、跟踪和分配可再生能源发电和使用的所有权方面发挥着重要作用。

24.2.4　具体行动

1. 能源领域

美国制定了向低碳能源转型的综合战略，旨在实现低碳能源的转型。这一战略建立在四个关键支柱上：首先，提高能源利用的效率；其次，推动电力产业向零碳排放发展；再次，鼓励多个领域的能源使用从传统化石燃料转向电力；最后，推进 CCS 技术的应用。

2. 交通领域

收紧燃料经济标准，大力投资替代燃料车辆，以及支持生物燃料、燃料电池和电动技术，减轻对传统石油燃料的依赖。联邦法规要求联邦机构只能采购低温室气体排放车辆。此外，交通部还推出了“低排放车辆计划”，以协助公共交通机构采购零排放和低排放的公共交通巴士。

3. 工业领域

美国能源部（Department of Energy，DOE）发布了《工业脱碳路线图》，旨在通过创新来减少工业排放。该路线图特别关注五个排放量最多的行业：炼油、化工、钢铁、水泥和食品饮料。美国石油协会（American Petroleum Institute，API）则提出了低碳未来的道路，包括立法支持、跨行业碳定价等。

4. 建筑领域

美国能源部的“零能源就绪家庭”计划代表了建筑领域的创新，侧重提高能效、舒适性、健康程度和耐久性。这种高性能住宅具有卓越的能源效率，可再生能源系统可满足大部分或全部家庭的能源需求。这些房屋都遵守严格的效率和性能标准，由合格的第三方认证。这个项目适用于多层建筑和单户住宅。

5. 农林业领域

美国农业部（U.S. Department of Agriculture，USDA）一直致力于推动实施低碳农业政策和行动。这些政策包括改善粮食系统，增大地方和区域粮食生产的弹性，促进市场公平，确保食品健康和可持续性，为农民和生产者提供新的市场和收入来源，以及投资清洁能源和基础设施。此外，USDA 发布了《气候智慧型农业和林业：90 天进展报告》，强调实施气候解决方案，以减缓气候变化并适应其影响。这项报告为农业部门提供了建议和下一步措施，以支持农民、牧场主和土地所有者参与减少温室气体排放和碳封存。

24.3 日本碳减排目标、低碳政策及具体行动

24.3.1 日本碳减排目标

日本在 2013 年实现碳排放达峰，峰值为 14.08 亿吨二氧化碳当量，占全球总排放量的 3.9%。为应对气候变化，日本政府于 2020 年 12 月 25 日公布《绿色增长战略》（2021 年更新为《2050 碳中和绿色增长战略》），提出了“2050 年实现碳中和目标”。此外，《全球变暖对策推进法》于 2022 年 4 月施行，这是日本首次将温室气体减排目标写进法律，为 2050 年实现碳中和目标奠定了基础。日本主要碳减排政策如表 24.5 所示。

表 24.5 日本主要碳减排政策

时间	文件名称
1997 年 12 月	《京都议定书》
1997 年	《促进新能源利用特别措施法》
2002 年	《新能源利用的措施法实施令》
2008 年 5 月	《面向低碳社会的十二大行动》
2009 年	《绿色经济与社会变革》
2020 年 12 月	《绿色增长战略》
2021 年 5 月	《全球变暖对策推进法》

24.3.2 日本低碳政策

除确认碳中和目标外，《2050 碳中和绿色增长战略》提出财政预算、税收、金融、法规和标准化、国际合作 5 个方面的政策措施，通过技术创新和绿色投资的方式确保社会平稳实现脱碳转型。具体内容如下。

（1）推出税制优惠，支持私营企业脱碳投资。具体制度如表 24.6 所示。

表 24.6　日本碳中和税收制度

制度	内容
建立碳中和投资促进税收制度	根据《产业竞争力强化法》新建立的计划认证体系，引入生产设备的脱碳效果，最多可享受 10%的税收抵免或 50%的特殊折旧
设立亏损结转特别扣除限额	基于《产业竞争力强化法》的计划认证体系，对于因碳中和投资或商业转型而产生亏损的企业，将亏损的结转扣除上限从 50%提高到最高 100%（最大扣除上限增加期为 5 年）
增大研发税收减免力度	将研发税收减免额度从企业税额的 25%提高到 30%

（2）针对脱碳技术构建完善的法规制度并引入碳定价机制，确保社会有序、高效完成低碳转型。日本脱碳技术重要举措及示例见表 24.7。

表 24.7　日本脱碳技术重要举措及示例

<table>
<tr><th>措施</th><th>主体</th><th>示例</th></tr>
<tr><td rowspan="7">在“示范阶段”之后，对于未来具有发展潜力的关键创新技术，用公私合营投资来吸引私人投资，具体措施如下。
（1）加强政策支撑以创造对新技术的需求，规范新技术的政策法规。
（2）通过鼓励大规模生产投资来推广技术，扩大需求并降低价格，推动新技术的国际标准化</td><td>氢能源</td><td>将氢能源评估为无碳能源，建立可通过利用氢能获得奖励的电力市场</td></tr>
<tr><td rowspan="3">海洋风电</td><td>在全国范围内建立可再生能源并网系统，提高可再生能源利用优先级</td></tr>
<tr><td>根据《日本海洋污染防治法》等，明确允许拆除风力涡轮机的标准</td></tr>
<tr><td>放置大型风力涡轮机的“浮体”安全评估方法的国际标准化</td></tr>
<tr><td rowspan="3">电动汽车/蓄电池</td><td>利用燃油效率法规促进电气化</td></tr>
<tr><td>民用蓄电池寿命的性能标签的开发和标准化</td></tr>
<tr><td>蓄电池 CO_2 排放量可视化</td></tr>
</table>

24.3.3　具体行动

1. 能源领域

日本制定了一系列政策法规，包括《低碳城市法》、《战略能源计划》和《全球变暖对策推进法》，以促进新能源创新，并推动各部门实现低碳发展。自 2018 年发布第五期《能源基本计划》以来，日本持续向新能源研发投入资金。此后，日本通过《革新环境技术创新战略》，提出了 39 项关键绿色技术，包括可再生能源、氢能、核能、CCS、能源储存、智能电网等。此外，2020 年 12 月发布的《绿色增长战略》设定了新一代可再生能源、氢能、氨燃料产业、新一代热能产业和核能等产业的发展目标。

2. 交通领域

日本的交通领域碳排放在 2001 年达到峰值，为 2.63 亿吨，随后由于燃油经济性的提高和环保车辆的普及，排放量一直在下降。下一代汽车，包括混合动力汽车、插电式混合动力汽车、电动和燃料电池汽车，有望减少交通领域的化石燃料消耗和 CO_2 排放。政府还计划在 21 世纪 30 年代中期前，确保所有新售乘用车都是电动汽车，各大汽车制造商也提出了相应的电动化计划。

3. 工业领域

日本商界采取了自愿减排的方式，包括低碳社会承诺和通过全球价值链减排。经济产业省还为特定行业（如钢铁行业）制定了脱碳技术路线图。

4. 建筑领域

对于商业和住宅建筑领域的脱碳，日本政府强调要最大限度地利用太阳能光伏发电和太阳能热水等可再生能源技术，并促进能源向脱碳能源和热源转型。此外，还需要提高房屋和建筑物的保温性能，并引入高效的设备。

5. 农业领域

日本是全球研究联盟的成员，致力于减少农业温室气体排放，特别是在水稻种植方面。日本与乌拉圭和塞内加尔共同领导一个水稻研究小组，是世界领先者之一。

24.4 韩国碳减排目标、低碳政策及具体行动

24.4.1 韩国碳减排目标

2021 年 8 月 31 日，韩国议会通过了《碳中和与绿色增长基本法》，使韩国成为全球第 14 个将 2050 年碳中和目标及其实施机制纳入法律的国家。《碳中和与绿色增长基本法》要求韩国在 2030 年之前将温室气体排放量较 2018 年减少 35%以上，并规定了涵盖气候影响评估、气候应对基金以及公正转型等的政策措施。

24.4.2 韩国低碳政策

1. 碳交易

2015 年，韩国启动了全国性碳排放权交易机制，成为东亚首个实施这一国家级机制的国家。韩国持续推动碳市场建设，2020 年修改了《温室气体排放配额分配与交易法》，允许金融机构参与次级市场的碳交易，以提高碳市场流动性。此外，2021 年，韩国扩大了碳交易的涵盖范围，新增了建筑和运输两个重要部门，将管制行业增加到 6 个部门，包括电力、工业、建筑、废弃物、运输和公共部门，共涵盖了约 685 家企业，占总排放量的 74%。

2. 绿色新政

韩国于 2020 年 7 月宣布，将投资 543 亿欧元，主要用于实现向绿色基础设施、低碳和分散能源方向转变，刺激绿色产业创新并创造 659 000 个就业岗位。该计划还将支持大规模 CCUS 技术的商业开发。

24.4.3 具体行动

1. 能源领域

韩国计划到 2050 年将绿色电力占比提高至 70.8%，同时停用燃煤发电。韩国还致力

于发展 CCUS 技术，以及扩大碳汇。此外，韩国计划发布氢能规划，将氢能作为替代石油的主要能源，用于发电、交通和重工业。韩国还计划在发电厂和工业园区建造氢能港，利用现有的天然气运输网络，建立氢能的生产和进口中心。

2. 交通领域

韩国鼓励公众选择公共交通工具出行，以减少道路上的汽车数量。其目标是在 2050 年将零碳排放汽车的上路比率提高至 85%以上。

3. 工业领域

韩国采用电炉炼钢和生物质石脑油等可持续替代品，以在 2030 年将碳排放减少 14.5%。在 2050 年，韩国将积极推动零温室气体排放新兴制程，如氢能炼钢，并使用可再生燃料和再生材料替代化石燃料和新开采原料。

4. 建筑领域

韩国计划在 2030 年推广高效能电器和新型节能建筑，以使碳排放减少 32.8%。2050 年，韩国将进一步推广节能和零碳建筑，同时进行现有建筑的环保改造。

5. 农业领域

韩国正在推行低碳绿色农业政策。从 2022 年 7 月 1 日起，韩国已经对农业进行了一系列调整，主要涉及牲畜饲料的调整，以减少蛋白质含量，符合新的碳减排规定。此外，韩国还计划在农业领域推广智能农业，开展低碳农业实践，并促进生态友好型能源的使用。

习题：

1. 欧盟 2030 年的碳减排目标是在 1990 年水平基础上，将温室气体净排放量至少降低多少百分比？
2. 为实现碳减排目标，欧盟实施了哪些低碳政策？
3. 日本的碳减排目标是多少？配套低碳政策有哪些？
4. 思考一下，为什么各个国家的低碳发展目标不一致？

本章要点

1. 了解我国低碳经济发展相关政策。
2. 明晰各个低碳政策作用对象，厘清政策间的协同或冗余作用。

第 25 章　我国主要低碳政策

在当今中国，加速推动低碳经济发展已成为当务之急，这一迫切需求深刻体现在全面“双碳”的“1+N”政策框架中。本章将聚焦于可再生能源政策、碳交易市场建设与运作、绿证制度以及 CCUS 政策等核心政策在中国的发展情况。

25.1　可再生能源政策

25.1.1　可再生能源政策的演化路径

我国的可再生能源政策演进呈现出明确的逻辑和时序，如图 25.1 所示。1979 年发布的《中华人民共和国环境保护法（试行）》，首次提及了多种清洁能源的利用①。2006 年《中华人民共和国可再生能源法》（以下简称《可再生能源法》）的施行为可再生能源政策奠定了法律框架。此后，政府发布了多个关于可再生能源项目管理和电价管理的规定，以及中长期发展规划，将可再生能源提升到国家战略地位。此举形成了长短期互补的协调布局。

为扫除可再生能源发展面临的经济障碍，我国实施了风力、光伏和生物质发电上网电价及补贴政策，激励可再生能源的发展，《可再生能源发展专项资金管理暂行办法》的施行进一步提高了资金使用的有效性。2017 年，风电平价上网示范项目的实施开启了可再生电力无补贴平价上网的时代。

为解决可再生电力消纳问题，施行了《可再生能源发电全额保障性收购管理办法》和《可再生能源调峰机组优先发电试行办法》等政策。2017 年，全国范围内开始实施《绿色电力证书核发及自愿认购规则（试行）》。2019 年，国家发展改革委、国家能源局印发了《关于建立健全可再生能源电力消纳保障机制的通知》，明确了各省（自治区、直辖市）“十三五”时期应消纳的可再生能源消费占比责任权重，以促进可再生能源的健康发展。《氢能产业发展中长期规划（2021—2035 年）》提出了进一步解决可再生电力消纳问题的方式，如提出了发展目标、要求制定有关政策等。至此，我国的可再生能源政策已形成有序的发展轨迹。

---

① 《中华人民共和国环境保护法（试行）》，https://www.pkulaw.com/chl/fe5de82c03608a7dbdfb.html?time__1428=n4%2BxcD0DyAe7qGKDtYDs9vr4xgY%3Dei3z4D&alichlgref=https%3A%2F%2Fwww.pkulaw.com%2Fchl%2Ffe5de82c03608a7dbdfb.html%3F，2024-05-30。

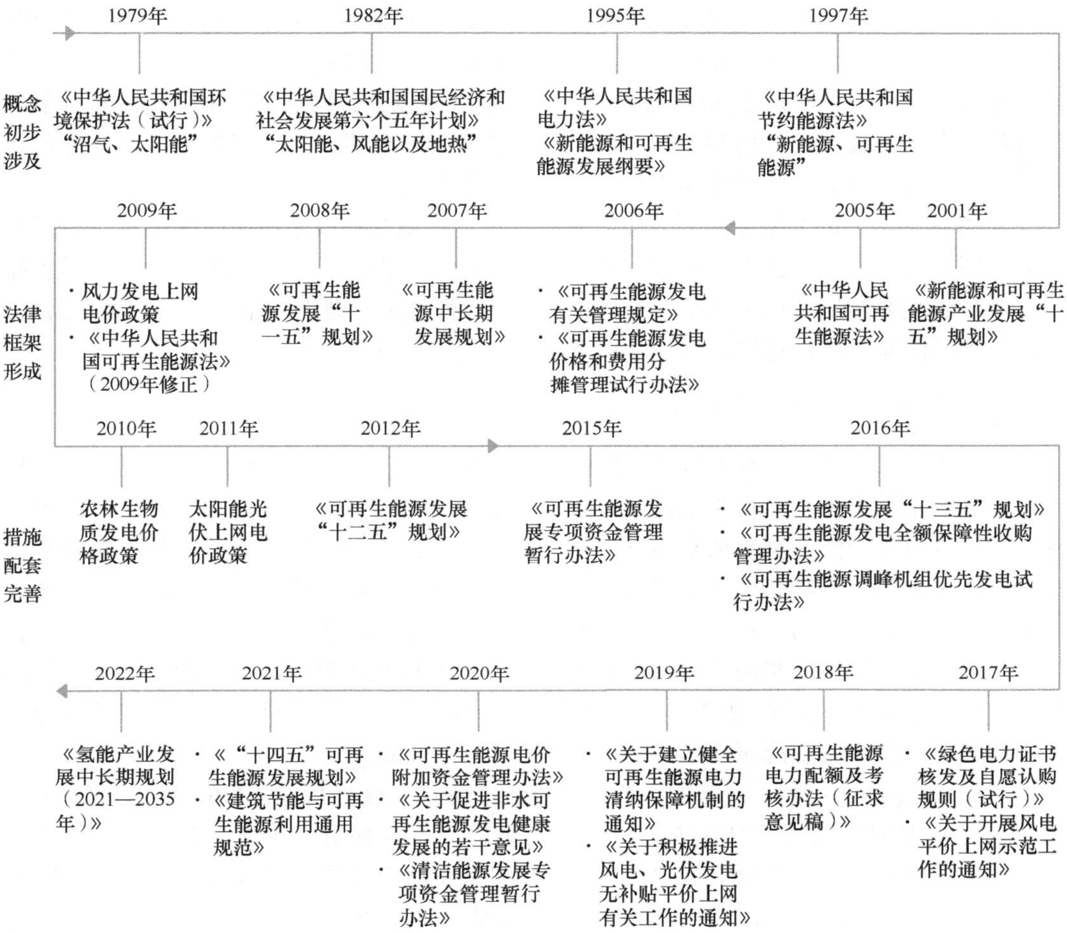

图 25.1　我国可再生能源政策演化路径

资料来源：於世为等（2022）

25.1.2　我国可再生能源重点政策

与传统化石能源相比，对于可再生能源，早期的研发投入和初始投资较大，开发成本更高，开发利用的技术难度系数更大，面临着较大的市场和技术风险。可再生能源替代传统能源时，会给社会带来环境收益（朴松美，2017），可再生能源的开发利用是一种公共品投资行为，投资个体无法获取全部的社会收益。此外，发展可再生能源可以解决能源供给危机，可以在很大程度上减小能源供给对整体经济带来的冲击，因此，可再生能源也具有公共产品的特性。

可再生能源具有公共产品特征，加之市场上存在着“搭便车”行为，如此一来，会导致在可再生能源发展的起步阶段，因投资成本较高，可再生能源企业投资意愿不足，在市场上会存在可再生能源电力供给不足的现象。因此，政府的干预、政策的支持，对可再生能源的发展来说显得十分重要。

我国的可再生能源支持政策在促进可再生能源发展的过程中，起到了举足轻重的作用。并且，在可再生能源发展过程中，基于不同时期所面临的不同发展问题，我国会针对特定问题提出解决措施，在这种以实际问题和目标为导向的逻辑下，不断对可再生能源支持政策做出调整。自 2005 年 2 月公布《可再生能源法》以后，我国又先后出台了多项政策，在这些政策的支持和引导下，可再生能源发展取得了巨大成就，技术水平进一步提升，同时，可再生能源发展支持政策体系也不断完善。

本书将自《可再生能源法》公布以来的可再生能源支持政策按照时间线做了梳理与总结（图 25.2）。从图 25.2 中可以看出，自《可再生能源法》公布以来，我国可再生能源支持政策主要经历了以下几个发展阶段：第一，可再生能源上网电价补贴政策；第二，可再生能源配额制度；第三，可再生能源电力消纳保障政策。

1. 可再生能源上网电价补贴政策

可再生能源上网电价补贴政策，也称固定电价政策（赵玉荣，2019），它是指政府权力机关针对不同类型的可再生能源发电技术的成本，制定高于传统火电上网电价的可再生能源电价政策，然后强制要求电网公司以这一（有区别的）固定价格全额收购符合标准的可再生电力，补贴资金来自对火电征收的可再生能源电价附加，电价附加最后会通过财政转移支付、电力加价或建立基金会等形式，在全国范围由电力消费者进行分摊。这一政策主要运用于面临高成本问题的可再生能源发展起步阶段，从而保证可再生能源投资的正常收益（涂强等，2020）。很多研究也表明可再生能源上网电价补贴政策对处于发展起步阶段的可再生能源技术的促进作用更大（Polzin，2017）。

从图 25.2 可以看到：一方面，在《可再生能源法》施行后的 2006～2009 年，中国先后制定了多项政策规范可再生能源专项资金的使用，并明确各电网公司接入可再生能源电力的责任；另一方面，自 2009 年 7 月国家发展改革委印发《关于完善风力发电上网电价政策的通知》起，中国陆续制定了光伏发电、海上风电以及生物质发电上网电价补贴政策。当然，在补贴的同时，也注重引导可再生能源发电技术的进步，降低发电成本。

随着可再生能源发电规模的扩大，可再生能源上网电价补贴政策也在逐步完善，如上网标杆电价逐步降低、可再生能源优惠上网电价补贴逐步减少。

近年来，随着风电、光伏发电规模化的发展以及技术的进步，中国开始积极推进风电、光伏发电无补贴平价上网工作，相关的文件，如国家发展改革委和国家能源局于 2019 年印发的《关于积极推进风电、光伏发电无补贴平价上网有关工作的通知》提出，风电、光伏发电平价上网项目和低价上网项目，可按国家可再生能源绿色电力证书管理机制和政策获得可交易的可再生能源绿色电力证书，通过出售绿证获得收益。以此来促进风电、光伏发电通过电力市场化交易无补贴发展，并于 2020 年实现风电、光伏发电平价上网。总体来看，可再生能源上网电价补贴政策，经历了上网电价补贴、逐步减少上网电价补贴，再到 2020 年平价上网的过程。

2. 可再生能源配额制度

可再生能源配额制是政府支持可再生能源发展的一种从量规制手段，其核心在于强

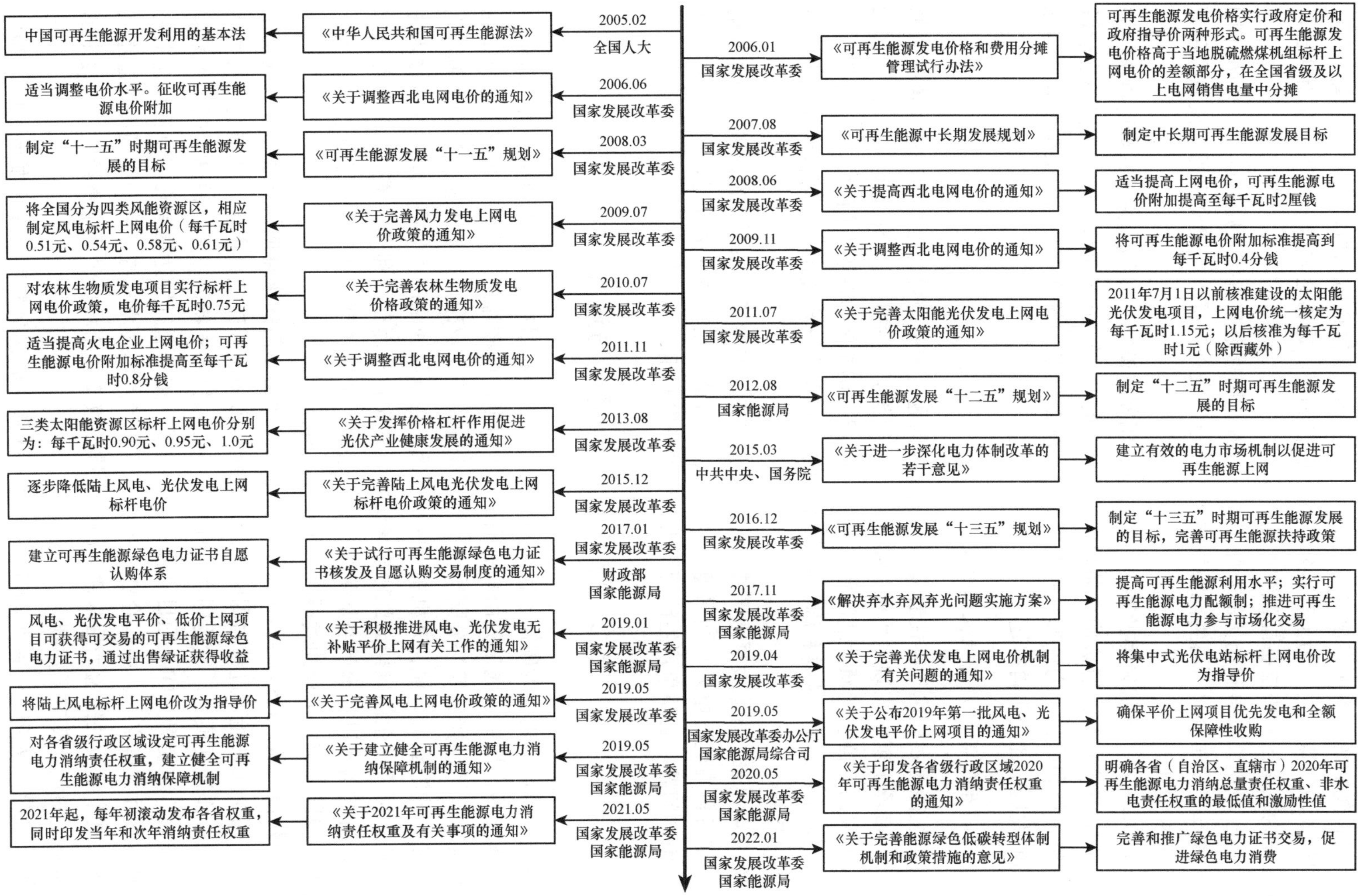

图 25.2　中国可再生能源支持政策汇总

制规定可再生能源发电所占总发电量的比例。这一制度旨在增加可再生能源的实际消费量，调整能源消费结构。为了有效实施这一配额制度，通常会与绿证交易制度相结合，将绿证作为政策工具来支持配额制度的落实。

为进一步完善风电和光伏的补贴机制，并减小国家财政直接补贴的压力，2016 年国家发展改革委发布的《可再生能源发展“十三五”规划》提出了建立可再生能源绿色证书交易机制的计划。

2017 年 1 月，国家发展改革委、财政部、国家能源局印发的《关于试行可再生能源绿色电力证书核发及自愿认购交易制度的通知》指出，自 2018 年起适时启动可再生能源电力配额考核和绿色电力证书强制约束交易。在 25.3 节中将详细介绍绿证制度和我国绿证市场的发展，此处不再赘述。

3. 可再生能源电力消纳保障政策

可再生能源发电由于存在着调峰、调度等问题，在中国可再生能源产能急剧扩张的情况下，市场上就会出现电力消纳能力不足等问题，发生弃风、弃光现象。针对 2012 年以来出现的可再生能源消纳问题，国家能源局于 2015 年印发了专门的文件指导工作并解决问题，国家发展改革委和国家能源局于 2017 年又进一步提出推进可再生能源电力参与市场化交易。

2019 年以来，国家发展改革委、国家能源局先后出台了一系列文件，进一步建立健全并实施可再生能源电力消纳保障机制，尝试、探索运用市场化的途径，解决可再生能源电力消纳问题，实现可再生能源更大范围的开发利用。

25.2 碳交易市场建设与运作

碳交易市场，也称为碳排放权交易市场，是一种利用市场机制促进碳减排的政策工具。在碳交易市场中，通常先由政府确定一定时期内的碳排放总额，并根据一定规则将碳排放配额（即碳排放权）分配给重点排放企业。若企业碳排放超出自身配额上限，则须购买额外的配额或其他补充机制下的碳信用，否则将面临严厉处罚。节能减排技术先进的企业，可将多余的碳排放配额出售给需要的企业从而获取利润。碳交易市场可通过利用市场价格信号以成本效益最优的方式促进企业低碳转型，其有效性已在全球得到广泛认可。我国碳交易市场的发展经历了三个主要阶段。

第一阶段，从 2005 年到 2012 年，我国没有建立专门的碳排放权交易市场。在这个阶段，中国企业只能通过参与国际 CDM 来间接参与国际碳交易市场。中国企业与发达国家企业合作开展项目，发达国家企业提供资金和技术支持，以发展清洁能源、控制温室气体排放。这使得 CDM 项目产生核证减排量，用于履行发达国家在《京都议定书》下的温室气体减排义务。中国企业从中获得资金和减排技术支持，并减少国内的温室气体排放。这个阶段的经验为后来建立国内碳排放权交易市场提供了宝贵经验，并为中国碳交易制度的设计奠定了基础。

第二阶段，从 2013 年到 2020 年，是地区碳排放权交易市场建设发展阶段。2011

年，国家发展改革委印发了《关于开展碳排放权交易试点工作的通知》，批准了北京市、天津市、上海市、重庆市、广东省、湖北省及深圳市开展碳排放权交易试点。这七个试点地区在 2013～2014 年陆续建立了自己的碳排放权交易市场。2016 年，非试点地区四川省和福建省也相继建立了碳排放权交易市场。在这个阶段，符合交易规则的法人机构、个人和纳入地区碳排放权交易市场碳排放配额管理的重点排放单位可以在各自的地区碳排放权交易市场交易碳排放配额，也可以交易国家核证自愿减排量（Chinese Certified Emission Reduction，CCER），以及各个地区自行核证的自愿减排量。这个阶段的建设和推行为后来建立全国碳排放权交易市场提供了宝贵经验，适应了中国本土情况。

第三阶段从 2021 年开始至今，是全国碳排放权交易市场建设发展阶段。2021 年 2 月 1 日，《碳排放权交易管理办法（试行）》正式施行，标志着国内碳排放权交易市场进入了第三阶段。目前，中国的碳排放权交易市场同时存在地区和全国两个层面。纳入地区或全国碳排放权交易市场碳排放配额管理的控排企业、符合交易规则的法人机构和个人可以在相应的市场交易碳排放配额，以及在地区市场交易 CCER 和地区核证的自愿减排量。

《碳排放权交易管理暂行条例》自 2024 年 5 月 1 日起施行，标志着中国碳排放权市场交易制度正式步入法治化轨道。该条例确立了碳市场运作的法律框架，旨在提高交易的效率和透明度，同时保障交易的公正性。短期内，这一法规的实施将为碳市场带来法律层面的支撑，预计将激发市场的活跃度，促进减排项目的执行和技术创新。长期而言，《碳排放权交易管理暂行条例》将支持碳市场扩展至更多领域，为包括高碳排放行业在内的更广泛市场参与者提供法律基础和操作经验。市场的扩大将激励相关行业进行技术革新，推动绿色制造，助力经济的持续健康发展。此外，碳市场的成熟也将提高中国出口产品在国际市场上的竞争力，尤其是在面对碳关税等贸易壁垒时。

按照碳交易的分类，目前我国碳交易市场有两类基础产品，一类为政府分配给企业的碳配额，另一类为 CCER。碳配额是碳交易体系的核心，而 CCER 则是一个辅助部分。

25.2.1　碳配额

碳配额是针对碳排放权的一种配额制度。中国环境与发展国际合作委员会指出，全国碳排放权交易市场最终将覆盖石化、化工、建材、钢铁、有色、造纸、电力（含自备电厂）和民航等八个行业。纳入门槛为年度综合能源消费量 1 万吨标准煤（约 2.6 万吨 CO_2 当量）及以上，这些企业或经济主体被称为重点排放单位。

纳入行业方面，除全国碳市场目前仅纳入电力一个行业外，各试点碳市场均纳入多个行业，数量为 5～10 个不等，且纳入行业类型不一，如表 25.1 所示。除普遍纳入八大高耗能行业外，各试点碳市场还纳入交通、建筑、废弃物处理、食品饮料和服务业等行业。此外，北京和福建试点碳市场还纳入了未被其他试点碳市场纳入的电力行业。

表 25.1 中国碳市场纳入行业汇总表

纳入行业		全国	北京	天津	上海	重庆	湖北	广东	深圳	福建	四川
八大高耗能行业	电力	√	√							√	
	钢铁			√	√	√	√	√	√	√	√
	建材		√	√	√	√	√	√	√		√
	石化		√	√	√	√	√	√		√	√
	化工			√	√	√	√		√	√	√
	有色			√	√	√	√		√	√	√
	造纸					√	√	√	√	√	
	民航		√	√	√			√		√	
交通			√		√				√		
建筑					√						
其他工业			√	√	√	√	√		√	√	√
废弃物处理						√			√		
食品饮料				√		√	√				
服务业			√		√				√		

注：本表依据《国民经济行业分类》（GB/T 4754—2017）对行业进行分类

资料来源：根据公开资料整理

生态环境部根据各省级生态环境厅报告的重点排放单位数量，结合当年排放总量控制和阶段性目标，经国务院批准后，确定各级政府的行业温室气体排放总量上限，并以许可证形式授权或出售给企业。在规定期限内，企业碳排放若超出排放许可证上限，则须在碳排放权交易市场购买排放配额；若碳排放低于上限，则可在市场上出售多余配额。根据《碳排放权交易管理办法（试行）》，全国碳排放权交易市场的交易主体是“机构和个人”，暂不涉及行政区域之间的碳配额交易。

我国试点碳市场和全国碳市场的发展概况如下。

1. 试点碳市场

自 2011 年 10 月以来，中国在北京、天津、上海、重庆、湖北、广东、深圳等地逐步推进了碳排放权交易试点工作。然而，由于这些试点地区在经济发展水平、能源消费结构和碳市场制度设计等方面存在较大差异，因此它们的交易量、成交金额和成交价也存在较大差异。

截至 2023 年 12 月 29 日，试点碳市场累计成交量（不含远期）约为 9.09 亿吨，累计成交额为 226.90 亿元。北京碳市场逐渐完善，活跃度高，碳价长期上涨，2023 年均价为 113.3 元/吨，同比增长 17%。广东成交均价为 75.5 元/吨，次于北京，与 2022 年基本持平。深圳成交均价为 59.4 元/吨，涨幅最高，上涨 62%。福建成交均价为 31.4 元/吨，虽上涨 34%，但碳价最低。各市场交易量差异明显，福建、广东、天津成交量较高，而北京较低。

2. 全国碳市场

全国碳市场第一个履约截止期为 2021 年 12 月 31 日，完成 2019 年和 2020 年的配额履约。第二个履约截止期为 2023 年 12 月 31 日，完成 2021 年和 2022 年的配额履约。

全国碳市场首个履约期的范围涵盖了电力行业，温室气体种类为 CO_2。该期采用基于强度的总量设定方案，并且在配额分配方面采用无偿分配的方式。在交易机制上，交易产品为碳配额。此外，规定重点排放单位可以每年使用 CCER 来抵消部分碳排放配额，但抵消比例不得超过应清缴碳排放配额的 5%。

全国碳市场第二个履约期的总体框架基本沿革了第一个履约期。针对第一个履约期出现的诸多不协调，第二个履约期也进行了调整：一是实行配额年度管理，即 2021 年、2022 年采用不同的配额分配基准值，基于上年的实际排放情况确定第二年基准值。据测算，配额分配中大部分机组基准线下调 6.5%～18.4%不等，这意味着第二个履约期碳市场配额有所收紧。二是首次引入平衡值。平衡值是各类机组供电、供热碳排放配额量与其经核查排放量（应清缴配额量）平衡时对应的碳排放强度值，是制定供电、供热基准值的重要参考依据。三是新增灵活履约机制及个性化纾困机制，帮助企业完成履约任务。

2021 年 7 月 16 日，全国碳排放权交易市场正式启动上线交易，启动当日累计成交量达 410 万吨。截至 2023 年 12 月 31 日，碳排放配额累计成交量 4.42 亿吨，累计成交额 249.19 亿元，碳价格维持在 40～80 元/吨（图 25.3）。

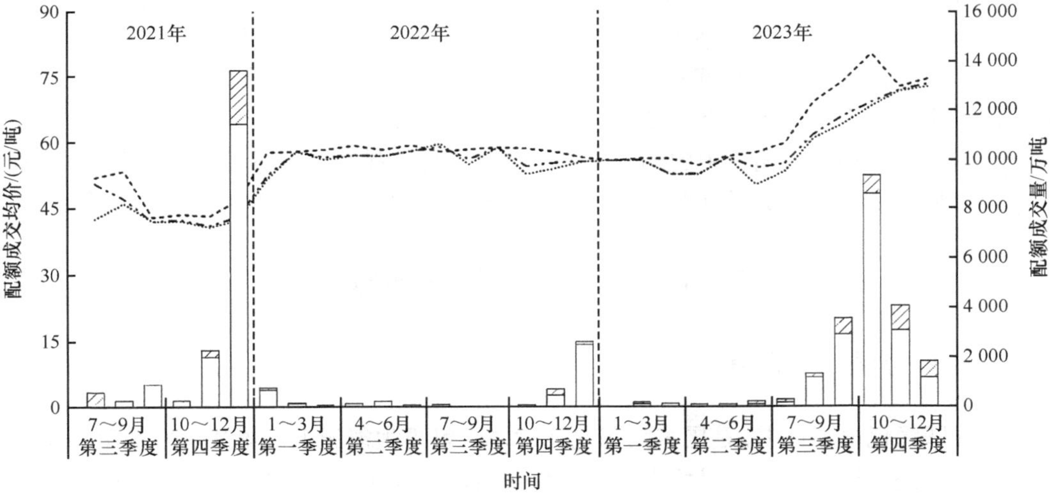

图 25.3　全国碳市场交易行情（截至 2023 年 12 月 31 日）

25.2.2　CCER

CCER 是指我国境内特定项目的温室气体减排效果经量化核证，并在全国温室气体自愿减排注册登记系统中进行注册的减排量。全国及各试点碳市场均可以使用 CCER 进行碳排放量抵消。除 CCER 外，试点碳市场还能利用当地核证减排量抵消碳排放量。在抵消比例方面，全国及各试点规定的抵消比例基准有所差异，抵消比例以 5%～10%居多。

自 2012 年 CCER 项目开始参与碳交易以来，到 2017 年 3 月，由于温室气体自愿减排交易量较小、一些项目不够规范等问题，国家发展改革委暂停了 CCER 项目。然而，到 2020 年 12 月，《碳排放权交易管理办法（试行）》明确将 CCER 重新纳入碳交易市场。2021 年 3 月，生态环境部办公厅发布的《碳排放权交易管理暂行条例（草案修改稿）》指出，可再生能源、林业碳汇和甲烷利用三类项目可以重新核证 CCER。

可再生能源项目主要包括风能、太阳能、水能、生物质能、地热能等发电或供热项目，约占 CCER 总开发量的 70%。林业碳汇项目是通过植树造林、植被恢复等方式吸收大气中的 CO_2，约占 CCER 总开发量的 3%。林业碳汇项目的开发技术复杂，周期长，因此在 2012 年到 2017 年的 CCER 项目中占比较低。

CCER 恢复备案前，已经公示审定的温室气体自愿减排项目数量累计达 2871 个，备案项目 1047 个，实际减排量备案项目约 400 个，备案减排量约 7200 万吨 CO_2 当量。这些项目包括风电、光伏、农村户用沼气、水电等。截至 2022 年 10 月，存量 CCER 累计成交量约 4.48 亿吨，累计成交额超过 60 亿元。

2023 年 3 月迎来了新消息，生态环境部率先透露重启 CCER 信号，向社会公开征集 CCER 方法学建议，并于 2023 年 7 月公布《温室气体自愿减排交易管理办法（试行）》（征求意见稿）。2023 年 10 月 19 日，生态环境部、市场监管总局正式对外公布了《温室气体自愿减排交易管理办法（试行）》，这是中国在构建全国性碳市场体系方面迈出的重要一步。随后，在同年 12 月 25 日，市场监管总局发布了《温室气体自愿减排项目审定与减排量核查实施规则》，为自愿减排项目的审定和核查提供了明确的操作规范。进入 2024 年，1 月 22 日，央视新闻直播间宣布了全国温室气体自愿减排交易正式启动，标志着中国碳市场体系进一步完善。首日交易活跃，成交量达到 37.5 万吨，成交额为 2383.5 万元。这一系列动作表明，中国的全国温室气体自愿减排交易市场已经与先前建立的全国碳排放权交易市场形成了互补，共同构建起一个更加完善的全国性碳市场体系。

25.3 绿证制度及发展概况

25.3.1 我国绿证制度

绿证即绿色电力证书，是国家为每兆瓦时非水可再生能源上网电量颁发的电子凭证，具有唯一代码标识，代表了绿色电力的环境价值，这与传统化石能源不同。绿证是完善支持绿色发展政策的创新举措，是促进可再生能源电力消费、保障可再生能源电力消纳的有力抓手。

绿证分为两种交易形式：自愿认购和强制交易。自愿认购是指社会公众、政府和企业以自愿方式购买绿色电力。相对于其他碳减排活动，购买绿证更容易计量和监督，取得更好的宣传效果。建立绿证自愿认购市场能够具体化清洁能源的环境效益，使社会公众不仅成为受益者，还享有共同构建绿色社会的权利。相反，强制交易是指政府设定强制可再生能源配额目标，要求企业在法定期限内达到这一目标，否则须缴纳罚款。绿证强制交易是可再生能源配额制的关键组成部分，有助于推动可再生能源发电企业实现目标，并获得额外收益。

绿证自愿认购政策的基本特征如表 25.2 所示。根据《关于做好可再生能源绿色电力证书全覆盖工作促进可再生能源电力消费的通知》，国家能源局负责制定绿证核发和交易规则，组织开展绿证核发和交易。对全国风电（含分散式风电和海上风电）、太阳能发电（含分布式光伏发电和光热发电）、常规水电、生物质发电、地热能发电、海洋能发电等已建档立卡的可再生能源发电项目所生产的全部电量核发绿证，实现绿证核发全覆盖。核发标准为 1 个绿证单位对应 1000 千瓦时可再生能源电量，价格不超过电价附加资金补贴金额。交易方式包括双边协商、挂牌和集中竞价，售出后不再享受补贴，禁止再次转售绿证。

表 25.2　绿证自愿认购政策的基本特征

要素	明细
核发机构	国家可再生能源信息管理中心
主管机构	国家发展改革委、财政部、国家能源局
核发对象	对全国已建档立卡的可再生能源发电项目所生产的全部电量核发绿证，实现绿证核发全覆盖。包括风电（含分散式风电和海上风电）、太阳能发电（含分布式光伏发电和光热发电）、常规水电[仅包含 2023 年 1 月 1 日（含）以后新投产的完全市场化常规水电项目]、生物质发电、地热能发电和海洋能发电
核发标准	1 个绿证单位对应 1000 千瓦时可再生能源电量
认购主体	通过信息平台注册、参与自愿认购证书或出售持有证书的政府机关、企事业单位和自然人
规则特点	（1）认购参与人不允许以自身为对手方进行认购。 （2）认购参与人购买可再生能源绿色电力证书后，不得再次出售。 （3）出售电量后，相应的电量不再享受国家可再生能源电价附加资金的补贴
价格限制	认购价格按照不高于证书对应电量的可再生能源电价附加资金补贴金额。无补贴绿证 50 元一张；带补贴绿证上百元不等
交易方式和次数	绿证交易包括双边协商、挂牌、集中竞价三种方式，现阶段可交易绿证仅可交易一次
交易平台	依托中国绿色电力证书交易平台，以及北京电力交易中心、广州电力交易中心开展交易，适时拓展至国家认可的其他交易平台

绿证作为可再生能源电力消费凭证，用于可再生能源电力消费量核算、可再生能源电力消费认证等，其中可交易绿证除用作可再生能源电力消费凭证外，还可通过参与绿证绿电交易等方式在发电企业和用户间有偿转让。国家发展改革委、国家能源局负责确定核发可交易绿证的范围，并根据可再生能源电力生产消费情况动态调整。

25.3.2　我国绿证发展概况

从 2017 年首次启动至今，我国绿证市场大体上经历了自愿认购、消纳责任履行、消费量核算三个阶段，如图 25.4 所示。

其中，2017～2020 年是自愿认购阶段，绿证仅向中央财政补贴目录上的陆上风电及集中式光伏项目核发，认购价格由买卖双方自行协商或者通过竞价确定，但不得高于证书对应电量的补贴金额，绿证售出后相对应的电量不再享受补贴。在这一阶段，由于政府定价相对较高且经营主体自愿选择，只有数量极少的新能源企业会选择放弃补贴而改为通过绿证来获取收益。数据显示，2017～2020 年，我国绿证的认购率不足

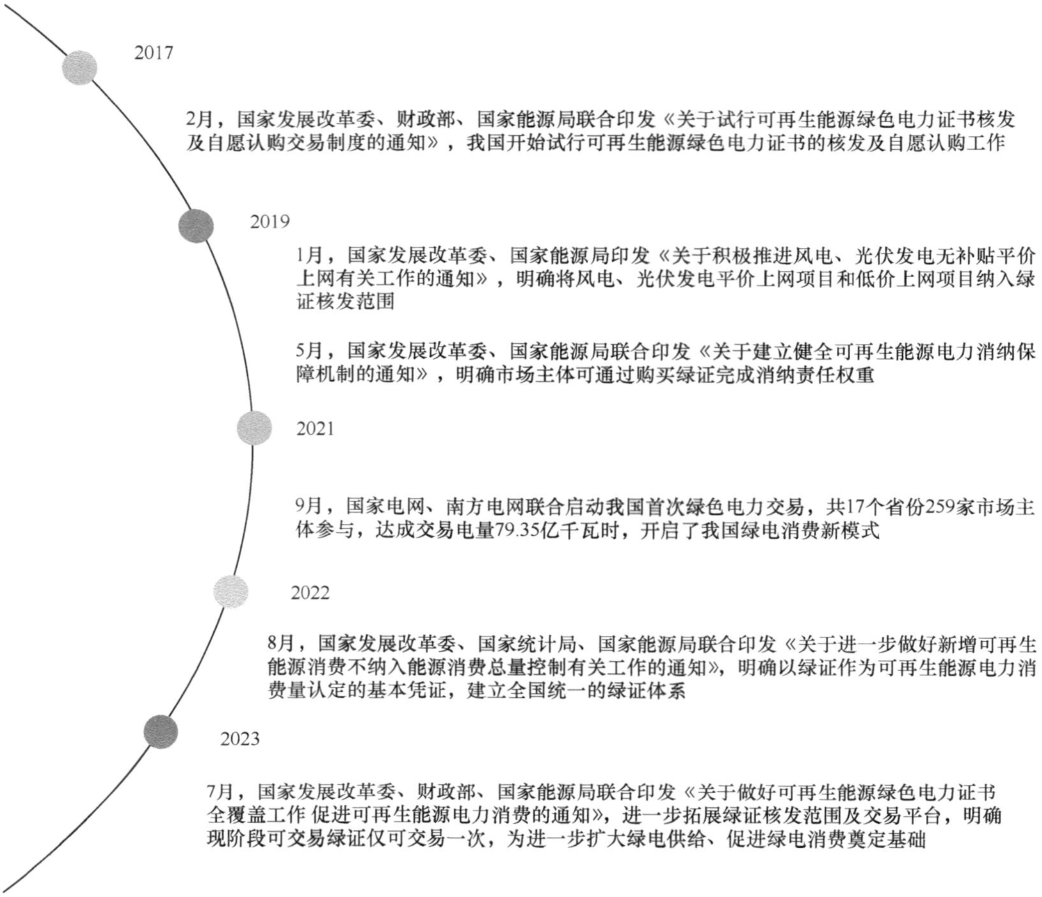

图 25.4 我国绿证交易发展历程

1%，经营主体认购意愿不强，市场交易流动性匮乏，基本处于“有量无市”的冷清状态。

2021 年 1 月 1 日起，配额制下的绿证交易开始实施，我国绿证市场也进入了消纳责任履行阶段。在这一阶段，除了能够作为补贴替代，绿证还成为可再生能源消纳责任的两种替代性履行方式之一，市场规模明显扩大。需要注意的是，在这一阶段，购买绿证并非企业达到能耗考核目标的唯一途径，绿证的市场交易激励机制和强制机制没有得到明显优化。从实际成交数据来看，2021 年，我国绿证年度交易量达到 613 000 个，数量明显上升，但整体交易率仍然偏低，认购率仍为个位数，仅为 7%。

进入 2022 年后，绿证市场进入消费量核算阶段，其重要性、交易方式等得到了一系列国家政策文件的明确认可，市场规模及经营主体积极性实现大幅提升。2022 年 8 月印发的《关于进一步做好新增可再生能源消费不纳入能源消费总量控制有关工作的通知》明确，以绿证作为可再生能源电力消费量认定的基本凭证，有效刺激了绿证市场需求及流动性，2022 年 7～12 月核发绿证数量达当年前 7 个月的 2.1 倍，绿证交易量达当年前 7 个月交易量的 3.6 倍。2023 年《关于做好可再生能源绿色电力证书全覆盖工作 促进可再生能源电力消费的通知》的印发，实现了对可再生能源电量绿证核发的基本全覆盖，进一步为扩大绿电供给、促进绿电消费奠定重要基础。

根据国家能源局公布的统计数据，2023 年，我国累计核发绿证约 1.76 亿个，是 2022 年的 7.8 倍，市场规模稳步扩大，供需两侧潜力加快释放，为推动经济社会发展全面绿色转型做出积极贡献。

25.4　CCUS 政策

25.4.1　我国 CCUS 技术发展现状

CO_2 的 CCUS 技术可以实现化石能源大规模可持续低碳利用，帮助构建低碳工业体系，同时与生物质或空气源结合可具有负排放效应，是中国碳中和技术体系不可或缺的重要组成部分。CCUS 技术体系涵盖 CO_2 捕集技术、输送技术、利用技术以及地质封存技术（图 25.5）。如今随着应用场景的拓展，CCUS 技术已经成为中国碳中和技术体系的重要组成部分，是化石能源近零排放的唯一技术选择、钢铁水泥等难减排行业深度脱碳的可行技术方案、未来支撑碳循环利用的主要技术手段。

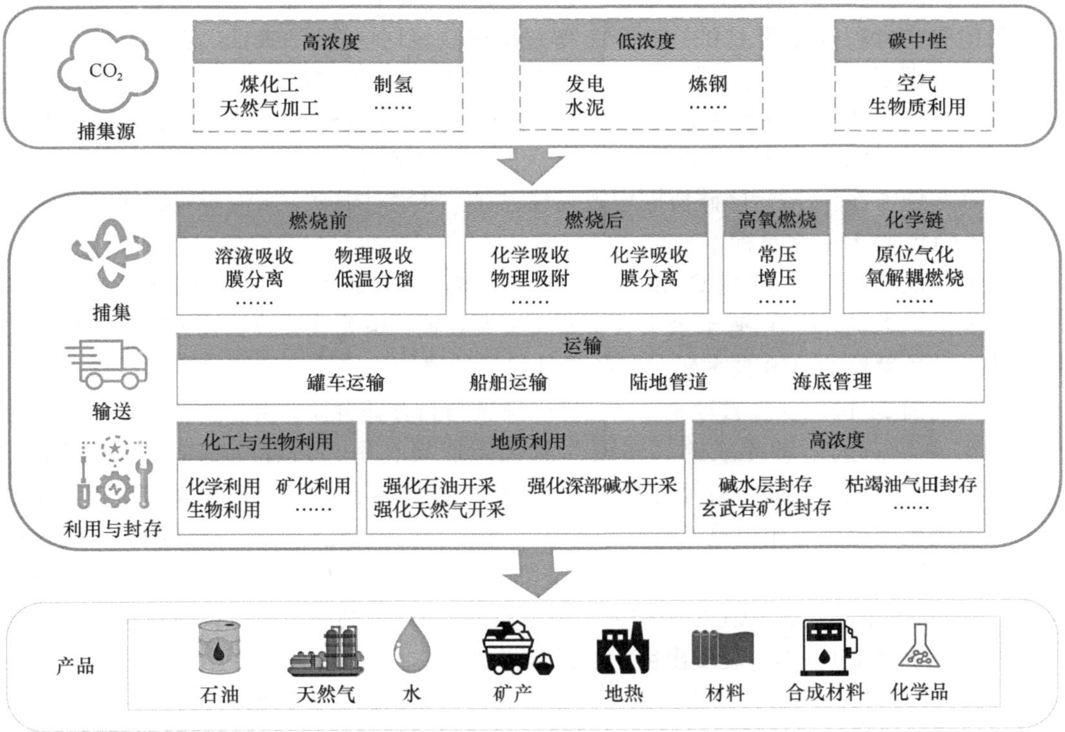

图 25.5　CCUS 技术体系

自“十一五”以来，我国多项国家科技计划持续支持 CCUS 技术研发。在基础研究、关键技术攻关和集成示范方面取得了显著进展，特别是在 CO_2 的捕集、运输、利用和封存等方面。与国际水平对比分析发现，我国 CCUS 技术整体水平与国际先进水平相当（张贤等，2021），但捕集、运输和封存等环节的个别关键技术水平及商业化集成水平仍有所滞后。CO_2 捕集技术是 CCUS 技术的基础，目前我国第一代技术已达到工业示范水平，但在大规模系统集成优化方面仍缺乏经验。第二代技术仍在实验室研发或小试阶段。在捕集技术中，燃烧前技术已成熟，而燃烧后技术稍显滞后，尤其在富氧燃烧方面。富氧燃烧技术整体发展较慢，增压富氧燃烧技术还在基础研究阶段。第二代低成本技术的发展，为降低 CO_2 捕集成本创造了有利条件。

25.4.2 我国 CCUS 相关政策

随着碳达峰碳中和“1+N”政策体系的建立，CCUS 政策体系也初具雏形。2021 年，CCUS 被首次写入中国经济社会发展纲领性文件《中华人民共和国国民经济和社会发展第十四个五年规划和 2035 年远景目标纲要》。随后，《中共中央 国务院关于完整准确全面贯彻新发展理念做好碳达峰碳中和工作的意见》及各部委和地方政府出台的“双碳”相关政策文件，均对 CCUS 技术研发、标准和融资等方面做出了积极部署。

据不完全统计，截至 2022 年底，中共中央、国务院已发布 70 余项与 CCUS 相关的政策文件，涉及规划、标准、路线图、技术目录等。其中，《气候投融资试点工作方案》《绿色债券支持项目目录（2021 年版）》等投融资政策均包含了 CCUS 相关技术；《国家标准化发展纲要》《科技支撑碳达峰碳中和实施方案（2022—2030 年）》《关于加快建立统一规范的碳排放统计核算体系实施方案》均提出完善和推动 CCUS 技术标准体系和相关研究工作。《高耗能行业重点领域节能降碳改造升级实施指南（2022 年版）》《工业领域碳达峰实施方案》《减污降碳协同增效实施方案》等均对钢铁、水泥等难减排工业行业提出了 CCUS 技术应用目标。

此外，地方政府加强对 CCUS 技术的支持，省级“双碳”政策文件强化 CCUS 技术部署。截至 2022 年底，已有十余个省份发布了“双碳”相关意见或工作方案，结合区域特点从不同角度对 CCUS 技术研发与推广进行了部署。

根据中国 21 世纪议程管理中心、全球碳捕集与封存研究院、清华大学联合牵头，北京大学等单位共同编制完成的《中国二氧化碳捕集利用与封存（CCUS）年度报告（2023）》，在实现“双碳”目标的大背景下，CCUS 技术已经确立其在我国碳中和技术体系中的关键地位。它不仅是实现化石能源近零排放的关键技术，也是钢铁、水泥等难减排行业实现深度脱碳的有效途径，并且是未来推动碳循环利用的主要技术手段。预测显示，到 2025 年，我国 CCUS 减排需求将达到约 2400 万吨/年，而到 2060 年，这一需求将激增至 23.5 亿吨/年，展现出巨大的发展潜力。

2024 年 3 月，生态环境部规划院发布《中国二氧化碳捕集利用与封存（CCUS）年度报告（2024）—中国区域二氧化碳地质封存经济可行性研究》，充分考虑未来碳价格和二氧化碳地质封存的环境约束，以实现最小成本（包括捕集、输送、封存等成本）为目标，评估 2035～2060 年 CCUS 低速（CCUS 技术低速发展，碳价稳定增长）和强化（CCUS 技术高速发展，碳价高速增长）发展两种情景下，中国每个 10×10 公里网格二氧化碳地质封存的经济可行性。该报告认为低速情景下 2035 年全国无封存经济适宜网格；2060

年具有封存经济可行性的网格数量超过 2.5 万个，主要集中在西北、华北、华中、东北、南方和华东地区。强化情景下 2035 年具有封存经济可行性的网格数量达 1 万个；2060 年增加至 2.6 万个，主要集中在西北、华北、华中、东北、南方和华东地区。

习题：

1. 碳交易市场一般纳入什么行业？
2. 碳交易和绿证交易的作用对象分别是什么？
3. 思考一下，碳交易政策和绿证交易政策会相互影响吗？
4. 研究一下，CCUS 适合哪个行业使用？

本章参考文献

国家电力公司战略规划部. 2022. 中国能源五十年[M]. 北京：中国电力出版社.
国家发展改革委. 2016. 可再生能源发展“十三五”规划[R]. 北京：国家发展改革委.
国家发展改革委，国家能源局. 2017. 解决弃水弃风弃光问题实施方案[R]. 北京：国家发展改革委.
国家发展改革委，国家能源局. 2019. 关于积极推进风电、光伏发电无补贴平价上网有关工作的通知[R]. 北京：国家发展改革委.
国家能源局. 2015. 关于做好 2015 年度风电并网消纳有关工作的通知[R]. 北京：国家能源局.
李威. 2023. 欧盟碳排放权交易体系对我国碳市场发展的借鉴与启示[J]. 海南金融，(4): 44-51.
朴松美. 2017. 韩国可再生能源支持政策研究[D]. 长春：吉林大学.
生态环境部. 2022. 全国碳排放权交易市场第一个履约周期报告[R]. 北京：生态环境部.
涂强，莫建雷，范英. 2020. 中国可再生能源政策演化、效果评估与未来展望[J]. 中国人口·资源与环境，30(3): 29-36.
於世为，孙亚方，胡星. 2022. “双碳”目标下中国可再生能源政策体系完善研究[J]. 北京理工大学学报(社会科学版), 24(4): 93-102.
张贤，李阳，马乔，等. 2021. 我国碳捕集利用与封存技术发展研究[J]. 中国工程科学, 23(6): 70-80.
赵玉荣. 2019. 可再生能源发电支持政策及其影响研究：基于 CGE 模型的量化分析[D]. 北京：对外经济贸易大学.
朱炳成，欧家新. 2023. “双碳”目标下我国绿色电力证书交易制度的规范建构[J]. 江苏大学学报(社会科学版), 25(5): 29-45.
Polzin F. 2017. Mobilizing private finance for low-carbon innovation: a systematic review of barriers and solutions[J]. Renewable and Sustainable Energy Reviews, 77: 525-535.